Pressefreiheit im tschechischen Recht

Europäische Hochschulschriften
Publications Universitaires Européennes
European University Studies

Reihe II
Rechtswissenschaft

Série II Series II
Droit
Law

Bd./Vol. 3733

PETER LANG
Frankfurt am Main · Berlin · Bern · Bruxelles · New York · Oxford · Wien

Monika Rahim

Pressefreiheit im tschechischen Recht

Rechtsvergleichende Überlegungen zur Gestaltung des Anspruchs zum Schutz der Persönlichkeit im Zivil- und Presserecht

PETER LANG
Europäischer Verlag der Wissenschaften

Bibliografische Information Der Deutschen Bibliothek
Die Deutsche Bibliothek verzeichnet diese Publikation in der Deutschen Nationalbibliografie; detaillierte bibliografische Daten sind im Internet über <http://dnb.ddb.de> abrufbar.

Zugl.: Köln, Univ., Diss., 2002

D 38
ISSN 0531-7312
ISBN 3-631-50596-5

www.peterlang.de

Vorwort

Die Untersuchung hat im Sommersemester 2002 der Rechtswissenschaftlichen Fakultät der Universität zu Köln als Dissertation vorgelegen. Der Gesetzes- und Literaturstand konnte bis April 2003 berücksichtigt werden. Die Arbeit entstand während meiner Tätigkeit als Wissenschaftliche Mitarbeiterin an dem von Herrn Professor Dr. Dr. h.c. Georg Brunner geleiteten Institut für Ostrecht der Universität zu Köln.

Zu größtem Dank bin ich meinem Doktorvater, Herrn Professor Brunner verpflichtet, unter dessen fürsorglicher Betreuung die Arbeit entstand. Die Veröffentlichung meiner Dissertation hat Professor Brunner durch seinen plötzlichen und viel zu frühen Tod nicht mehr erleben können.

Für die zügige Erstellung des Zweitgutachtens möchte ich mich bei Herrn Professor Dr. Bernhard Kempen bedanken. Für vielfältige Unterstützung danke ich an dieser Stelle insbesondere meinem Lebensgefährten, Herrn Dr. Richard Böhr, sowie meiner Tochter Vanessa Jasmin.

Besonderen Dank schulde ich schließlich Herrn Clemens Bauer, dem Vorsitzenden der Geschäftsführung der Rheinisch-Bergischen Druckerei- und Verlagsgesellschaft mbH, Verlag Rheinische Post, für die Möglichkeit, bei den tschechischen Tochterverlagen Mafra a.s. und Lidové noviny a.s. tätig zu sein. Dieses Engagement ermöglichte mir Einsicht in die praktische Anwendung des tschechischen Presserechts.

Inhalt

Abkürzungen

ABl.	Amtsblatt der Europäischen Gemeinschaften
Abs.	Absatz
a. F.	alte Fassung
AfP	Archiv für Presserecht
Amtsbl.	Úředení věstník československý (Tschechoslowakisches Amtsblatt)
Art.	Artikel
BA	Bulletin Advokacie
BGB	Bürgerliches Gesetzbuch
BGBl.	Bundesgesetzblatt
BGH	Bundesgerichtshof
BIOst	Berichte des Bundesinstituts für ostwissenschaftliche und internationale Studien
BVerfG	Bundesverfassungsgericht
BVerfGE	Amtliche Entscheidungssammlung des Bundesverfassungsgerichts (zitiert nach Band und Seite)
ČR	Tschechische Republik
ČSFR	Tschechische und Slowakische Föderative Republik
ČSSR	Tschechoslowakische Sozialistische Republik
DÖV	Die Öffentliche Verwaltung
EA	Europa-Abkommen
EGMR	Europäische Gerichtshof für Menschenrechte
EGV	Vertrag zur Gründung der Europäischen Gemeinschaft
EMRK	Europäische Menschrechtskonvention
EU	Europäische Union
EuGH	Europäischer Gerichtshof
EuGRZ	Europäische Grundrechtszeitschrift
EUV	Vertrag über die Europäische Union
EuZW	Europäische Zeitschrift für Wirtschaft
f./ff.	folgende
Fn.	Fußnote
GG	Grundgesetz
GRUR	Gewerblicher Rechtschutz und Urheberrecht
HGB	Handelsgesetzbuch
HRLJ	Human Rights Law Journal
Hrsg.	Herausgeber
IPbürgR	Internationaler Pakt über bürgerliche und politische Recht
JEV	Jahrbuch für europäische Verwaltungsgeschichte
JOR	Jahrbuch für Ostrecht
JÖR	Jahrbuch des öffentlichen Rechts der Gegenwart

JZ	Juristen Zeitung
LPG	Landespressegesetz
Kom.	Europäische Kommission für Menschenrechte
Komm.	Kommentar
mwN.	mit weiteren Nachweisen
NJW	Neue Juristische Wochenschrift
NRW	Nordrhein-Westfalen
Pl.	Plenum
PP	Právní praxe (Rechtspraxis)
PPP	Právní praxe v podnikání (Rechtspraxis im Unternehmen)
PR	Právní rozhledy (Juristische Rundschau)
PrG	Pressegesetz
R	Sbírka rozhodnutí a stanovisek (Sammlung der Entscheidungen und Beschlüsse [Nummer/Jahr])
Rc	Rozhodnutí soudu ve věcech civilních (Entscheidungen der Gerichte in Zivilsachen)
RGBl.	Reichsgesetzblatt
RJD	Reports of Judgments and Decisions
ROW	Recht in Ost und West
Rn.	Randnummer
S.	Seite
Sb.	Sbírka zákonů, (Gesetzesblatt)
Sb.n.u.ÚS	Sbírka nálezů a usnesení ústavního soudu (Sammlung der Entscheidungen und Beschlüsse des Verfassungsgerichts)
Sb.s.r.	Sbírka soudních rozhodnutí (Sammlung der Gerichtsentscheidungen)
Ser.	Serie
Sg.	Sammlung der Gesetze und Verordnungen
sog.	sogennante(r)
SR	Soudní rozhledy (Gerichtsrundschau)
StGB	Strafgesetzbuch
ÚS	Ústavní soud (Das Verfassungsgericht)
vgl.	vergleiche
WGO-	WGO Monatshefte für Osteuropäisches Recht
Yb	Yearbook of the European Convention of Human Rights
ZaöRV	Zeitschrift für ausländisches und öffentliches Recht und Völkerrecht
zit.	zitiert
ZGB	Zivilgesetzbuch (tschechisches)
ZPO	Zivilprozeßordnung
ZRP	Zeitschrift für Rechtspolitik
ZUM	Zeitschrift für Urheber- und Medienrecht

Einleitung

In der Tschechischen Republik gilt seit März 2000 ein neues Pressegesetz. Mit dem neuen Pressegesetz will die Tschechische Republik Maßstäbe setzen, denn die letzte presserechtliche Regelung, die nicht in einer Diktatur erlassen wurde, liegt mehr als sechzig Jahre zurück. Die Presse und ihr Recht litten in besonderem Maße unter der Willkür des sozialistischen Gesetzgebers. Die ursprünglichen und traditionellen Bindungen an die österreichische und deutsche Rechtskultur wurden zerstört. Erst der politische Systemwandel in den Jahren 1989/1990 ermöglichte die Auferstehung einer freien Presse, die einen unverzichtbaren Bestandteil jedes demokratischen Rechtsstaates bildet. Es erscheint deshalb lohnend, sich näher damit zu befassen, wie der tschechische Gesetzgeber das neue Presserecht gestaltet hat. Eine solche Betrachtung gewinnt zudem vor dem Hintergrund der bevorstehenden Osterweiterung der Europäischen Union an Bedeutung. Die Achtung der Meinungs- und Pressefreiheit sowie das Vorhandensein einer freien Presse gehören zu den wichtigsten Kriterien für der Beurteilung der demokratischen und rechtsstaatlichen Ordnung eines Beitrittskandidaten.

Die vorliegende Arbeit behandelt nur einen Ausschnitt aus dem weiten Feld des tschechischen Presserechts. Gegenstand der Untersuchung ist die Pressefreiheit. Zum besseren Verständnis des Untersuchungsgegenstands wird im ersten Teil der Arbeit die historische Entwicklung des Pressegesetzes aufgezeigt. Dabei werden in den einzelnen Epochen die Gewährung der Pressefreiheit und die jeweiligen Vorgaben des Pressegesetzes, vor allem das Recht der Berichtigung, untersucht.

Die Erforschung des geltenden Rechts bildet den Schwerpunkt des zweiten Teils der Arbeit. Einleitend wird die Entstehung der neuen Verfassungsordnung einschließlich des Pressegesetzes aufgezeigt. Im Anschluß sollen die presserechtlichen Grundbegriffe geklärt werden. Um ein vollständiges Bild zu erhalten, wird auch der tschechische Pressemarkt kurz dargestellt.

Im Mittelpunkt des zweiten Teils der Arbeit steht die Untersuchung des in Art. 17 Charta garantierten Grundrechts der Pressefreiheit. Zunächst richtet sich der Blick auf die Rechtsquellen des Grundrechts der Pressefreiheit. Eine herausragende Stellung unter diesen Rechtsquellen hat Art. 10 EMRK inne. Nach Art. 10 EMRK wird der Inhalt des Art. 17 Charta erörtert. Anschließend stehen die verfassungsrechtlichen Schranken der Pressefreiheit zur Diskussion. Dort bildet das Spannungsverhältnis zwischen Pressefreiheit und Schutz der Persönlichkeit sowie die Rechtsprechung des tschechischen Verfassungsgerichts den Schwerpunkt.

Sodann folgt die Behandlung der einfachgesetzlichen Schranken der Pressefreiheit im Pressegesetz sowie im Zivilrecht. Das besonderer Augenmerk gilt der medienspezifischen Schranke des Gegendarstellungsrechts, einschließend eine vergleichende Betrachtung des deutschen mit dem tschechischen Gegendarstellungsrecht.

Die Persönlichkeitsrechte als Schranke der Pressefreiheit gehören ebenfalls zu den zentralen Problemfeldern. In diesem Zusammenhang werden zunächst die zivilrechtlichen Abwehransprüche der durch Pressemitteilungen betroffenen Personen aufgezeigt, und zwar mit vergleichendem Blick auf das geltende deutsche Recht.

Vor dem Hintergrund der angestrebten Mitgliedschaft in der Europäischen Union muß sich die Aufmerksamkeit notwendig auf das Europäische Recht richten. Nachgegangen wird insbesondere der Frage, inwieweit das Europäische Gemeinschaftsrecht presserechtliche Vorgaben enthält, die die Tschechische Republik umsetzen muß. Das letzte Kapitel widmet sich den Problemen der Pressekonzentration.

Der Gegenstand der Arbeit ist begrenzt. Die Arbeit behandelt ausschließlich das sogenannte Presserecht im engeren Sinne. Damit gemeint sind die pressespezifischen Bestimmungen, die die Presse in ihrer Eigenart betreffen. Ausgeklammert aus den Betrachtungen bleiben hingegen alle auch für die Presse geltenden Bestimmungen wie etwa das Urheberrecht, das Werberecht, das Vertriebsrecht usw., die als Presserecht im weiteren Sinn verstanden werden. Aufgrund der überragenden Bedeutung des Wettbewerbsrecht werden allerdings die

Mißbrauchsaufsicht und die Fusionskontrolle behandelt. Auch strafrechtliche Vorschriften und Ansprüche sollen wiederum nicht berücksichtigt werden, mit Ausnahme des Zeugnisverweigerungsrechts, das als strafrechtliche Bestimmung im vorliegenden Zusammenhang von besonderer Bedeutung ist.

Erster Teil: Historische Grundlagen

§ 1 Einführung

Seit Gutenbergs Erfindung des Buchdrucks ist die Geschichte der Presse eine Geschichte des Kampfes für die Pressefreiheit. Die von der Erfindung ausgehende Gefahr wurde von der Kirche und der Obrigkeit alsbald erkannt. Jahrhundertelang dienten presserechtliche Bestimmungen in erster Linie der Zensur und der Kontrolle der Presse[1]. Die wechselvolle Geschichte des tschechischen Presserechts spiegelt diese Tatsache deutlich wider. Aufgrund der engen geschichtlichen, kulturellen und wirtschaftlichen Verbundenheit der „böhmischen Länder“ (das Königreich Böhmen, die Markgrafschaft Mähren und das Herzogtum Schlesien, auch historische Länder genannt) mit der österreichischen und deutschen Rechtstradition ist sie ein Teil europäischer Rechtsgeschichte.

Die ältesten Pressebestimmungen auf dem Gebiet der heutigen Tschechischen Republik stammen aus dem österreichischen Recht[2]. Der Grund dafür ist die Einbeziehung der böhmischen Kronländer in die Habsburgermonarchie im Jahre 1526[3]. Die Herrschaft der Habsburger dauerte bis zur Gründung der Tschechoslowakischen Republik nach dem Ersten Weltkrieg im Jahre 1918. Die Rechtsordnung des neuen tschechoslowakischen Staates bestand größtenteils aus fortgeltendem österreichischem und ungarischem Recht.

Die Geschichte des tschechischen Presserechts blieb bis zur Hälfte des zwanzigsten Jahrhunderts mit der Geschichte des österreichischen Presserechts eng verbunden. Für das Verständnis des tschechischen Presserechts ist daher eine

[1] Bereits im Jahre 1475 wurde das in Köln gedruckte Werk „Wilhelmi episcopi Lugdunensis Summa de virtutibus (impressum per Henricum Quentel) [Wilhelm Bischof von Lyon Gesamtheit der Tugendhaftigkeit] einer Zensur unterzogen, vgl. dazu Pappaffav, Právník 1885, S. 22.

[2] In den Ländern Böhmen, Mähren und Schlesien galt das österreichische Presserecht, auf dem Gebiet der heutigen Slowakei und Karphato-Rußlands galt das ungarische Presserecht.

[3] Vgl. Hoensch, Geschichte, S. 186 ff.; Kalousek, Státní právo, S. 206 ff.

knappe Darstellung der Entwicklung des österreichischen Presserechts unentbehrlich.

§ 2 Entwicklung in den „böhmischen Ländern" bis 1918

Die Einführung einer staatlich angeordneten Zensur fällt in Österreich in dieselbe Zeit wie in Deutschland[4]. Den Anlaß gaben die Reformationsbewegung und die Ideen des Humanismus. Im Jahre 1521 wurden im Wormser Edict Luthers Schriften verboten[5]. Im Jahre 1529 folgte der Speyersche Reichsabschied, der die staatliche Zensur von Reichs wegen einführte. In Österreich verbot das Mandat von Ferdinand I. im Jahre 1523 alle gegenwärtigen sowie künftig erscheinenden Schriften Luthers. Ferdinand I. führte 1528 eine dem Drucke vorausgehende Prüfung ein und ordnete die Einrichtung von Zensurbehörden an.

Bis zum Jahre 1787 galt in Österreich die Präventivzensur. Dies bedeutete, daß ohne vorherige Genehmigung der zuständigen Zensurbehörde keine Drucklegung gestattet war[6]. Erst das Zeitalter der Aufklärung brachte einen Wandel. Eine Veränderung trat erstmals in der Regierungszeit Josefs II. ein. Kaiser Josef II., der als Prinz das Buchdruckereigewerbe erlernt hatte[7], trat zunächst für die Pressefreiheit ein[8]. Er führte für die Wiener Druckereien eine bloß nachträgliche

---

[4] Bis zur Erfindung des Buchdrucks genügte die von der Kircheninquisition praktizierte Nachzensur, um Kontrolle auszuüben. Erst aufgrund der Masse der Druckschriften ging die Kirche mit der päpstlichen Bulle „Inter multiplices" von 1478 zur Vorzensur über. Trotz dieser Maßnahme stellte sich nicht der gewünschte Erfolg ein. In der Reformation wurden Flug- und Schmähschriften verbreitet und die Kirche forderte das Eingreifen des Staates, näheres Löffler/Ricker, Handbuch des Presserechts, S. 26; Wasserburg, Schutz der Persönlichkeit, S. 7.

[5] Liszt, Preßrecht des Preßrechts, S. 3.

[6] Swoboda, Juristen – Zeitung 1930, S. 113 ff.

[7] Der Tradition folgend, mußte jeder Prinz des österreichischen Kaiserhauses ein Gewerbe erlernen, vgl. Swoboda, Juristen – Zeitung 1930, S. 114.

[8] Im Zensurgesetz vom 11. Juni 1781 hieß es: „Kritiken, wenn es nur keine Schmähschriften sind, sie mögen nun treffen, wenn sie wollen, vom Landesfürsten bis zum Untersten, sollen, besonders wenn der Verfasser seinen Namen dazu drucken läßt und sich also für die Wahrheit der Sache dadurch als Bürgen darstellt, nicht verboten werden, da es jedem Wahrheits-

Zensur ein[9]. Das System der repressiven Kontrolle hielt sich allerdings nur drei Jahre. Aufgrund der „schlechten Erfahrungen“ wurde die Präventivzensur im Jahre 1790[10] erneut eingeführt. Von den vorübergehenden Erleichterungen unter Kaiser Josef II. abgesehen, galt in Österreich bis zum Jahre 1848 strengste Zensur. Die Zensurbehörden begnügten sich nicht nur mit der Vorlage des Manuskripts vor der Drucklegung, sondern führten eine besondere Prüfung durch. Die Drucklegung konnte nicht nur im Falle von Gesetzwidrigkeiten verboten werden, sondern bereits dann, wenn sie mit der Staatsräson unvereinbar schien. Was unter Staatsräson verstanden wurde, dokumentieren vortrefflich die sogenannten „Regeln der Klugheit“, welche in Form von Hofdekreten erschienen: „Als bedenklich sei alles anzusehen, was Erregung, Uneinigkeiten und Spaltungen hervorbringt oder hervorbringen kann, was den Gehorsam gegen Landesfürsten vermindert, Lässigkeit in Beobachtung der bürgerlichen und religiösen Pflichten oder Zweifelsucht in geistlichen Sachen an sich ziehen kann“.

Die Wende brachte das Revolutionsjahr 1848. Mit der kaiserlichen Proklamation vom 14. März 1848[11] wurde die Aufhebung der Zensur erklärt. Noch im selben Monat wurden von Innenminister Pillersdorf provisorische Pressevorschriften[12] erlassen, die bis zum Erlaß eines definitiven Pressegesetzes „im konstitutionellen Wege“ zu gelten hatten. Dieses erste Pressegesetz trat nie in Kraft. Es entsprach nicht den Erwartungen der Freiheitskämpfer und wurde sowohl in Wien als auch in Prag von aufgebrachten Studenten verbrannt. Tschechische und deutsche Schriftsteller haben das Gesetz öffentlich als „ein Attentat gegen

---

liebenden eine Freude sein muß, wenn ihm selbe auch in diesem Wege zukömmt“ (Handbuch der Gesetze I, S. 518 ff).

[9] Dekrete vom 24. und 26. Februar, 1. und 13. April 1787.

[10] Der Kaiser erklärte: „Da diese Erlaubnis sehr gemißbraucht wurde, so haben Se. Majestät verordnet, daß künftig, so wie vormals die Ordnung bestand, nur Handschriften zur Zensur gebracht werden mögen, und der Abdruck derselben, ehe die Zulassung erfolgt, gänzlich verboten sein soll.“

[11] Kundgemacht durch das Hofkanzlei-Präsidial-Dekret vom 16.3.1848, RGBl. Nr. 1126: „Seine k.k. Majestät haben die Aufhebung der Zensur und die alsbaldige Veröffentlichung eines Preßgesetzes Allergnädigst zu beschließen geruht“.

[12] „Von der Übertretungen der Preßgesetze und deren Bestrafung“; „Von dem Verfahren gegen Übertretungen der Preßgesetze“, vgl. Liszt, Preßrecht, S. 8.

die Freiheit und einen direkten Schritt zur Reaktion" bezeichnet[13]. Die Regierung gab dem Protest nach und zog diese Vorschriften zurück. Am 18. Mai 1848 wurden erneut zwei provisorische Pressevorschriften[14] erlassen, die den zeitgenössischen Vorstellungen von Pressefreiheit näher kamen[15]. Bereits im Herbst 1848 wurden beide Vorschriften durch Feldmarschall Fürst Windischgrätz und von Hetzendorf für die Zeit der Belagerung von Wien außer Kraft gesetzt. Am 4. März 1849 verfügte der Kaiser im kaiserlichen Patent[16] „über die durch konstitutionelle Staatsform gewährleisteten politischen Rechte" in § 5: *„Jedermann hat das Recht, durch Wort, Schrift, Druck oder bildliche Darstellung seine Meinung frei zu äußern. Die Presse darf nicht unter Zensur gestellt werden. Gegen den Mißbrauch der Presse wird ein Repressivgesetz erlassen*". Diese Grundsätze fanden ihren Niederschlag in den Pressegesetzen vom 13. März 1849[17]. An Stelle der Vorzensur wurde das Repressivsystem eingeführt[18]. Die Militärgewalt hielt sich jedoch aufgrund der anhaltenden Belagerung Wiens nur wenig an die neuen Vorschriften.

Diese Erleichterungen waren wie im Falle der Befreiungen Kaiser Josefs II. nicht von Dauer. Im Zuge der Reaktion wurde die Pressefreiheit bereits 1851 neuerlich beschränkt. Das Herausgeben von periodischen Druckwerken wurde von einer behördlichen Konzession abhängig gemacht. Die Konzession erhielt, wer moralisch ohne Tadel und soweit wissenschaftlich gebildet war, wie es das Führen eines literarischen Betriebs erforderte[19]. Es wurde ein System der Ver-

---

13 Roubík, Časopisectvo, S. 15.

14 RGBl. Nr. 1150 und Nr. 1151 vom 18.5 1848.

15 Liszt, Preßrecht, S. 11.

16 RGBl. Nr. 151 vom 4.3.1849.

17 RGBl. Nr. 161 vom 13.3.1849 „enthaltend das Gesetz gegen Mißbrauch der Presse" und RGBl. Nr. 164 vom 14.3.1849 „womit das Verfahren in Preß-Übertretungsfällen festgelegt wird".

18 Adamovich, Grundriss des Staatsrechts, S. 294; vgl. dazu auch Lehner, Verfassungsgeschichte, S. 185.

19 Hrabánek, Soustava práva tiskového, S. 19.

warnungen (avertissements) eingeführt[20]. Aufgrund dieses Systems konnten die Behörden Druckwerke einstellen und die erteilte Konzession auch dauerhaft entziehen[21]. Das Verwarnungssystem und das Recht, Druckwerke zu konfiszieren, gehörten ausschließlich in den behördlichen Zuständigkeitsbereich, ohne daß es einer gerichtlichen Anordnung bedurft hätte.

Die Fesseln der staatlichen Kontrolle wurden erst in der „Verfassungsära" gelockert. Durch das Gesetz vom 17. Dezember 1862[22] wurde das Presserecht auf eine neue Grundlage gestellt. Das frühere Konzessions- und Verwarnungssystem sowie die Möglichkeit einer behördlichen Einstellung von Druckschriften wurden beseitigt. Gleichzeitig wurde das gerichtliche Verfahren in Pressesachen[23] geregelt.

Die Dezemberverfassung aus dem Jahre 1867[24] garantierte in Artikel 13 die Pressefreiheit auf verfassungsrechtlicher Ebene. Die Zensur wurde verboten: *„Jedermann hat das Recht, durch Wort, Schrift und Druck oder bildliche Darstellung seine Meinung innerhalb der gesetzlichen Schranken frei zu äußern. Die Presse darf weder unter Zensur gestellt, noch durch das Konzessionssystem beschränkt werden. Administrative Postverbote finden auf inländische Druckschriften keine Anwendung.*"

Das Pressegesetz aus dem Jahre 1862 wurde in der Folge durch einige Änderungen ergänzt und novelliert[25]. Diese Verhältnisse aber dauerten bis zur Auflösung der Habsburgermonarchie und der Gründung eines unabhängigen tschechoslowakischen Staates.

---

[20] Kaiserliche Verordnung vom 6. Juli 1851, Nr. 163: „Wird bei einer periodischen Druckschrift beharrlich eine dem Throne, der Einheit und der Integrität des Reiches, der Religion, der Sittlichkeit oder überhaupt den Grundlagen der Staatsgesellschaft feindselige oder mit der Aufrechterhaltung der öffentlichen Ruhe und Ordnung unvereinbare Richtung verfolgt, so kann nach vorausgegangener zweimaliger schriftlicher fruchtloser Verwarnung die Herausgabe eingestellt werden".

[21] Die neue Presseordnung vom 27. Mai 1852, Nr. 122.

[22] RGBl. Nr. 6 aus 1863.

[23] RGBl. Nr. 7 aus 1863.

[24] Staatsgrundgesetz von 1867, RGBl. Nr. 142, Nr. 144.

[25] Pressegesetznovelle Nr. 142/1868; Nr. 30/1874; Nr. 161/1894; Nr. 261/1899 RGBl. In der Strafprozeßordnung vom 23.5.1873, Nr. 119 RGBl. wurden einige Ausnahmen für das Verfahren in Pressesachen bestimmt.

§ 3 Die historische Entwicklung von der Entstehung der Tschechoslowakei bis zum Ende des Zweiten Weltkrieges

A. Vorbemerkung

Am 28. Oktober 1918 wurde der selbständige tschechoslowakische Staat ausgerufen[26]. An diesem Tage übernahm der tschechoslowakische Nationalausschuß in Prag mit einem an das tschechoslowakische Volk gerichteten Manifest die Regierungsgewalt[27]. Die Umwälzung fand ihren Ausdruck in dem ersten Gesetz des neuen Staates Nr. 11/1918 Sb., in welchem die Ausrufung des tschechoslowakischen Staates und gleichzeitig die Übernahme der österreichischen Rechtsordnung verkündet wurde. Artikel 2 dieses Gesetzes bestimmte: „*Sämtliche bisherigen Landes- und Reichsgesetze und Verordnungen bleiben vorläufig in Kraft.*" Praktisch bedeutete dieser Schritt für das Presserecht die Übernahme zweier verschiedener Rechtssysteme. In Böhmen, Mähren und Schlesien, auf deren Gebieten die österreichischen Reichsgesetze galten, blieben diese in Kraft. In der Slowakei und Karpathorußland (Karpatoukraine) als Teil des ehemaligen Königreichs Ungarn, das in Realunion mit den Ländern der österreichischen Krone verbunden war, galt ungarisches Recht. Diese Gesetze wurden ab dem 28.10.1918 zu tschechoslowakischen Gesetzen, geltend in jenem Teil der Gebiete, in dem sie ursprünglich erlassen wurden, soweit sie nicht aufgehoben oder geändert wurden[28].

Bereits kurze Zeit nach dem Ausrufen des tschechoslowakischen Staates erließ am 13. November 1918 der Nationalausschuß das Gesetz über die provisorische Verfassung[29]. Dieses regelte lediglich die wesentlichen Grundzüge des

---

[26] Zu den verfassungsrechtlichen Aspekten der Staatsgründung s.: Adler, Grundriss des Verfassungsrechts, S. 5 ff.; Weyr, Právo ústavní, S. 82; Adamovich, Grundriss des Staatsrechts, S. 19; vgl. auch Pavlíček, Státnost česká, AUC, S. 17; Die Tschechoslowakische Republik wurde als Einheitsstaat konzipiert. Allein Karpathorußland wurde eine gewisse Autonomie zuerkannt, die jedoch nicht in die Tat umgesetzt wurde.

[27] Epstein, Verfassungsgesetze; Adamovich, Grundriss des Staatsrechts, S. 17.

[28] Weyr, Soustava práva státního, S. 55; Adamovich, Grundriss des Staatsrechts, S. 26.

[29] Gesetz Nr. 37/1918 Sg. über die provisorische Verfassung, abgeändert durch das Gesetz Nr. 138/1919 Sg. und durch Gesetz das Nr. 271/1919 Sg.

Verfassungsrechts, es fehlten Bestimmungen über das Staatsgebiet, die Staatsangehörigkeit und über die Gerichtsbarkeit. Zum gesetzgebenden Organ wurde die Nationalversammlung erklärt. Von dieser wurde dann am 29. Februar 1920 das Gesetz betreffend die Einführung der Verfassungsurkunde der tschechoslowakischen Republik[30] erlassen. Diese Verfassungsurkunde (im folgenden „VU") sowie die durch sie zu ihrem Bestandteil erklärten Gesetze und die die Verfassungsurkunde abändernden oder ergänzenden Verfassungsgesetze[31] bildeten die Quelle des tschechoslowakischen Verfassungsrechts. Die Verfassung enthielt einen umfangreichen Grundrechtskatalog. Im fünften Hauptstück der Verfassungsurkunde, §§ 106 bis 127, wurden die Rechte und Freiheiten sowie Bürgerpflichten geregelt, folglich auch die Pressefreiheit. Als Vorbild für dieses Kapitel diente das österreichische Staatsgrundgesetzes von 1867[32].

B. Das Presserecht

Aus der Tatsache, daß das tschechoslowakische Presserecht aus dem österreichischen und dem ungarischen Pressegesetz bestand, erwuchs das Bedürfnis nach einem modernen und vor allem unifizierten Pressegesetz. Schon im Jahre 1919 wurde der Nationalversammlung ein Entwurf für ein neues Pressegesetz vorgelegt. Dieser Entwurf wurde nicht einmal verhandelt. Der zweite Versuch, ein neues modernes Pressegesetz zu schaffen, scheiterte im Jahre 1921 eben-

[30] Gesetz Nr. 121/1920 Sg.; nach der tschechoslowakischen Verfassung von 1920 oblag die gesetzgebenden Gewalt der aus zwei Kammern (ein Abgeordnetenhaus und ein Senat) bestehenden Nationalversammlung; die Exekutivgewalt hatte der Staatspräsident inne; s. Lammich, Verfassung, S. 11.

[31] Gem. Art. 1 Abs. 2 können die Verfassungsurkunde und ihre Bestandteile nur durch Gesetze abgeändert oder ergänzt werden, die als Verfassungsgesetze bezeichnet sind; diese Gesetze bedürfen einer qualifizierten Mehrheit – gem. § 33 der VU eine Dreifünftelmehrheit sowohl im Abgeordnetenhaus als auch im Parlament; sog. rigide (starre) Verfassung, vgl. dazu Epstein, Verfassungsgesetze, S. 131; Adler, Starre Verfassung, S. 5.

[32] Weyr, JÖR 1922, S. 351, 360.

falls[33]. Obwohl das Anliegen eines neuen Pressegesetzes allgemein befürwortet und seine Reformbedürftigkeit erkannt wurde[34], war dieses Vorhaben nicht von Erfolg gekrönt. Das Presserecht ist in den folgenden Jahren lediglich novelliert oder ergänzt worden[35]. Im Jahre 1932 entstand unter Mitwirkung von Journalisten und dem Justizministerium ein weiterer Regierungsentwurf eines neuen Pressegesetzes. Dieser Entwurf trug dem Wunsch nach mehr Pressefreiheit und Rechtsvereinheitlichung Rechnung[36]. Aus politischen Erwägungen, ließ man das Reformwerk fallen. Übernommen wurden nur einzelne Bestimmungen, welche dann als sogenannte „kleine Preßgesetznovelle" (Gesetz Nr. 126/1933 betreffend die Abänderung und Ergänzung der Preßgesetze) in Kraft traten[37]. Die durch die kleine Preßgesetznovelle eingeführten Bestimmungen galten in der gesamten Tschechoslowakei. Ansonsten blieb das österreichische bzw. ungarische Pressegesetz in Kraft. Dieser Zustand dauerte bis in die fünfziger Jahre an. Somit galt in den hier zu untersuchenden historischen Ländern, auf dem Gebiet der heutigen Tschechischen Republik das österreichische Preßgesetz von 1862 in der Fassung der oben aufgeführten Änderungen und Ergänzungen. Die Folge der gescheiterten Rechtsvereinheitlichung war, daß das tschechische Presserecht für lange Zeit sehr unübersichtlich und zersplittert blieb.

---

[33] Drucksache Nr. 2042/21 des Abgeordnetenhauses; näheres bei Hrabánek, Soustava práva tiskového, S. 21; Soukup, Pokusy o reformu, S. 245 ff.

[34] „Es kann kein Zweifel darüber bestehen, daß beide angeführten Gesetze [sc. das österreichische und das ungarische Pressegesetz] den Erfordernissen nicht entsprechen, die an eine Regelung des Preßrechtes der Zeitgeist überhaupt und die demokratische Einrichtung des Staates im besonderen stellt", Motivenbericht zum Entwurf eines neuen Pressegesetzes, Drucksache Nr. 1727/1932 des Abgeordnetenhauses.

[35] Gesetz Nr. 124/1924 Sg. betreffend die Änderung der Zuständigkeit der Strafgerichte und der Verantwortlichkeit für den Inhalt von Druckschriften in Angelegenheiten der falschen Anschuldigung, der Verleumdung und von Ehrenbeleidigungen, geändert durch Gesetz Nr. 145/1933 Sg.; Gesetz Nr. 108/1933 Sg. über den Schutz der Ehre; Gesetz Nr. 189/1936 Sg. über die Arbeitsverhältnisse der Redakteure.

[36] Zum Entwurf ausführlich: Schwelb, Prager JZ 1930, S. 401 ff.

[37] Abgeändert und ergänzt durch das Gesetz Nr. 140/1934 Sg.; dazu erschien die Regierungsverordnung Nr. 229/1934 über die Durchführung der Bestimmungen der §§ 5-9 bezüglich der die Jugend gefährdenden Schriften.

Die nachfolgenden Ausführungen behandeln knapp die Hauptgrundsätze und die wichtigsten Rechtsinstitute des damaligen Presserechts.

I. Die Pressefreiheit

Unter Pressefreiheit wurde die Freiheit der Presse von der Zensur und den Beschränkungen eines Polizeistaates, insbesondere vor behördlicher Willkür verstanden[38]. Unterschieden wurde zwischen der formellen und der materiellen Pressefreiheit[39]. Das Wesen der materiellen Pressefreiheit bestand in dem Recht auf Äußerung von Gedanken durch Verbreitung von Druckwerken, also darin, welche Gedanken straffrei in einer Druckschrift gedruckt und verbreitet werden dürfen[40]. Gegenstand der formellen Pressefreiheit bildete das Recht, Druckwerke herzustellen und diese zu verbreiten, also die Ausübung dieses Rechts. Diese formelle Pressefreiheit wurde in § 113 VU geregelt[41].

§ 113 VU bestimmte:

„(1) Die Freiheit der Presse sowie das Recht, sich ruhig und ohne Waffen zu versammeln und Vereine zu bilden, sind gewährleistet. Es ist deshalb grundsätzlich nicht gestattet, die Presse einer Präventivzensur zu unterwerfen. Die Ausübung der Vereins- und Versammlungsfreiheit wird durch Gesetze geregelt.

(2)....... [Betrifft die Auflösung von Vereinen.]

---

38 Vgl. Schaurek, Presserecht, S. 36; Hrabánek, Soustava práva tiskového, S. 52.

39 Diese Unterscheidung wurde auch im österreichischen Recht gemacht, vgl. Kadečka, Preßrecht, S. 18; ebenso im deutschen Presserecht, Näheres bei Häntzschel, Preßrecht, S. 10ff; Kitzinger, Reichsgesetz, S. 5, mit einer historischen Begründung.

40 Schaurek, Presserecht, S. 36, Liszt, Preßrecht, S. 92, Hrabánek, Soustava práva tiskového, S. 52; Hrabánek / Milota, Nové právo tiskové, S. 20, 21.

41 Der Gesetzgeber faßte im § 113 VU drei Grundrechte, die Pressefreiheit, die Versammlungsfreiheit und das Vereinsrecht in einem Paragraphen zusammen. Diese Systematik scheint wenig glücklich gewählt und sah sich berechtigter Kritik ausgesetzt. Bemängelt wurde insbesondere die Trennung der Pressefreiheit von der Meinungsfreiheit, denn diese steht zur Pressefreiheit in einem weitaus engeren Verhältnis als die Versammlungs- und Vereinsfreiheit. Diese Systematik konnte sich auch nicht auf ein historisches Vorbild stützen. Das ehemalige österreichische Recht regelte die Versammlungs- und Vereinsfreiheit gemeinsam, die Pressefreiheit hingegen in Zusammenhang mit der Meinungsfreiheit.

(3) Durch ein Gesetz können insbesondere für Versammlungen an dem öffentlichen Verkehre dienenden Orten, für die Gründung von Erwerbsvereinen und für die Beteiligung von Ausländern an politischen Vereinen Beschränkungen eingeführt werden. Auf diese Weise kann festgestellt werden, welchen Beschränkungen die Grundsätze der vorstehenden Absätze während eines Krieges oder dann unterliegen, wenn im Innern des Staates Ereignisse eintreten, die in erheblichem Maße die republikanische Staatsform, die Verfassung oder die öffentliche Ruhe und Ordnung gefährden".

§ 113 VU garantierte die Gewährleistung der Pressefreiheit und verbot grundsätzlich die Ausübung der Präventivzensur. Inhaltlich wurde demnach gewährleistet, daß die Herausgabe eines Druckwerks nicht von der vorherigen Bewilligung einer Behörde abhängig gemacht werden darf. Aus den Motiven zur Verfassungsurkunde ergibt sich, daß die Pressefreiheit nicht nur das Recht einschloß, Druckwerke herzustellen, sondern auch das Recht, diese zu verbreiten[42]. Die Herstellung und Verbreitung von Druckwerken war frei von allen Beschränkungen durch Verbote und staatliche Eingriffe, wenn diese nicht ein Gesetz (vor allem das Pressegesetz) vorsah. Pressefreiheit war folglich grundsätzlich gewährleistet, konnte jedoch gemäß § 113 Abs. 3 VU durch ein Gesetz eingeschränkt werden.

Die materielle Pressefreiheit, also die Freiheit in Ansehung des Inhalts einer Druckschrift, umschrieb § 117 Abs. 1 VU. Dieser bestimmte: *„Jedermann kann innerhalb der Grenzen des Gesetzes seine Meinung durch Wort, Schrift, Druck, Bild u. dgl. äußern"*.[43] Im Gegensatz zu § 113 VU, in dem der Grundsatz der formellen Pressefreiheit verkündet wird, postuliert § 117 die inhaltliche Ausgestaltung der Pressefreiheit. Aus der Wendung „innerhalb der Grenzen des Gesetzes" ist ersichtlich, daß die Meinungsfreiheit und die Pressefreiheit durch einfache Gesetze eingeschränkt werden konnten. Möglich war nicht nur eine Ein-

[42] Drucksache Nr. 2421 aus dem Jahre 1920.
[43] Es werden nur die maßgeblichen Stellen zitiert.

schränkung durch allgemeine Gesetze wie zum Beispiel das Strafgesetzbuch, sondern auch durch besondere Gesetze[44].

Die Pressefreiheit wurde seit der Entstehung des tschechoslowakischen Staates durch eine Reihe von Bestimmungen eingeschränkt[45]. Eine erhebliche Einschränkung der Pressefreiheit ermöglichte das Gesetz über außerordentliche Verfügungen Nr. 300/1920 Sg[46]. Während eines Krieges oder im Falle einer Bedrohung der inneren öffentlichen Ruhe und Ordnung konnten aufgrund dieses Gesetzes einige von der Verfassungsurkunde geschützte Rechte eingeschränkt oder aufgehoben werden. Die Rechte der Presse regelte § 10 dieses Gesetzes. Danach konnte die Herausgabe und Verbreitung von Zeitschriften eingeschränkt, besonderen Bedingungen unterworfen und sogar eingestellt werden. Für periodische Presse wurde die Präventivzensur eingeführt, indem sie zur Vorlegung der Ausgabe in bestimmter Frist verpflichtet werden konnte. Zum Verhängen dieser außerordentlichen Verfügungen war nach diesem Gesetz ein vom Präsidenten genehmigter Beschluß der Regierung notwendig[47]. Der Katalog der einschränkenden Maßnahmen ist im Jahre 1936 durch das Gesetz Nr. 131/1936 Sg. über die Verteidigung des Staates nochmals erweitert worden. Die politischen Ereignisse in den europäischen Nachbarstaaten, insbesondere die Entwicklung in Deutschland, brachten weitere Einschränkungen der Pressefrei-

---

[44] Die Rechtslehre kritisierte, daß „die Proklamierung dieses Grundrechts tatsächlich zur vollen Bedeutungslosigkeit herabgedrückt erscheint", vgl. Adamovic, Grundriss des Staatsrechts, S. 68; Epstein, Verfassungsgesetze, S. 198; Schaurek, Presserecht, S. 42.

[45] Gesetz Nr. 50/1923 Sg. zum Schutze der Republik, geändert und ergänzt durch Gesetze Nr. 124/1933 Sg. und Nr. 140/1934 Sg., vgl. Šlapák, Ochrana republiky, §§ 23, 34, 39; Gesetz Nr. 126/1924 Sg. über die Hemmung der Verjährungsfrist bei Auslieferung von Mitgliedern der Nationalversammlung.

[46] Ergänzt und geändert durch das Gesetz Nr. 125/1933 Sg.

[47] Weyr, Soustava práva státního, S. 375; Hrabánek, Soustava práva tiskového, S. 64, dessen Auffassung nach es sich um verfassungswidrige Gesetze handelt, da die §§ 113 und 117 VU nur durch Verfassungsgesetze hätten eingeschränkt werden können.

heit mit sich. Diese Gesetze wurden als „Gesetze zum Schutze der Demokratie" bezeichnet[48].

II. Grundbegriffe des Presserechts

Da das Pressegesetz fast keine Definitionen der presserechtlichen Grundbegriffe enthielt, stellen die nachfolgenden Ausführungen die wichtigsten Begriffsbestimmungen vor, die im Presserecht von Bedeutung waren.

1. Presserecht

Unter Presserecht wurde der Inbegriff der für die Erzeugnisse der Presse geltenden Bestimmungen verstanden[49]. Als Presserecht im weiteren Sinne bezeichnete man alle für die Presse geltenden Bestimmungen und als Presserecht im engeren Sinne die pressespezifischen Bestimmungen, welche auf die Presse in ihrer Eigenart abzielten. Das Presserecht behielt auch nach dem Untergang des österreichischen Obrigkeitsstaates im wesentlichen seinen polizeilichen Charakter. Das österreichische Pressegesetz verfolgte das Ziel, die Ordnung im Staate nicht durch gefährliche Druckschriften zu stören. Durch die Rezeption des österreichischen Pressegesetzes wurde der polizeiliche Charakter des Gesetzes in die tschechische Rechtsordnung übernommen. Im Jahre 1938 veröffentlichte Miřička seine grundlegende Abhandlung über das tschechische Presserecht[50]. Darin unterschied er zwischen Presserecht im subjektiven Sinne (das Recht, Meinun-

[48] Gesetz Nr. 201/1933 Sg. über die Auflösung politischer Parteien, in der Fassung der Gesetze Nr. 269/1934 Sg. und Nr. 317/1936 Sg.; Laut Motiven „geschah dies im Interesse der Zukunft einer freien Presse, wenn auch nur, wie zu hoffen, vorübergehend, ist es nötig, die Preßfreiheit jener Presse einzuschränken, die wenn auch nur indirekt, die Arbeit der verantwortlichen Faktoren im Staate und der Demokratie untergräbt", Drucksache Nr. 2686/1934 des Abgeordnetenhauses.

[49] Hrabánek, Soustava práva tiskového, S. 31; Liszt, Preßrecht, S. 30.

[50] Miřička, Tiskové právo; bis heute wurde keine vergleichbare Abhandlung über das tschechische Presserecht in tschechischer Sprache veröffentlicht. Die Tatsache, daß August Miřička Strafrechtsprofessor war, belegt die Nähe des Presserechts zum Strafrecht und dessen polizeilichen Charakter.

gen in Druckwerken in den durch Gesetz festgelegten Grenzen äußern zu können) und objektivem Presserecht. Als objektives Presserecht bezeichnete er die Gesamtheit der Grundsätze, die dieses Recht sowohl formell als auch materiell regeln und durch welche die Grenzen dieses Rechts sowie die Verantwortung für deren Einhaltung bestimmt werden[51]. Das objektive Presserecht umfaßte die Bereiche Preßgewerberecht, Preßpolizeirecht, Preßstrafrecht und Preßprozeßrecht. Hinsichtlich des Preßgewerbes verwies das Pressegesetz in § 3 auf die allgemeinen Vorschriften der Gewerbeordnung, welche sich auf die gewerbsmäßige Herstellung von Druckschriften und den Handel mit solchen beziehen[52]. Das Preßpolizeirecht umfaßte die Ordnungsvorschriften, etwa wie die Gestaltung des Impressums, die Pflicht zur Ablieferung der Bibliotheksexemplare, das Herausgeben und die Einstellung der Herausgabe von Zeitschriften, die Berichtigung sowie die Pflicht zur Veröffentlichung amtlicher Ankündigungen. Als Preßstrafrecht bezeichnete man Presse-Inhaltsdelikte, bei denen die strafbare Handlung gerade durch den Inhalt der Druckschrift realisiert wird, und Presse-Ordnungsdelikte, nämlich Verstöße gegen die im Pressegesetz enthaltenen Ordnungsvorschriften. Das Preßprozeßrecht enthielt Bestimmungen über die Art der Verfolgung von Pressedelikten, sofern diese von allgemeinem Prozeßrecht abwichen.

2. Druckschrift und die Verbreitung von Druckschriften

Zu den zentralen Bestimmungen des Pressegesetzes gehörte die Definition des Begriffes Druckschrift, weil „sie vermöge des enthaltenen geistigen Inhaltes eine von Zeit und Raum unabhängige Massenwirkung ausüben können".[53] Eine Druckschrift im engeren Sinne war jedes Erzeugnis der Buchdruckerpresse. Als

[51] Miřička, Tiskové právo, S. 903.

[52] Gemäß § 15 GewO (Gewerbeordnung von 20.12.1859 in geltender Fassung) war die Erzeugung und Verbreitung von Druckschriften ein konzessioniertes Gewerbe. Daher war die Ausübung dieses Gewerbes von einer besonderen Bewilligung abhängig, die eine Verläßlichkeitsprüfung des Bewerbers vorsah, vgl. Adamovich, Grundriss des Staatsrechts, S. 383, 388.

[53] Schaurek, Presserecht, S. 81.

eine Druckschrift im weiteren Sinne wurde jedes Erzeugnis der Literatur und Kunst angesehen, welches auf mechanischem oder chemischem Wege vervielfältigt wurde und eine Gedankenäußerung enthielt[54]. Die Vervielfältigung setzte voraus, daß es sich um ein zur Massenherstellung geeignetes Verfahren handelte. Im Mittelpunkt der Bestimmungen über Druckschriften stand die Behandlung der Zeitungspresse – der periodischen Druckschrift[55]. Für die periodische Presse sah das Gesetz eine Reihe von besonderen Bestimmungen vor[56]. Um eine periodische Druckschrift handelte es sich nach § 7 Preßgesetz[57], wenn sie wenigstens einmal im Monat, wenn auch in unregelmäßigen Zeitabschnitten erschien.

Die Verbreitung der Druckschrift ist ein wesentliches Merkmal der Pressetätigkeit. Das Pressegesetz enthielt keine Definition des Verbreitungsbegriffs. In der Rechtsprechung wurde als Verbreitung jede Tätigkeit angesehen, durch welche die Druckschrift wissentlich einer größeren Anzahl nicht individuell bestimmbarer Personen (Publikum) zugänglich gemacht wird, wobei eine körperliche Zugänglichmachung der Druckschrift erforderlich war[58]. Der nicht scharf umrissene Begriff der „größeren Anzahl" wurde einschränkend ausgelegt, so daß keine Verbreitung vorlag, wenn die Druckschrift lediglich einer Person zugänglich gemacht wurde[59].

---

[54] Wie der Begriff „Literatur und Kunst" auszulegen ist, war umstritten. Nach Hrabánek, Soustava práva tiskového (S. 74) war der geistige Inhalt des Werkes ausschlaggebend, demnach mußte das Werk einen literarischen oder künstlerischen Wert haben. Andere sahen es als ausreichend an, daß die Druckschrift einen Gedanken verständlich zum Ausdruck bringt, vgl. Prager JZ 1930, S. 401 ff., S. 404; vgl. auch Liszt, Preßrecht, S. 58, 59; Miřička, Tiskové právo, S. 904.

[55] Ein Unterschied zwischen einer Zeitung und einer Zeitschrift wie im deutschen Recht gemäß § 7 RPG wurde nicht gemacht; periodische Druckwerke wurden alle als „časopis" d.h. Zeitschrift bezeichnet.

[56] Zum Beispiel: Benennung des verantwortlichen Redakteurs § 9, vorläufige Anzeige über die Herausgabe der Druckschrift § 10, Abgabe eines Freiexemplars § 18, Berichtigungszwang § 19, Verpflichtung zur Aufnahme von amtlichen Erlässen § 20.

[57] Im folgenden werden alle Paragraphen ohne Angabe, die solche des Preßgesetzes sein.

[58] Entscheidung Nr. 94/19 in der Sammlung der Entscheidungen des Obersten Gerichts in Brünn.

[59] Entscheidungen Nr. 1719/24, Nr. 4096/31 in der Sammlung der Entscheidungen des Obersten Gerichts in Brünn.

Die Aufzählung der Verbreitungsarten enthielt § 6:

„Als Verbreitung kann im Sinne dieses Gesetzes nur der Vertrieb, Verschleiß oder die Verteilung von Druckschriften, sowie das Anschlagen, Aufhängen oder Auslegen derselben an öffentlichen Orten, in Lesevereinen, Leihbibliotheken und desgleichen angesehen werden".[60]

3. Die presserechtlich verantwortlichen Personen

a) Drucker, Verbreiter

Drucker war, wer die Druckschrift hergestellt hat, also wer die Druckschrift auf chemischem oder mechanischem Wege vervielfältigte. Nach § 5 wurde als Drucker der Eigentümer der Druckerei, sofern er sie selbst betrieb, oder ein behördlich genehmigter Pächter angesehen.

Als Verbreiter wurde die Person bezeichnet, welche die Verbreitungshandlung vorgenommen hat. Für die Haftung des Verbreiters war Kenntnis des Inhalts der Druckschrift nicht erforderlich, ausreichend war die wissentliche Vornahme der Verbreitungshandlung.

b) Verleger, Herausgeber, Eigentümer

Zu den problematischen Bereichen gehört die Bestimmung und die Unterscheidung zwischen der Person des Verlegers (nakladatel) und der des Herausgebers (vydavatel)[61].

---

[60] Ob die in § 6 vorgenommene Aufzählung der Verbreitungsarten abschließend oder exemplarisch gemeint ist, war lange umstritten; vgl. Zm I 706/29 Sammlung der Entscheidungen des Obersten Gerichts in Brünn; Hrabánek, Soustava práva tiskového, S. 91, 92.

[61] Bereits die Übersetzung dieser Begriffe ist nicht einheitlich. In juristischen Wörterbüchern wird der Begriff „Verleger" mit „nakladatel" und „vydavatel" gleichzeitig übersetzt oder der Begriff „vydavatel" als Herausgeber, Verleger übersetzt; vgl. Kadlec/Heller, Handwörterbuch, S. 1354; Ehlemann/Volf, Juridische Terminologie, S. 501. Dies hängt damit zusammen, daß wie noch näher ausgeführt wird, das österreichische Presserecht diese Begriffe anders verwendet als das deutsche Presserecht. Ein weiterer Grund ist, daß das ungarische Pressegesetz lediglich die Person des Herausgebers, nicht aber die des Verlegers kennt.

Verleger im presserechtlichen Sinne[62] war, wer faktisch die druckreife Arbeit des Verfassers vervielfältigen und verbreiten ließ, also wer entschied, daß mit der Verbreitung der Druckschrift begonnen werden sollte. Der Verleger sorgte für die Erzielung des höchstmöglichen Absatzes und kümmerte sich um die Werbung. Als Verleger konnte auch eine juristische Person fungieren[63]. Bei periodischen Druckschriften sollte nach § 9 Abs. 1 anstelle des Verlegers ein Herausgeber angegeben werden. Herausgeber war derjenige „der den Anlaß gibt, daß das Werk in Druck erscheint".[64] Der Herausgeber war insbesondere für den finanziellen und administrativen Bereich zuständig und sollte eine Art Vermittler zwischen Redaktion, Druckerei und Vertrieb sein[65]. Vergleicht man die Beschreibung der Tätigkeit des Verlegers mit der des Herausgebers, stellt man eine Übereinstimmung fest. Die Begriffe „Verleger" und „Herausgeber" hatten sowohl im österreichischen als auch im tschechischen Presserecht ursprünglich eine andere Bedeutung als im deutschen Presserecht. Im österreichischen Pressegesetz tauchte die Figur des Herausgebers nur in Verbindung mit der Herausgabe von periodischen Druckschriften als „administrative Seele" auf, was in Deutschland nicht der Fall war[66]. Der Herausgeber konnte dort gleichzeitig auch

---

[62] Der presserechtliche Verlegerbegriff deckte sich nicht mit dem Verlegerbegriff des Urheberrechtsgesetzes, wonach der Verleger durch einen Verlagsvertrag mit dem Autor das Recht zur Vervielfältigung erworben hat.

[63] § 9 Abs. 1 i.V.m. § 5.

[64] Vážný, strafr. Sg., Nr. 4645.

[65] Liszt, Preßrecht, S. 79; Hrabánek, Soustava práva tiskového, S. 85; Schaurek, Preßrecht, S. 103.

[66] Als Herausgeber wurde derjenige angesehen, der - (ohne Verfasser zu sein) - gleichwertige Aktivitäten wie dieser entwickelte: Der Herausgeber bestimmte, was gedruckt wird und was nicht, übte also im stärkeren Maße eine publizistische als kaufmännische Tätigkeit aus, vgl. Kitzinger, Reichsgesetz, S. 36; Häntzschel, Preßrecht, S. 34. Nach tschechischer Auffassung „dürfte es keine periodische Druckschrift geben, die sich eines Verlegers bedient, damit dieser die Indrucklegung und Verbreitung besorge, denn dies gehört zur normalen Agenda der Administration, welche dem Herausgeber untersteht", vgl. Schaurek, Preßrecht, S. 103. In Österreich trat im Jahre 1922 das neue österreichische Preßgesetz in Kraft. Der Herausgeber wurde nun nicht mehr als „administrative Seele des Unternehmens" verstanden, sondern als der geistige Führer, als derjenige, der die Richtung der Zeitung bestimmt, vgl. Kadečka, Preßrecht, S. 32, 33; Wahle, Juristen-Zeitung, S. 115 ff.; Swoboda, Juristen-Zeitung, S. 116.

Verleger sein. Entscheidend waren stets die tatsächlichen Verhältnisse, also welche Tätigkeit faktisch ausgeübt wurde.

Als Eigentümer einer Druckschrift wurde angesehen, auf dessen Rechnung die Druckschrift herausgegeben worden war. Dieser mußte nicht mit dem Herausgeber identisch sein.

c) Der verantwortliche Redakteur

Das Pressegesetz enthielt keine Definition des Begriffes des verantwortlichen Redakteurs. Redakteur einer periodischen Druckschrift war derjenige, der an den redaktionellen Arbeiten wie Sammeln, Sichten, Ordnen und Bearbeiten des Publikationsstoffes beteiligt war und den Stoff für den Druck vorbereitete. Als verantwortlicher Redakteur wurde angesehen, wer vom Eigentümer oder Herausgeber dazu bestimmt wurde, mit Rücksicht auf den Umfang und die Bedeutung der Presse im täglichen Leben dafür zu sorgen, daß keine den Gesetzen widersprechenden und unkontrollierten Nachrichten veröffentlicht wurden[67]. Darüber hinaus kümmerte er sich um die Veröffentlichung von Berichtigungen, Amtsmitteilungen und Verordnungen. Nur selten übte der verantwortliche Redakteur gleichzeitig die Position eines Chefredakteurs aus; denn dem Chefredakteur war die Leitung von den übrigen redigierenden Redakteuren übertragen worden[68]. Die Bestellung von mehreren verantwortlichen Redakteuren war nach § 10 Abs. 2 möglich. Der verantwortliche Redakteur mußte der zuständigen Staatsanwaltschaft und der Sicherheitsbehörde angezeigt und von ihnen genehmigt werden.

Hinsichtlich der Voraussetzungen für die Position des verantwortlichen Redakteurs enthielt § 12 eine Reihe von Bestimmungen: tschechoslowakische Staatsbürgerschaft, Geschäftsfähigkeit, Wohnort des Redakteurs am Erschei-

[67] Der Herausgeber mußte den verantwortlichen Redakteur sorgfältig auswählen. Wählte er eine ungeeignete Person aus, haftete er gemäß § 1315 (Haftung für fremde Handlungen) Bürgerliches Gesetzbuch, Rv II 822/24, P.R. 92/25; Vážný, strafr. Sg. Nr. 3031; Miřička, Tiskové právo, S. 905.

[68] Dazu ausführlich Hrabánek, Soustava práva tiskového, S. 77 ff.

nungsort der Zeitschrift, kein Verlust des Wahlrechts in die Gemeindevertretung. Ungeeignet waren Personen, die sich in Untersuchungshaft befanden oder gegen die ein Konkursverfahren eingeleitet worden war.

III. Die Ordnungsvorschriften des Pressegesetzes (Preßpolizeirecht)

Das Pressegesetz enthielt eine ganze Reihe von Ordnungsvorschriften. Im Mittelpunkt der folgenden Ausführungen stehen nur die zentralen Bestimmungen. Das Rechtsinstitut der Berichtigung, welches neben dem Impressumzwang die wichtigste Ordnungsvorschrift darstellt, wird wegen seiner Bedeutung gesondert nachfolgend im Kapitel VI behandelt.

1. Die Impressumpflicht

Zu den wichtigsten Ordnungspflichten der Presse gehörte die Impressumpflicht. Bei der Herstellung und Verbreitung von Druckschriften wirkten mehrere Personen zusammen. Da sich an diese Tätigkeit verschiedene Rechte und Pflichten knüpften, deren Einhaltung überwacht wurde, ergab sich die Notwendigkeit, die verantwortlichen Personen aus der Anonymität hervorzuheben. Nach § 9 mußten im Impressum der Name oder die Firma des Druckers und des Herausgebers sowie der Druckort aufgeführt werden. Bei periodischen Druckschriften konnte statt des Verlegernamens der des Herausgebers angegeben werden; hinzu kam noch die Pflichtangabe des Namens des verantwortlichen Redakteurs[69]. Diese Angaben sollten eine schnelle Ermittlung des Namens und des Wohnortes derjenigen Personen ermöglichen, die haftbar gemacht werden konnten. Vom Impressumzwang wurden bestimmte Druckschriften im häuslichen und gesellschaftlichen Bereich freigestellt[70]; sogenannte „privilegierte Druckschriften".

---

[69] Vgl. Hrabánek, Soustava práva tiskového, S. 84 ff.; Schaurek, Presserecht, S. 93 ff.; Sládeček, Tiskové právo, S. 28 ff.; Miřička, Tiskové právo, S. 904.

[70] § 9 Abs. 2 , zum Beispiel Formulare, Preislisten, Eintrittskarten usw.

2. Ablieferung von Pflichtexemplaren

Nach § 17 bestand eine Verpflichtung zur Ablieferung von Pflichtexemplaren. Unterschieden wurde zwischen einer Ablieferungspflicht an die Sicherheitsbehörden (Amtsexemplare), mit der die „Erleichterung der Aufsicht über die Presse" bezweckt wurde, und einer Ablieferung an Bibliotheken (Plichtexemplare) zu Studienzwecken und zur dauerhaften Aufbewahrung[71]. Die Ablieferungspflicht oblag dem Drucker, bei periodischen Druckschriften dem Verleger.

3. Anzeige der Herausgabe von Zeitschriften

Die Absicht, periodische Presse herauszugeben, mußte gemäß § 10 dem Staatsanwalt und der Sicherheitsbehörde angezeigt werden. Inhaltlich wurden Angaben über den Namen der periodischen Druckschrift, die Häufigkeit ihres Erscheinens und ihre inhaltliche Ausrichtung (Programm) sowie über den Namen und die Anschrift des Druckers, des Verlegers, sofern dieser nicht gleichzeitig auch Herausgeber war, und des verantwortlichen Redakteurs verlangt. Mit der Herausgabe konnte erst begonnen werden, falls die Sicherheitsbehörde binnen acht Tagen seit der Anzeige keine Verfügung traf. Die Nichtbeachtung dieser Vorschrift stellte nach § 11 Abs. 1 eine Ordnungswidrigkeit dar. Die in § 11 Abs. 2 genannten Pflichtverletzungen wie die Angabe unwahrer Tatsachen in der Anzeige, die Nichtanzeige von Änderungen usw. wurden als Vergehen eingestuft. Die Herausgabe der Druckschrift konnte bis zu einer ordnungsgemäßen Erfüllung oder Ergänzung der Angaben eingestellt werden[72].

---

[71] Ursprünglich § 18, aufgehoben und neu geregelt durch Gesetz Nr. 118/1935 Sg. und die Verordnung Nr. 119/1935 Sg.

[72] Bei der Einstellung von periodischen Druckschriften muß unterschieden werden zwischen der Einstellung als polizeiliche Maßnahme, welche den „schädlichen" Einfluß einer Druckschrift künftig unterbinden wollte, und einer Einstellung als Ordnungsmaßnahme, mit der die Erfüllung bestimmter Pflichten erzwungen wurde. Die hier angesprochene Einstellung ist als eine Ordnungsmaßnahme verhängt worden.

4. Pflichtveröffentlichungen von amtlichen Verordnungen

Die periodische Presse war verpflichtet, amtliche Bekanntmachungen gegen die Zahlung eines üblichen Anzeigenpreises zu veröffentlichen, § 20. Aufgrund gerichtlicher Anordnungen mußten in bestimmten Fällen Urteile kostenlos veröffentlicht werden. Mindestens dreimal wöchentlich erscheinende politische Zeitschriften waren verpflichtet, Ansprachen des Präsidenten und der Regierungsmitglieder gleichfalls kostenlos zu veröffentlichen.

5. Verbreitungsverbote

Bis zur Pressegesetznovelle im Jahre 1933 war die Kolportage - kostenloses Verteilen oder Verkauf von Druckschriften von Haus zu Haus, an öffentlichen Plätzen und in öffentlichen Räumen - verboten, ab 1933 wurde die Kolportagefreiheit im Grundsatz eingeführt[73]. Für im Ausland herausgegebene Druckschriften galten einige Sonderbestimmungen. Das Innenministerium war befugt, das Recht zur Beförderung von Druckschriften per Post oder Bahn zu entziehen oder die Verbreitung von periodischen Druckschriften im Einvernehmen mit dem Außenministerium für die Dauer von zwei Jahren gänzlich zu verbieten[74]. Unter der Bezeichnung „Druckschriften, die die Jugend bedrohen" führte die Pressegesetznovelle in den §§ 5 bis 9, 18 Verbreitungsverbote für Druckschriften an Personen unter 18 Jahren ein, welche die natürliche geschlechtliche Entwicklung oder das Geschlechtsleben der Jugend ernstlich bedrohen oder die sittliche Entwicklung der Jugend dadurch zerrütten könnten, daß sie in ihr den Hang zum Verbrechertum oder zur Roheit weckt[75]. Das Verbreitungsverbot sprach das Ministerium für Schulwesen und Volkskultur auf Antrag einer Behörde oder einer

[73] §§ 1 bis 4 der Pressegesetznovelle Nr. 126/1933 Sg.; vgl. Hrabánek/Milota, Nové právo tiskové, S. 74 ff.; zu den Beschränkungen der Kolportagefreiheit ausführlich Miřička, Tiskové právo, S. 911.

[74] § 10 der Pressegesetznovelle Nr. 126/1933 Sg.; weitere Verbote im Falle von Mobilisierung sah das Gesetz Nr. 131/1936 Sb. über die Staatsverteidigung vor.

[75] Dazu ausführlich Schwelb, Prager JZ 1933. Solche Bestimmungen enthielt das alte Pressegesetz nicht. Vorbild dürfte das reichsdeutsche Gesetz zur Bewahrung der Jugend vor Schund- und Schmutzschriften gewesen sein.

Jugendfürsorgeorganisation sowie eines besonderen Kollegiums des Schulministeriums aus.

IV. Das Pressestrafrecht

Als Pressestrafrecht wurden Bestimmungen bezeichnet, welche die Bestrafung von Pressedelikten regelten. Ein Pressedelikt war jeder Verstoß gegen die strafrechtlichen Normen, der durch eine Druckschrift begangen wurde[76]. Grundsätzlich unterlag die Presse den allgemeinen, also den für alle Bürger geltenden strafrechtlichen Bestimmungen. Im Hinblick darauf, daß die Vervielfältigung und Verbreitung von Druckschriften mit strafbarem Inhalt, eine Massenwirkung entfalten kann, wurden aufgrund dieser potentiellen Gefährlichkeit pressespezifische Bestimmungen normiert. Die gesetzliche Systematik unterschied zwischen Presseinhaltsdelikten und Presseordnungsdelikten[77].

1. Presseinhaltsdelikte

Das Merkmal eines Presseinhaltsdelikts war, daß durch den geistigen Inhalt einer Druckschrift (etwa durch beleidigende oder volksverhetzende Schriften) eine strafbare Handlung verwirklicht worden war. Nach § 28 bestimmte sich die rechtliche Verantwortlichkeit für Presseinhaltsdelikte nach den allgemeinen Grundsätzen des Strafrechts[78]. Eine Ausnahme bildeten die Sondervorschriften im Bereich der Fahrlässigkeitshaftung, der Berichterstattung von öffentlichen Verhandlungen und der Verjährung.

a) Fahrlässigkeitshaftung

Sonderbestimmungen bei der Haftung wurden dadurch begründet, daß die an

[76] Miřička, Tiskové právo, S. 914.

[77] Zum Pressestrafrecht ausführlich Miřička, Delikty tiskové.

[78] Das österreichische Strafgesetz Nr. 117/1852 RGBl. in geltender Fassung.

der Herstellung und Verbreitung von Druckschriften beteiligten Personen zahlreich sind. Deshalb war in Bezug auf die in untergeordneter Weise mitwirkenden Personen eine Art Begrenzung notwendig und erwünscht. Es bedurfte einer Sicherstellung der strafrechtlichen Verantwortlichkeit, da es schwierig gewesen war, den verantwortlichen Personen Vorsatz und Kenntnis des strafbaren Inhalts der Druckschrift nachzuweisen[79]. Dabei wurde das Institut der Vernachlässigung der pflichtgemäßen Obsorge eingeführt, eine besondere Art der Fahrlässigkeitshaftung. Presseangehörige, bei denen der Nachweis einer absichtlichen Begehung einer strafbaren Handlung durch den Inhalt einer Druckschrift scheiterte, konnten dennoch verantwortlich gemacht werden, weil sie die pflichtgemäße Sorgfalt vernachlässigten, bei deren Anwendung die strafbare Handlung unterblieben wäre. Diese pflichtgemäße Obsorge traf den verantwortlichen Redakteur, den Verleger eines nichtperiodischen Druckwerks, den Drucker und den Verbreiter einer Druckschrift[80].

b) Parlamentsberichterstattung

Nach § 28 Abs. 4 durfte für wahrheitsgetreue Mitteilungen von öffentlichen Verhandlungen des Parlaments niemand zur Verantwortung gezogen werden. Ausgeschlossen war dennoch die Berichterstattung von Äußerungen, welche die Sittlichkeit grob beleidigen sowie von hochverräterischen oder die Sicherheit des Staates bedrohenden Ausführungen[81]. Privilegiert waren nur Berichte über öffentliche Sitzungen der gesetzgebenden Körperschaften, wobei sich das Privileg nicht nur auf gedruckte, sondern auch auf mündliche oder handschriftliche Berichte erstreckte. Bei der Gerichtsberichterstattung galten keine Privilegien zugunsten der Presse.

---

[79] Vgl. Weber, Grundriss, S. 39; Schaurek, Presserecht, S. 171, 172.

[80] Miřička, Tiskové právo, S. 913; Hrabánek, Soustava práva tiskového, S. 125.

[81] § 9 der Geschäftsordnungen Nr. 325/1920 und Nr. 326/1920 des Abgeordnetenhauses und des Senats, geändert durch Nr. 90 und 91/1933 Sg.

c) Verjährung

Die Verjährungsvorschriften enthielten Sonderbestimmungen in bezug auf Pressedelikte. Die Presse, insbesondere die Tagespresse, lebt seit jeher von der Aktualität. Für die Beurteilung der Umstände des Falles waren auch die begleitenden Umstände der Veröffentlichung von Bedeutung. Deshalb wurden bei Pressedelikten die Strafverfolgungsbehörden zu einer schnellen Ermittlung und die Gerichte zur einer raschen Urteilsfindung angehalten[82]. Aus dieser Motivation heraus erklären sich die kürzeren Verjährungsregeln im Hinblick auf die Pressedelikte. Nach § 40 galt für durch die Presse begangene strafbare Handlungen die sechsmonatliche Verjährungsfrist. Die eingetretene Verjährung schloß jede weitere Verfolgung des Delikts aus. Das Gesetz knüpfte den Beginn der Verjährungsfrist an das Erscheinen der Druckschrift oder den Beginn ihrer Verbreitung im Inland an[83].

2. Presseordnungsdelikte

Als Presseordnungsdelikte wurden Zuwiderhandlungen gegen die im zweiten Abschnitt des Pressegesetzes geregelten Bestimmungen zur Aufrechterhaltung der Ordnung in Pressesachen gehandelt. Auch im Bereich der Presseordnungsdelikte kamen besondere Verjährungsregeln zur Anwendung. Nach § 27 erlosch die Strafbarkeit der Vergehen und Übertretungen[84] in sechs Monaten von dem Tage an gerechnet, an welchem das Vergehen oder die Übertretung begangen oder das eingeleitete Verfahren unterbrochen und nicht weiter fortgesetzt worden war.

[82] Die Gerichte wurden durch einen Erlaß des Justizministeriums angewiesen, daß „eine verspätete Urteilsfällung in der Wirkung gänzlich verfehlt ist und noch den Nachteil mit sich bringt, daß der bereits vergessene Inhalt des strafbaren Titels dem Publikum durch die Verhandlung wieder in Erinnerung gebracht wird“, vgl. Schaurek, Presserecht, S. 257.

[83] Einzelheiten vgl. Schwelb, Prager JZ 1930, S. 608; Hrabánek, Soustava práva tiskového, S. 143; zu Besonderheiten bei der Hemmung und Unterbrechung der Verjährungsfrist vgl. Schaurek, Presserecht, S. 268 ff.

[84] Übertretungen werden heute als Ordnungswidrigkeiten bezeichnet.

3. Die besonderen Sanktionen des Pressegesetzes

§ 36 bestimmte, daß mit jedem Gerichtsurteil, das den Inhalt einer Druckschrift als Verbrechen erklärte, obligatorisch auch das Verbot ihrer Weiterverbreitung auszusprechen war. Im Hinblick auf Vergehen und Ordnungswidrigkeiten war das Verhängen des Verbreitungsverbots fakultativ. Diese Maßnahme stellte eine Nebenstrafe dar, welche in einem Strafverfahren angeordnet werden konnte[85]. Das Verbot mußte im Amtsblatt der tschechoslowakischen Republik verkündet werden. Sofern politische Parteien, welche verboten worden waren, Druckschriften herausgegeben und verbreitet hatten, konnte in Bezug auf diese Druckschriften ein Verbreitungsverbot ausgesprochen werden[86]. Druckschriften, welche auf ungesetzliche Weise verbreitet oder verbotswidrig angeschlagen wurden, unterlagen nach § 23 Abs. 4 dem Verfall[87]. Eine weitere Maßnahme, welche das Gericht verhängen konnte, bildete die Anordnung der sämtlichen oder teilweisen Vernichtung von für strafbar erklärten Druckschriften sowie der zur Vervielfältigung geeigneten Druckeinrichtungen. Zwingend erforderlich war der Erlaß eines vorherigen Verbreitungsverbots. Die Vernichtung sollte in Fällen, in denen zu befürchten war, daß die Druckschriften trotz eines Verbots weiter verbreitet werden, eine solche Verbreitung verhindern. Das Verbreitungsverbot und die Vernichtung betrafen ausschließlich Presseinhaltsdelikte.

Das Preßgesetz enthielt Bestimmungen über die Veröffentlichung von Gerichtsurteilen, die die Presseinhaltsdelikte betrafen[88]. Besondere Sanktionen konnten bei periodischen Druckschriften angeordnet werden. Diese genossen gewisse Tarifprivilegien bei der Beförderung der Druckschriften per Post und

---

[85] Nach § 493 St.-P.-O. konnte der Staatsanwalt, auch wenn er gegen keine bestimmte Person Anklage erhob, im öffentlichen Interesse begehren, daß das Gericht darüber erkenne, ob der Inhalt einer Druckschrift eine strafbare Handlung begründe, und daß es in diesem Falle das Verbot der weiteren Verbreitung ausspreche.

[86] § 6 des Gesetzes Nr. 201/1933 über die Einstellung und Auflösung politischer Parteien.

[87] Vgl. § 18 der Preßgesetznovelle Nr. 126/1933 Sg.; § 9 Abs. 3 und § 11 Abs. 4 des Gesetzes Nr. 124/1924 Sg.

[88] § 20 Abs. bei periodischen Druckschriften und § 39 bei nichtperiodischen Druckschriften; § 7 Abs. 1 des Gesetzes Nr. 124/1924 Sg.; § 12 des Ehrenschutzgesetzes Nr. 108/1933 Sg.

Bahn. Das Ministerium des Inneren hatte die Befugnis, die gewährten Tarifbegünstigungen zu entziehen, wenn es zu strafbaren Handlungen kam.

Die empfindlichste Strafe für die Presse stellte die Einstellung von Druckschriften als polizeiliche Maßnahme dar[89].

V. Preßprozeßrecht

Für das Strafverfahren in Pressesachen galten die Vorschriften der Strafprozeßordnung[90], sofern nichts anderes bestimmt war. Unter Pressesachen wurden sowohl Presseinhalts- als auch Presseordnungsdelikte verstanden. Sonderbestimmungen in Pressesachen enthielten die §§ 483-494 des Strafgesetzbuches und das Gesetz zum Schutz der Ehre Nr. 108/1933 Sg. Diese Sonderbestimmungen bezogen sich auf die Zuständigkeitsregelungen, die Beschlagnahme und den Verfall, das objektive Verfahren sowie das Verfahren über Beleidigungen[91].

Vor der Entstehung des tschechoslowakischen Staates und einige Jahre danach wurden durch den Inhalt der Druckschrift begangene Ordnungswidrigkeiten den Bezirksgerichten, Verbrechen den Schwurgerichten zugewiesen. Ein Geschworenengericht hielt man „als Hort der Freiheit gegenüber der Buchstabenkleberei der Juristen“ für am besten geeignet, einen Ausgleich der widerstreitenden Interessen an der Einhaltung der Strafrechtsnormen und der freien Meinungsäußerung zu finden. Diese Zuständigkeitszuweisung war jedoch durch viele Ausnahmen aufgeweicht. Die Preßgesetznovelle Nr. 124/1924 Sg. vom 30. Mai 1924 durchbrach das Prinzip der Schwurgerichtskompetenz für die durch den Inhalt einer Druckschrift begangenen Verbrechen der Verleumdung und Vergehen der Ehrenbeleidigung, indem diese Delikte von diesem Zeitpunkt an

---

[89] S.o. Fn. 74; die Tatbestände, welche zur Einstellung von Druckschriften führten, enthielten §§ 34 a) und b) des Schutzgesetzes Nr. 140/1934 Sg. und das Gesetz Nr. 201/1933 Sg.

[90] Das österreichische Gesetz Nr. 119/1873 RGBl. in der geltenden Fassung.

[91] Zum Preßprozeßrecht, das zu einem viel diskutierten Bereich gehörte, vgl. Miřička, Tiskové právo, S. 915 ff.; ders., Delikty tiskové; Hrabánek, Soustava práva tiskového, S. 147 ff.

den Schöffengerichten zugewiesen wurden[92]. Ordnungswidrigkeiten fielen grundsätzlich in die Kompetenz der Bezirksgerichte, § 486 St.-P.-O., mit Ausnahme der Verletzung der pflichtgemäßen Obsorge. Die örtliche Zuständigkeit in Pressesachen richtete sich gleichfalls nach den allgemeinen Regeln der Strafprozeßordnung, also nach dem Tatort. Für alle durch eine Druckschrift begangenen strafbaren Handlungen galt als Tatort der Ort, wo die Druckschrift gedruckt wurde; falls der Druckort unbekannt war oder im Ausland lag, der Ort, wo die Druckschrift verbreitet worden war.

Der Sicherung von Druckschriften, welche für verfallen erklärt wurden, diente die vorläufige Beschlagnahme der Druckschrift[93]. Der Staatsanwalt mußte innerhalb von drei Tagen darüber entscheiden, ob die Beschlagnahme aufgehoben wird oder ob er die Maßnahme durch ein Gericht bestätigen läßt. Für eine ungerechtfertigte Beschlagnahme hatte der Geschädigte die Möglichkeit, Schadensersatz zu fordern, wenn er den Schaden und dessen Höhe beweisen konnte.

Nach § 493 St.-P.-O. konnte der Staatsanwalt, auch wenn er gegen keine bestimmte Person Anklage erhob, im öffentlichen Interesse begehren, daß das Gericht darüber erkenne, ob der Inhalt einer Druckschrift eine strafbare Handlung begründe, und daß es in diesem Falle das Verbot der weiteren Verbreitung ausspreche. Hierüber erkannte das Gericht in einer nichtöffentlichen Sitzung, nach Anhörung des Staatsanwalts, und sprach durch ein Erkenntnisurteil aus, welche strafbare Handlung der Inhalt der Druckschrift begründete[94].

Für Beleidigung, Nachrede, Verleumdung und den Vorwurf einer Strafverfolgung oder Strafe, welche durch den Inhalt einer Druckschrift begangen wurden,

---

[92] Das Schöffengericht bestand aus drei Berufs- und zwei Laienrichtern, ausführlich Prochaska, Juristen-Zeitung 1924, S.123 ff. Zu anderen wichtigen Ausnahmen gehörte das Gesetz zum Schutze der Republik, welches gem. § 36 die meisten Verbrechen nach dem Schutzgesetz dem Kreisgericht zuwies und das Gesetz Nr. 111/1928 Sg. gegen den unlauteren Wettbewerb mit der Zuweisung an ordentliche Kreisgerichte.

[93] Zum Verfall s.o. C II 4 c); unterschieden wurde zwischen der Beschlagnahme durch Verwaltungsbehörde wegen Pressordnungs- und Pressinhaltsdelikten und der Beschlagnahme als einstweilige Verfügung des Gerichts; zu diesem Bereich ausführlich Hrubý, Právník 1890, S. 501ff; Hrabánek, Soustava práva tiskového, S. 159 ff.

[94] Das objektive Verfahren sah sich massiver Kritik ausgesetzt, vgl. Schwelb, Prager JZ 1930, S. 621, 622.

galten die im Gesetze über den Schutz der Ehre Nr. 108/1933 Sg. genannten Abweichungen[95].

Das Preßgesetz enthielt keine Bestimmung über die Befreiung vom Zeugniszwang[96]. Das Recht der Zeugnisverweigerung regelten die §§ 152, 153 St.-P.-O., welche der Presse keine Privilegien einräumten. Eigene Aussage konnte der Pressevertreter nur dann verweigern, wenn er sich selbst oder seine Angehörigen der Gefahr einer Strafverfolgung aussetzte. Die Informationsquelle konnte nicht geschützt werden.

VI. Die Berichtigung

1. Entstehung

Das Rechtsinstitut der Berichtigung hat seinen Ursprung in der französischen Revolution als eine der Errungenschaften der erkämpften Pressefreiheit[97]. Die vor der Revolution ausgeübte strenge Zensur machte einen Persönlichkeitsschutz überflüssig, da Verletzendes schon im Vorfeld herausgenommen und folglich nicht gedruckt wurde. Im Zuge der neu gewonnenen Pressefreiheit veränderte sich der Zeitungsmarkt bedeutend. Die Anzahl der Zeitungen und deren Auflagenstärke stiegen rapide an, der Einfluß auf die öffentliche Meinungsbildung nahm konstant zu. Diese Entwicklung führte gleichzeitig zur Zunahme von Persönlichkeitsrechtsverletzungen, die man mit Hilfe des geltenden Rechts nur

---

[95] Abweichungen von allgemeinen Bestimmungen enthielten: §§ 23, 24 über das Verfahren, § 21 Anschluß des Privatklägers an die öffentlichen Anklage, § 32 Ausschluß der Öffentlichkeit, § 33 Berufung, §§ 34, 35 Kosten der Rechtsvertretung.

[96] Der Entwurf des neuen Pressegesetzes aus dem Jahre 1933 sah in § 70 das Recht der Zeugnisverweigerung für Presseangehörige vor. Dieser Punkt des Entwurfes scheiterte zur großen Enttäuschung der Journalisten jedoch, obwohl die Nachbarstaaten den „ Schutz des Redaktionsgeheimnisses" bereits gesetzlich verankert hatten. In Österreich wurde das Zeugnisverweigerungsrecht im Jahre 1922 durch das neue österreichische Preßgesetz eingeführt. In Deutschland durch die Abänderung der Strafprozeßordnung vom 27.12.1926, RGBl. I , S. 529.

[97] Art. 11 Déclaration des Droits de l'homme et du citoyen vom 26. August 1789.

ungenügend ausgleichen konnte. Berichte über Privatangelegenheiten, Familienleben sowie Verleumdungen, insbesondere im politischen Meinungskampf häuften sich, die Verletzungen der Ehre nahmen zu. Das französische Parlament reagierte auf diese Entwicklung im Jahre 1822 und verabschiedete das Gesetz zur Unterdrückung der Pressedelikte[98]. Dessen Art. 11 bestimmte, daß jeder Eigentümer oder Herausgeber eines periodischen Druckwerks verpflichtet ist, innerhalb von drei Tagen nach Erhalt des Antwortverlangens[99] oder in der nächstfolgenden Ausgabe, falls sie nicht innerhalb von der drei Tagen erscheint, die Antwort jeder Person, die in dem Druckwerk benannt ist, zu veröffentlichen. Dieses Recht sollte Personen, die durch eine Pressemitteilung betroffen waren, ermöglichen, sich an derselben Stelle mit eigenen Worten und vor demselben Publikum zu verteidigen. Die Berichtigung stellte eine Art gesetzlich erlaubter Selbstverteidigung als Ausprägung des Grundsatzes „*audiatur et altera pars*" dar. Das Ziel war die Herstellung von Waffengleichheit. Der Betroffene wurde öffentlich angegriffen und deshalb mußte er die Möglichkeit einer öffentlichen Verteidigung bekommen[100].

Diese Entwicklung blieb in Österreich und Deutschland nicht unbemerkt. In Österreich wurde erstmals im Jahre 1848 die Berichtigung durch eine Verordnung normiert, die sich ihrerseits am Badischen Pressegesetz vom Dezember 1831 orientierte[101]. Gesetzlich verankert wurde das Recht der Berichtigung

---

98 Gesetz vom 25. März 1822, das 1835 modifiziert wurde. Mit dem Gesetz vom 28. Juni 1881 über die Pressefreiheit wurden die früheren Bestimmungen übernommen und in Art. 13 ergänzt; dazu Koch, Rechtsschutz, S. 6; Löffler/Ricker, Handbuch des Presserechts, S. 125.

99 Für den Begriff „la réponse" werden die Ausdrücke Entgegnungsrecht, Antwortrecht und Berichtigung synonym gebraucht.

100 Vgl. Stránský, Tisková oprava, S. 68; Zucker, Právník 1906, S. 650, 651; Kitzinger, Reichsgesetz, S. 68; Löffler, Presserecht, S. 125.

101 § 13 der Verordnung vom 31. März 1848 bestimmte, daß der Herausgeber einer periodischen Druckschrift in das nächtsfolgende Blatt oder Heft jede amtliche oder amtlich beglaubigte Berichtigung von Tatsachen unbedingt, andere insoweit, als der Umfang der Entgegnung den Umfang des Artikels nicht übersteigt, unentgeltlich aufzunehmen hat; näheres bei Liszt, Preßrecht, S. 176. In Deutschland wurde das Berichtigungsrecht erstmals im badischen Pressegesetz im Jahre 1831 normiert, eine einheitliche Regelung führte das Reichspressegesetz von 1874 in § 11 ein.

durch die Bestimmung des § 19 des österreichischen Preßgesetzes von 1862. Nach § 19 mußte auf Antrag einer Behörde oder einer beteiligten Privatperson in der periodischen Presse jede Berichtigung der durch die Presse mitgeteilten Tatsachen aufgenommen werden, und zwar in das nach gestelltem Begehren zunächst erscheinende oder nachfolgende Blatt oder Heft. Bezüglich des Orts der Einreihung als auch in bezug auf die Schrift (Lettern) mußte die Berichtigung ganz in derselben Weise erfolgen, in welcher der zu berichtigende Artikel zum Abdrucke gebracht war.

Das „deutsche" Berichtigungsrecht unterschied sich hinsichtlich des Gegenstands der Berichtigung grundlegend von dem französischen Modell. Das französische Recht räumte einen Berichtigungsanspruch jeder in der Veröffentlichung genannten oder bezeichneten Person ohne Rücksicht darauf ein, ob es sich um Tatsachen oder Meinungen handelte. Im deutschen Recht hingegen mußte man sich stets auf veröffentlichte Tatsachen beschränken. Meinungen und Werturteile konnten nicht berichtigt werden.

2. Das Berichtigungsrecht von 1918 bis 1933

Das Berichtigungsrecht in den historischen Ländern war durch die Übernahme des österreichischen Preßgesetzes folglich in dem bereits erwähnten § 19 geregelt. Das Berichtigungsrecht entwickelte sich im Laufe der Zeit zu einem maßgeblichen Bestandteil des Presserechts. Eine profunde Untersuchung und Auseinandersetzung mit dem internationalen Stand der zeitgenössischen Literatur über das Berichtigungsrecht unternahm *Stránský* in seiner im Jahre 1930 erschienenen Monographie[102].

---

[102] Stránský, Tisková oprava; darin unterzieht Stránský das Institut der Berichtigung einer eingehenden Untersuchung in rechtsvergleichender Weise. Sein Hauptaugenmerk richtet er auf die Erforschung des Gegenstands der Berichtigung und der Frage, welchem Zweck die Berichtigung dient. In seinen Ausführungen beschäftigt er sich insbesondere mit dem französischen, deutschen und österreichischen Stand der Wissenschaft auf diesem Gebiet, wobei sich auch Anmerkungen zur Sowjetunion, zu Belgien und Italien finden. Ausführlich setzt er sich mit den Ansichten führender Presserechtler (Liszt, Häntzschel, Kitzinger, Berner, Mannheim, Regensburger usw.) auseinander. Stránský zeigt auf, wie schwierig im Einzelfall die Abgrenzung zwischen Tatsache und Werturteil sein kann. Stránský kommt entgegen der

Systematisch wurde das Berichtigungsrecht dem Ordnungsrecht und damit dem öffentlichen Recht zugeordnet. Diese Zuordnung ergab sich nach der Auffassung der Literatur und Rechtsprechung einmal aus seiner Stellung im zweiten Abschnitt des Gesetzes unter der Überschrift „Bestimmungen zur Aufrechterhaltung der Ordnung in Preßsachen" und aus dem Umstand, daß das zu schützende Objekt in der Bewahrung der staatlichen Ordnung vor dem Mißbrauch durch die Presse gesehen wurde[103].

a) Voraussetzungen der Berichtigung

Anspruchsberechtigt war gemäß § 19 jede Behörde und jede beteiligte Privatperson, nicht jedermann[104]. Anspruchsvoraussetzung war, daß sie durch die Pressemitteilung betroffen wurden. Für die Geltendmachung des Anspruchs war ohne Belang, ob die Pressemitteilung ehrverletzend oder beleidigend war. Betroffen war derjenige, der in seinen Interessen, mittelbar oder unmittelbar berührt wurde. Anspruchsverpflichteter war der verantwortliche Redakteur der Zeitung, in der die angegriffene Mitteilung veröffentlicht wurde.

Die Berichtigung setzte die Veröffentlichung einer Tatsachenbehauptung durch die Presse voraus. Meinungen, Werturteile, Beschimpfungen und „überhaupt Äußerungen, welche ein Urteil enthalten, Kritiken über wissenschaftliche, künstlerische, gewerbliche Leistungen usw. waren daher kein tauglicher Gegenstand der Berichtigung".[105] Die Definition des Begriffes Tatsachenbehaup-

herrschenden Auffassung, daß ausschließlich Tatsachen berichtigt werden dürfen, zu dem Ergebnis, daß jede Aussage über eine Tatsache gleichzeitig ein Urteil, eine Wertung über diese Tatsache enthält und deshalb die Berichtigung von Wertungen nicht gänzlich ausgeschlossen sein sollte (vgl. S. 89). Im Ergebnis hält er aber das deutsche Berichtigungsrecht gegenüber dem französischen für vorzugswürdig (vgl. S. 59 ff.); vgl. auch Stránský, Problém, S. 192.

[103] Hrabánek, Soustava práva tiskového, S. 37; kritisch Stránský, Tisková oprava, S. 65 ff.; die öffentlich rechtliche Einordnung vertrat auch die damals herrschende Auffassung in Deutschland , vgl. statt aller Häntzschel, Preßrecht, S. 40; anderer Auffassung Kitzinger, Reichsgesetz, S. 68, 69.

[104] Als Privatperson wurden auch die gesetzlichen Vertreter von Gesellschaften und Vereinen angesehen.

[105] Liszt, Preßrecht, S. 178.

tung und dessen Abgrenzung zu Meinungen und Werturteilen wurde in der Literatur ausführlich diskutiert. Die in der tschechischen Rechtswissenschaft und Rechtsprechung angewandten Kriterien zur Abgrenzung einer Tatsachenbehauptung von einem Werturteil entsprachen weitgehend dem deutschen Meinungsstand[106] beziehungsweise gingen von diesem aus. Als Tatsache wurden objektive und feststellbare Vorgänge, Eigenschaften oder Zustände angesehen. Es mußte sich aber nicht zwingend um sogenannte äußere Tatsachen (sinnlich Wahrnehmbares) handeln, auch innere Tatsachen wurden erfaßt wie Beweggründe, die zu einem Handeln oder Unterlassen geführt haben[107]. Wichtiges Kriterium war, ob der Vorgang einer Prüfung, „einem Postulat der Beweisbarkeit" zugänglich war[108]. Ohne Bedeutung war, ob die Tatsachenbehauptung wahr oder unwahr war. Mit der Berichtigung sollte der Betroffene lediglich zu Wort kommen, damit sich der Leser ein eigenes Bild machen konnte. Es mußte sich jedoch um eine mitgeteilte Tatsachenbehauptung handeln[109]. Nicht einheitlich bewertet wurde die Frage, ob übernommene Nachrichten, deren Quelle angegeben war, einen Berichtigungsanspruch auslösen konnte. Als herrschend kann die Auffassung bezeichnet werden, daß auch fremde Tatsachenbehauptungen, sei es mit oder ohne Quellenangabe, Gegenstand einer Berichtigung sein konnten[110].

Die Berichtigung mußte gemäß § 22 unverändert und ohne Anmerkungen irgendeiner Art abgedruckt werden[111]. Die Aufnahme von amtlichen Berichtigungen war unentgeltlich, bei Privatpersonen nur insofern, als der Umfang dersel-

---

106 Hrabánek, Soustava práva tiskového, S. 42; Liszt, Preßrecht, S. 178; Häntzschel, Preßrecht, S. 41 ff.; Kitzinger, Reichsgesetz, S. 70 ff.

107 Zm I 546/25, Vážný, strafr. Sg. Nr. 2132.

108 Stránský, Tisková oprava, S. 92 führt dazu aus: „Wir dürfen dabei aber nicht vergessen, daß eine Mitteilung nur deshalb beweisbar ist, weil es sich um eine Tatsachenmitteilung handelt. Die Beweisbarkeit ist aber lediglich ein Kontrollmittel".

109 Stránský war hingegen der Ansicht, daß die von der Presse nicht veröffentlichten, die „veruntreuten" Nachrichten auch berichtigt werden müßten, weil in der Zeitung mehr dadurch gelogen wird, daß man es verschweigt als durch die mitgeteilten Tatsachen. Dieses Manko sollte nur durch eine Berichtigung geheilt werden können, vgl. S. 28.

110 Sládeček, Tiskové právo, S. 111; Stránský, Tisková oprava, S. 101; andere Auffassung Liszt, Preßrecht, S. 179.

111 Verboten waren jegliche Zusätze oder Anmerkungen, selbst Frage- oder Ausrufezeichen; vgl. Liszt, Preßrecht, S. 181.

ben das zweifache Maß des Artikels nicht überstieg, gegen den sie sich richtete. Der verantwortliche Redakteur konnte eine Berichtigung, welche das zweifache Maß überstieg entweder zurückweisen oder für das „zuviel“ die üblichen Anzeigenpreise verlangen. Was die Plazierung der Berichtigung angeht, wurde verlangt, daß die Berichtigung in derselben Rubrik (z.B. Politik, Sport, Kultur) abgedruckt wird, in der die erste Mitteilung erschien. Bezüglich der zu verwendenden Sprache enthielt das Gesetz keine ausdrückliche Bestimmung. Jedenfalls durfte keine Berichtigung verweigert werden, wenn sie in der Sprache der ursprünglichen Nachricht oder in der Staatssprache verfaßt wurde[112].

b) Ablehnungsgründe

Erfüllte das Berichtigungsbegehren nicht die in § 19 aufgezählten Voraussetzungen, so war der verantwortliche Redakteur nicht verpflichtet, die Berichtigung zu korrigieren. Erst recht hatte er keine Verpflichtung, die Passagen, die den Voraussetzungen nicht entsprachen, herauszunehmen und den ordnungsgemäßen Rest zu drucken[113]. Einschränkungen der Abdruckpflicht waren im Gesetz nicht vorgesehen. Die Rechtsprechung sah die Weigerung eines verantwortlichen Redakteurs, eine Berichtigung abzudrucken, dann als legitim an, wenn diese einen strafbaren Inhalt hatte[114]. Die Lehre vertrat die Auffassung, daß die Bestimmungen der in § 11 des deutschen Reichspreßgesetzes genannten Ablehnungründe, welche den Redakteur berechtigten, die Berichtigung zu verweigern, auch im österreichischen Preßrecht, ohne ausdrücklich anerkannt zu sein, Anwendung finden sollte[115]. Dies bedeutet, daß der verantwortliche Redakteur die Berichtigung verweigern durfte, wenn sie nicht unterzeichnet oder strafbaren Inhalts war oder wenn sie sich nicht auf Tatsachen beschränkte.

Umstritten war, ob Parlamentsberichte und Berichte von den öffentlichen Verhandlungen der Gemeindevertretungen oder von Gerichtsverhandlungen Ge-

---

[112] Sofern die Redaktion eine Berichtigung übersetzte, wurde in der Veröffentlichung darauf hingewiesen, daß es sich um eine Übersetzung handelt.

[113] Zm I 393/24, Vážný, strafr. Sg. Nr. 1693.

[114] Zm II 520/24, Vážný, strafr. Sg. Nr. 1807.

[115] Liszt, Preßrecht, S. 184.

genstand einer Berichtigung sein können. Nach § 28 Abs. 4 durfte derjenige nicht zur Verantwortung herangezogen werden, der wahrheitsgetreu eine Mitteilung über die Verhandlung der Parlamentskammern verfaßte. Im Hinblick darauf war wahrheitsgetreue Parlamentsberichterstattung nicht berichtigungsfähig[116]. Bei Gerichtsberichterstattung und bei Berichten über öffentliche Sitzungen anderer Organe bestand der Berichtigungsanspruch.

Die Frage, ob Anzeigen berichtigungsfähig und ob eine Berichtigung wiederum Gegenstand eine Berichtigung sein konnte, gehörte ebenfalls zu den stark umstrittenen Bereichen. In der Literatur wurde mehrheitlich der Grundsatz vertreten, daß im Grunde der gesamte Inhalt der Zeitung berichtigungsfähig sei[117]. Deshalb mußten auch private und geschäftliche Anzeigen und eine veröffentliche Berichtigung eines Dritten wiederum berichtigt werden können[118]. Die Gegenmeinung stützte ihre Ablehnungshaltung darauf, daß die Erfüllung der Rechtspflicht kein Grund für das Entstehen einer neuen Rechtspflicht sein dürfe[119].

c) Geltendmachung

Das Veröffentlichungsbegehren unterlag keiner gesetzlichen Frist. Daher konnte eine Berichtigung innerhalb eines längeren Zeitraums geltend gemacht werden. Zeitlich gänzlich unbegrenzt war sie jedoch nicht. Ein zu langer Zeitraum ließ die „Beteiligung" des Anspruchstellers fragwürdig erscheinen[120].

---

[116] So Miřička, Tiskové právo, S. 908; anderer Auffassung Stránský, Tisková oprava, S. 106, 107. In § 12 des deutschen Reichspreßgesetzes wurde diese Frage bereits positiv geregelt.

[117] Hrabánek, Soustava práva tiskového, S. 43; Stránský, Tisková oprava, S. 105.

[118] Diese Fragen wurden auch in der deutschen Literatur heftig diskutiert, vgl. Klöppel, Reichspressrecht, S. 239; Regensburger, Berichtigungspflicht, S. 55; Mannheim, Preßrecht, S. 25; Häntzchel, Preßrecht.

[119] Stránský, Tisková oprava, lehnte diese Auffassung ab, da seiner Meinung nach die Berichtigung „keine Strafe darstelle, sondern methodisches Streben nach der Wahrheit".

[120] Liszt, Preßrecht, S. 182.

d) Das Berichtigunsverfahren

Der Anspruchsteller konnte den Abdruck einer Berichtigung auf dem Rechtswege einklagen. Für das Berichtigungsverfahren (Strafverfahren) war das Kreisgericht am Druckort bzw. am Erscheinungsort zuständig[121]. Eine grundlose Weigerung des verantwortlichen Redakteurs, die eingereichte Berichtigung in der gesetzlich vorgeschriebenen Zeit und Art abdrucken zu lassen, wurde als Übertretung gemäß § 21 mit einer Geldstrafe geahndet.

Die Weigerung des verantwortlichen Redakteurs war nur dann strafbar, wenn sie nicht gutgläubig geschah (*mala fides*). Hielt der verantwortliche Redakteur jedoch seine Weigerung für objektiv begründet (*bona fides*), obwohl sie es tatsächlich nicht war, ordnete das Gericht den Abdruck der Berichtigung an, der verantwortliche Redakteur blieb allerdings straffrei. Unter einer Verweigerung wurde nicht nur eine ausdrückliche Ablehnung verstanden, sondern auch die bloße Unterlassung. Darüber hinaus wurde als Verweigerung angesehen, wenn der Abdruck dem Anspruchsteller zwar zugesagt aber tatsächlich nicht erfüllt wurde oder wenn er nicht in der vorgeschriebenen Weise oder verspätet erfolgte. Auf die Frage der Wahrheit bzw. Unwahrheit der Erstveröffentlichung oder der Berichtigung ging das Gericht nicht ein. Für die Abdruckpflicht des verantwortlichen Redakteurs war es ohne Belang, ob er von der Unwahrheit der Berichtigung überzeugt war. Das Gericht prüfte lediglich, ob die Berichtigung den gesetzlichen Anforderungen entsprach.

Stellte das Gericht fest, daß es keinen Grund gab, die Berichtigung zu verweigern, ordnete es den Abdruck der Berichtigung an. Der Richter war verpflichtet, über ein solches Begehren unverzüglich, womöglich binnen 24 Stunden zu erkennen. Die Erzwingung der Abdruckpflicht regelte § 21 Abs. 2, S. 2. Das Gericht hatte die Pflicht, die Einstellung der Druckschrift bis zur Erfüllung der Verpflichtung zu verfügen. Diese Verfügung bildete einen zwingenden Bestandteil des Urteils über den Abdruck einer Berichtigung[122]. Die Verfügung der Einstellung der Druckschrift wurde auf Antrag des Herausgebers oder des verant-

[121] §§ 485, 486 St.P.O. Gesetz Nr. 119/1873 RGBl.

[122] Liszt, Preßrecht, S. 186.

wortlichen Redakteurs aufgehoben, sobald der Nachweis einer ordnungsgemäßen Veröffentlichung der Berichtigung erbracht wurde.

Das Urteil des Gerichts über die Veröffentlichung der Berichtigung war anfechtbar, das Rechtsmittel hatte jedoch keine aufschiebende Wirkung. Hob das Berufungsgericht ein erstinstanzliches Urteil auf, auf dessen Grundlage die Berichtigung veröffentlicht wurde, so erkannte es dem verantwortlichen Redakteur einen Schadensersatz zu.

3. Das Berichtigungsrecht ab 1933

Die kleine Preßgesetznovelle aus dem Jahre 1933 stellte das Berichtigungsrecht auf eine neue Grundlage[123]. Die dürftigen Bestimmungen der §§ 19, 21 und 22 wurden aufgehoben und durch neue Bestimmungen ersetzt. Die Berichtigung regelten von nun an die §§ 11 bis 18 der Preßgesetznovelle. Das Berichtigungsrecht erfuhr eine wesentlich detailliertere Regelung als zuvor, insbesondere hinsichtlich der Formerfordernisse. Einerseits wurden die Bereiche, welche sich durch Literatur und Rechtsprechung zu gefestigten Grundsätzen entwickelten, gesetzlich verankert. Andererseits wurden überholte Bestimmungen entfernt und das gesamte Berichtigungsrecht revidiert. Darüber hinaus führte die Novelle zu einer Vereinheitlichung des Berichtigungsrechts in den historischen Länder, in der Slowakei und in Karpatho-Rußland[124]. Ab dem 27.3.1933 galt ein einheitliches Berichtigungsrecht in der gesamten Tschechoslowakei.

Berichtigungsfähig blieben weiterhin nur Tatsachen. Abweichend von der ursprünglichen Fassung, die von „Berichtigung der durch die Presse mitgeteilten Tatsachen" ausging, bestimmte § 11 Abs. 1 der Preßgesetznovelle die Berichtigung folgendermaßen: „*Wer durch eine Nachricht in einer periodischen Druckschrift berührt wird, hat das Recht zu verlangen, daß eine Berichtigung veröffentlicht wird. In der Berichtigung kann er bloß die Tatsachen anführen, welche die in der Nachricht enthaltenen Tatsachen berichtigen oder widerlegen; er kann sich aber auch auf die bloße Bestreitung der Wahrheit der in der Nach-*

---

[123] Gesetz Nr. 126/1933 Sg.

[124] Vgl. Doležílek, PR 3/1996, S. 100.

richt enthaltenen Tatsachen beschränken". Die Bestimmung beruhte auf der Verschmelzung des österreichischen mit dem ungarischen Berichtigungsrecht[125].

Aufgrund des Umstands, daß ausschließlich Tatsachen berichtigungsfähig waren und für einen betroffenen Leser die Unterscheidung zwischen einer Tatsachenbehauptung und einem Werturteil nicht einfach zu bestimmen war, hatte der Gesetzgeber eine „Hilfestellung des Gerichts" bei der Formulierung der Berichtigung im Gesetz verankert[126]. Gemäß § 14 Abs. 4 der Preßgesetznovelle konnte das Gericht auf Antrag des Antragstellers bei der Formulierung und Fassung einer Berichtigung, die den Anforderungen des § 11 Abs. 1 der Preßgesetznovelle nicht entsprach, behilflich sein. In diesem Fall konnte der verantwortliche Redakteur fordern, daß das Gericht die Verfahrenskosten dem Antragsteller auferlegt.

Neu war, daß die Redaktion der Berichtigung eine Anmerkung (Glossierung) hinzufügen durfte, welche „deutlich ersichtlich" sein mußte, § 12 Abs. 1 S. 3 der Preßgesetznovelle. Bezüglich des Inhalts machte das Gesetz keine Vorgaben. Üblich waren Anmerkungen wie „die Redaktion bleibt bei ihrer Darstellung" oder „die Redaktion widerruft".[127] Gegen die Anmerkung konnte man sich erneut mit einer Berichtigung zu Wehr setzen. Handelte es sich jedoch um die Berichtigung einer Behörde, eines Gerichts, einer Anstalt, eines Fonds oder eines Organs des Staates (amtliche Berichtigung), war das Anfügen einer redaktionellen Anmerkungen nicht gestattet.

---

[125] Die ungarische Form der Berichtigung wurde von manchen als „moderner" gegenüber der österreichischen betrachtet, vgl. Stránský, Tisková oprava, S. 100. § 20 des ungarischen Preßgesetzes Nr. XIV. aus dem Jahre 1914 lautete: „Behörden oder diejenigen, über die in einer periodischen Druckschrift offensichtlich oder verdeckt unwahre Tatsachen oder wahre Tatsachen verzerrt mitgeteilt worden sind, können die Berichtigung der in der periodischen Druckschrift veröffentlichten Nachricht verlangen".

[126] Im Begründungsbericht zum Entwurf der Preßgesetznovelle wird dies folgendermaßen dargelegt: „Es ist notwendig einzugestehen, daß die Bestimmung der Grenze zwischen einer bloßen Tatsachenbehauptung auf der einen Seite und einem Werturteil über Tatsachen sowie Schlußfolgerungen aus Tatsachen auf der anderen Seite in der Praxis nicht einfach ist. Deshalb wird die Abfassung einer Berichtigung, welche nicht in Polemik münden soll, sehr schwierig sein"; Drucksache des Abgeordnetenhauses Nr. 1727.

[127] Hrabánek/Milota, Nové právo tiskové, S. 91.

Die Berichtigung mußte mit der Überschrift „Preßberichtigung" bezeichnet werden. In ihrer Einleitung war auf den Titel und die Nummer der periodischen Druckschrift, in der die Nachricht veröffentlicht wurde, möglichst unter Angabe der Überschrift zu verweisen und an ihrem Ende war der Antragsteller anzuführen. Ausdrücklich wurde nun in § 12 Abs. 1 der Preßgesetznovelle bestimmt, daß die Berichtigung in einer korrekten Übersetzung in der Sprache, in der die ursprüngliche Nachricht veröffentlicht war, als keine Änderung galt, vorausgesetzt, daß diese Übersetzung als solche bezeichnet wurde[128]. Als Empfänger der Berichtigung kam jetzt nicht nur der verantwortliche Redakteur in Betracht, sondern es genügte die Zustellung an den Herausgeber oder den Drucker. Die Veröffentlichung der Berichtigung blieb weiterhin grundsätzlich unentgeltlich. Überschritt sie jedoch das doppelte der ursprünglichen Nachricht, so hatte der Antragsteller für den Teil, der dieses Ausmaß überschritt, im voraus die üblichen Anzeigekosten zu bezahlen.

Eine wichtige Änderung ergab sich hinsichtlich der Geltendmachung des Berichtigungsbegehren. Die Berichtigung mußte binnen zwei Monaten nach der Herausgabe der Nummer, welche die zu berichtigende Nachricht erhielt, eingegangen sein. Die Veröffentlichung einer verspätet eingereichten Berichtigung stellte einen der im § 13 der Preßgesetznovelle genannten Ablehnungsgründe dar. Im übrigen konnte eine Berichtigung abgelehnt werden, wenn sie das dreifache Ausmaß der ursprünglichen Nachricht überschritt[129], wenn auf Verlangen des Antragstellers oder einer ihn vertretenden Person in der periodischen Druckschrift eine Berichtigung derselben Nachricht veröffentlicht wurde, wenn durch die Veröffentlichung eine strafbare Handlung begangen worden wäre oder wenn

---

[128] In den Auseinandersetzungen, die um die Sprachenfrage geführt worden sind (etwa: Muß eine deutsche Zeitung eine tschechische Berichtigung drucken lassen), spiegeln sich die zunehmend problematische Beziehungen zwischen den Tschechoslowaken und der deutschen Minderheit; zu Minderheitenproblemen der Vorkriegstschechoslowakei vgl. Newman, Krisen der Demokratie, S. 155 ff; Hilf, Deutsche und Tschechen, S. 62 ff.

[129] Dies galt nicht für amtliche Berichtigungen. Diese durften das dreifache Ausmaß der ursprünglichen Nachricht überschreiten; jegliche Anmerkungen waren verboten. Eine Glosse durfte erst in der nächstfolgendnen Ausgabe veröffentlicht werden. Wurde die amtliche Berichtigung nicht vorschriftsgemäß veröffentlicht, sollte das Strafverfahren „so rasch als möglich" durchgeführt werden, § 15 der Preßgesetznovelle.

die Art ihrer Abfassung grob unanständig war, § 13 Nr. 1 – 4 der Preßgesetznovelle.

Besonders gestritten wurde um die Frage, ob die Veröffentlichung einer Berichtigung verweigert werden konnte, wenn deren Unwahrheit bewiesen werden konnte. Vor allem der Journalistenverband forderte, daß eine Berichtigung nur dann veröffentlicht werden dürfe, wenn sie wahr sei[130]. Der Gesetzgeber entschied sich für die Beibehaltung der bisherigen Konzeption, wonach die Wahrheit oder die Unwahrheit der Berichtigung nicht zu prüfen sei. Diese Entscheidung stützte er auf den mit der Berichtigung verfolgten Zweck und die historische Kontinuität des Instituts der Preßberichtigung, beruhend auf dem Grundsatz „*audiatur et altera pars*"[131]. Mit einer Forderung konnte sich der Journalistenverband dennoch durchsetzen. Der Eigentümer einer periodischen Druckschrift konnte gemäß § 17 Preßgesetznovelle im Zivilrechtsweg vom Antragsteller die Kosten der Veröffentlichung und Schadensersatz fordern, wenn dieser wußte, daß die Berichtigung unwahr war.

Im Berichtigungsverfahren trat an Stelle der im § 21 vorgesehenen Pflicht der Verfügung der Einstellung der Druckschrift eine neue Sanktion. Gemäß § 16 der Preßgesetznovelle verfügte das Gericht, wenn die Berichtigung nicht so veröffentlicht wurde, wie vom Gericht aufgetragen, daß alle Nummern der Zeitschrift von der staatlichen Sicherheitsbehörde vorläufig in Beschlag genommen werden. Eine Beschwerde gegen diese Verfügung hatte keine aufschiebende Wirkung. Aufgehoben wurde die Beschlagnahme erst auf Verlangen des Herausgebers oder des verantwortlichen Redakteurs, sofern sie nachweisen konnten, daß die Berichtigung veröffentlicht wurde.

---

130 Begründet wurde diese Forderung damit, daß anderenfalls die Berichtigung mißbraucht werden könnte, um wahre Nachrichten mit unwahren Berichtigungen zu korrigieren.

131 Der Zweck einer Berichtigung war und ist im Grunde die Sicherstellung dessen, daß sich der Betroffene gegen eine Nachricht dort wehren kann, wo sie erschien. Die Feststellung, ob eine Nachricht wahr ist, kann nur in einem Gerichtsverfahren ermittelt werden. Solch ein Verfahren dauert erfahrungsgemäß erheblich lange. Bis ein Urteil feststeht, vergeht viel Zeit, die dem mit der Berichtigung verfolgten Zweck abträglich ist. Es muß den Lesern überlassen werden, daß sie sich aufgrund der vorgetragenen Tatsachen beider Seiten ein eigenes Urteil bilden, ob die Erstmitteilung der Presse oder die Darstellung des Betroffenen der Wahrheit entspricht, vgl. Hrabánek/ Milota, Nové právo tiskové, S. 92.

Neu eingeführt wurde die Bestimmung des § 16 Abs. 2 der Preßgesetznovelle über die Veröffentlichungspflicht in einem Ersatzperiodikum. Für den Fall, daß die Herausgabe einer periodische Druckschrift in der die Berichtigung erscheinen sollte, eingestellt wurde, ordnete das Gericht auf Antrag des Anspruchstellers die Veröffentlichung der Berichtigung auf Kosten des Herausgebers in einer anderen periodischen Druckschrift an. Diese wurde vom Gericht gleichzeitig bestimmt.

§ 4 Das Presserecht im Protektorat Böhmen und Mähren

Die unter dem Schlagwort „Münchener Diktat" bekannt gewordenen Ereignisse im Jahre 1938 und der durch die Errichtung des Protektorats Böhmen und Mähren im Jahre 1939 eingetretene Verlust der Eigenstaatlichkeit prägten die tschechische Gesellschaft tief. Der Unterzeichnung des Münchener Abkommens am 30.9.1938 folgte die Abtretung der sogenannten sudetendeutschen Gebiete an das Deutsche Reich[132]. Durch die Abtretung verlor die Tschechoslowakei fast ein Viertel ihrer Gesamtfläche unter gleichzeitiger Eingliederung von ca. 800.000 Tschechen in das Deutsche Reich. Hitlers Erlaß vom 1.10.1938 ordnete für die sudetendeutschen Gebiete an, daß „das geltende Recht bis auf weiteres in Kraft bleibt, soweit es nicht dem Sinne der Übernahme dieser Gebiete durch das Deutsche Reich widerspricht. Die Einführung des Reichsrechts in den sudetendeutschen Gebieten erfolgt durch mich oder durch den zuständigen Reichsminister im Einvernehmen mit dem Reichsminister des Inneren"[133]. Der Reichsminis-

[132] Vgl. dazu Schmid, Münchner Abkommen. Aufgrund des 1. Wiener Schiedsspruchs vom 2.11.1938 verlor die Tschechoslowakische Republik die Südslowakei an Ungarn, und im März 1939 wurde das Gebiet der Karpatoukraine Ungarn angegliedert. S. Brunner/Tontsch, Minderheitenschutz, S. 21; Mohlek/Hošková, Minderheitenschutz, S. 124.

[133] § 5 Abs. 1 und § 7 des Erlasses über die Verwaltung der sudetendeutschen Gebiete, RGBl. I S. 1331.

ter verkündete das Inkrafttreten deutscher Gesetze im Verordnungsblatt für Sudetendeutsche Gebiete[134].

Nach der Ausrufung des slowakischen Vasallenstaates am 14.3.1939 und durch die Besetzung des restlichen Gebietes als „Protektorat Böhmen und Mähren“ am 15.3.1939 unterstanden die historischen Länder unmittelbar der deutschen Kontrolle[135]. Rein formal war das Protektorat autonom. Mit dem Erlaß vom 16.3.1939[136] wurde für das Protektorat „autonome Selbstverwaltung“ mit einem Präsidenten und einer Regierung angeordnet.

Tatsächlich wurde die gewährte Autonomie so eingegrenzt, daß der Reichsprotektor[137] die absolute Weisungsbefugnis innehatte. Hinsichtlich der Rechtskontinuität bestimmte der Erlaß in Art. 12 das Fortgelten des bisherigen Rechts, soweit es nicht dem „Sinne der Übernahme des Schutzes durch das Deutsche Reich“ widersprach. Diese Maßnahmen hatten ein kompliziertes Rechtssystem zur Folge. In den Gebieten, die in das Großdeutsche Reich eingegliedert wurden, galt das deutsche Recht. Auf dem Territorium des Protektorats blieb grundsätzlich das geltende Recht in Kraft. Hinzu kamen die Vorschriften der „autonomen Selbstverwaltung“ und darüber hinaus noch deutsche Vorschriften[138].

---

[134] Mit der ersten Bekanntmachung vom 7.10.1938 wurde die Geltung des deutschen Strafrechts in Sudetendeutschen Gebieten verordnet.

[135] Zum geschichtlichen Hintergrund vgl. Hoensch, Geschichte, S. 431; ders. Geschichte der Tschechoslowakischen Republik, S. 77 ff.; vgl. auch zum Auseinanderbrechen des Tschecho-Slowakischen Staates: Hoensch, Slowakei, S. 31 ff.; Schmid, Slowakische Republik, S. 56 ff.

[136] Erlaß des Führers und Reichskanzlers über das Protektorat Böhmen und Mähren vom 16.3.1939, RGBl. I Nr. 47, Art. 3: (1)„Das Protektorat Böhmen und Mähren ist autonom und verwaltet sich selbst“, (2)„Es übt seine ihm im Rahmen des Protektors zustehenden Hoheitsrechte im Einklang mit den politischen, militärischen und wirtschaftlichen Belangen des Reiches aus“.

[137] Der Reichsprotektor bezog seine Weisungen unmittelbar von Hitler, denn er war der „alleinige Repräsentant des Führers und Reichskanzlers und der Reichsregierung im Protektorat“, RGBl. I Nr. 52 vom 22.3.1939. Die Befugnisse des Reichsprotektors waren fast unumschränkt: Er durfte Verordnungen erlassen, Kabinetsmitlieder bestätigen, Veto bei Rechtsvorschriften einlegen usw., vgl. Schmid/Horský, Tschechoslowakei, S. 12.

[138] Die Sicherheitspolizei, die Strafrechtspflege und die Kriminalpolizei waren deutsch, gemäß der Verordnung über den Aufbau der Verwaltung und die Deutsche Staatspolizei im

Für das Presserecht ergibt sich folgendes Bild: In Sudetendeutschen Gebieten galt deutsches Presserecht, im Protektorat Böhmen und Mähren blieb das geltende Recht weiterhin in Kraft. Daß die Geschehnisse am Presserecht nicht ohne tiefgreifende Veränderungen vorbeigehen konnten, liegt in der Natur der Presse. Eine freie Presse, die als Instrument der Meinungsbildung und Kontrolle der politisch Mächtigen wirkt, konnte nicht im Sinne der nationalsozialistischen Weltanschauung sein[139]. Das tschechoslowakische Preßgesetz selbst blieb zwar in Kraft, das Presserecht erfuhr aber durch eine Reihe von Verordnungen einschneidende Veränderungen. Bereits am 28.3.1939 wurde eine Verordnung betreffend „die Sicherung der Ordnung im Preßwesen" erlassen[140]. Diese enthielt das Verbot, Verlagsunternehmen, die Presseerzeugnisse herausgeben, im ganzen oder in Teilen ohne eine Genehmigung des Chefs der Zivilverwaltung[141] zu veräußern. Das Verbot betraf auch den Verkauf von Anteilen an Verlagsunternehmen sowie die Veräußerung der Verlags- und Urheberrechte und der Druckereibetriebe. Darüber hinaus bedurfte jede Änderung der erscheinenden Presseerzeugnisse zudem einer Genehmigung[142]. Zu den genehmigungspflichtigen Tatbeständen gehörte insbesondere die Veränderung der Erscheinungsweite, die Schaffung neuer Beilagen, die Veränderung des bisherigen Umfangs, die Aus-

---

Protektorat Böhmen und Mähren vom 1.9.1939, RGBl. I, S. 1681, vgl. dazu Rebentisch, Verwaltung im Zweiten Weltkrieg, S. 200-203.

[139] Das Hitlerregime nahm die Unterwerfung der freien Presse in Deutschland kurz nach seiner Machtübernahme in Angriff. Zu den ersten Gesetzgebungswerken gehörte das Schriftleitergesetz vom 4.10.1933, RGBl. I S. 713. Das Gesetz verfolgte das Ziel, die Ausübung des Journalistenberufs entsprechend den Grundsätzen des nationalsozialistischen Staates zu sichern und die Einbindung der Redakteure in eine staatlich gelenkte „Selbstverwaltung" durchzuführen, vgl. Löffler/Ricker, Handbuch des Presserechts, S. 27; Kurschildgen, Öffentlichkeit, S. 221; Majer, Rechtssystem, S. 202 ff. In den Sudetendeutschen Gebieten galt das Schriftleitergesetz mit dessen Verkündung im Verordnungsblatt für die Sudetendeutschen Gebiete am 27.10.1938.

[140] Verordnung vom 28.3.1939 Nr. 74/1939 Sg.; Prager Archiv 1939, S. 220.

[141] Die in den besetzten Ostgebieten als Übergangsstadium eingesetzte Militärverwaltung operierte in Wirklichkeit mit Zivilstäben. Den mit der Ausübung der vollziehenden Gewalt beauftragten Armeeoberbefehlshabern wurde ein Chef der Zivilverwaltung zugeordnet, der für die Aufrechterhaltung der Ordnung und Sicherheit und das Funktionieren des Wirtschaftslebens zuständig war, näheres bei Rebentisch, Verwaltung im Zweiten Weltkrieg, S. 167 ff.

[142] Prager Archiv 1939, S. 220.

dehnung der Werbung über das bisherige Verbreitungsgebiet hinaus sowie die Gründung von neuen Druckschriften und die erneute Herausgabe von bereits eingestellten Presseerzeugnissen.

Im März 1939 erließ die Regierung ein Kolportageverbot[143]. Die Kolportage von Druckschriften, welche die öffentliche Ruhe und Ordnung insbesondere durch einen unwahren oder die Wahrheit verdrehenden Inhalt bedrohten, konnten verboten werden. Im Juni 1939 verordnete die Regierung des Protektorats, daß die Einfuhr ausländischer Zeitschriften nur durch die Vermittlung des Tschechischen Pressebüros und unter Mitwirkung und Aufsicht der „Kommission für die Einfuhr ausländischer Zeitschriften" erfolgen dürfe[144].

Zu einer erneuten „Regulierung der Presse" kam es im Jahre 1941. Die Regierung des Protektorats ermächtigte das Ministerratspräsidium, die Verhältnisse der tschechischen Presse, sofern es sich um periodische Presse handelte, zu regeln[145]. Das Ministerratspräsidium konnte folgende Maßnahmen treffen: die Termine für die Herausgabe von Druckschriften bestimmen, den Umfang der Druckschrift und auch ihrer einzelnen Teile, einschließlich Werbung und Privatanzeigen, sowie die Höhe der Auflage bestimmen, Druckschriften zusammenlegen und einstellen. Darüber hinaus bedurfte jede Gründung oder Herausgabe von neuen oder die erneute Herausgabe eingestellter Druckschriften sowie die Einstellung von Chefredakteuren, verantwortlichen Redakteuren oder der Austausch dieser Personen der Genehmigung des Ministerratspräsidiums. Die Verleger waren verpflichtet, über jede Druckschrift genaue Angaben entsprechend

[143] Regierungsverordnung vom 10.3.1939 Nr. 34/1939 Sg.; zur Kolportage s. § 3 B.III. S. 23.

[144] Regierungsverordnung vom 16.6.1939, Nr. 174/1939 Sg. über die Einfuhr ausländischer Zeitschriften, verlängert durch Regierungsverordnung vom 21.11.1940 Nr. 423/1940 Sg., Prager Archiv 1940, S. 1826; Die Kommission bestand aus je einem Vertreter des Ministerratspräsidiums, des Innenministeriums, des Ministeriums für Schulwesen und Kultur, des Justizministeriums, des Ministeriums für Industrie und Handel, des Verkehrsministeriums, des Finanzministeriums und der Nationalbank für Böhmen und Mähren; Prager Archiv 1939, S. 520.

[145] Regierungsverordnung vom 7.5.1941 Nr. 175/1941 Sg. über die Regelung der Verhältnisse in der tschechischen Presse.

den Richtlinien des Ministerratspräsidiums zu führen und auf Aufforderung alle Angaben dem Ministerratspräsidium mitzuteilen[146].

Die genannten Verordnungen zeigen auf, wie weit die Presse während der Okkupation überwacht wurde. Mit Hilfe der Verordnungen hatte das Hitlerregime eine freie Presse im Keim erstickt. Tatsächlich angewandt wurden aus dem Preßgesetz nur die Bestimmungen, die einen „unpolitischen" Charakter hatten. Die Bestimmungen des Berichtigungsrechts erfuhren keine Veränderung.

§ 5 Die Presse nach 1945 bis zum Neuanfang 1989

A. Die Entwicklung bis 1960

Die sowjetischen Truppen erreichten im Frühjahr 1944 die ehemalige tschechoslowakische Grenze im Osten des Landes. Nachdem 1945 die Befreiung des tschechoslowakischen Staatsgebietes schrittweise vollzogen worden war, erreichte die in London gebildete und von den Alliierten anerkannte Exilregierung[147], daß die Tschechoslowakische Republik (ČSR) faktisch in ihren ursprünglichen Grenzen anerkannt wurde[148]. Die Slowakei wurde mithin wieder Bestandteil dieses Staates.

---

[146] Vgl. dazu die Regierungsverordnung vom 4.8.1941 Nr. 308/1941 Sg. über die Regelung des Rechts zur Herausgabe nichtperiodischer Druckschriften auf eigene Kosten und die Durchführungsverordnung des Reichsprotektors über die Verpflichtung zur Vorlage nichtperiodischer Druckschriften in deutscher Sprache vom 1.6.1941.

[147] Die Londoner Regierung bestand aus dem Präsidenten der Republik, dem Staatsrat, der Regierung, den Ministerien und weiteren Organen. Die Legislativakte der Exilregierung wurden in der Form von Dekreten des Präsidenten erlassen, vgl. Pavlíček, Dekrete, S. 41; Mikule, Verwaltungsrecht, S. 104 m.w.N.; Slapnicka, Osteuropa Recht 6/1999, S. 512; Korkisch, ZaöRV 1950/51, S. 671; zum historischen Hintergrund vgl. Hoensch, Geschichte der Tschechoslowakischen Republik, S. 105 ff.

[148] Das Gebiet Karpathorußland (Karpatoukraine) bildete keinen Bestandteil des erneuerten Tschechoslowakischen Staates. Karpathorußland fiel im Jahre 1939 unter ungarische Verwaltung und wurde am Kriegsende an die Sowjetunion angegliedert, s.o. Fn. 132.

Gegen Ende des Krieges veränderten sich die tschechoslowakischen Machtverhältnisse grundlegend zugunsten der Kommunisten[149]. Am 4. Mai 1945 wurde in der ostslowakischen Stadt Košice (Kaschau) durch das Präsidialdekret Nr. 1 die Regierung unter Ministerpräsidenten Fierlinger eingesetzt. Bereits einen Tag später, am 5. April 1945, verkündete die Regierung ein Programm, das in seinen praktischen Konsequenzen zur Veränderung der staatsrechtlichen Ordnung führte[150]. Das Programm enthielt u.a. Bestimmungen über die Nationalisierung (Verstaatlichung) von Industrie, Banken und Versicherungen, über die Bildung von Nationalausschüssen, das Verbot der konservativen Vorkriegsparteien, über die Aussiedlung von Deutschen und Magyaren sowie Bestimmungen über die Strafverfolgung und Enteignung von Kollaborateuren und die außenpolitische Zusammenarbeit mit der Sowjetunion. Das Kaschauer Programm bildete auch die Basis für die Regelung der slowakischen Frage, welche die Unterbindung von Separationstendenzen zum Ziel hatte[151]. Durch dieses Programm wurden die Weichen der künftigen politischen Ausrichtung und die Abkehr vom kapitalistischen Wirtschaftssystem gestellt. Die in der Folgezeit im Sinne des Kaschauer Programms erlassenen Dekrete des Präsidenten beschleunigten den Prozeß der Umbildung[152]. Am 10. Mai 1945 zog die neue Regierung in Prag ein. Nach und nach wurden der eigenen Tradition widersprechende Eingriffe in die Wirtschaftsstruktur zur Beschleunigung des sozialistischen Aufbaus vorgenom-

---

[149] Ausführlich dargelegt bei Kaplan, Marsch, S. 13 ff.; vgl. auch Hoensch, Geschichte der Tschechoslowakischen Republik, S. 105 ff.

[150] Das Kaschauer Programm wird aufgrund seiner Tragweite als „Kleine Verfassung" bezeichnet, obwohl es sich um eine Regierungserklärung handelte, Šamberger, Verfassungsrecht, S. 334 m.w.N.; Sivák, Košice, S. 477 ff.

[151] Hoensch, Beziehungen, S. 65 ff.

[152] Die Dekrete des Präsidenten gehören zu den bis in die heutige Zeit heftig umstrittenen Rechtsnormen und haben die deutsch-tschechischen Beziehungen belastet. Die Ursache des Streits ist nicht nur die Form des Zustandekommens der Dekrete, sondern vor allem ihr Inhalt in bezug auf die Rechte der einstigen tschechoslowakischen Staatsbürger deutscher Volkszugehörigkeit, vgl. insb. Dekret vom 19.5.1945 Nr. 5/1945 Sb., Dekret vom 21.6.1945 Nr. 12/1945 Sb.; im Jahre 1995 beschäftigte sich das tschechische Verfassungsgericht mit der Frage der „Benešdekrete", Entscheidung vom 8. März 1995, Nr. 55/1995 Sb.; aus der umfangreichen Literatur vgl. Pavlíček, Dekrete, S. 41; Slapnicka, Osteuropa Recht 6/1999 m.w.N.

men. Schleichend unterwanderte die Kommunistische Partei der Tschechoslowakei (KPTsch.) alle relevanten Positionen im Staat, um die ČSR zu einer „Volksdemokratie“ umzugestalten. Die totale Machtübernahme durch die KPTsch. fand im Februar 1948 statt. Der Sieg brachte einen durch die KPTsch. absolut beherrschten Einparteienstaat mit sich, die sogenannte „Diktatur des Proletariats“[153], und eine von der Sowjetunion abhängige „Volksdemokratie“.

Hinsichtlich der Rechtsordnung knüpfte die Tschechoslowakei nach Kriegsende an jenen Rechtszustand an, wie er vor dem Münchner Diktat in der I. Republik bestanden hatte. Durch das Dekret des Präsidenten Beneš über die Erneuerung der Rechtsordnung im Geiste der Rechtskontinuität wurden alle Vorschriften aus der Zeit der Unfreiheit (30.9.1938 - 5.5.1945) für ungültig erklärt[154] und die Rechtsordnung der Vorkriegszeit wiedereingesetzt[155]. Mit Hilfe der bisherigen Rechtsordnung konnte jedoch nur bedingt die „Volksdemokratie und Diktatur des Proletariats“ aufgebaut werden. Neues Recht mußte geschaffen werden, um den neuen politischen und wirtschaftlichen Bedingungen Rechnung zu tragen. Als willkommenes Argument für die Umgestaltung der Rechtsordnung diente die Tatsache, daß das tschechische Rechtssystem aufgrund der historischen Entwicklung Rechtsnormen aus sechs sehr unterschiedlichen historischen Perioden vermengte[156].

---

[153] Zur KPTsch. ausführlich Vodička, Politisches System, S. 28 ff.

[154] Verfassungsdekret vom 3. August 1944 Nr. 11/1944 Amtsbl. über die Erneuerung der Rechtsordnung. Aufgrund eines Regierungsbeschlusses wurde das Dekret unter Nr. 30/1945 Sb. neu veröffentlicht und genehmigt.

[155] Für eine Übergangsphase sollten die Vorschriften aus der Zeit der Unfreiheit weiter angewandt werden, wenn sie nicht im Widerspruch zur Verfassung standen.

[156] 1. die Rechtsnormen der österreichischen Monarchie vor 1918 inklusive des damit verbundenen Rechtsdualismus; 2. Vorschriften der I. Republik (1918-1938); 3. Vorschriften der II. Republik (1938/39); 4. Vorschriften aus der Zeit des Münchner Protektorats; 5. im Ausland erlassene Dekreten des Präsidenten; 6. auf dem befreiten Gebiet erlassene Verordnungen und Dekrete des Präsidenten, vgl. Malý, Rechtsstaat, S. 33.

I. Das Presserecht

Aufgrund der Rechtskontinuität behielt das überkommene österreichische Pressegesetz zunächst auch weiterhin seine Gültigkeit. Der Vorgang der Neuordnung der Presse begann bereits im Jahre 1945. Es handelte sich um die Maßnahmen der Zuteilung von Rotationspapier und Neuverteilung von Druckereien sowie die Untersagung von Herausgabe periodischer Druckschriften durch Privatpersonen[157]. Systematisch wurde die tschechische Presselandschaft ebenfalls vernichtet. Mit dem Schachzug des Verbots aller Zeitungstitel, die während des Protektorats weiter geführt wurden, zerstörte man jegliche Tradition der tschechischen Presse[158].

1. Die Verfassung vom Mai 1948

Am 9. Mai 1948 nahm die Verfassunggebende Nationalversammlung einstimmig eine neue Verfassung an[159]. Diese Verfassung wies sowohl sozialistische Bestimmungen als auch Anknüpfungspunkte an die bürgerlich–demokratischen Elemente der Verfassung von 1920 auf. Sie wird als Verfassung der Übergangsperiode vom Kapitalismus zum Sozialismus bezeichnet[160]. Die sozialistischen Bestimmungen dienten der verfassungsmäßigen Verankerung der politischen, wirtschaftlichen und sozialen Interessen der Kommunisten – „der

---

[157] Verordnung Nr. 352/1945 Amtsbl. des Informationsministeriums über vorübergehende Beschränkungen bei der Herausgabe von periodischer Presse; aufgehoben durch die Verordnung Nr. 696/1948 Amtsbl.

[158] Im Protektorat wurden 1939 die kommunistischen und sozialdemokratischen Zeitungen (Rudé Právo und Právo lidu) verboten. Bei allen anderen Zeitungen legte man großen Wert auf die Fortführung der bisherigen Titel. Deshalb mußten alle Zeitungen nach 1945 nicht nur neu beginnen, sondern sich auch umbenennen, vgl. dazu Slapnicka, Ostreuropa 1957, S. 123 ff.

[159] Die Verfassung wurde als Verfassungsgesetz Nr. 150/1948 Sb. verkündet und trat am 9. Juni 1948 in Kraft, s. Šamberger, Verfassungsrecht, S. 339; vgl. auch Lammich, Verfassung, S. 13.

[160] Kresák, Verfassungsentwicklung, S. 507; Lammich, Verfassung, S. 13.

Errichtung einer neuen Gesellschaft“[161]. Schlagwortartig zu nennen sind vor allem die Nationalisierung der Bodenschätze, der Industrie und des Geldwesens sowie die Steuerung der gesamten Wirtschaft durch einen Wirtschaftsplan[162]. Als Anknüpfung an die vorherige „bürgerlich–demokratische“ Verfassung sind die Bestimmungen über die obersten Staatsorgane, das Kapitel über die Gerichtsbarkeit und das Konzept der Verfassungsrechte, Freiheiten und Pflichten der Bürger zu nennen.

2. Die Pressegesetzgebung

Die Pressefreiheit wurde im ersten Kapitel der Verfassung „Rechte und Pflichten der Bürger“, Abschnitt „Freiheit der Meinungsäußerung und der kulturellen Werte“, in § 21 geregelt[163]. Das äußere Erscheinungsbild der neuen Regelung ließ die radikale Veränderung der Verhältnisse, die in der Praxis folgte, nicht von Anfang an erkennen. § 21 der Verfassung von 1948 enthielt das zum Schutze der Pressefreiheit „grundsätzliche Verbot einer Vorzensur“ gleichlautend wie in der Verfassung von 1920. In der Wirklichkeit wurden die Rechtstexte durch ihre Einverleibung in den Kontext der kommunistischen Ideologie

[161] „Die neue Verfassung hat dazu beizutragen, daß das Recht von einem konservativen, retardierenden, ja reaktionären Element zu einem Element der Entwicklung und des Fortschritts und zu einem Faktor der Aufbaubemühungen wird“, amtlicher Begründungsbericht zur Verfassung.

[162] Von grundsätzlicher Bedeutung waren die Regelungen zur Wirtschaftsordnung. Deklariert wurde das sozialistische Eigentum an Produktionsmitteln als Form des Staatseigentums. Zumindest formell wurde in der Verfassung der Schutz von kleinen und mittelständischen Privatbetrieben verankert. Die Steuerung der Wirtschaft oblag jedoch dem Staat. Einige Unternehmen wie z.B. Rundfunk, Fernsehen und Film durften nur im Staatseigentum stehen.

[163] § 21 der Verfassung lautete: *„(1) Die Pressefreiheit wird garantiert. Es ist deshalb grundsätzlich nicht erlaubt, die Presse einer Präventivzensur zu unterwerfen. (2) Durch ein Gesetz wird bestimmt, wer das Recht hat, Zeitungen und Zeitschriften und unter welchen Bedingungen herauszugeben, insbesondere unter Berücksichtigung dessen, daß Gewinnerzielung keinen Zweck darstellt. (3) Durch ein Gesetz wird bestimmt, wie künftig unter Wahrung der Wissenschafts- und Kunstfreiheit und im Hinblick auf den Schutz von wertvollen Werken, planmäßig die Herausgabe und Verbreitung von nichtperiodischen Publikationen gelenkt wird, insbesondere von Büchern, Musikalien und der Reproduktion von Kunstwerken“*.

häufig ins Gegenteil verkehrt[164]. Die Pressefreiheit, welche die Verfassung garantierte, hatte es und konnte es in einer „Diktatur des Proletariats“ nie geben. Die Manipulation der Meinungsbildung durch den Einfluß und die Bestimmung der Kommunikationsinhalte in einer Gesellschaft ist gemeinhin das Kennzeichen einer Diktatur[165]. Die vom Staat ausgewählten Inhalte bezwecken die Einwirkung auf die Anschauung und Willensbildung des Volkes, um so die staatliche Herrschaftsform zu stabilisieren. Die Presse ist nach der marxistisch-leninistischen Theorie ein Kanal, durch den die Partei die Massen beeinflussen kann; sie ist ein Werkzeug zur Unterweisung und Organisation der Gesellschaft beruhend auf den Prinzipien des wissenschaftlichen Sozialismus[166]. Nach der Durchsetzung der führenden Stellung der KPTsch. (Suprematie) in allen Bereichen des gesellschaftlichen Lebens und der totalen Steuerung aller Prozesse[167] verloren alle verfassungsrechtlichen Bestimmungen faktisch ihren Sinn. Die Grundrechte wie Presse- und Meinungsfreiheit wurden durch Ausführungsgesetze annulliert, andere Grundrechte offen verletzt[168].

Der erste wichtige Schritt zur Neuordnung der Presse wurde bereits im Mai 1947 durch das Gesetz Nr. 101/1947 Sb. über die Stellung von Redakteuren und über den Journalistenverband, vollzogen[169]. Das Gesetz bestimmte in § 9 als Bedingung für die Ausübung des Berufs eines Redakteurs eine Mitgliedschaft im Journalistenverband. Das Ministerium für Information und Bildung errichtete den Zentralverband tschechoslowakischer Journalisten. Dieser war gemäß § 5 des Gesetzes Nr. 101/1947 Sb. eine autonome Körperschaft; Mitglieder waren der Verband tschechischer Journalisten und der Verband slowakischer Journalisten. Darüber hinaus stellte das Gesetz noch weitere Voraussetzungen für die Ausübung des Berufs eines Redakteurs auf. Ein Redakteur mußte tschechoslo-

[164] Bohata, JOR 1991, S. 176.

[165] Kurschildgen, Öffentlichkeit, S. 1.

[166] Novinářský sborník 1957, Nr. 4, S. 445.

[167] Vgl. dazu Vodička, Politisches System, S. 8 ff.

[168] Annulliert wurden z.B. die Glaubensfreiheit, die Eigentumsrechte und die Vereins- und Versammlungsfreiheit. Das Briefgeheimnis, die Unverletzlichkeit der Wohnung und die Freizügigkeit wurden offen verletzt, Bohata, JOR 1991, S. 176.

[169] Im Jahre 1947 wurde das Gesetz Nr. 20/1947 über Pflichtexemplare und die Verordnung Nr. 43/1947 Sb. erlassen. Die Verordnung legte die Empfänger von Pflichtexemplaren fest.

wakischer Staatsbürger sein und durfte nicht nach den Dekreten des Präsidenten[170] sowie wegen einer Straftat verurteilt worden sein.

Nach 1948 kam es zu weiteren Maßnahmen im Prozeß der Neuordnung der Presse, die eine freiheitliche Presse bereits im Keim erstickten. Das Presserecht wurde in zwei selbständigen Gesetzen: über periodische und über nichtperiodische Presse geregelt.

Die Verhältnisse der nichtperiodischen Presse ordnete das Gesetz Nr. 94/1949 Sb. über die Herausgabe und die Verbreitung von Büchern, Musikalien und anderen nichtperiodischen Publikationen. Die Herausgabe von nichtperiodischen Publikationen wurde von diesem Zeitpunkt an durch einen Staatsplan bestimmt. Das Ministerium für Informationen und Bildung errichtete einen „Zentralen Editionsrat" (Ústřední ediční rada). Der Zentrale Editionsrat erarbeite einen Vorschlag, auf dessen Grundlage das Ministerium anschließend die endgültige Planung der Herausgabe von Publikationen für ein Jahr festlegte. Die Gründung eines Verlags und die Herausgabe von Publikationen bedurften der Genehmigung des Ministeriums für Informationen und Bildung. Dabei konnte die Genehmigung nur an diejenigen Subjekte erteilt werden, die das zuständige Ministerium im Gesetz bestimmte[171]. Die Verbreitung der nichtperiodischen Publikationen regelte das Gesetz in derselben Weise. Die Koppelung an die Vorschriften des Gewerbegesetzes wurde aufgehoben. Das Gesetz Nr. 94/1949 Sb. blieb bis 1991 in Kraft[172].

Mit dem Gesetz Nr. 184/1950 Sb. über die Herausgabe von Zeitschriften und über den Verband tschechoslowakischer Journalisten wurde die Pressefreiheit endgültig abgeschafft und die Presse auf eine komplett neue Grundlage gestellt. Das österreichische Preßgesetz aus dem Jahre 1863 sowie alle seine Ergänzungs- und Änderungsvorschriften wurden aufgehoben. Für die Regelung der

---

[170] § 2 Abs. 1 c) des Gesetzes Nr. 101/1947 Sb. Es handelte sich um die Dekrete über die Bestrafung von nazistischen Verbrechen, Kollaborateuren und deren Helfern und die Bestrafung von einigen Verschulden gegen die nationale Ehre.

[171] Die Berechtigung konnte z.B. Staatsorganen, politischen Parteien, Spitzenorganisationen aus dem Bereich Kultur, Sport und Wirtschaft und Genossenschaften erteilt werden, § 3 des Gesetzes Nr. 94/1949 Sb.

[172] Aufgehoben durch das Gesetz Nr. 106/1991 Sb.

Verhältnisse der periodischen Presse benötigte das gesamte Pressegesetz lediglich sieben Vorschriften.

Die zukünftige programmatische Richtung und die Aufgabe der Presse gab § 1 des Gesetzes Nr. 184/1950 Sb. vor: *„(1) Die Aufgabe der Presse ist, das Aufbaubestreben des tschechoslowakischen Volkes und seinen Kampf für Frieden zu unterstützen und bei seiner Erziehung zum Sozialismus mitzuwirken. (2) Das Herausgeben der Presse, d.h. der Zeitungen, Zeitschriften und anderen periodischen Publikationen (im folgenden nur „Zeitschrift") kann nicht Gegenstand von Privatunternehmen sein"*. Durch die „Befreiung der Massenmedien von Hindernissen des Privateigentums" sollte die Pressefreiheit eine neue Realität gewinnen, insbesondere bei den sozialen Schichten, die das alte Regime diskriminiert hatte[173]. Das Sicherstellen der in § 1 deklarierten Aufgabe übertrug der Gesetzgeber dem Verband der tschechoslowakischen Journalisten. Die Mitgliedschaft im Verband der tschechoslowakischen Journalisten bedingte die Berufsausübung. Dies galt sowohl für die in der Presse als auch für die im Hörfunk und Fernsehen tätigen Journalisten[174]. Die Organisation und des Statut des Verbands legte der Minister für Information und Bildung in Form einer Verordnung im Einvernehmen mit dem Ministerium für nationale Sicherheit fest[175]. Das Herausgeben und Verbreiten von periodischer Presse lag in den Händen des Ministeriums für Information und Bildung. Dieses erteilte die Berechtigung (Lizenz) zum Herausgeben von Presse an die im Gesetz (§ 3) genannten Organisationen.

---

[173] Peška, JÖR 1967, S. 318.

[174] Die Zwangsmitgliedschaft wurde durch das Gesetz Nr. 44/1958 Sb. abgeschafft, von da an wurde der Verband als freiwillige Organisation deklariert.

[175] Verordnung Nr. 21/1951 Sb. Die Aufgabe des Verbands bestand darin, aus der Presse und aus der Presse-, Hörfunk- und Fernsehberichterstattung ein Mittel zur „Durchsetzung des Volkswillens" zu formen. Der Verband war insbesondere verpflichtet, seinen Mitgliedern den ständigen Kontakt mit Werktätigen zu erleichtern, damit sie von ihnen die Probleme des Aufbaus im täglichen Leben kennenlernen und so die sozialistische Theorie mit der sozialistischen Praxis verbinden konnten, § 2 der Verordnung. Mitglied des Verbands konnte nur derjenige werden, der ein überzeugter Vertreter der Volksdemokratie war und sich aktiv am sozialistischen Aufbau beteiligte. Die Mitglieder waren verpflichtet, die Beziehung zum Bruderstaat Sowjetunion zu festigen und zu vertiefen und fortwährend die Feinde des Sozialismus zu entlarven; vgl. § 10 der Verordnung, aufgehoben durch das Gesetz Nr. 44/1958 Sb.

Zur Gründung eines Verlags benötigte der Herausgeber eine besondere Genehmigung des Ministeriums für Information und Bildung. Die Einstellung der periodischen Druckschrift zwischen einem und zu sechs Monaten oder ein endgültiges Herausgabeverbot konnte der örtliche Nationalausschuß (im Einvernehmen mit dem Ministerium für Kultur und Bildung) verfügen, wenn ein Gericht die Zulässigkeit dieser Maßnahme bestätigt hatte[176].

Verantwortlich für den Inhalt der Zeitschrift war gemäß § 7 des Gesetzes der Chefredakteur oder eine mit der Leitung der Redaktion beauftragte Person. Die Funktion des verantwortlichen Redakteurs wurde ersatzlos gestrichen. Ein Recht zur Berichtigung oder eine ähnliche Regelung enthielt das Gesetz überhaupt nicht. Angesichts der Tatsache, daß alle Massenmedien in der Hand der kommunistischen Machthaber waren und faktisch unter der „Aufsicht" des Innenministeriums standen, dachte der Gesetzgeber scheinbar nicht an die Regelung eines Berichtigungsanspruchs.

Das Ministerium für Information und Bildung wurde im Jahre 1953 aufgelöst, seine Tätigkeit übernahm das Presseamt des Ministerpräsidenten[177].

B. Die Entwicklung von 1960 bis 1989

Die Verfassung von 1948 wurde im Jahre 1960 durch eine neue Verfassung der Tschechoslowakischen Republik ersetzt, Verfassungsgesetz Nr. 100/1960

---

176 § 60 Abs. 3 des Gesetzes Nr. 231/1948 Sb. über den Schutz der volksdemokratischen Republik i.V.m. der Regierungsverordnung Nr. 305/1948 Sb. über einige Verschiebungen in der Zuständigkeit der öffentlichen Verwaltung. Das Gesetz Nr. 231/1948 Sb. hatte die „Ausmerzung" der kontrarevolutionären Kräfte im Visier und ließ eine harte Bestrafung von Gegnern des neuen Regimes zu.

177 Verordnung Nr. 6/1953 Sb. über die Auflösung und Errichtung einiger Organe der Staatsverwaltung und deren Kompetenzen (aufgehoben durch Gesetz Nr. 308/1991 Sb.). Dieses „Zensurbüro" wurde nach sowjetischem Vorbild geschaffen. Der Schwerpunkt seiner Tätigkeit bestand darin, die Enthüllung von Staatsgeheimnissen zu verhindern, dazu ausführlich Buzek, Presse, S. 178.

Sb.[178]. Die politische Führung entschloß sich zur Annahme einer neuen Verfassung, die den Sieg des Sozialismus verfassungsmäßig einrahmen sollte, da man die Grundlagen des Sozialismus im Prinzip geschaffen habe: „Der Sozialismus hat in unserer Heimat gesiegt“[179]. Der Prozeß des Übergangs von der Volksdemokratie zu einer Sozialistischen Republik wurde vollbracht. Die Staatsbezeichnung wurde in „Tschechoslowakische Sozialistische Republik“ (ČSSR) geändert. Die neue Verfassung entsprang dem Wunsch nach einer weiteren Festigung der Machtposition der politischen Führung im Grundgesetz und dem Bedürfnis, neue politische Ziele zu proklamieren.

Im Jahre 1968 scheiterte der hoffnungsvolle Demokratisierungsprozeß, bekannt geworden unter dem Namen „Prager Frühling“, durch die Intervention des Warschauer Paktes[180]. Die in dieser Zeit durchgeführten Reformen wurden im Rahmen des „Normalisierungsprozesses“ wieder rückgängig gemacht. Eine Ausnahme bildete die Einführung der föderativen Ordnung. Der tschechoslowakische Einheitsstaat wurde durch das Verfassungsgesetz Nr. 143/1968 Sb. in einen föderativen Staat umwandelt. Mit dem Inkrafttreten des Verfassungsgesetzes im Januar 1969 bestand die ČSSR aus zwei Nationalstaaten[181].

Der „Normalisierungsprozeß“ wurde von einer Vielzahl antidemokratischer Maßnahmen begleitet, die sich im Bereich der Presse nachhaltig niederschlugen.

I. Die Verfassung vom 11. Juli 1960

Die neue Verfassung kann im Gegensatz zu der vorherigen als Verfassung sozialistischen Typus bezeichnet werden. Das erste Kapitel der Verfassung trug

---

[178] Vgl. dazu Lammich, Verfassung, S. 14 ff.; Kresák, Verfassungsentwicklung, S. 525 ff.; Mikule, Verwaltungsrecht, S. 123 ff.

[179] „Den sozialistischen Aufbau beendend, gehen wir zum Aufbau der hochentwickelten sozialistischen Gesellschaft über und sammeln Kräfte für den Übergang zum Kommunismus“, Präambel der Verfassung.

[180] Zu den historischen Ereignissen des Prager Frühlings vgl. Schneider, Prager Frühling, S. 71 ff.; Haefs, Ereignisse; Hoensch, Geschichte der Tschechoslowakischen Republik, S.153 ff.

[181] Zum Föderalisierungsprozeß vgl. Mikule, Verwaltungsrecht, S. 125; Posluch, Konstitutionelle Entwicklung, S. 538 ff.

die Überschrift „Gesellschaftsordnung"[182]. Unter diesem Begriff wurde der Klassencharakter des Staates verlautbart. Darauf basierend definierte Artikel 1 der Verfassung die ČSSR als einen sozialistischen Staat, gegründet auf dem festen Bündnis der Arbeiter, der Bauern und der Intelligenz, mit der Arbeiterklasse an der Spitze. Die kommunistische Partei wurde explizit zur führenden Kraft erklärt (Art. 4). Die Verfassung wurde in einem stark proklamatorischen Geist verfaßt. Dem Kapitel „Gesellschaftsordnung" folgte im zweiten Kapitel der Grundrechtsteil.

Die herrschende Auffassung sprach den Bürgerrechten und den Bürgerfreiheiten einen Klassencharakter zu[183]. Der Inhalt und die Verwirklichung der Grundrechte waren demnach nicht Sache des Einzelnen, sondern vielmehr vom jeweiligen Typus der Gesellschaft abhängig und stets vom Staat bestimmt[184]. Das von der KPTsch. formulierte „gesellschaftliche Interesse" stellte das Richtmaß für alle Grundrechte dar. Jede staatliche, gesellschaftliche und individuelle Tätigkeit, also auch die der Presse, diente der Schaffung der „materiellen und geistigen Voraussetzungen für den Übergang der Gesellschaft zum Kommunismus".

Der Gebrauch der sogenannten traditionell demokratischen Rechte wie z.B. Meinungs-, Rede-, Presse- und Versammlungsfreiheit war ausschließlich in Übereinstimmung mit den Interessen des werktätigen Volkes zulässig und durfte einzig durch Benutzung der vom Staat zur Verfügung gestellten und folglich jederzeit entziehbaren technischen Einrichtungen stattfinden.

---

182 In der sowjetischen „Stalin-Verfassung" vom 5.12.1936 wurde dieser Begriff erstmalig verwendet. Daran orientierten sich später die übrigen sozialistischen Regierungen; Nachweise bei Brunner, Funktionen der Verfassung, S. 20 ff.; Rabl, JÖR 1963, S. 369.

183 Der sozialistische Verfassungsgesetzgeber hat den Bürgerrechten „einen sozialistischen Inhalt" gegeben; Rede des Generalsekretärs Novotný am 8.5.1960 vor dem Zentralkomitee der KPTsch., Novotný, Projevy, S. 223 ff. Unter dem Begriff Grundrecht wurde die Möglichkeit verstanden, einer Tätigkeit nachzugehen, deren Umfang von der Verfassung festgelegt wurde. Als Grundpflicht wurde wiederum die Notwendigkeit verstanden, einer bestimmten Tätigkeit nachzugehen wie es von der Verfassung verlangt wurde. Nach kommunistischer Auffassung bildeten die Grundrechte und Grundpflichten eine untrennbare Einheit, s. Brunner, Wirksamkeit der Grundrechte, S. 190; Kresák, Verfassungsentwicklung, S. 528; Jičínský, Právník 1967, S. 216 ff.

184 Vgl. Zdobinský / Matoušek, Státní právo, S. 121 ff. Zur sozialistischen Grundrechtskonzeption Kahl, Grundrechtsverständnis, S. 20 ff.

Die Pressefreiheit wurde in Art. 28 der Verfassung normiert[185]. Die Norm erklärte, in Übereinstimmung mit den Interessen des werktätigen Volkes werde allen Bürgern die Freiheit der Meinungsäußerung, insbesondere die Rede- und Pressefreiheit, gewährleistet. Die Schranke der Pressefreiheit bildete demnach die gesellschaftliche Zweckbestimmung. Die Interessen der Werktätigen vertrat die KPTsch., die auch deren Inhalt definierte.

Gesichert wurden die Freiheiten gemäß Art. 28 Abs. 2 dadurch, daß *„den Werktätigen und ihren Organisationen die Verlage, die Druckereien, die öffentlichen Gebäude .... sowie der Rundfunk, das Fernsehen und andere Mittel zur Verfügung gestellt wurden"*. Art. 28 der Verfassung dokumentiert beispielhaft den Klassencharakter der Grundrechte. Die Pressefreiheit fand insoweit statt, als sie mit den Interessen der Werktätigen übereinstimmte. Erlaubt war die Äußerung von Ansichten im Rahmen des sozialistischen Denkens. Die Pressefreiheit diente der Erfüllung der propagandistischen Aufgaben im Interesse des Volkes. Der Wortlaut der Verfassung bestätigte offen das, was schon früher unbestreitbar praktiziert worden war. Insoweit wurde die Grundrechtsproklamation an die bisher existierende Grundrechtswirklichkeit angepaßt und so der Abstand zwischen ihnen verringert. Die in Art. 28 Abs. 2 postulierte Sicherung der Pressefreiheit durch „das zur Verfügungstellen von Mitteln" offenbarte das Fehlen jeglicher verfassungsrechtlicher Institutionen, die die Verwirklichung der Pressefreiheit effektiv hätten sichern können[186].

---

[185] Vollständiger Text in deutscher Sprache in JOR 1960, Band I/2, S. 193 ff.

[186] Die tschechoslowakische Rechtsordnung sah weder Verfassungsgerichtsbarkeit noch Verwaltungsgerichtsbarkeit vor. Das Verfassungsgesetz Nr. 143/1968 Sb. über die Föderation enthielt Bestimmungen über die Einrichtung eines Verfassungsgerichts. Die erforderlichen Ausführungsgesetze wurden jedoch nie erlassen. Eine Verwaltungsgerichtsbarkeit fand in der ČSSR seit 1952 praktisch nicht statt. Die Aufsicht wurde ab dem Jahre 1952 der Prokuratur anvertraut, Gesetz Nr. 65/1952 Sb. Seit 1964 führten die ordentlichen Gerichte die „Überprüfung von Entscheidungen anderer Organe" im Zivilverfahren nach der ZPO durch, wenn ein besonderes Gesetz ausdrücklich die Möglichkeit einer Überprüfung einräumte. Der im Jahre 1968 unternommene Versuch einer Renaissance der Verwaltungsgerichtsbarkeit scheiterte ebenfalls; vgl. Brunner, ZaÖRV 1993, S. 822; ders. JEV 1998, S. 181; Mikule, Verwaltungsrecht, S. 156.

Die durch Art. 16 der Verfassung verordnete marxistisch-leninistische Ideologie brachte für die Presse folgende Verpflichtungen hervor: Verbreitung der Ideen des Marxismus-Leninismus, Agitation für die Grundsätze der Partei, Organisation der Arbeiter im Kampf um die Anwendung dieser Grundsätze im täglichen Leben, Erziehung im Sinne des Kommunismus, Organisation des sozialistischen Wettbewerbs und Kampf für den Frieden[187].

Eine Garantie, sich aus allgemein zugänglichen Quellen, insbesondere durch Massenmedien zu unterrichten, die sog. „Informationsfreiheit", enthielt die tschechoslowakische Verfassung nicht.

II. Das tschechoslowakische Pressegesetz von 1966

Die bisherige Regelung des Presserechtes aus dem Jahre 1950 empfand selbst der sozialistische Gesetzgeber Mitte der sechziger Jahre als unbefriedigend. Die Anfangsetappe des Aufbaus einer sozialistischen Gesellschaft schien überwunden. Dieser Realität sollte ein neues Pressegesetz Rechnung tragen. Das geltende Gesetz löste die Bedürfnisse der Entfaltung in der Gesellschaft nicht zufriedenstellend, und die durch die Verfassung aufgestellten Grundsätze mußten ins Pressegesetz übertragen werden. Vorsichtig äußerte man sogar Kritik am bisherigen Zustand[188]. Im Oktober 1966 wurde ein neues, die Verhältnisse der periodischen Presse sowie der übrigen Masseninformationsmittel regelndes Gesetz angenommen, das Pressegesetz Nr. 81/1966 Sb.[189]. Es trat am 1. Januar 1967 in Kraft.

Die politische Führung bereitete nach der Zerschlagung des Prager Frühlings im Jahre 1969 ein neues Pressegesetz vor, das die Presse und andere Massenmedien noch stärker beschränken sollte, als dies schon bisher der Fall gewesen war.

---

[187] Buzek, Presse, S. 46; zur bolschewistischen Pressekonzeption s. Deppe, Pressefreiheit und Zensur, S. 18 ff.

[188] Rais, Socialistická zákonnost 1967, S. 54; Gašpar, Právny obzor 1968, S. 591.

[189] Deutsche Übersetzung des Gesetzestextes in JOR 1967, Band VIII/1 mit einer Einführung von Schulz; Gesetz Nr. 81/1966 Sb. geändert und ergänzt durch Gesetz Nr. 84/1968 Sb., Nr. 127/1968 Sb., Nr. 99/1969 Sb.

Das Projekt scheiterte zwar, aber von einer freiheitlichen Presse konnte bis zum Neuanfang im Jahre 1989 keine Rede sein[190]. In der Rechtswissenschaft wurde das Presserecht stiefmütterlich behandelt. Eine systematische Untersuchung des Presserechts wurde in der gesamten sozialistischen Periode nicht durchgeführt. Eine Ausnahme bildete das Recht der Berichtigung. Dieses wurde im Rahmen des allgemeinen Persönlichkeitsrechts – Schutz der Person in der Berichterstattung - immerhin erörtert. Diese Ausnahme basiert darauf, daß das Berichtigungsrecht zu den in der Praxis am meisten verwendeten Bestimmungen des Pressegesetzes zu rechnen ist.

1. Die Zensur

Die laut der Verfassung gewährleistete Pressefreiheit wurde „zum Schutz der Gesellschaft" durch ein neu errichtetes Organ Namens „Zentrale Publikationsverwaltung" (Ústřední publikační zpráva) überwacht[191]. Mit diesem Schritt wurde die Pressezensur legalisiert. Obwohl das Ministerium für Schulwesen und Kultur erneut geschaffen wurde[192], unterstand die Zentrale Publikationsverwaltung dem Innenministerium. Die Zentrale Publikationsverwaltung nahm die Aufgabe eines Zensurbüros wahr, um auf diese Weise die sozialistische Gesellschaft schützen zu können. Das Zensurbüro stellte sicher, daß in Masseninformationsmitteln keine Informationen veröffentlicht wurden, die in Widerspruch mit „anderen Interessen der Gesellschaft" ständen oder geheimzuhaltende Tatsachen enthielten.

Die Inhalte, die den Interessen der Gesellschaft zuwiderliefen, waren gemäß § 5 des Statutes der Zentralen Publikationsverwaltung solche Nachrichten, die die

---

[190] Die damals noch nicht „normalisierte" juristische Fakultät der Karlsuniversität übte eine scharfe Kritik an dem Gesetzesvorhaben aus, so daß man vielleicht deshalb von dem Projekt abließ, Mikule, Vývoj tiskového práva.

[191] Regierungsverordnung Nr. 119/1966 Sb. mit der das Statut der Zentralen Publikationsverwaltung erlassen wurde. Zur Zensur in den Medien vgl. Blumenwitz, Meinungsfreiheit, S. 77.

[192] Durch das Gesetz Nr. 1/1967 Sb. über einige Änderungen in den Zuständigkeiten von Zentralorganen wurde der Bereich der Herausgabe von Presse in die Zuständigkeit des Ministeriums für Schulwesen und Kultur übertragen.

Gesetze verletzten, gegen die Politik oder die ideologische Linie des Staates gerichtet waren oder deren Veröffentlichung mit Sicherheit die Interessen der gesamten Gesellschaft beeinträchtigten. Welche Inhalte den Gegenstand der Geheimhaltung bildeten, bestimmte der Innenminister durch Verordnung[193]. Aufgrund dessen mußten die verantwortlichen Personen[194] aus allen Medienbereichen jegliches Material, das veröffentlicht, aufgeführt oder gesendet werden sollte, rechtzeitig zur Überprüfung der Zentralen Publikationsverwaltung vorlegen. Sofern die Überprüfung ergab, daß das Material geheimzuhaltende Tatsachen enthielt, verbot die Zentrale Publikationsverwaltung einstweilen die Veröffentlichung, gegebenenfalls verhinderte sie ihre Verbreitung. Diese Entscheidung konnte der Herausgeber durch das Kreisgericht überprüfen lassen. Im Vergleich zum bisherigen Zustand, der keine Gerichtskontrolle vorsah, wurde zumindest formal die Möglichkeit einer gerichtlichen Überprüfung der Entscheidung der Zentralen Publikationsverwaltung eingeräumt.

Im Falle eines Widerspruchs mit Interessen der Gesellschaft erteilte die Zentrale Publikationsverwaltung an die Verantwortlichen einen Hinweis, der einen „empfehlenden" Charakter hatte. Ein Verbot der Veröffentlichung durfte das Zensurbüro in diesem Falle nicht aussprechen. In der Praxis dürften aber die Folgen der Nichtbeachtung einer solchen Empfehlung für den Chefredakteur gravierend gewesen sein.

Neben der amtlichen Zensur spielte die sog. Selbstzensur der Presse eine große Rolle. Die Chefredakteure standen in einem besonders engen Verhältnis zum Parteiapparat der KPTsch. Ein hoher Anteil der Journalisten war Mitglied der Kommunistischen Partei. Dadurch unterwarfen sie sich der Parteidisziplin. Aufgrund der Kenntnis der politischen Machtverteilung hielten sich die Medienan-

---

[193] Verordnung des Innenministeriums Nr. 181/1964 Sb. über Staatsgeheimnisse. Als Geheimnis wurden z.B. die langfristigen Pläne der Wirtschaftsentwicklung, die Import- und Exportpläne und deren Planerfüllung sowie wichtige innen- und außenpolitische Beratungen eingestuft. Außer diesen offiziell verkündeten Geheimhaltungstatbeständen existierten noch geheime, aber dennoch verbindliche Listen der verschiedenen Ministerien und anderen Zentralbehörden über ihre Geheimnisse, vgl. Schulz, JOR 1967, S. 215.

[194] Die Verantwortlichen waren gemäß § 6 des Statutes Chefredakteure, Herausgeber, Intendanten, Sendeleiter des Hörfunks und Fernsehens, Chefredakteure der amtlichen Nachrichtenagentur ČTK, Veranstalter von Unterhaltungssendungen und Messen.

gehörigen in einer Art Selbstzensur zurück und wichen von der politischen Linie nicht ab. Die Selbstzensur des Autors und die nachfolgende amtliche Zensur durch die Zentrale Publikationsverwaltung wirkten wie eine doppelte Filtrierung der Nachrichten.

Der Demokratisierungsprozeß des Jahres 1968 schlug sich im Presserecht rasch nieder. Die in der Rechtslehre nun offen ausgesprochene Kritik der vorläufigen Zensur der Presse zeigte ihre Wirkung[195]. Mit dem Gesetz Nr. 84/1968 Sb. wurde das geltende Pressegesetz geändert. Gemäß § 17 des Gesetzes Nr. 84/1968 Sb. wurde die Zensur der periodischen Presse, des Rundfunks und des Fernsehens verboten. Als Zensur wurden alle Eingriffe der staatlichen Organe in die Freiheit der Berichterstattung definiert. Im Anschluß daran wurde die Zensurbehörde, die Zentrale Publikationsverwaltung, aufgelöst[196].

Bereits drei Monate später, im September 1968, fand der gerade erst begonnene Demokratisierungsprozeß sein jähes Ende. Infolge der Okkupation des Landes und in Durchführung des Moskauer Protokolls vom August 1968 wurde die präventive Zensur erneut eingeführt, Gesetz Nr. 127/1968 Sb[197]. Für die Überwachung der Presse wurden ein Amt für Presse und Information (Úřad pro tisk a informaci) und ein Slowakisches Amt für Presse und Information errichtet. Die Aufgaben und Befugnisse des Amtes für Presse und Informationen wurden im Gesetz offen und unverschleiert geregelt. Nach § 1 des Gesetzes Nr. 127/1968 Sb. bestand die Aufgabe des Amtes vor allem in der einheitlichen Lenkung und Kontrolle der Presse sowie anderer Massenmedien. Das Amt war

---

[195] Vgl. Gašpar, Právny obzor 1968, S. 593: „ Die Meinungsfreiheit und die Pressefreiheit sind als Grundrechte Voraussetzung dafür, daß sich Bürger öffentlich engagieren können. Dieses Engagement wird keinesfalls durch mehrere unterschiedliche, gegenteilige oder gar falsche Ansichten gestört. Damit eine Ansicht als falsche besiegt werden kann, müssen zuerst richtigere Ansichten formuliert werden, die mit Argumenten belegt werden. Im Rahmen der Existenz der vorläufigen Zensur kann sich nicht in vollem Maße das gesellschaftliche und politische Engagement der Bürger entwickeln".

[196] Regierungsverordnung Nr. 69/1968 Sb. mit der das Statut der Zentralen Publikationsverwaltung aufgehoben wurde.

[197] Es ist interessant zu beobachten, daß das Gesetz Nr. 127/1968 Sb. die Wirksamkeit des § 17 des Gesetzes Nr. 84/1968 Sb.(Verbot der Zensur) „einstellte". Diese „Sistierung eines Gesetzes" wurde erst im Jahre 1990, Gesetz Nr. 86/1990 Sb., beseitigt.

127/1968 Sb. bestand die Aufgabe des Amtes vor allem in der einheitlichen Lenkung und Kontrolle der Presse sowie anderer Massenmedien. Das Amt war gemäß § 3 des Gesetzes Nr. 127/1968 Sb. dazu ermächtigt, sicherzustellen, daß in der periodischen Presse und anderen Massenmedien keine Informationen veröffentlicht werden, die in Widerspruch zu wichtigen Interessen der Innen- oder Außenpolitik des Staates stehen. Sofern eine Information solche Tatsachen enthalten sollte, war das Amt berechtigt, die Veröffentlichung oder Verbreitung zu untersagen.

Im Zusammenhang mit der Einführung der föderativen Ordnung kam es zur Umstrukturierung der Presseaufsicht. Als oberste Bundesbehörde wurde der Ausschuß für Presse und Informationen (Federální výbor pro tisk a informace) errichtet, als Organe der Republiken wurden ein Tschechisches und ein Slowakisches Amt für Presse und Informationen geschaffen[198]. Im Jahre 1970 wurde im Zuge einer Verfassungsreform der zwei Jahre zuvor errichtete Bundesausschuß aufgelöst[199]. Die Presseüberwachung verblieb bei den Republikorganen, dem Tschechischen und dem Slowakischen Amt für Presse und Information. Dieser Zustand dauerte zehn Jahre lang an. Im Jahre 1980 entschloß sich der Gesetzgeber zu einer Wiedererrichtung einer bundeseinheitlichen Behörde, Gesetz Nr. 180/1980 Sb. Ab dem 1.1.1981 oblag daher die Pressezensur dem Bundesamt für Presse und Informationen (Federální úřad pro tisk a informace). Der Akt der „Wiederbelebung" einer Bundesbehörde im Pressewesen bezweckte eine effektivere Durchsetzung von gesamtstaatlichen Interessen[200]. Das Bundesamt für Presse und Informationen (im folgenden Bundespresseamt) hatte die Aufgabe, der Regierung Vorschläge über die Grundsätze der Staatspolitik in Pressesachen zu unterbreiten. Darüber hinaus wurden dem Bundespresseamt noch weitere Aufgaben übertragen, was im einzelnen noch zu behandeln sein wird.

[198] Verfassungsgesetz Nr. 171/1968 Sb. über die Errichtung der Bundesministerien und der Bundesausschüsse; Gesetz Nr. 2/1969 Sb. und Gesetz Nr. 207/1968 Sb.

[199] Während das Verfassungsgesetz Nr. 126/1970 Sb. alle Ausschüsse in Bundesministerien umwandelte, wurde der Bundesausschuß für Presse und Information ersatzlos gestrichen.

[200] Vgl. Slapnicka, WGO 1981, S. 72.

2. Geltungsbereich des Pressegesetzes

Gegenüber den bisherigen Pressegesetzen regelte das Gesetz nicht nur die periodische Presse, sondern darüber hinaus auch die sogenannten Masseninformationsmittel. Zu diesen zählten die Agenturnachrichten, Berichte und andere publizistische Teile von Hörfunk- und Fernsehsendungen sowie Ton- und Bildaufnahmen, die zur regelmäßigen Unterrichtung der Öffentlichkeit über Ereignisse, Vorgänge, Fakten und Ansichten in der ČSSR oder im Ausland genutzt wurden.

3. Grundbestimmungen

Der erste Abschnitt des Pressegesetzes trug die Überschrift „Grundbestimmungen". Die in § 1 geregelte Pressefreiheit widmete den Gebrauch der periodischen Presse den Bürgern, damit diese durch die Presse Informationen erhalten und ihre Auffassungen, Anregungen sowie Vorschläge vorbringen konnten. In Übereinstimmung mit der Verfassung und entsprechend der sozialistischen Konzeption wurde das Verbot von Privateigentum an Verlags-, Druckereibetrieben, Rundfunk, Fernsehen, Film und anderen Masseninformationsmitteln deklariert[201]. Nach § 2 bestand die Aufgabe der Presse in der rechtzeitigen, wahrheitsgetreuen und vollständigen Vermittlung von Informationen, in der Vertretung der sozialistischen Interessen und in der Entwicklung sowie Förderung des sozialistischen Bewußtseins der Bürger im Geiste der Verfassung unter der führenden Rolle der KPTsch. Ferner sollte die Presse das politische und kulturelle Niveau der Bürger heben.

Die Definition der periodischen Presse enthielt § 3. Als periodische Presse galten Zeitungen, Zeitschriften und andere Publikationen, die mindestens zweimal im Jahre unter dem gleichen Namen und in der für die betreffenden Art der Publikationen typischen Ausstattung herausgegeben wurden[202].

---

[201] Nach sozialistischer Rechtsauffassung bildete das Verbot von Privateigentum an Verlagen und Druckereien eine der Voraussetzungen der materiellen Pressefreiheit, vgl. Gašpar. Právny obzor 1968, S. 592.

[202] Gesetzessammlungen, amtliche Mitteilungsblätter und Publikationen der Staatsorgane und wissenschaftlichen und kulturellen Organisationen galten nicht als periodische Presse.

4. Das Ordnungsrecht

Im zweiten Teil des Pressegesetzes wurde das Ordnungsrecht geregelt. Wer die Tätigkeit als Herausgeber ausüben konnte, legte der Gesetzgeber fest. Die periodische Presse durfte von politischen Parteien, gesellschaftlichen Organisationen, Staatsorganen, und von kulturellen und wissenschaftlichen Institutionen in Ausübung ihrer Tätigkeit herausgegeben werden.

An Stelle des bisherigen Lizenzsystems führte das Gesetz ein sog. Registrierungssystem ein. Durch die Registrierung beim Ministerium für Schulwesen und Kultur entstand die Berechtigung zur Herausgabe der landesweiten und der regionalen Presse[203]. Dieses angeblich „wesentlich lockerere“ Verfahren[204] unterschied sich vom Lizenzsystem lediglich durch detailliert ausgearbeitete Regelungen. Das zuständige Organ mußte die Registrierung innerhalb von sechs Wochen vornehmen, sofern die in § 6 genannten Voraussetzungen erfüllt waren. Diese gebundene Entscheidung wurde durch nachfolgende Absätze jedoch relativiert. Die Registrierung wurde versagt, falls sich aus den Angaben der Anmeldung ergab, daß das periodische Presseerzeugnis seine gesellschaftliche Aufgabe nicht erfüllt[205]. Hinzu kam, daß bei fruchtlosen Verstreichen der sechswöchigen Frist der Antragsteller mit der Herausgabe der Presse nicht beginnen durfte, weil die Registrierung Bedingung für das Herausgeben von Presse war. Folglich erteilte das zuständige Organ die Registrierung nach eigenem Ermessen. Eine gerichtliche Überprüfung der Entscheidung räumte das Gesetz dem Antragsteller nicht ein.

Im September 1968 wurden die Registrierungsvorschriften verschärft. Das Pressegesetz wurde durch das Gesetz Nr. 127/1968 Sb. dahingehend geändert, daß die Registrierung (und somit auch die Berechtigung zur Herausgabe der

---

[203] In der Slowakei nahm die Registrierung der Beauftragte des slowakischen Nationalrates vor. Die übrige Presse wurde durch Kreisnationalausschüsse registriert.

[204] Vgl. Peška, JÖR 1967, S. 320.

[205] Gemäß § 6 des Pressegesetzes mußte in der Anmeldung zur Registrierung das politische und ideologische Programm angegeben sowie das Ziel und der Nachweis der gesellschaftlichen Notwendigkeit geführt werden. Auf diese Weise sicherte das Pressegesetz, daß die politische Linie der KPTsch. eingehalten wurde.

Presse) erlosch, falls nachträglich eine Tatsache bekannt wurde, welche die Durchführung der Registrierung unmöglich machte[206]. Das Amt für Presse und Informationen konnte, bevor es eine endgültige Entscheidung traf, noch einige andere Maßnahmen ergreifen. Das Amt war berechtigt, einen Hinweis bezüglich der Nichtbeachtung der Aufgaben der Presse zu erteilen, ferner den Herausgeber mit einer Rüge oder einer Geldstrafe zu belegen. Hinzu kam die Kompetenz zur vorübergehenden, höchstens dreimonatigen Entziehung der Berechtigung zur Herausgabe der periodischen Presse. Gegen diese Entscheidung waren keine Rechtsmittel zugelassen[207]. Als im Jahre 1981 das Bundespresseamt seine Tätigkeit aufnahm, wurde ihm die Zuständigkeit für die Registrierung der periodischen Presse übertragen.

Die Ablieferung von Pflichtexemplaren regelte die Verordnung des Ministeriums für Schulwesen und Kultur Nr. 140/1964 Sb. Unterschieden wurde zwischen Pflichtexemplaren (§ 3), die an bestimmte Bibliotheken abgeliefert werden mußten und sogenannten Arbeitsexemplaren (§ 6), die insbesondere zu Zwecken der Rezension, der Werbung, und des Austauschs zwischen den sozialistischen Organisationen abzuliefern waren.

Das Impressum mußte die Angaben über Herausgeber, Adresse der Redaktion, Nachnamen des Chefredakteurs und seines Stellvertreters, Ort, Datum und Nummer der Auflage und den Preis enthalten.

Hinsichtlich der Haftung nahm der Herausgeber eine zentrale Stellung ein. Er trug die Verantwortung für die Erfüllung der Aufgaben der periodischen Presse. Er war vor allem für das Einhalten des ideologischen und politischen Programms zuständig. Im Auftrag des Herausgebers leitete der Chefredakteur das

[206] Es handelte es sich um Nachrichten, Angaben und andere Informationen, die im Widerspruch mit der Aufgabe der periodischen Presse standen und insbesondere wichtige Innen- und Außenpolitik des Staates verletzten, § 4 des Gesetzes Nr. 127/1968 Sb; vgl. auch Fn. 193.

[207] § 4 Abs. 3 des Gesetzes Nr. 127/1968 Sb. sah zwar noch die Möglichkeit einer Überprüfung durch das Kreisgericht vor. Diese Möglichkeit wurde aber alsbald durch das Gesetz Nr. 99/1969 Sb. abgeschafft.

Masseninformationsmittel[208]. Zur Seite stand dem Chefredakteur als Hilfs- und Beratungsorgan ein Redaktionsrat. Der Chefredakteur bestimmte den Inhalt der periodischen Druckschrift. Der Inhalt mußte stets im Einklang mit den Aufgaben und Zielen der sozialistischen Gesellschaft sein. Für die Einhaltung des politischen und ideologischen Programms war der Chefredakteur dem Herausgeber verantwortlich. Im Gegensatz zum österreichischen Pressegesetz nahm der Chefredakteur eine presserechtliche Sonderstellung ein. Seine Haftung war nicht die gleiche wie die eines gewöhnlichen Redakteurs und es bestand die Pflicht, ihn im Impressum zu benennen. Er trat an die Stelle des verantwortlichen Redakteurs. Der Chefredakteur haftete sowohl zivilrechtlich als auch strafrechtlich für den Inhalt der periodischen Presse[209].

Die Position des Redakteurs konnte nur derjenige bekleiden, der gesellschaftlich und beruflich geeignet war und mit seinen persönlichen Eigenschaften Gewähr dafür bot, daß er seinen Beruf in Übereinstimmung mit den Aufgaben der Masseninformationsmittel ausübt.

5. Schutz der Informationsquelle

Der Umstand, daß der sozialistische Gesetzgeber zum ersten Mal im tschechischen Presserecht den Schutz der Informationsquelle einführte[210], ist bemerkenswert. Die historische Entwicklung des Zeugnisverweigerungsrechts der Presse ist die Geschichte eines zähen Ringens um das Recht auf Wahrung der Vertraulichkeit der Informationsquelle[211]. Der Schutz der Informationsquelle dient der Sicherung der Pressefreiheit. Die Presse ist auf die Beschaffung von

---

[208] Zu arbeitsrechtlichen Aspekten der Bestellung des Chefredakteurs durch den Herausgeber vgl. Rybka, Socialistická zákonnst 1967, S. 156 ff.

[209] Die geänderte Stellung des Chefredakteurs hatte die Einführung eines neuen Straftatbestandes zur Folge, die sog. Pressenachlässigkeit des Chefredakteurs, § 27 des Pressegesetzes.

[210] Vgl. auch Fn. 96. Die Begriffe Schutz der Informationsquelle, Zeugnisverweigerungsrecht und Redaktionsgeheimnis werden hier synonym gebraucht.

[211] Zur historischen Entwicklung des Zeugnisverweigerungsrechts Löffler, NJW 1958, S. 1215 ff.; Löffler/Ricker, Handbuch des Presserechts, S. 157; Dunkhase, Pressegeheimnis, S. 17 ff.

Informationen angewiesen, der Presseinformant soll die Preisgabe seiner Person nicht fürchten. Unter diesem Gesichtspunkt erscheint die erstmalige Einführung dieser pressefreundlichen Schutzregelung in einem totalitären Regime paradox.

Der Chefredakteur und die Redakteure durften gemäß § 12 Abs. 2 des Pressegesetzes den Informanten nicht preisgeben, wenn dieser ihnen wahre Angaben anvertraute, es sei denn, es lag eine ausdrückliche Zustimmung des Informanten lag vor.

Der Schutz der Informanten wurde demnach nicht als Schweigerecht konstruiert, dessen Ausübung im Ermessen des Redakteurs lag, sondern als eine Schweigepflicht. Die Schweigepflicht betraf nur den Chefredakteur und die Redakteure, also nur einen Teil der Presseangehörigen. Eine weitere Einschränkung bildete die Voraussetzung, daß das Redaktionsgeheimnis nur für wahre Nachrichten galt. Praktisch zur Anwendung kam der Schutz der Informationsquelle nur in Übereinstimmung mit den Interessen der Gesellschaft. Der Schutz des Informanten wurde auf jene Fälle reduziert, in denen jemand etwas über bestimmte Mißstände, zum Beispiel in einem Betrieb oder in einer Behörde, erfuhr und vor den bisher häufig beklagten Vergeltungsmaßnahmen geschützt werden sollte[212].

Wesentlich ist in diesem Zusammenhang zudem der Umstand, daß das Gesetz kein Beschlagnahmeverbot enthielt. Das Fehlen eines Beschlagnahmeverbots relativiert den gewährten Schutz erheblich. Das Beschlagnahmeverbot stellt eine ergänzende Maßnahme zum Schutz der Informationsquelle dar. Ohne diese Maßnahmen kann über den Umweg der Durchsuchung von Redaktionsräumen mit anschließender Beschlagnahme des Redaktionsmaterials der Informant der Presse ermittelt werden. Die Verhinderung der Preisgabe des Informanten greift daher nur dort, wo der Schutz der Informationsquelle mit einem Beschlagnahmeverbot kombiniert wird. Der im tschechoslowakischen Pressegesetz enthaltene Schutz der Informationsquelle konnte also von den Strafverfolgungsbehörden problemlos umgangen werden.

---

[212] Vgl. Schulz, JOR 1967, S. 217.

6. Der Informationsanspruch der Presse; ausländische Presse

Ebenfalls neu war die Gewährung eines Informationsanspruchs der Presse. Nach § 13 Abs. 1 bestand für staatliche Organe und Organisationen, wissenschaftliche und kulturelle Institutionen sowie wirtschaftliche Organisationen die Pflicht, der Presse im Rahmen ihrer Aufgaben Informationen zur Verfügung zu stellen oder ihnen den Zugang zu diesen Informationen zu ermöglichen. Eine Ausnahme bildeten solche Informationen, die Gegenstand eines Staats-, Wirtschafts- oder Dienstgeheimnisses waren oder deren Veröffentlichung die Interessen der Gesellschaft erheblich verletzen konnten. Hinzu kamen Tatsachen, deren Bekanntgabe im Widerspruch zum Grundsatz des Schutzes der Bürgerrechte standen.

Die Möglichkeit der Auskunftsverweigerung in Fällen, in denen die Bekanntgabe einen „erheblichen gesellschaftlichen Schaden" ausrichten könnte, hielt das Tor für einen willkürlichen Gebrauch durch die Behörde offen. Der Auskunftsanspruch konnte nicht durchgesetzt werden. Infolgedessen stellte die Gewährung des Informationsanspruchs für die Presse keinen Fortschritt dar.

Dem Chefredakteur wurde im Rahmen des Informationsanspruchs die Pflicht auferlegt, Stellungnahmen zur Kritik von gesellschaftlichen Organisationen zu veröffentlichen, die zuvor in der Zeitung geäußert worden war. Die Nichterfüllung dieser Pflicht löste „politische, gegebenenfalls disziplinarische Sanktionen" aus[213]. Im Zusammenhang mit der Informationspflicht bestimmte der Gesetzgeber eine enge Zusammenarbeit der Staatsorgane und Herausgeber bei grundsätzlichen Problemen mit dem tschechischen Journalistenverband. Diesem wurde ein sog. konsultativer Status zuerkannt.

Der freie Informationsfluß wurde zusätzlich durch die Regulierung der Einfuhr von ausländischen Druckerzeugnissen kontrolliert. Obwohl § 22 des Pressegesetzes die Freiheit des Austauschs von Informationen zwischen ČSSR und anderen Staaten garantierte, höhlten die nachfolgenden Bestimmungen diesen Grundsatz vollständig aus. Zum einen durfte der Informationsaustausch nicht die Ehre und Rechte tschechoslowakischer Bürger sowie deren sozialistisches Zu-

---

[213] Rais, Socialistická zákonnost 1967, S. 57.

sammenleben und die Interessen des Staates oder die Entwicklung der internationalen friedlichen Zusammenarbeit gefährden. Zum anderen verbot das Ministerium für Schulwesen und Kultur die Einfuhr ausländischer Druckerzeugnisse, wenn ihr Inhalt durch Gesetz geschützte Interessen der Gesellschaft oder internationale Vereinbarungen verletzte. Mit dieser Bestimmung waren im Prinzip die Einfuhr und der Vertrieb von westlichen Druckschriften in der ČSSR untersagt. Ab dem Jahre 1981 entschied das Bundespresseamt, welche ausländischen Druckschriften in der Tschechischen Republik eingeführt und verbreitet werden durften, § 3d) des Gesetzes Nr. 180/1980 Sb. Ein absolutes Einfuhrverbot für „Waren, die ein mit den Interessen der sozialistischen Gesellschaft unvereinbares Gedankengut propagieren" erließ der Gesetzgeber im Jahre 1985[214].

Nachrichtenagenturen ausländischer Staaten bedurften zur Ausübung ihrer Tätigkeit einer Akkreditierung des Außenministeriums für ihre Mitarbeiter. Ihren Sitz durften die Nachrichtenagenturen nicht in Botschaften oder Konsulaten unterhalten und ihre Berichterstatter durften nicht zum Personal der Missionen gehören. Sofern der Berichterstatter einer ausländischer Agentur gegen die Interessen der Gesellschaft oder gegen internationale Vereinbarungen verstieß, annullierte das Außenministerium seine Akkreditierung.

7. Berichtigung

Mit dem Inkrafttreten des Pressegesetzes im Januar 1967 wurde nach 16-jähriger Absenz die entstandene Lücke endlich gefüllt und erneut ein Recht auf Berichtigung eingeführt, § 19 des Pressegesetzes Nr. 81/1966 Sb[215]. § 19 Abs. 1 lautete: *„Sollte in einem Masseninformationsmittel eine unwahre oder die Wahrheit verzerrende Angabe veröffentlicht worden sein, die die Ehre des Bürgers oder den guten Namen einer Organisation, einer wissenschaftlichen oder kulturellen Institution verletzt oder die Tätigkeit eines Staatsorgans betrifft, kann der Bürger, die Organisation, die Institution oder das Staatsorgan späte-*

[214] § 7 der Verordnung über die Ein- und Ausfuhr von Waren im nichtkommerziellen Verkehr Nr. 41/1985 Sb. i.V.m. Anlage Nr. 4 zu dieser Verordnung; deutsche Übersetzung der Verordnung mit einer Einführung bei Bohata, JOR 1986, S. 239.

[215] Geändert und ergänzt durch das Gesetz Nr. 84/1968 Sb.

stens bis zu zwei Monaten nach der Veröffentlichung schriftlich von dem Chefredakteur verlangen, unentgeltlich eine Berichtigung zu veröffentlichen und deren Wortlaut vorschlagen".

Das neue Berichtigungsrecht orientierte sich nur zum Teil an der Tradition, dem Berichtigungsrecht der Vormünchner Republik. Im wesentlichen wurde es neu entworfen.

a) Die rechtliche Einordnung des Berichtigungsanspruchs

Seiner Rechtsnatur nach wurde das Berichtigungsrecht als zivilrechtliches Institut konzipiert. Es handelte sich um eine besondere Ausprägung des in den §§ 11 ff. des tschechoslowakischen Zivilgesetzbuchs Gesetz Nr. 49/1964 Sb. (im folgenden ZGB) geregelten allgemeinen Persönlichkeitsschutzes[216]. Die §§ 19 ff. des Pressegesetzes stellten damit ein besonderes Gesetz zum Schutze der Persönlichkeit vor den Massenmedien als Ergänzung des allgemeinen Persönlichkeitsschutzes des ZGB dar[217]. Gemäß § 20 Abs. 2 des Pressegesetzes wurden durch das Berichtigungsrecht die Bestimmungen des ZGB über den Schutz der Persönlichkeit nicht berührt. Danach war es grundsätzlich möglich, daß eine betroffene natürliche Person parallel einen Anspruch auf Berichtigung gemäß § 19 des Pressegesetzes und einen Anspruch nach § 13 ZGB geltend machen konnte. Ausgeschlossen war die gleichzeitige Geltendmachung beider Ansprüche, sofern

---

[216] Nach § 11 ZGB hat jede natürliche Person das Recht auf den Schutz ihrer Persönlichkeit. Nach § 13 Abs. 1 ZGB hat jede natürliche Person das Recht zu verlangen, daß widerrechtliche Eingriffe in das Recht auf den Schutz ihrer Persönlichkeit unterbleiben, daß die Folgen dieser Eingriffe beseitigt werden und daß ihr angemessene Genugtuung gewährt wird. Allgemeine Bestimmungen zum Schutze der Persönlichkeit wurden in die tschechische Rechtsordnung erst durch das neue ZGB im Jahre 1964 verankert. Die explizite Anerkennung des Persönlichkeitsrechts hing mit der Entwicklung in den sechziger Jahren zusammen, insbesondere mit der Abkehr vom politischen Klima der fünfziger Jahre. Diese Tendenz machte sich auch in den Nachbarstaaten bemerkbar (Ungarisches Zivilgesetzbuch von 1959, Polnisches Zivilgesetzbuch von 1964).

[217] Švestka /Jehlička u.a., Ochrana osobnosti, S. 19; Salač, Ochrana osob; Švestka, Právo na odpověd, S. 7. Die in der Vormünchner Republik noch vertretene Auffassung, das Berichtigungsrecht sei dem öffentlichen Recht zuzuordnen, wurde eindeutig zugunsten der Ansicht aufgegeben, daß das Berichtigungsrecht aus dem Persönlichkeitsrecht erwachse.

der Berichtigungsanspruch zu einer Befriedigung der Ansprüche des Betroffenen führte. Der Umstand, daß der Betroffene eine Berichtigung hätte erreichen können, dies aber versäumte, hinderte nicht die Geltendmachung weiterer Ansprüche nach § 13 ZGB. Ein solches Versäumnis erlaubte keine Rückschlüsse auf das Gewicht des Genugtuungsbedürfnisses des Antragstellers.

b) Gegenstand der Berichtigung

Das neue tschechoslowakische Berichtigungsrecht setzte voraus, daß unwahre oder die Wahrheit verzerrende Angaben in der periodischen Presse veröffentlicht wurden. Gegenstand einer Berichtigung konnten somit nur unwahre oder die Wahrheit verzerrende Angaben sein.

Die Voraussetzung der Unwahrheit der Angaben brach mit der ursprünglichen Konzeption des österreichischen Berichtigungsrechts. Die Prüfung der materiellen Wahrheit fand nach österreichischem Preßgesetz nicht statt, das Berichtigungsrecht hatte formalen Charakter. Das sozialistische Berichtigungsrecht hingegen wurde auf dem Grundsatz der Wahrhaftigkeit der Berichterstattung aufgebaut[218]. Als unwahr wurden die Angaben bezeichnet, die im Widerspruch zum Grundsatz der Wahrhaftigkeit des Informationsinhalts standen. Dieser Grundsatz hatte nicht nur im Berichtigungsrecht, sondern im gesamten Presserecht seine Gültigkeit. Nach § 2 des Pressegesetzes bestand die Aufgabe der Presse in der wahrheitsgetreuen Vermittlung der Informationen. Als Garant der Wahrhaftigkeit trat der Chefredakteur auf. Die Berichtigung nach § 19 des Pressegesetzes als besonderes Mittel zum Schutz der Persönlichkeit beruhte auf dem im allgemeinen Persönlichkeitsrecht herrschenden Verständnis von der Tätigkeit und Aufgabe der Berichterstattung. Die Berichterstattung diente der Information und

[218] Im Begründungsbericht zu § 19 des Pressegesetzes wurde der Grundsatz der Wahrhaftigkeit erläutert: „Der Grundsatz der Wahrheit stellt einen der tragenden Grundsätze der sozialistischen periodischen Presse und anderer Masseninformationsmittel dar. Deshalb legt das Gesetz dem Chefredakteur die Pflicht auf, den Wahrheitsgehalt und die Herkunft der Information konsequent und mit der den Umständen nach erforderlichen Sorgfalt zu überprüfen. Vor der Verletzung des Grundsatzes der Wahrhaftigkeit muß nicht nur die Gesellschaft, sondern auch ihre einzelnen Mitglieder und Organisationen geschützt werden..."

der Kritik über Angelegenheiten des öffentlichen Interesses. Dies bedeutete, daß alle Nachrichten von begründetem öffentlichem Interesse sein mußten. Im Widerspruch zum öffentlichen Interesse standen Nachrichten, die die Interessen an billiger Sensation befriedigten oder Emotionen schürten sowie verschiedene Formen von Extremismus propagierten[219]. Mithin stand lediglich seriöse Berichterstattung im Einklang mit dem öffentlichen Interesse.

Den Berichtigungsanspruch lösten neben den unwahren auch die die Wahrheit verzerrenden Angaben aus. Darunter wurden solche Angaben verstanden, die zwar für sich allein nicht unwahr waren. Sie wurden jedoch in einer Art und Weise dargestellt (etwa durch Streichungen, durch Herausreißen aus dem Kontext oder durch die Unterdrückung von wichtigen Zusatzinformationen), daß sie geeignet waren, in der Öffentlichkeit ein verzerrtes Bild hervorzurufen[220].

Das sozialistische Berichtigungsrecht knüpfte an das Berichtigungsrecht der Vorkriegstschechoslowakei lediglich bezüglich der Voraussetzung an, daß ausschließlich Tatsachen berichtigungsfähig sind. Meinungen und Werturteile waren demnach nicht berichtigungsfähig[221]. Als Tatsachen wurden solche Angaben angesehen, die einen objektiven Charakter hatten. Werturteile hatten dagegen stets subjektiven Charakter, da sie „notwendigerweise die Meinung dessen ausdrückten, der das Werturteil vortrug“[222].

In den achtziger Jahren bildete sich in der Rechtslehre die Auffassung, daß § 19 des Pressegesetzes weit auszulegen sei, so daß auch Wertendes und Kritik berichtigt werden könnten[223]. Begründet wurde diese These mit dem Wortlaut

---

[219] Švestka /Jehlička u.a., Ochrana osobnosti, S. 301 ff.

[220] Vgl. Doležílek, PR 3/96, S. 103.

[221] Rc 89/68, 6 Co 22/68; Das Gericht kommt zu der Auffassung, daß das Gesetz die Berichtigung von Tatsachen und nicht von wertenden und kritischen Schlußfolgerungen zuläßt. Eine andere Auslegung widerspreche dem Begriff und Sinn der Berichtigung selbst. Darüber hinaus würde die Berichtigungsfähigkeit von Kritik unverhältnismäßig den Sinn der Kritik, insbesondere im kulturellen Leben der Gesellschaft, einengen.

[222] Švestka/Knap, Ochrana osobnosti, S. 237. In der sozialistischen Literatur findet sich keine Erörterung über die komplizierte Abgrenzung einer Tatsachenbehauptung von einem Werturteil. Diese in der Vorkriegstschechoslowakei lebhaft geführte Diskussion wurde weder fortgesetzt noch weiterentwickelt.

[223] Švestka/Knap, Ochrana osobnosti, S. 273; Salač, Ochrana osob.

des § 19 des Pressegesetzes. Im Wortlaut des Gesetzes wurde nicht explizit der Begriff „unwahre Tatsachen", sondern der Begriff „unwahre Angaben" verwendet. Daraus folgerte die Rechtslehre, daß der Gesetzgeber auch Werturteile, die auf unwahren Tatsachen basierten, als berichtigungsfähig miteinbeziehen wollte. Die Judikatur blieb in bezug auf die Frage der Berichtigungsfähigkeit von Meinungen und Werturteilen nicht einheitlich.

Unerheblich war, ob es sich bei den in der periodischen Presse veröffentlichten Angaben um eigene oder von Dritten übernommene Behauptungen handelte. Dabei war es belanglos, ob die Quelle in der Veröffentlichung angegeben wurde oder nicht. Berichtigungsfähig waren darüber hinaus auch private und geschäftliche Anzeigen und Leserbriefe.

Die veröffentlichten Angaben mußten die Ehre eines Bürgers oder den guten Ruf einer Organisation oder einer wissenschaftlichen oder kulturellen Institution verletzen. Die Anspruchsvoraussetzung der Ehrverletzung einer natürlichen Person oder der Verletzung des guten Namens einer Organisation waren gleichfalls neu. Das „alte" Preßgesetz setzte lediglich voraus, daß durch die Veröffentlichung eine Person betroffen wurde. Das neue Pressegesetz engte den Kreis der Anspruchsberechtigten durch das Erfordernis der Ehr- oder Rufverletzung deutlich ein.

Unter dem Begriff der Ehre eines Bürgers wurde das Maß an Wertschätzung verstanden, das eine natürliche Person in der Gesellschaft genießt. Gegenstand des Rechts war nicht die Ehre in abstracto, sondern ausschließlich die Ehre, die jemand in den Augen der Gesellschaft genießt, der er angehört[224]. Dabei wurde auf das Empfinden eines Durchschnittsbürgers abgestellt. Entscheidend war, ob dieser in der Lage des Verletzten eine Ehrkränkung empfände[225]. Die im Pressegesetz verwendete Formulierung „Ehre eines Bürger" wirft die Frage auf, ob allein die tschechoslowakischen Staatsangehörigen eine Berichtigung geltend machen konnten. Mangels einschlägiger Rechtsprechung kann nur gefolgert werden, daß der Begriff „Bürger" wie im allgemeinen Persönlichkeitsrecht ausgelegt wurde. Das allgemeine Persönlichkeitsrecht bezweckte den Schutz der

---

[224] R 103/1967.

[225] Vgl. Doležílek, PR 3/96, S. 103.

Ehre der natürlichen Person in ihren Beziehungen zu anderen natürlichen Personen in der Gesellschaft. Dieser Schutz wurde nicht an die Staatsangehörigkeit der Person geknüpft[226]. Für das Berichtigungsrecht als eine Ausgestaltung des allgemeinen Persönlichkeitsrechts dürfte dies ebenfalls gegolten haben.

Organisationen und wissenschaftliche sowie kulturelle Institutionen waren als juristische Personen Anspruchsberechtigte, vorausgesetzt, die Veröffentlichung verletzte den guten Ruf der Organisation[227]. Staatsorgane waren bereits dann anspruchsberechtigt, wenn die veröffentlichten unwahren oder die Wahrheit verzerrenden Angaben ihre Tätigkeit betrafen[228]. Bei Staatsorganen war die Geltendmachung einer Berichtigung mithin nicht auf die Verletzung bestimmter Werte wie etwa den guten Ruf beschränkt.

Verpflichtet, die Berichtigung abzudrucken, war der Chefredakteur des periodischen Druckwerks, das die unwahren oder die Wahrheit verzerrenden Angaben veröffentlichte. Außer dem Chefredakteur gab es keine anderen Anspruchsverpflichteten.

c) Form und Inhalt der Berichtigung

Das Berichtigungsverlangen war schriftlich an den Chefredakteur zu richten. Darin schlug der Antragsteller den Wortlaut der Berichtigung vor. Der Chefredakteur mußte gemäß § 19 Abs. 3 des Pressegesetzes sicherstellen, daß der Wortlaut und die Art und Weise der Veröffentlichung im voraus mit dem An-

---

[226] ZGB-Komm./Knappová, § 7, S. 73; das ZGB bezeichnete als Bürger jede natürliche Person. Die Bezeichnung Bürger als Staatsangehöriger wurde im Verfassungsrecht verwendet.

[227] Der Begriff „guter Ruf" wurde überhaupt nicht definiert. Als juristische Personen im sozialistischen Recht wurden verschiedene sozialistische Organisationen, Nationalbetriebe oder Genossenschaften angesehen. Durch das ZGB wurde ausschließlich die natürliche Person geschützt, juristische Personen überhaupt nicht. Von juristischen Personen im privatrechtlichen Sinne konnte nicht gesprochen werden; vgl. Devátý/Toman, Ochrana dobré pověsti, S. 14.

[228] Als Staatsorgane wurden einzelne Organisationsteile bezeichnet, die den Staatsapparat bildeten wie etwa die Vertretungskörperschaften, Organe der Staatsverwaltung usw.

tragsteller vereinbart werden[229]. Der Chefredakteur und der Antragsteller trafen eine nicht formelle Vereinbarung hinsichtlich des Wortlauts der Berichtigung und der Art ihrer Veröffentlichung. Falls keine Einigung erzielt wurde, entschied über den Wortlaut der Berichtigung das Gericht.

Der Berichtigungsanspruch mußte spätestens bis zu zwei Monaten nach dem Tage der Veröffentlichung geltend gemacht werden. Die Zweimonatsfrist war eine Ausschlußfrist. Der Berichtigungsanspruch entfiel, wenn der Anspruchsteller diese Frist versäumte.

Bezüglich des Inhalts enthielt das Gesetz keine Vorgaben, die der Antragsteller zu erfüllen oder zu beachten hatte. Dies bedeutete jedoch nicht, daß der Antragsteller Beliebiges formulieren konnte. Die Berichtigung diente der Richtigstellung der unwahren bzw. die Wahrheit verzerrenden Angaben in der Öffentlichkeit. Entsprechend diesem Zweck mußte sich der Antragsteller auf das Richtigstellen der Angaben beschränken. Kritik am Verhalten des Chefredakteurs oder die Forderung nach einer Entschuldigung waren nicht durch den Zweck der Berichtigung gedeckt[230].

d) Erfüllung der Abdruckpflicht

Die Berichtigung mußte gemäß § 19 Abs. 3 des Pressegesetzes innerhalb von acht Tagen nach der Zustellung des Berichtigungsantrages in der nächsten Nummer veröffentlicht werden, die nach Zustellung des Antrages erschien. In welchem Teil des Druckwerks die Berichtigung erscheinen sollte, bestimmte das Gesetz ausdrücklich[231]. Entsprechend dem mit der Berichtigung verfolgten Ziel mußte die Berichtigung in dem gleichen Teil des periodischen Druckwerks erscheinen wie die Erstmitteilung. Ihrem Umfang nach sollte sie der Erstmittei-

---

[229] Ursprünglich sah § 19 Abs. 3 vor, daß „den Wortlaut der Berichtigung der Chefredakteur bestimmt", geändert und ergänzt durch das Gesetz Nr. 84/1968 Sb.

[230] Vgl. Doležílek, PR 3/96, S. 103.

[231] Ursprünglich enthielt das Gesetz keine Bestimmung über Plazierung und Form des Abdruck der Berichtigung. Eingeführt wurde dies durch das Gesetz Nr. 84/1966 Sb. Im Falle einer Berichtigung der im Rundfunk oder Fernsehen gesendeten Angaben bestimmte das Gesetz in § 19 Abs. 4, daß sie in gleicher Sendezeit gesendet werden müsse wie die zu berichtigenden Angaben.

lung entsprechen. Der Leser sollte aus der Berichtigung erfahren, welche Angaben nicht der Wahrheit entsprachen oder verzerrt dargestellt wurden. In bezug auf das äußere Erscheinungsbild der Berichtigung bestimmte das Gesetz, daß die Berichtigung in der gleichen Schrift wie die veröffentlichte Angabe abzudrukken war. Ohne ausdrücklich geregelt zu sein, wurde die Berichtigung in der Praxis stets mit der Überschrift „Berichtigung“ veröffentlicht. Die Veröffentlichung der Berichtigung war für den Berechtigten kostenfrei.

e) Ausnahmen von der Abdruckpflicht

Der Chefredakteur konnte die Berichtigung in zwei Fällen ablehnen. Erstens, wenn er beweisen konnte, daß die veröffentlichten Angaben der Wahrheit entsprachen. Zweitens, wenn der Berichtigungsanspruch nach Ablauf der zweimonatigen Frist eingereicht wurde.

f) Durchsetzung des Berichtigungsanspruchs

Weigerte sich der Chefredakteur, die Berichtigung zu veröffentlichen oder wurde die Berichtigung überhaupt nicht oder nicht in der vorgeschriebenen Weise bzw. nicht mit dem vereinbarten Inhalt veröffentlicht, konnte der Anspruchsteller das Zivilgericht anrufen. Sachlich zuständig war das Bezirksgericht[232]. Der Antrag mußte innerhalb von 15 Tagen nach dem Ablauf der für die Veröffentlichung der Berichtigung festgesetzten Frist gestellt werden[233]. Die Klage mußte sich namentlich gegen den Chefredakteur richten, denn nur dieser war passiv legitimiert. Bezeichnete der Kläger die periodische Zeitschrift als Klagegegner, wurde das Verfahren wegen eines nicht heilbaren Mangels eingestellt[234]. Ein Recht auf einstweiligen Rechtsschutz bestand nicht. Es handelte sich stets um eine Hauptsacheklage, in der die Wahrheit der Erstmitteilung geprüft wurde.

---

232 Gemäß § 9 der ZPO-ČR Gesetz Nr. 99/1963 Sb. waren die Bezirksgerichte in der ersten Instanz grundsätzlich zuständig. Die Bezirksgerichte bildeten die niedrigste Stufe der ordentlichen Gerichte. Die nächste höhere Instanz bildeten die Kreisgerichte.

233 Vgl. Rc 89/68 6 Co 22/68.

234 Rc 11/94 5 Co 39/92.

§ 6 Zusammenfassung

Die geschichtliche Darstellung zeigt die enge Verknüpfung des tschechischen Presserechts mit dem österreichischen und deutschen Presserecht. Diese Verbindung sowie gegenseitige Beeinflussung erhält sich bis in die dreißiger Jahre des 20. Jahrhunderts hinein. In diese Zeit ergehen auch die letzten presserechtlichen Bestimmungen, die nicht in einem totalitärem System entstanden sind. Mit der Okkupation und der mit dem Ende des Zweiten Weltkrieges einhergehenden Teilung Europas in zwei politische Lager hört eine freie Presse zu existieren auf. Die in der sozialistischen Verfassung garantierte Pressefreiheit ist lediglich eine Makulatur gewesen. Das Presserecht spielte während der sozialistischen Zeit in der Rechtswissenschaft überhaupt keine Rolle. Von 1948 bis 1990 wurde keine einzige Monographie veröffentlicht, die sich mit dem Presserecht beschäftigte. Die letzte herausragende presserechtliche Arbeit ist das 1930 veröffentlichte Werk von *Jaroslav Stránský*. Die Pressezensur stellte den Alltag dar. Eine Ausnahme bildet die kurze Zeit des Prager Frühlings. Die Tradition des tschechoslowakischen Vorkriegspresserechts wurde vollständig zerstört.

Zweiter Teil: Pressefreiheit im geltenden Recht

§ 7 Einleitung

A. Rechtliche Entwicklung

I. Entstehung der neuen Verfassungsordnung

Die im Herbst 1989 friedlich verlaufene Revolution stellte einen Wendepunkt in der Geschichte der Tschechoslowakei dar[235]. Ihr Ergebnis war die Ablösung des totalitären Regimes und das Ende der kommunistischen Ära. Mit der Vereidigung einer provisorischen Regierung im Dezember 1989 setzte der Demokratisierungsprozeß ein. Im Juni 1990 wurden nach 44 Jahren die ersten freien Wahlen durchgeführt. Das Parlament wurde für eine zweijährige Amtsperiode gewählt[236]. Die Regierung stand vor einer gewaltigen Aufgabe. In erster Linie drängte der Aufbau eines Rechtsstaates und der parlamentarischen Demokratie sowie einer funktionierenden Marktwirtschaft. Die neue Gesetzgebung wurde intensiv vorangetrieben. Die überwiegend aus Ökonomen bestehende Regierung unter dem Ministerpräsidenten Václav Klaus bemühte sich um die Transformation der Planwirtschaft in eine Marktwirtschaft. Zu den ehrgeizigsten Projekten der Regierung gehörte das Privatisierungsprogramm[237]. Nach den Wahlen im Juni 1990 wurde eine Verfassungskommission eingesetzt, die mit der Vorbereitung einer föderalen Verfassung beauftragt wurde. Um die Kompetenzverteilung

---

235 Zu den Ereignissen des Jahres 1989 vgl. Schönfeld, Samtene Revolution, S. 83 ff.; Bohata, JOR 1995, 235 ff.; Otáhal, BIOst 25/1992; Horský, BIOst 14/1990.

236 Die Parteienlandschaft mußte sich neu formieren. Die zwei Jahre sollten zum Herauskristallisieren der politischen Szene und zu der Orientierung der Bürger dienen, vgl. Schmid/Horský, Tschechoslowakei, S. 15 ff. Zum Problem der Konstituierung des Staates durch die Gesellschaft vgl. Brunner, Der neue ordnungspolitische Rahmen, passim.

237 Dazu ausführlich Daubner, Privatisierung, S. 257 ff.; Brunner/Schmid/Westen, WOS, ČR; Plattner, Privatisierung, S.138 ff; Roggemann/Kuss, Unternehmensumwandlung; S. 171 ff.

in der zukünftigen Verfassung eines gemeinsamen Staates von Tschechen und Slowaken entbrannten bereits im Jahre 1990 Auseinandersetzungen, und die Arbeiten gingen nur schleppend voran[238].

Im Bereich der sogenannten politischen Rechte wurde schnell gehandelt. Innerhalb der ersten vier Monate des Jahres 1990 wurden Gesetze wie etwa das Versammlungsgesetz und das Wahlgesetz erlassen, die den rechtlichen Rahmen für politische Betätigung in einer demokratischen Gesellschaft geschaffen haben[239]. Dies geschah noch vor der Erarbeitung eines neuen Grundrechtskatalogs.

Die Pressefreiheit wurde durch eine Änderung des Pressegesetzes wiederhergestellt[240]. Aus dem Pressegesetz wurden alle Bestimmungen entfernt, die in Widerspruch zu einer freiheitlich demokratischen Grundordnung standen. Die Rolle der Medien in dieser ersten Phase war von herausgehobener Bedeutung. Erst die freien Massenmedien Presse und Rundfunk ermöglichten einen Informationsaustausch, der sowohl den Empfang als auch die Weitergabe von Informationen umfaßte. Dem Bürger verschafften die Medien durch die Vermittlung von unzensierten Informationen eine der Grundvoraussetzungen für eine freie Willens- und Meinungsbildung. Damit die Medien dieser Rolle gerecht werden konnten, bedurften sie selbst Informationen. Grundlegende Voraussetzung für die Wahrnehmung dieser Rolle war das Vorhandensein einer Medienordnung, die die Meinungs- und Informations- sowie Presse- und Rundfunkfreiheit garantiert. Die verfassungsrechtlichen Medienfreiheiten bilden Grundlage und Ausgangspunkt allen Medienrechts.

Die Neugestaltung des Grundrechtskatalogs geschah durch die Verabschiedung eines Verfassungsgesetzes[241], der sogenannten Charta der Grundrechte und Freiheiten (im folgenden „Charta") im Januar 1991[242]. Die Charta trat am

---

[238] Vgl. Steinfeld, Europa-Archiv, 8/1993; Jičínský/Mikule, BIOst 44/1994, 45/1994.

[239] Zu den „politischen" Gesetzen Siehe Bárány, Právny obzor 1990, S. 471 ff.

[240] Gesetz Nr. 86/1990 Sb.

[241] Zur Tradition von Verfassungsgesetzen in tschechischer Verfassungsordnung vgl. Erster Teil, Fn. 31; Verfassungsgesetze stehen im Rang über den einfachen Parlamentsgesetzen. Durch sie werden besonders wichtige Bereiche geregelt, die in der Verfassung ausdrücklich bezeichnet werden.

[242] Gesetz Nr. 23/1991 Sb. Dazu ausführlich Slapnicka, Ostreuropa Recht 4/1991, S. 269 ff.; Hošková, EuGRZ 1991, S. 369 ff.

8.2.1991 in Kraft. Neben der Charta wurden zahlreiche Verfassungsgesetze erlassen, die die Grundlagen der Verfassungsstruktur und die Konzeption für die zukünftige verfassungsrechtliche Entwicklung geschaffen haben. Im Februar 1992 hat das Verfassungsgericht der ČSFR seine Tätigkeit aufgenommen[243]. Bereits früh wurden überdies die Grundsteine für den wirtschaftlichen und politischen Anschluß an die Europäische Union gelegt. Zwischen der ČSFR und den Europäischen Gemeinschaften wurde am 16.12.1991 ein Assoziierungsabkommen abgeschlossen.

Die im Jahre 1992 stattfindenden Wahlen waren für die weitere Entwicklung der Tschechoslowakei von großer Bedeutung. Die seit langer Zeit bestehenden Unterschiede zwischen der Tschechischen und der Slowakischen Republik traten deutlich hervor und führten am Ende zu der Teilung des gemeinsamen Staates. Die Spaltung des Staates wurde zum 31.12.1992 beschlossen. Das Verfassungsgesetz über den Untergang der Tschechischen und Slowakischen Föderativen Republik regelte die Beendigung der Föderation. Am 1. Januar 1993 entstanden zwei neue völkerrechtlich unabhängige Staaten, die Tschechische Republik und die Slowakische Republik[244]. Die Kompetenzen der Föderation sind auf die Nachfolgestaaten übergegangen. Die Weitergeltung der bisherigen Rechtsordnung regelte das Verfassungsgesetz über Maßnahmen in Zusammenhang mit dem Untergang der ČSFR[245].

Der politische Umbruch nach den Wahlen im Juni 1992 hatte zur Folge, daß die Regierung eine Kommission zur Vorbereitung eines gänzlich neuen Verfassungsentwurfs einsetzte, ohne an die bisherigen Arbeiten und die daraus entstandene Vorlage anzuknüpfen. Der im September 1992 vorgestellte Verfassungsentwurf löste heftige Auseinandersetzungen aus. Auf einen Kompromiß einigte man sich erst im Dezember 1992. In großer Eile wurde am 16. Dezember

---

[243] Verfassungsgesetz Nr. 91/1991 Sb. Einzelheiten bei Sládeček, PR 11/1998, S. 544, 550.

[244] Verfassungsgesetz Nr. 542/1992 Sb. Zu den verfassungsrechtlichen Aspekten der Teilung siehe Schmid/Horský, Tschechoslowakei; Hošková, ZaöRV 1993, S. 698 ff.; Jičínský/Mikule, BIOst 44/1994, 45/1994; zu den politischen Hintergründen Vodička, Osteuropa 2/1994, S. 175 ff.

[245] Verfassungsgesetz Nr. 542/1992 Sb.

1992 die neue Verfassung verabschiedet; sie trat am 1. Januar 1993 in Kraft[246]. Die Verfassung bildet die Grundlage für die Gestaltung des demokratischen Rechtsstaates[247]. Als elementare Grundprinzipien der tschechischen Verfassungsordnung gelten folgende Prinzipien: das Prinzip der Volkssouveränität, das Demokratieprinzip, das Rechtsstaatsprinzip, das Mehrheitsprinzip, die Unantastbarkeit der Menschenrechte, das parlamentarische Regierungssystem und der Grundsatz der Gewaltenteilung[248]. Gemäß Art. 9 Abs. 2 der Verfassung dürfen die wesentlichen Elemente des demokratischen Rechtsstaates nicht geändert werden. Das Rechtsstaatsprinzip beinhaltet insbesondere die Rechtmäßigkeit und Verfassungsmäßigkeit allen staatlichen Handelns. Die Verfassung ist die wichtigste Grundlage der Rechtssetzung. Dies bedeutet, daß alle Gesetze und Rechtsvorschriften im Einklang mit der Verfassung stehen müssen.

Am 1. Juli 1993 trat das neue Gesetz über das Verfassungsgericht der Tschechischen Republik in Kraft, und das Verfassungsgericht nahm am 15. Juli 1993 seine Tätigkeit auf[249]. Das Verfassungsgericht entscheidet gemäß Art. 87 Abs. 1 der Verfassung über Normenkontrollanträge, in Kompetenzkonflikten zwischen staatlichen Organen, über Verfassungsbeschwerden, über die Staatsanklage gegen den Staatspräsidenten sowie den Antrag des Staatspräsidenten auf Aufhebung eines Beschlusses des Parlaments seine Amtsunfähigkeit betreffend, in Sachen der Wahlgerichtsbarkeit, über die Auflösung einer politischen Partei sowie über die Maßnahmen, die zur Vollziehung einer für die Tschechische Republik verbindlichen Entscheidung eines internationalen Gerichts notwendig sind.

Der Demokratisierungsprozeß wurde fortgesetzt. Mangels Ratifizierung des im Jahre 1991 geschlossenen Assoziierungsabkommens und infolge der Teilung

---

[246] Verfassungsgesetz Nr. 1/1993 Sb.; zur Verfassung der Tschechischen Republik vgl. Slapnicka, Osteuropa Recht 1/1994, S. 28 ff.; Bohata, JOR 1994, S. 24 ff.; Jirásková, Diskuse, AUC, S. 193 ff.

[247] Zum Rechtsstaatsprinzip ausführlich Hošková, Rechtsstaatlichkeit, S. 251 ff.; Malenovský, ROW 1993, S. 12 ff. Zum Rechtsstaatsprinzip im deutschen Recht grundlegend Stern, Staatsrecht der BRD, Band I, S. 764 ff.

[248] Vgl. Wágnerová, Normative Prinzipien, S. 51 ff.

[249] Gesetz Nr. 182/1993 Sb. Dazu ausführlich Brunner/Hofmann/Holländer, Verfassungsgerichtsbarkeit, passim; Sládeček, Ústavní soudnictví, passim; Klíma, Ústavní právo, S. 255 ff.

des Staates mußte die Tschechische Republik mit den Europäischen Gemeinschaften erneut ein Europaabkommen schließen. Dieses trat zum 1. Februar 1995 in Kraft[250]. Mit dem Europaabkommen erkannte die ČR die schrittweise Angleichung des tschechischen Rechts an das Recht der Europäischen Union als eine wesentliche Voraussetzung für den Beitritt an. Dies umfaßt natürlich das Presserecht als Teil des Medienrechts, das sich an den europäischen Vorgaben orientieren muß. Seit dem 30. Juni 1993 ist die Tschechische Republik Mitglied des Europarats[251] und seit dem 1.1.1993 Vertragspartei der Europäischen Menschenrechtskonvention[252] (im folgenden EMRK). Die Konvention enthält einen Menschenrechtskatalog sowie einen völkerrechtlichen Durchsetzungsmechanismus. Der EMRK kommt maßgebliche Bedeutung zu, weil sie Ausdruck eines weite Teile Europas erfassenden Konsenses in wichtigen Grundanschauungen ist, deren vorbehaltslose Akzeptanz durch alle Unterzeichnerstaaten Voraussetzung der demokratisch-rechtstaatlichen Integration in Europa ist[253]. In der Tschechischen Republik besitzt die EMRK als völkerrechtlicher Vertrag unmittelbare Geltung; es wurde ihr Vorrang vor den Gesetzen eingeräumt. Diese Geltung vermittelt der Konvention Art. 10 der Verfassung, worauf noch im einzelnen eingegangen wird

II. Charta der Grundrechte und Grundfreiheiten

Die Verfassung enthält keinen Grundrechtskatalog. Bei der Verabschiedung der Verfassung im Dezember 1992 übernahm der Gesetzgeber den seit zwei Jahren geltenden Grundrechtskatalog der Charta der Grundrechte und -freiheiten der föderalen Tschechoslowakei durch einen Übernahmebeschluß des Präsidi-

---

[250] ABl. EG 1994, Nr. L 360.

[251] Zur Gründung des Europarats vgl. Ipsen, Völkerrecht, S. 451 ff. m.w.N.

[252] Konvention vom 4.11.1950 zum Schutze der Menschenrechte und Grundfreiheiten, Ratifikationstabelle BGBl. II, S. 305 (306); in der Tschechischen Republik Gesetz Nr. 209/1992 Sb. in der Fassung der Gesetze Nr. 41/1996 Sb. und Nr. 243/1998 Sb. Die EMRK ist zwischenzeitlich durch elf Protokolle ergänzt worden, deren Vertragspartei die ČR geworden ist.

[253] Kloepfer, Innere Pressefreiheit, S. 66.

ums des Tschechischen Nationalrats[254]. Gemäß Art. 3 und Art. 112 I der Verfassung bildet die Charta einen „Bestandteil der Verfassungsordnung der Tschechischen Republik". Die vereinzelt in der Rechtsliteratur vertretene Auffassung, die der Charta den Rang eines Verfassungsgesetzes absprechen möchte und sie als einfaches Gesetz qualifiziert, ist zu formalistisch und insofern als überholt anzusehen[255]. Das Verfassungsgericht hat den Verfassungsrang der Charta niemals in Frage gestellt und die Charta von Anfang an als Verfassungsgesetz betrachtet[256]. In der neueren Rechtslehre wird die Charta „unzweifelhaft" als Verfassungsgesetz angesehen[257]. Die Charta stellt mithin den Grundrechtskatalog der Tschechischen Republik dar.

Der erste Abschnitt der Charta (Art. 1-4) enthält allgemeine Bestimmungen, die sich auf alle in der Charta geregelten Rechte und Freiheiten erstrecken und ihren Ausgangspunkt bilden. Dem folgen allgemeine Menschenrechte (Art. 5-16), politische Rechte (Art. 17-23), Minderheitenrechte (Art. 24-25), wirtschaftliche, soziale und kulturelle Rechte (Art. 26-35) sowie das Recht auf gerichtlichen und anderen Rechtsschutz (Art. 36-40). Gemeinsame Bestimmungen (Art. 41-44) des sechsten Abschnitts bilden den Abschluß der Charta. Diese Einteilung hat ihre Wurzeln in der Verfassung von 1920 und ist weniger dogmatischer Natur. Eine weitere Inspirationsquelle bildeten die EMRK sowie der Internationale Pakt über bürgerliche und politische Rechte (im folgenden IPbürgR). Die

[254] Übernahmebeschluß des Tschechischen Nationalrats vom 16.12.1992 in Gesetz Nr. 2/1993 Sb.; geändert durch Verfassungsgesetz Nr. 162/1998 Sb. In der Slowakischen Republik wurde hingegen die Charta der Grundrechte und Grundfreiheiten in die Verfassung (zweiter Hauptteil) integriert.

[255] Den Hintergrund bilden Unklarheiten bei der Inkorporierung der Charta und ihres Einführungsgesetzes in die tschechische Verfassungsordnung. Bei der Wiederverlautbarung wurde nur die Charta, nicht aber das Verfassungsgesetz zur ihrer Einführung übernommen. Zum Streitstand vgl. Daubner, WIRO 3/1996, S. 92 ff.; Slapnicka, Osteuropa-Recht 1994, S. 28 ff.; Klíma, Ústavní právo, S. 164; Gerloch, Právník 1993, S. 526 ff.; Pavlíček, Právník 1992, S. 365 (366).

[256] Urteil des Verfassungsgerichts Pl. ÚS 20/94, (Sb.n.u.ÚS Band 3, S. 109, 110).

[257] Pavlíček/Hřebejk, Ústavní systém, S. 32 f.

Charta orientiert sich schließlich an den Verfassungen anderer demokratischer Staaten, vor allem an der Verfassung der Bundesrepublik Deutschland[258].

In der Charta wird zwischen Menschenrechten, die jedermann eingeräumt werden, und Bürgerrechten (Art. 42), die nur den tschechischen Staatsangehörigen vorbehalten sind, unterschieden[259]. Ausländer genießen also Menschenrechte und Grundfreiheiten, wie sie in der Charta verbürgt sind, sofern diese nicht ausdrücklich den Bürgern vorbehalten sind. Hinsichtlich der Grundrechtsträgerschaft von juristischen Personen enthält die Charta keine Regelung. Es fehlt an einer ausdrücklichen Bestimmung, die mit Art. 19 Abs. 3 GG vergleichbar wäre. Die in der Charta gewährleisteten Rechte und Freiheiten werden grundsätzlich als Rechte von natürlichen Personen verstanden, die nur natürlichen Personen zustehen[260]. Ungeachtet dieser Konzeption können auch juristische Personen Träger bestimmter Grundrechte sein[261]. So müssen sich etwa juristische Personen auf das Recht auf Eigentum gemäß Art. 11 Abs. 1 Charta berufen können, denn Eigentum benötigen sie bereits begrifflich zu ihrem Entstehen. Darüber hinaus können sich bestimmte Rechte, die juristischen Personen zustehen, aus internationalen Verträgen ergeben. Diese Auffassung vertritt das tschechische Verfassungsgericht[262]:

„Aus der Erklärung der ehemaligen Tschechischen und Slowakischen Föderativen Republik bei der Ratifikation der EMRK, die die Kompetenz der Europäischen Kommission für Menschenrechte zur Annahme von Beschwerden von Personen, nichtstaatlichen Organisationen oder Personenvereinigungen anerkennt,

---

[258] Pavlíček, Práva a svobody, S. 19; Jäger, Neuordnung der tschechischen Gesellschaft, S. 127 (132).

[259] Vgl. Gesetz Nr. 40/1993 Sb. über den Erwerb und Verlust der Staatsangehörigkeit in geltender Fassung.

[260] Ein früherer Entwurf der Charta enthielt die Bestimmung, daß sich auf bestimmte Grundrechte auch juristische Personen berufen können, sofern diese Grundrechte es ihrem Wesen nach erlauben. Diese Bestimmung ist jedoch nicht in die Charta übernommen worden, vgl. Pavlíček, Práva a svobody, Art. 1, S. 40.

[261] Vgl. Knapp, Právník 1995, S. 996.

[262] Urteil des Verfassungsgerichts Pl. ÚS 15/93 vom 19. Januar 1994 (Sb.n.u.US Band 1, Nr. 3, S. 23 ff.).

kann die Bereitschaft des Staates abgeleitet werden, diesen Schutz auch den juristischen Personen zu gewähren, wenn es sich um Grundrechte und Grundfreiheiten handelt. In dieser Hinsicht kann man sich auch auf die Bestimmung des § 72 Abs. 1 des Gesetzes Nr. 182/1993 Sb. über das Verfassungsgericht berufen, aus der sich ergibt, daß eine natürliche oder juristische Person berechtigt ist, eine Verfassungsbeschwerde einzureichen, sofern sie behauptet, daß sie durch einen Eingriff der öffentlichen Gewalt in ihren Grundrechten oder -freiheiten, die ihr durch Verfassungsgesetz oder internationale Verträge i.S.d. Art. 10 der Verfassung garantiert werden, verletzt worden ist".

Folglich muß bei juristischen Personen, die die Verletzung bestimmter Grundrechte geltend machen, geprüft werden, ob die Grundrechte ihrem Wesen nach auf sie anwendbar sind oder ob sich die Grundrechtsträgerschaft eventuell aus internationalen Verträgen ergibt. Im Ergebnis können also juristische Personen Träger von Grundrechten sein, obwohl es sich nicht aus der Charta selbst ergibt. Hier wäre eine explizite Aussage in der Charta sicherlich von Vorteil gewesen.

Die Grundrechte der Charta sind in erster Linie Schutzrechte der Bürger gegen Eingriffe seitens des Staates. Die Charta bestimmt in Art. 2 Abs. 3, daß jeder alles tun kann, was gesetzlich nicht verboten ist, und niemand gezwungen werden kann, etwas zu tun, was ihm nicht durch Gesetz auferlegt ist. Diese Bestimmung ist so zu verstehen, daß die Grenzen des menschlichen Handelns nur durch Gesetz beschränkt werden können[263]. Die Frage der Einschränkbarkeit von Grundrechten läßt Einflüsse der deutschen Grundrechtsdogmatik erkennen. Gemäß Art. 4 Abs. 4 der Charta muß der Sinn und das Wesen des Grundrechts gewahrt bleiben. Darüber hinaus ist jeder Grundrechtseingriff darauf hin zu prüfen, ob er dem Grundsatz der Verhältnismäßigkeit entspricht[264]. Dieser aus dem Rechtsstaatsprinzip abgeleitete Grundsatz stellt ein in der tschechischen Rechts-

[263] Procházka, PR 11/1996, S. 512; Pavlíček, Práva a svobody, Art. 2 Abs. 3, S. 48.

[264] Urteil des Verfassungsgerichts Pl. ÚS 4/94 vom 12. Oktober 1994 (Sb.n.u.ÚS Band 2, Nr. 46, S. 58 ff.); dazu ausführlich Hošková, Rechtsstaatlichkeit, S. 267.

tradition bisher unbekanntes Prinzip dar[265]. Zu den wichtigsten Prinzipien gehören weiterhin die Freiheit und Gleichheit aller Menschen in ihrer Würde und ihren Rechten sowie die Unveräußerlichkeit und Unübertragbarkeit der Grundrechte gemäß Art. 1 Charta. Gemäß Art. 40 Abs. 1 Charta entscheidet nur ein Gericht über Schuld und Strafe für eine Straftat.

Im Gegensatz zur Rechtslage während der sozialistischen Zeit ist die Durchsetzbarkeit der in der Charta verbürgten Grundrechte gewährleistet. Der Rechtsweg wird in Art. 36 Charta garantiert. Jeder kann in einem Verfahren sein Recht bei einem unparteiischen und unabhängigen Gericht einklagen. Das Recht auf gerichtlichen Rechtsschutz gehört zu den Hauptmerkmalen eines Rechtsstaates. Die Rechtsschutzgarantie gewährleistet, daß die Verletzung von Rechten vor den unabhängigen Gerichten geahndet wird und dieser Schutz lückenlos ist. Nach ständiger Rechtsprechung des Verfassungsgerichts ist eine Verletzung des Art. 36 Abs. 1 Charta zu bejahen, wenn jemandem die Möglichkeit verwehrt wird, sein Recht auf gerichtlichen Schutz bei einem unabhängigen und unparteiischen Gericht geltend zu machen, gegebenenfalls auch dann, wenn das Gericht es ablehnt, über einen eingereichten Antrag zu verhandeln und zu entscheiden, oder wenn das Gericht im Verfahren ohne einen rechtlichen Grund untätig bleibt[266]. Jeder kann also gemäß Art. 36 Abs. 1 Charta den Schutz seiner Rechte grundsätzlich bei einem Gericht geltend machen, in festgelegten Fällen bei anderen Organen, wobei hier insbesondere Verwaltungsorgane in Frage kommen. Welcher Rechtsweg im konkreten Fall zu beschreiten ist, hängt von den entsprechenden Zuständigkeitsbestimmungen der Prozeßvorschriften ab, insbesondere der Zivil- und Strafprozeßordnung. Nach der Judikatur des Verfassungsgerichts wird der prozessuale Grundrechtsschutz, wie ihn Art. 36 Abs. 1 Charta garan-

---

[265] Mit der praktischen Anwendung des Prinzips der Verhältnismäßigkeit haben manche Richter immer noch Schwierigkeiten und realisieren es deshalb nicht genügend, s. Wágnerová, Normative Prinzipien, S. 65.

[266] Urteil des Verfassungsgerichts I. ÚS 278/96 vom 26. März 1997 (Sb.n.u.ÚS, Band 7, Nr. 35, S. 233 ff.); Beschluß des Verfassungsgerichts I. ÚS 263/96 vom 28. April 1997 (Sb.n.u.ÚS, Band 7, Nr. 10, S. 365 ff.); Urteil des Verfassungsgerichts I. ÚS 2/93 vom 7. Juli 1994 (Sb.n.u.ÚS, Band, 1 Nr. 37, S. 267 ff.); Beschluß des Verfassungsgerichts II. ÚS 81/95 vom 10. September 1996 (Sb.n.u.ÚS, Band 6, Nr. 22, S. 575 ff.).

tiert, nur demjenigen Recht gewährt, das dem Prozeßbeteiligten die Rechtsordnung, also das materielle Recht garantiert. Der Prozeßbeteiligte hat die Möglichkeit, sich im Rahmen der Zuständigkeiten an das Gericht zu wenden. Das Gericht muß sich mit dem Antrag beschäftigen, wenn die Prozeßvoraussetzungen vorliegen. Das Recht auf gerichtlichen Schutz bedeutet allerdings nicht ein Recht auf Erfolg[267]. So muß etwa dem Grundrecht der Pressefreiheit bei der Verfolgung von Pressedelikten vor dem Strafgericht Rechnung getragen werden. Dies gilt gleichermaßen z.B. für Persönlichkeitsschutzklagen vor dem Zivilgericht.

Nach der Bestimmung des Art. 36 Abs. 2 Charta kann derjenige, der behauptet, in seinen Rechten durch die Entscheidung eines Organs der öffentlichen Verwaltung beeinträchtigt zu sein, sich an das Gericht zur Überprüfung der Gesetzmäßigkeit der Entscheidung wenden. Legaldefiniert ist der Begriff „öffentliche Verwaltung" in § 244 ZPO[268]: „*In der Verwaltungsgerichtsbarkeit überprüfen die Gerichte die Gesetzmäßigkeit der Entscheidungen der Organe der Staatsverwaltung, der Organe der territorialen Selbstverwaltung, als auch der Organe der Interessenselbstverwaltung und von weiteren juristischen Personen, denen das Gesetz Entscheidungen über Rechte und Pflichten von natürlichen und juristischen Personen im Bereich der öffentlichen Verwaltung anvertraut*".

Nach der Judikatur des Verfassungsgerichts führen die gemeinsamen in §§ 244 ff. ZPO enthaltenen Bestimmungen im Grunde die Voraussetzungen des gerichtlichen Schutzes im Sinne des Art. 36 Abs. 2 Charta aus[269]. Voraussetzung eines gerichtlichen Schutzes sei eine Beeinträchtigung der Rechte, die nicht zwingend durch einer Entscheidung eingetreten sein müsse. Eine Beeinträchtigung liege auch dann vor, wenn im Verwaltungsverfahren keine Entscheidung getroffen worden und die Rechtsverletzung dadurch eingetreten sei. Dabei wer-

[267] Entscheidung des Verfassungsgerichts Nr. 132/1994 Sb.

[268] Gesetz Nr. 99/1963 Sb.

[269] Beschluß des Verfassungsgerichts III. ÚS 28/96 vom 16. Mai 1996 (Sb.n.u.ÚS, Band 5, Nr. 5, S. 557 ff.).

de stets vorausgesetzt, daß ein subjektives Recht des Klägers verletzt worden sei[270].

Art. 36 Abs. 2 Charta hat die gerichtliche Kontrolle durch die Verwaltungsgerichtsbarkeit verbindlich in die tschechische Rechtsordnung eingeführt[271]. Die Überprüfung der Gesetzmäßigkeit einer Entscheidung kann gemäß Art. 36 Abs. 2 S. 1 a.E. der Charta indes durch Gesetz beschränkt werden[272]. Etwas anderes gilt dagegen im Bereich der Grundrechte und -freiheiten. Die Überprüfung von Entscheidungen, die die Grundrechte und -freiheiten betreffen, dürfen von dem gerichtlichen Rechtsschutz gemäß Art. 36 Abs. 2 S. 2 Charta nicht ausgeschlossen werden. Darüber hinaus können nur durch Gerichte Entscheidungen überprüft werden, die die Verfassung der Tschechischen Republik und internationale Verträge im Sinne von Art. 10 der Verfassung betreffen[273]. Somit sind zur Überprüfung der Verletzung von Grundrechten nach der Rechtsweggarantie nur Gerichte berufen. Überprüfbar sind Entscheidungen der öffentlichen Verwaltung.

Betroffene können im Wege einer individuellen Verfassungsbeschwerde beim

---

[270] Beschluß des Verfassungsgerichts III. ÚS 28/96 vom 16. Mai 1996 (Sb.n.u.ÚS, Band 5, Nr. 5, S. 557 ff.).

[271] Im Jahre 1952 wurde die Verwaltungsgerichtsbarkeit durch das Gesetz Nr. 65/1952 Sb. über die Prokuratur abgeschafft. Die „oberste Aufsicht über die Durchführung und Einhaltung der Gesetze" gehörte von diesem Zeitpunkt der Generalprokuratur an. Seit 1964 oblag die Überprüfung von Entscheidungen den allgemeinen Gerichten, vgl. dazu Erster Teil, § 5 B II. und Fn. 186. Die konkrete Ausgestaltung der Verwaltungsgerichtsbarkeit regelt die Charta nicht, sie ist gemäß Art. 36 Abs. 4 Charta durch Gesetz zu regeln. Das Durchführungsgesetz ist das Gesetz Nr. 519/1991 Sb., das die Zivilprozeßordnung Nr. 99/1963 Sb. änderte und ergänzte. Die Verwaltungsgerichtsbarkeit führen die ordentlichen Gerichte im besonderen Verfahren gemäß der §§ 244 bis 250 s ZPO durch. Zur Wiedereinführung der Verwaltungsgerichtsbarkeit nach 1989 vgl. Mates/Mazanec, PR 9/1994, S. 317 ff.; Mikule, Verwaltungsrecht, S. 156 ff.

[272] So enthält zum Beispiel § 248 Abs. 1 und 2 ZPO eine Aufzählung der Sachbereiche, die nicht gerichtlich überprüfbar sind.

[273] Urteil des Verfassungsgerichts II. ÚS 254/98 vom 12. Januar 2000 (Sb.n.u.ÚS, Band 17, Nr. 3, S. 27 ff.).

Verfassungsgericht eine Grundrechtsverletzung geltend machen[274]. Die Zahl der Verfassungsbeschwerden nimmt seit Beginn der Tätigkeit des Verfassungsgerichts jedes Jahr zu[275]. Darin spiegelt sich auch das wachsende Bewußtsein für die Existenz und die Bedeutung der Grundrechte wider. Das tschechische Verfassungsgericht prägt durch seine Rechtsprechung, wie es in den westlichen Demokratien durchaus üblich und in der Bundesrepublik Deutschland besonders ausgeprägt ist, die Grundrechtsdogmatik. Gemäß Art 89 Abs. 2 der Verfassung sind die vollstreckbaren Entscheidungen des Verfassungsgerichts für alle Organe und Personen verbindlich. Bis heute nicht gänzlich überwunden sind gewisse Schwierigkeiten mit den ordentlichen Gerichten, die Verbindlichkeit der Urteile des Verfassungsgerichts anzuerkennen[276].

Die in der Charta genannten Rechte und Freiheiten können grundsätzlich unmittelbar geltend gemacht werden. Eine Ausnahme stellen die in Art. 41 Abs. 1 Charta aufgeführten Rechte. Diese Rechte können nur in den Grenzen derjenigen Gesetze geltend gemacht werden, die diese Bestimmungen ausführen. Diese Beschränkungen beziehen sich auf bestimmte soziale Rechte im vierten Abschnitt der Charta[277].

---

[274] Art. 87 Abs. 1 Buchst. d) der Verfassung der ČR i.V.m. §§ 72-84 des Gesetzes Nr. 182/1993 Sb. über das Verfassungsgericht; dazu ausführlich Šimíček, Ústavní stížnost, 21 ff.; Pavlíček/Hřebejk, Ústavní systém, § 87 d); Holländer, Gerichtsbarkeit, S. 109 ff.; in rechtsvergleichender Sicht Brunner, Grundrechtsschutz, S. 1048; Zimmermann, Verfassungsrechtsprechung, S. 90.

[275] Im Jahre 1993 wurden beim Verfassungsgericht 523 Verfassungsbeschwerden eingereicht, im Jahre 1999 betrug die Zahl 2576 Verfassungsbeschwerden, laut Auskunft des Verfassungsgerichts vom 25.08.2000.

[276] Es sind mehrere Fälle bekannt geworden, in denen sich Richter des Obersten Gerichts in Prag geweigert haben, die Verbindlichkeit der in der Begründung des Verfassungsgerichtsurteils enthaltenen Rechtsmeinung zu beachten. Dazu ausführlich Holländer in Brunner/Hofmann/Holländer, Verfassungsgerichtsbarkeit, S. 43 ff.; Kühn, Právník 2001, S. 857.

[277] Art. 26, 27 Abs. 4, 28 bis 31, 32 Abs. 1 und 3, 33 und 35. So können sich zum Beispiel Beschäftigte im Rahmen von Art. 28 Charta, nur in Grenzen besonderer Gesetze auf ihr Recht auf gerechte Entlohnung und auf befriedigende Arbeitsbedingungen berufen; vgl. zu den Rechten im vierten Abschnitt Klíma, Ústavní právo, S. 216 ff.

III. Entstehung des neuen Pressegesetzes

Die Tschechische Republik hat als erstes osteuropäisches Land ein vollständig neues Pressegesetz erlassen, welches das sozialistische Gesetz aus dem Jahre 1966[278] abgelöst hat. Das neue Pressegesetz Nr. 46/2000 Sb. wurde fast genau zehn Jahre nach der „samtenen Revolution", im Dezember 1999, im tschechischen Parlament verabschiedet und trat am 14. März 2000 in Kraft. Angesichts der Veränderungen, welche die tschechische Presselandschaft nach der Wende erfahren hat, erscheint der Zeitpunkt durchaus spät. Das neue Pressegesetz hat einen schwierigen Weg beschritten.

Kurz nach der Wende, im Jahre 1990, wurde das Bundesamt für Presse und Informationen aufgelöst, das als Zensurbüro diente[279]. Aus dem sozialistischen Pressegesetz wurden alle Bestimmungen entfernt, die mit den neuen demokratischen und marktwirtschaftlichen Verhältnissen unvereinbar waren und in direktem Widerspruch zur Verfassung und zu den Grundrechten standen[280]. Der Umfang der Novelle beschränkte sich auf die notwendigsten Änderungen. Dies geschah unter der Maßgabe, daß ein komplett neues Pressegesetz alsbald folgen würde. In den folgenden neun Jahren sind zwar einige Entwürfe erarbeitet worden. Deren Umsetzung jedoch ist immer wieder gescheitert, obwohl das geltende Recht an schwerwiegenden Mängeln litt. So enthielt das Gesetz z.B. keine Bestimmungen zum Zeugnisverweigerungsrecht, die Verpflichtung zur Veröffentlichung einer Berichtigung traf nur den Chefredakteur, nicht aber den Verleger, und infolgedessen war die Durchsetzbarkeit dieses Anspruchs problematisch. Das Gesetz enthielt eine Reihe überflüssiger Bestimmungen etwa betreffend die Tätigkeit von Redaktionsräten, ein sehr kompliziertes Registrierungsverfahren und Bestimmungen über die Akkreditierung von Journalisten usw.[281].

---

[278] Nr. 81/1966 Sb. in der Fassung der Gesetze Nr. 84/1968 Sb., Nr. 127/1968 Sb., Nr. 99/1969 Sb., Nr. 86/1990 Sb., Nr. 175/1990 Sb., Nr. 425/1990 Sb., Nr. 160/1999 Sb.

[279] Gesetz Nr. 166/1990 Sb. Zur Pressezensur vgl. im Ersten Teil, § 5 B. II. (S. 59).

[280] Vgl. dazu Hošková, ZUM 1993, S. 62 ff.

[281] Vgl. im einzelnen Erster Teil, § 5 B. II. (S. 58 ff.).

Die Gründe, warum die Vorbereitung eines neuen Pressegesetzes fast neun Jahre in Anspruch nahm, sind zahlreich. Zum einen standen vordringlichere legislative Aufgaben im Bereich des Medienrechts auf dem Plan. Im Jahre 1991 erließ der Gesetzgeber das Gesetz Nr. 468/1991 Sb. über das Betreiben von Hörfunk- und Fernsehsendungen und das Gesetz Nr. 483/1991 Sb. über das Tschechische Fernsehen. Zum anderen gehörte das Pressegesetz zu den umstrittensten Gesetzesvorlagen. Die letzte gesetzliche Regelung im Presserecht, die nicht in einer Diktatur erlassen wurde, lag inzwischen Jahrzehnte zurück, sie stammte aus dem Jahre 1936[282]. Der Geist der Unfreiheit wirkte sich zudem verheerend auf die Rechtslehre aus. Seit dem Jahre 1948 sind weder eine presserechtliche Monographie noch ein Kommentar erschienen. Erst im Jahre 2001 sind zwei Werke erschienen, die sich der Materie des Presserechts widmen[283]. Namen von herausragenden Presserechtler wie etwa *Jaroslav Stránský* oder *August Miřička* gehörten der Vergangenheit an. Die Schwierigkeit des Vorhabens lag auf der Hand: In Anbetracht der soeben angesprochenen Umstände hatte der Gesetzgeber die schwierige Aufgabe zu bewältigen, aus den Überbleibseln des sozialistischen Pressegesetzes ein neues zu schaffen, das den Ansprüchen genügt, die eine demokratische Gesellschaft an die Presse stellt. Dabei gewann mit der Zeit der Aspekt der Angleichung an das europäische Recht zunehmend an Bedeutung.

Der im Jahre 1992 ins föderale Parlament eingebrachte Entwurf eines Gesetzes über Masseninformationsmittel stieß auf Ablehnung sowohl bei den Abgeordneten als auch in den interessierten Kreisen der Journalisten, so daß ihn die Regierung wieder zurücknahm. Der zweite Versuch erfolgte erst im Jahre 1995 und die Situation wiederholte sich; die Regierung zog ihren Entwurf erneut zurück. Mit der Zeit mehrten sich die Stimmen, die ein Pressegesetz, das aus der sozialistischen Zeit stammte, als „Schande“ für eine demokratische Gesellschaft bezeichneten. Neben dem „sozialistischen Geist des Gesetzes“ waren es aber vor allem die vielen unpraktischen und überholten Bestimmungen, die das Pressege-

---

[282] Vgl. Erster Teil, § 3 B. II. 1 (S. 15).

[283] Es handelt sich um die Kommentare von Sokol (Tisk a právo) und von Chalaupková (Tiskový zákon).

setz trotz der im Jahre 1990 erfolgten Korrekturen enthielt. Vor allem sie ließen den Erlaß eines neuen Pressegesetzes zu einer so dringlichen Aufgabe werden.

Die Regierung legte Anfang 1999 einen vom Kultusministerium erarbeiteten Entwurf des Pressegesetzes vor, dessen erste Lesung am 7.6.1999 stattfand. Der vorgelegte Entwurf löste wie in der Vergangenheit einen breiten Sturm der Entrüstung von Seiten der Journalisten, der Verlegerverbände, Medienrechtler sowie vieler Politiker aus[284]. Stein des Anstoßes waren vor allem zwei Regelungsgegenstände: die Popularklage in Pressesachen sowie die Einführung und Ausgestaltung des Gegendarstellungsrechts.

Der Regierungsentwurf sah vor, daß jedermann fordern kann, das Gericht möge dem Verleger die Zahlung einer Satisfaktion i.H.v. 100.000 bis 3.000.000 Kč auferlegen. Das entrichtete Geld sollte der Staatskasse zugute kommen. Voraussetzung war, daß gegen die verfassungsmäßige Ordnung der Tschechischen Republik und einige im Gesetz nicht abschließend aufgezählte Tatbestände (demonstrative Aufzählung) verstoßen wurde[285]. Im Falle eines erneuten Verstoßes innerhalb von drei Jahren sollte jedermann fordern können, daß das Gericht die Herausgabe und das Verbreiten der periodischen Presse bis zu einem Jahr ver-

---

[284] Právní rádce (Der Rechtsberater), Úskalí nového tiskového zákona (Die Klippen des neuen Pressegesetzes), 4/99, S. 27 ff., O právu na informace (Über das Recht auf Informationen), 6/99, S. 3; Lidové Noviny: „Vláda schválila zákon, který může zklikvidovat svobodu tisku", 27/5/99; Mladá Fronta Dnes: „Jak nasadit tisku náhubek", 26/5/99; Právo: „Opozice je proti tiskovému zákonu", 1/7/99; The Prague Post: „International groups slam media bill", 9-15/6/99.

[285] § 6 des Regierungsentwurfs lautete: Der Inhalt der periodischen Presse darf nicht im Widerspruch zu der Verfassungsordnung der Tschechischen Republik und zur demokratischen Ordnung der Menschenrechte und der Grundfreiheiten stehen, die durch die Charta der Grundrechte und -freiheiten begründet werden, insbesondere darf der Inhalt nicht: einer einzelnen Person oder einer Gruppe von Personen mit Gewalt drohen oder zur Gewalt aufwiegeln, Haß, Widerstand oder Verachtung gegenüber Personen oder Gruppen von Personen bestimmter Rasse, Hautfarbe, nationaler oder ethnischer Herkunft hervorrufen, die Unverträglichkeit gegenüber Personen oder Gruppen von Personen eines bestimmten Glaubens und einer bestimmten Religion oder einer bestimmten politischen oder anderen Gesinnung schüren, oder eine solche Unverträglichkeit unterstützen, Kinder, Gewalt oder sexuell pathologische Praktiken in der periodischen Presse abbilden, die pornographischen Charakter haben.

bietet. Bei schwerwiegenden Verstößen konnte eine höhere Satisfaktion oder ein längeres Herausgabeverbot verhängt werden. Dem Begründungsbericht der Regierung ist zu entnehmen, daß es sich „um ein Recht handelt, welches die Sicherheit und den Schutz der Gesellschaft vor Verletzung der verfassungsmäßigen Ordnung durch den Inhalt der Presse gewährleisten soll. Dieses Recht übt die gesamte Öffentlichkeit aus, denn diese ist durch den Inhalt der Presse betroffen".

Diese Bestimmung scheiterte knapp in dritter Lesung im Parlament[286]. Daher sei lediglich kurz angemerkt, daß es sich um eine äußerst problematische juristische Konstruktion handelte, der eher politische als juristische Erwägungen zugrunde lagen[287]. Die Einführung einer *actio popularis* für Presseangelegenheiten wäre an Art. 17 IV Charta und an Art. 10 Abs. 2 EMRK zu messen gewesen. Zunächst dürfte hauptsächlich die Bestimmung zum Schutz der verfassungsmäßigen Ordnung, welche die Äußerung bestimmter politischer Ansichten verbietet, unter Berücksichtigung des Art. 10 EMRK und der Rechtsprechung des EGMR problematisch gewesen sein. Der EGMR vertritt die Auffassung, die Tatsache, daß ein bestimmtes politisches Programm als unvereinbar mit den gegenwärtigen Grundsätzen und Strukturen eines Staates angesehen wird, könne nicht als Bestätigung dafür angesehen werden, daß dieses Programm mit den demokratischen Grundsätzen unvereinbar sei[288]. Personen oder Organisationen, die durch Meinungsäußerungen die Verfassungsstrukturen untergraben oder bedrohen, sind nicht der in der Konvention verankerten Rechte beraubt. Darüber hinaus kennt die tschechische Rechtsordnung keine Klage, bei der die Sachbe-

---

[286] Für die ersatzlose Streichung der Bestimmung stimmten 97 Abgeordnete, dagegen 88 Abgeordnete. Zu den Abstimmungen im einzelnen vgl. Sokol, Tiskové právo, S. 17.

[287] Das Verhältnis des Premiers Miloš Zeman zur Presse darf als schwierig bezeichnet werden. Der Premier titulierte des öfteren die Journalisten im Rahmen von öffentlichen Auftritten als „Schweine, Trottel, Sonderschüler, Abschaum und Lügner". Diese verbalen Attacken brachten dem Regierungsvorsitzenden eine beträchtliche Anzahl von Klagen zum Schutz der Persönlichkeit ein, zumeist mit dem Ergebnis, daß sich der Premier entschuldigen mußte.

[288] EGMR, Sozialistische Partei./.Türkei, Urteil vom 25.5.1998, Reports 1998-III.

fugnis jedermann zusteht. Die chronisch überlasteten tschechischen Gerichte hätten eine Popularklage kaum begrüßt[289].

Den zweiten, heftig diskutierten Bereich stellte das Recht der Gegendarstellung dar. Die Gründe sind in dem aus der Natur der Sache heraus bestehenden Spannungsverhältnis zwischen Pressefreiheit und Persönlichkeitsrecht zu suchen. Den Gegendarstellungsanspruch kannte das tschechische Presserecht bislang nicht. Gegen Verletzungen des Persönlichkeitsrechts durch die Presse stand dem Betroffenen die presserechtliche Berichtigung zur Verfügung. Abgesehen von der Diskussion, ob das Gegendarstellungsrecht überhaupt eingeführt werden soll, gestaltete sich die Festlegung der Anspruchsvoraussetzungen als äußerst problematisch. Diese Problematik soll aber im Rahmen der Ausführungen zum Gegendarstellungsrecht behandelt werden. Angemerkt sei vorläufig nur, daß die Bandbreite der Ideen zur Verwirklichung des Gegendarstellungsanspruchs sehr groß war. Zu den problematischsten Regelungen gehörte, daß der Betroffene sich nicht auf Tatsachenbehauptungen beschränken und sein Name nicht angegeben werden mußte. Die Gegendarstellung durfte in derselben Ausgabe nicht kommentiert werden. Der Anspruch sollte im ordentlichen Rechtsweg geltend gemacht werden.

Angesichts der geäußerten Kritik und der Stellungnahme eines vom Europarat beauftragten Medienexperten[290], wurde der Pressegesetzentwurf einer nochmaligen Überarbeitung unterzogen. Das neue Pressegesetz trat am 14. März 2000 als Gesetz Nr. 46/2000 Sb. in Kraft.

---

[289] Im Entstehungsjahr des Entwurfs wurde im Regelmäßigen Bericht der EU-Kommission für das Jahr 1999 über den Fortschritt des Beitrittsprozesses das tschechische Gerichtswesen kritisiert, insbesondere die extrem lange Verfahrensdauer, die im Jahre 1998 zu 240.000 nicht erledigten Fällen geführt hatte. Im Bericht für das Jahr 2000 wird festgestellt, daß sich die durchschnittliche Verfahrensdauer in Zivilsachen sogar erhöht hat, s. Regelmäßiger Bericht der EU-Kommission für das Jahr 2000, S. 20 und für das Jahr 2001, S. 20.

[290] Voorhoof, Comments.

B. Presserechtliche Grundbegriffe

I. Presserecht, Pressegesetz

Die in den obigen Ausführungen zu Entstehen des Pressegesetzes angesprochene Tatsache, daß die Rechtsmaterie des Presserechts für Jahrzehnte vernachlässigt bzw. überhaupt nicht fortgeführt wurde, zeigt sich besonders deutlich am Fehlen von dogmatischen Grundlagen und Grundbegriffen. Eine Definition des Begriffes Presserecht oder gar eine Unterscheidung zwischen Presserecht im engeren und im weiteren Sinne, wie es in der Vorkriegs-Tschechoslowakei gemacht wurde, findet man in der Rechtsprechung und in der gegenwärtigen spärlichen Literatur – soweit ersichtlich – nicht. Einzig *Mikule* äußert sich dahingehend, daß unter Presserecht Bestimmungen über die Presse selbst, aber auch Bestimmungen über das Betreiben von Rundfunksendungen verstanden werden[291]. Dies knüpft im Ansatz an die Unterscheidung zwischen Presserecht im engeren Sinne, also die pressespezifischen Normen, die die Verhältnisse der Presse regeln, und Presserecht im weiteren Sinne, nämlich alle die für das Presserecht geltenden Regelungen.

Das Pressegesetz ist eine Materie des Presserechts im engeren Sinne, denn es enthält pressespezifische, die Eigenart der Presse regelnde Bestimmungen. Das Pressegesetz besteht zum Teil aus öffentlich-rechtlichen Bestimmungen (z.B. Impressum, Bußgeldbestimmungen, Pflichtexemplare) und zum Teil aus privatrechtlichen Bestimmungen, etwa dem Gegendarstellungsrecht.

II. Periodische und nichtperiodische Presse

Die im Jahre 1949 durchgeführte Trennung in periodische und nichtperiodische Presse wurde beibehalten. Das Pressegesetz regelt ausschließlich die Verhältnisse der periodischen Presse. Periodische Presse sind gemäß § 3 a) Presse-

---

[291] Mikule, Vývoj tiskového práva, S. 1.

gesetz (im folgenden „PrG“) Zeitungen, Zeitschriften und andere Druckwerke, die unter demselben Namen, mit derselben Inhaltsorientierung und in einer einheitlichen Form mindestens zweimal im Kalenderjahr herausgegeben werden. Nur einmal im Jahr oder einmalig herausgegebene Publikationen hingegen werden als nichtperiodische Presse bezeichnet. Die nichtperiodische Presse fällt in den Anwendungsbereich des Gesetzes Nr. 37/1995 Sb. über nichtperiodische Publikationen. Die deutschen Landespressegesetze kennen eine solche Unterscheidung nicht, sie sind sowohl auf periodische als auch auf nichtperiodische Druckwerke anwendbar.

Im Pressegesetz wird fast ausschließlich der Begriff „tisk – Presse“ verwendet. Lediglich in § 3 a) PrG wird der Terminus „tiskovina - Druckschrift“ benutzt. Sowohl im alltäglichen als auch im juristischen Sprachgebrauch wird der Begriff „Presse – tisk“ als Oberbegriff gebraucht, der auch die Druckschrift mitumfaßt. Der Gesetzgeber hat im Pressegesetz weder den Begriff der Presse noch den Begriff des Druckwerks definiert. Im deutschen Recht stellt hingegen der Begriff des Druckwerks eine der „zentralen Aussagen“ der Landespressegesetze dar[292]. An einer Legaldefinition im tschechischen Pressegesetz mangelt es also. Eine Aussage zum Bezugsobjekt „Presse“ findet sich in § 3 d) PrG. Dieser enthält die Erläuterung des Begriffes „die Ausgabe der periodischen Presse“. Unter Ausgabe der periodischen Presse wird der Satz von körperhaften Vervielfältigungen (Druckschriften) verstanden, die gleich sind oder sich lediglich durch ihren Regionalteil unterscheiden. Daraus ergibt sich, daß als Druckschriften allein körperliche Vervielfältigungen in Betracht kommen. Nicht erfaßt sind demnach alle Vervielfältigungen, denen eine stoffliche Verkörperung fehlt, so die gesamte elektronische Kommunikation, da diese körperlos erfolgt. Verknüpft man dieses Ergebnis mit dem Merkmal des § 3 a) PrG, daß Presse Druckschriften mit derselben Inhaltsorientierung sind, ergibt sich, daß das Druckwerk einen Inhalt, genauer einen Sinngehalt haben muß. Demnach wäre sinnloses Aneinanderreihen von Buchstaben oder Zahlen kein Druckwerk im Sinne des Pressegesetzes. Darüber hinaus ergibt sich aus § 3 f) PrG das zusätzli-

---

[292] Löffler, Presserecht, § 7, Rn. 2.

che Merkmal der öffentlichen Verbreitung. Darunter wird die Bestimmung des Presseprodukts für einen im voraus nicht individuell bestimmten Kreis von Personen verstanden. Insgesamt ergibt sich damit folgende Definition: Presse (Druckschriften) sind körperhafte Vervielfältigungen, die einen (geistigen) Inhalt haben und zur öffentlichen Verbreitung bestimmt sind.

Periodisch sind nach § 3 a) PrG solche Druckwerke, die mindestens zweimal im Jahr herausgegeben werden. Dies bedeutet, daß die in Rede stehenden Druckwerke zwar nicht regelmäßig, aber mindestens zweimal im Jahr wiederkehrend erscheinen müssen. Ausnahmen bilden die in § 2 Abs. 2 PrG genannten Druckwerke. Danach findet das Pressegesetz keine Anwendung auf die Sammlung der Gesetze, die Sammlung der internationalen Verträge, Verordnungsblätter und amtliche Drucksachen, die aufgrund einer besonderen Rechtsvorschrift herausgegeben werden, ebensowenig auf periodische Presse, die ausschließlich für den internen Gebrauch des Verlegers herausgegeben wird[293].

Als ausdrückliche Beispiele periodischer Presse werden Zeitungen und Zeitschriften genannt. Eine Abgrenzung zwischen Zeitungen und Zeitschriften ist nicht notwendig, da das Pressegesetz beide Medien gleich behandelt[294]. Darüber hinaus gilt das Pressegesetz für Druckwerke, die unter demselben Namen, mit derselben Inhaltsorientierung und in einer einheitlichen Form mindestens zweimal im Kalenderjahr herausgegeben werden. Dadurch ist der Bereich dessen, was noch als periodische Presse gelten kann, erheblich erweitert worden. So dürften etwa auch Plakate oder sogar Reklamezettel unter den Begriff der periodischen Presse fallen, sofern diese mindestens zweimal im Jahr herausgegeben werden. Eine Freistellungsregelung bezüglich solcher „harmlosen" Druckwerke von den Vorschriften des Pressegesetzes, wie sie die deutschen Landespressegesetze kennen (etwa § 7 Abs. 3 Nr. 2 LPG NRW), enthält das tschechische Pres-

[293] Zum Beispiel das Gesetz Nr. 527/1990 Sb. über Erfindungen, Gebrauchsmuster und Patente, in der Fassung des Gesetzes Nr. 519/1991 Sb.; das Gesetz Nr. 309/1999 Sb. über die Sammlung der Gesetze und die Sammlung der internationalen Verträge.

[294] Demgegenüber ist eine Unterscheidung im deutschen Recht durchaus notwendig, denn es gibt Bereiche, in denen beide Medien unterschiedlich behandelt werden; vgl. § 8 Abs. 3 LPG NRW in bezug auf die Benennung des verantwortlichen Redakteurs bei Zeitungen.

segesetz nicht. Es gelten nur die in § 2 Abs. 2 PrG bereits aufgeführten Ausnahmen, die z.B. Gesetzessammlungen, Verordnungen und für den internen Gebrauch bestimmte Drucksachen erfassen. Das Fehlen einer Freistellungsregelung für sog. „harmlose Druckwerke" ist wahrscheinlich eher auf ein Versäumnis als auf eine Absicht des Gesetzgebers zurückzuführen. Daraus ergibt sich aber, daß nach dem Wortlaut des Gesetzes zum Beispiel regelmäßig verteilte Werbezettel periodische Presse darstellen und somit an sich in das Register der periodischen Presse eingetragen werden oder als Pflichtexemplare an die im Gesetz genannten Bibliotheken abgeliefert werden müssen. In der Praxis scheint das für das Register zuständige Kultusministerium immerhin darüber hinwegzusehen.

Unerheblich für die Bestimmung, ob es sich um periodische Presse handelt, ist die Auflagenhöhe.

III. Die presserechtlich verantwortlichen Personen

1. Chefredakteur, Redakteur

Im Gegensatz zum alten Pressegesetz tragen Chefredakteure oder Redakteure weder eine presserechtliche noch eine privatrechtliche Verantwortung. Das Pressegesetz enthält nicht nur keine Definition des Begriffes Redakteur oder Chefredakteur, auch wird in keinem der 24 Paragraphen überhaupt das Wort Redakteur, Chefredakteur oder Journalist verwendet. Die Rechtsfigur des verantwortlichen Redakteurs wie im alten österreichischen Pressegesetz oder wie im deutschen Recht, kennt das tschechische Presserecht nicht.

2. Verleger

Das Pressegesetz bestimmt nur einen Verantwortlichen, nämlich die Person des Verlegers. Die Person des Verlegers ist die zentrale Figur des Pressegesetzes. Der Verleger kann sich seiner presserechtlichen Haftung nicht entziehen.

In § 3 b) PrG wird als Verleger jede natürliche oder juristische Person, die periodische Presse herausgibt, angesehen. Im Anschluß daran liefert § 3 c) PrG die

Definition des Herausgebens. Herausgeben ist die Tätigkeit des Verlegers, bei der er auf seine Rechnung und auf eigene Verantwortung den Inhalt, das Herausgeben und die öffentliche Verbreitung der periodischen Presse sicherstellt. Für die Bestimmung der Verlegereigenschaft müssen die in § 3 b) und c) PrG genannten Kriterien also stets zusammen geprüft werden.

Das Kriterium „auf seine Rechnung“ ist dahin zu verstehen, daß Verleger nur die Person ist, die das Herausgeben periodischer Presse selbst finanziert, also die mit der Tätigkeit entstandenen Kosten trägt[295]. Diese Voraussetzung ist nicht unproblematisch. Sie berücksichtigt nicht, daß es etwa im Rahmen einer Gesellschaft des bürgerlichen Rechts zu einer Aufgabenteilung kommen kann, in der ein Gesellschafter die Tätigkeit finanziert, ohne daß er den Inhalt und das Herausgeben sicherstellt, und der andere Gesellschafter zwar den Verlag leitet, den Inhalt und das Herausgeben sicherstellt, dies aber nicht auf eigene Rechnung besorgt. In einer solchen Konstellation würde nach dem Wortlaut des Gesetzes keiner der beiden Gesellschafter den Verlegerbegriff nach dem Pressegesetz erfüllen mit der Konsequenz, daß keiner der beiden presserechtlich zur Verantwortung herangezogen werden könnte. Im deutschen Recht ist bei der Bestimmung des Verlegers presserechtlich ohne Bedeutung, ob er Druckwerke auf eigene oder fremde Rechnung sicherstellt[296].

Etwas unklar ist des weiteren die Voraussetzung, daß der Verleger auf eigene Verantwortung den Inhalt der periodischen Presse sicherstellt. Im Begründungsbericht der Regierung findet sich keine Erläuterung, was unter „Sicherstellung des Inhalts“ zu verstehen ist. Offensichtlich ist die publizistische Verantwortung des Verlegers gemeint. Es handelt sich um grundlegende Entscheidungen wie die Inhaltsorientierung und Haltung der periodischen Presse. Der Verleger ist sogar verpflichtet, wie an anderer Stelle noch zu erläutern sein wird, in der Anzeige an das Register der periodischen Presse die Inhaltsorientierung des Druckwerkes anzugeben, § 7 Abs. 2 b) PrG.

Einen weiteren Bestandteil der Legaldefinition des Verlegers bildet die Vor-

---

[295] Vgl. Sokol, Tisk a právo, S. 22.

[296] Wichtig ist dies allerdings im Rahmen des Verlagsrechts. Nach § 1 Verlagsgesetz ist Verleger, wer Druck und Vertrieb auf eigene Rechnung vornimmt.

aussetzung, daß der Verleger das öffentliche Verbreiten der periodischen Presse bewirken muß. Unter öffentlicher Verbreitung wird das Zugänglichmachen der periodischen Presse an einen im voraus nicht bestimmten Personenkreis verstanden. Das Zugänglichmachen setzt voraus, daß das periodische Druckwerk körperhaft zugänglich gemacht wird. Der Personenkreis, dem das Druckwerk zugänglich gemacht wird, muß entweder im voraus individuell nicht bestimmt sein oder im Falle der Bestimmbarkeit jedenfalls den Kreis der Familienmitglieder des Verlegers und den Kreis seiner persönlichen Freunde überschreiten. Eine Verbreitung kann also dann nicht angenommen werden, wenn periodische Presse nur an Familienmitglieder oder an enge Freunde weitergegeben wird.

Es zeigt sich nach alledem, daß die Bestimmung desjenigen, der als Verleger haftet, sich nach dem Wortlaut des § 3 Buchst. b) und c) PrG unter Umständen durchaus als problematisch erweisen kann. Die Definition des Verlegers in § 3 Buchst. b) PrG – Verleger ist jede natürliche oder juristische Person, die periodische Presse herausgibt – wäre für sich alleine ausreichend gewesen, denn sie ermöglicht eine weite Auslegung des Verlegerbegriffs. Die in § 3 Buchst. c) PrG genannten zusätzlichen Erläuterungen des Verlegerbegriffes engen den Begriff zu sehr ein.

3. Herausgeber, Drucker

Das tschechische Pressegesetz kennt im Gegensatz zum deutschen Pressegesetz weder die Person des Herausgebers noch die des Druckers. In der deutschen presserechtlichen Terminologie verbindet man mit dem Begriff Herausgeber eine Art „geistige Oberaufsicht". Die Tätigkeit des Herausgebers besteht im wesentlichen in der Bestimmung der geistigen Richtung des Presseprodukts[297]. In vielen Presseunternehmen bilden mehrere Herausgeber einen Herausgeberrat. Eine Benennung des Herausgebers im Impressum ist unterdessen in den Landespressegesetzen nicht vorgeschrieben.

[297] Statt aller Löffler, Presserecht, § 8 Rn. 64.

Für den Begriff „Herausgeber“ gibt es im Tschechischen keinen entsprechenden Terminus. Die tschechische presserechtliche Terminologie kennt nur die Begriffe „vydavatel“ und „nakladatel“. Die sprachliche Exaktheit im Umgang mit diesen Begriffen bereitet Probleme[298]. Bei periodischer Presse hat sich in der Praxis die Verwendung des Begriffs „vydavatel“ eingebürgert. Bei nicht periodischer Presse findet sich vor allem für den Buchverleger die Bezeichnung „nakladatel“. „Vydavatel“ entspricht dem deutschen Begriff „Verleger“. Der Verleger im tschechischen Recht bestimmt, wie oben bereits angesprochen, unter anderem auch die geistige Haltung des Blattes, so daß er nach deutschem Verständnis gleichzeitig die Funktion des Herausgebers ausübt.

Der Drucker als die Person, die die Druckwerke herstellt, wird im tschechischen Pressegesetz nicht erwähnt. Sein Name stellt keine Pflichtangabe im Impressum dar. Demgegenüber wird im deutschen Recht der Drucker im Impressum benannt, z.B. § 8 Abs. 1 LPG NRW. Viele tschechische Zeitungen führen den Drucker dennoch in ihrem Impressum[299].

IV. Regelungs- und Geltungsbereich des Pressegesetzes

Gegenstand des Pressegesetzes bildet gemäß § 1 die Regelung einiger Rechte und Pflichten der Verleger und weiterer natürlicher und juristischer Personen im Zusammenhang mit der Herausgabe periodischer Presse. Hinsichtlich der Begriffe „Verleger“ und „periodische Presse“ kann auf die obigen Ausführungen verwiesen werden.

Der räumliche Geltungsbereich des Pressegesetzes wird in § 2 Abs. 1 PrG geregelt. Dieser bestimmt, daß sich das Pressegesetz auf periodische Presse bezieht, die im Gebiet der Tschechischen Republik herausgegeben oder verbreitet wird. Ausnahme bilden die Bestimmungen der §§ 6 bis 9 und 17 PrG, die nicht

---

[298] Beide Begriffe werden gleichzeitig mit „Verleger“ und „Herausgeber“ übersetzt, vgl. Aleš, Právnický slovník, S. 475; Siebenschein, Tchechisch-Deutsches Wörterbuch, S. 735; zum historischen Hintergrund vgl. Erster Teil, § 3 B. II. 3. (S. 18).

[299] Etwa die Zeitungen Lidové Noviny oder Mladá Fronta Dnes.

auf die außerhalb des Gebietes der ČR herausgegebene Presse anzuwenden sind. Daraus folgt, daß das Pressegesetz

- nach § 2 Abs. 1 S. 1 auf
  periodische Presse, die im Gebiet der ČR herausgegeben oder verbreitet wird, uneingeschränkt Anwendung findet
- nach § 2 Abs. 1 S. 2 jedoch auf
  periodische Presse, die nicht auf dem Gebiet der ČR herausgegeben wird, nur eingeschränkt Anwendung findet; die Ordnungs- und Bußgeldvorschriften der §§ 6 bis 9 und 17 PrG gelten nicht.

Betrachtet man die Regelung nach § 2 Abs. 1 Satz 1, so zeigt sich, daß im Grunde nur das Territorialitätsprinzip wiederholt wird. Für jegliche auf tschechischem Gebiet herausgegebene oder verbreitete periodische Presse ist das tschechische Pressegesetz maßgeblich. In Satz 2 werden die im Ausland herausgegebenen und in der Tschechischen Republik verbreiteten periodischen Druckschriften von den Ordnungspflichten des Pressegesetzes wie Registrierungs- und Impressumspflicht sowie die Pflicht zur Ablieferung einer bestimmten Anzahl von Exemplaren und den Bußgeldvorschriften befreit, deren Überwachung und Einhaltung praktisch unmöglich wäre. Wie sich aus dem Begründungsbericht zum Pressegesetz erhellt, ging es dem Gesetzgeber vor allem darum, die Anwendbarkeit der Bestimmungen zum Schutz der durch eine Veröffentlichung betroffenen Personen, dem Gegendarstellungsrecht, zu erreichen[300].

C. Die Tschechische Presselandschaft

I. Ein Überblick über die Presseorgane

Mit den politischen Umwälzungen der Jahre 1989/90 hat eine neue Ära auf dem tschechischen Zeitungsmarkt begonnen. Die bis dahin im Rahmen der sozialistischen Planwirtschaft geführten Zeitungsverlage mußten sich auf die freie Marktwirtschaft einstellen und sich unter den geänderten Bedingungen behaup-

[300] Begründungsbericht zum Pressegesetz, Besonderer Teil § 1, S. 11.

ten. Geänderte Bedingungen bedeutet dabei vor allem, daß das Herausgeben von Zeitungen nunmehr eine unternehmerische Tätigkeit darstellt, die sich an Marktdaten, u.a. an der verkauften Auflage und am Anzeigenvolumen und nicht mehr an einer Ideologie oder Linientreue zu einer Partei orientiert.

Die neue Presselandschaft setzte sich aus zwei Zeitungstypen zusammen. Die erste Gruppe bilden die sogenannten „transformierten Titel". Es handelt sich um etablierte Regime-Zeitungen, die privatisiert wurden. Die bekannteste „transformierte" Zeitung heißt „Rudé Právo" (Rotes Recht). Sie wurde nach der Wende in „Právo" (Recht) umbenannt. Dieser Gruppe gehören etwa auch die traditionsreiche Zeitung „Lidové Noviny" (Volkszeitung) an ebenso die „Mladá Fronta Dnes" (Junge Front Heute), „Svobodné slovo"[301] (Freies Wort) und „Rovnost" (Gleichheit). Die Privatisierung war im Jahre 1992 beendet. In der Regel haben sich die Redaktionsmitglieder der jeweiligen Zeitungen organisatorisch verselbständigt und eine Aktiengesellschaft gegründet, die das Herausgeben der periodischen Presse übernommen hat. Vom Kultusministerium erhielten sie eine Registernummer, die nach dem alten Pressegesetz für die Herausgabe periodischer Presse konstitutiv war. Die andere Gruppe bildeten Neugründungen, zu denen etwa „Hospodářské noviny" (Handelsblatt) und „Blesk" (Blitz) gehören. Das Monopol der Nachrichtenagentur ČTK fiel. Sie erfuhr Konkurrenz von ausländischen Nachrichtenagenturen wie Reuters, DPA und Bloomberg.

Veraltete Druckereien, die früher im Staatseigentum standen, Vertriebsprobleme und veraltete Redaktionstechnik sind nur einige Beispiele für die vielen Schwierigkeiten, mit denen die neuen Verleger zu kämpfen hatten. Allein im Jahre 1993 sind 45 Tageszeitungen eingegangen[302]. Mangelndes Kapital zur Behebung dieser Schwierigkeiten führte schließlich dazu, daß die großen Zeitungsverlage nach einem starken Partner suchten. Ab 1993 strömte ausländisches Kapital ins Land.

In den Jahren 1994 bis 1997 erfuhren die meisten Blätter große optische und inhaltliche Veränderungen. Es entstanden Regionalbeilagen, Boulevardzeitun-

---

[301] Svobodné Slovo wurde aufgrund sinkender Auflage im Dezember 2001 eingestellt, s. Mladá Fronta Dnes vom 3. Januar 2002, S. D/3.

[302] Das Statistische Jahrbuch 2000, Bereich Kultur, im Internet unter: www.czso.vse.cz abrufbar.

gen[303] und Wochenzeitschriften. Neue, hochmoderne Druckereien wurden gebaut. Ausländische Investitionen ermöglichten und beschleunigten diese Entwicklung. Sie führte zuletzt zu starker Differenzierung und Spezialisierung der einzelnen Titel. Im Jahre 1999 waren auf dem Pressemarkt 208 Tageszeitungen, 236 Wochenzeitschriften und Zeitungen, 1114 Monatszeitungen und Zeitschriften und 2336 anders erscheinende Pressepublikationen vertreten[304]. Daneben gewinnen die elektronischen Medien zunehmend an Bedeutung, die Zeitungen gehen „online“. Alle großen Tageszeitungen verfügen heute über eine Internetversion.

II. Die Standesorganisationen

1. Das Journalistensyndikat

Die erste freiwillige, unabhängige und politisch neutrale Berufsorganisation der Journalisten wurde bereits im Dezember 1989 unter der Bezeichnung Journalistensyndikat gegründet. Mit der Errichtung des Journalistensyndikats wurde vor allem das Ziel verfolgt, die Grundrechte und die Grundfreiheiten zu wahren, insbesondere die Meinungs- und Pressefreiheit sowie die Unabhängigkeit der Journalisten. Als professionelle Standesorganisation setzt sich das Syndikat primär für die Einhaltung des Ethikkodexes, die Schaffung von adäquaten Arbeits- und Sozialbedingungen sowie für den Abschluß von für die Journalisten vorteilhaften Verträgen mit Vertretern aus Politik und Wirtschaft ein[305].

Mitglied kann jeder in der Tschechischen Republik tätige Journalist werden. Nach der Satzung des Journalistensyndikats wird als Journalist derjenige ange-

---

303 Insbesondere die Boulevardpresse erfreut sich steigender Auflage. So verkaufte die Boulevardzeitung „Blesk“ im Jahre 1999 ca. 255000 Exemplare monatlich, im Jahre 2001 waren es bereits 330 000 Exemplare monatlich, Angaben Union der Verleger, s. Anhang, vgl. zum Thema „Wie macht man einen Skandal“, LN Beilage Pátek vom 23.11.2001, S. 12 ff.

304 Das Statistische Jahrbuch 2000, Bereich Presse 23-8, im Internet unter: www.czso.vse.cz abrufbar.

305 S. § 3 der Satzung des Journalistensyndikats, s. im Internet www. syndikatnovinaru.cz/stanovy.htm.

sehen, der sich professionell am Sammeln, Analysieren und Verbreiten von Informationen in gedruckten oder elektronischen Medien beteiligt oder in ihnen frei seine Meinung äußert. Diese Tätigkeit muß er entweder seit einem Jahr hauptberuflich ausüben, oder sie muß seine Haupteinnahmequelle darstellen, worüber ein Nachweis zu erbringen ist. Die Mitglieder dürfen nicht Mitarbeiter von PR -, Anzeige- oder Werbeagenturen, Pressesprecher, Hauptfunktionäre politischer Parteien oder Personen sein, die sich nachweislich an politischer, rassischer oder religiöser Diskriminierung beteiligen oder beteiligt haben.

Die im Ethikkodex kodifizierten Ziele stellen die wesentlichen Prinzipien des publizistischen Standesrechts dar:

- das Recht der Bürger auf rechtzeitige, wahre und unverfälschte Informationen. Danach ist der Journalist verpflichtet, Informationen nur dann zu veröffentlichen, wenn ihre Quelle bekannt ist; Vermutungen dürfen nicht als Tatsachen ausgegeben werden, und die Wahrheit ist ohne Rücksicht auf negative Konsequenzen zu respektieren.
- hohe Professionalität der Journalisten. Charakteristisch für den journalistischen Beruf ist seine Verantwortung gegenüber der Öffentlichkeit. Der Journalist trägt also persönliche Verantwortung für die veröffentlichten Dokumente; er darf im Zusammenhang mit seiner Tätigkeit keine wertvollen Geschenke oder Vorteile annehmen.
- Vertrauenswürdigkeit, Fairneß und Seriosität erhöhen die Autorität der Medien. Deshalb müssen Informationen, die sich im nachhinein als unrichtig erwiesen haben, richtiggestellt werden. Die Privatsphäre ist streng zu achten. Erlangte Informationen dürfen nicht zu eigenem Vorteil genutzt werden; die Informationsquelle ist zu schützen; jede Diskriminierung wegen Rasse, Hautfarbe, Religion, Geschlecht oder sexueller Orientierung ist unzulässig; Plagiate sind verboten.

Seit Ende 1998 wacht über die Einhaltung des Ethikkodexes eine eigens dafür errichtete „Kommission für Ethik“ (im folgenden nur „Kommission“). Es handelt sich um eine Kontrolleinrichtung, die von Journalisten auf der Grundlage eines selbstdefinierten Regelwerks ausgeübt wird, der sog. „Presse-

Selbstkontrolle"[306]. Die Hauptaufgabe der Kommission besteht darin, sich mit schriftlichen Beschwerden zu befassen, die von Journalisten oder von Bürgern eingereicht worden sind. Dabei kann die Kommission von sich aus tätig werden. Gegenstand der Beschwerden sind regelmäßig Fragen nach Verletzung des Ethikkodexes oder seiner Auslegung[307]. Nach Prüfung des Falles verfaßt die Kommission eine Stellungnahme. Andere Kompetenzen stehen ihr nicht zu. Sie hat keine Sanktionsgewalt. Die Stellungnahmen der Kommission werden in der Zeitschrift „Mediažurnál" veröffentlicht. Sie dienen der Unterrichtung der Öffentlichkeit.

In der Praxis genießen weder das Journalistensyndikat noch die Kommission genügend Autorität, um als einflußreiche Kontrolleinrichtung gelten zu können. Dies liegt zum einen daran, daß viele die Arbeit der Kommission nicht wahrnehmen. Zum anderen ist in Rechnung zu stellen, daß viele Journalisten aufgrund der während der kommunistischen Herrschaft gewonnenen Erfahrungen eine berufsständische Organisation ablehnen oder deren Arbeit mißtrauisch gegenüberstehen.

2. Die Verlegerunion

Die Verleger haben im Jahre 1990 einen eigenen Verband gegründet. Verbandszweck ist die Schaffung und Entwicklung von Bedingungen für eine freie Verlegertätigkeit sowie die Vertretung der Verlegerinteressen gegenüber den Staatsorganen. Tarifpolitik hingegen wie sie etwa der Bundesverband Deutscher Zeitungsverleger betreibt, gehört nicht zu den Aufgaben der Verlegerunion. Die Mitgliedschaft ist freiwillig. Mitglieder der Verlegerunion sind sowohl Verleger der Tagespresse als auch Zeitschriftenverleger.

[306] Zur Presse-Selbstkontrolle ausführlich Suhr, Europäische Presse-Selbstkontrolle, passim.

[307] In den Jahren 1990 bis 2001 wurden zum Beispiel folgende Fälle erörtert: Heimliches Aufnehmen von Telefongesprächen, Gewährung materieller Vorteile, Interessenkonflikte, Wahlberichterstattung, Berichte über Minderheiten, die zu Vorurteilen führen sowie heimliches Filmen am Arbeitsplatz.

Ordentliches Mitglied kann jede natürliche oder juristische Person werden, die mindestens eine Tageszeitung oder sonstige periodische Presse herausgibt, die einen festgelegten Endpreis hat und deren Auflage entweder im freien Verkauf oder durch Abonnement vertrieben wird. Sogenanntes „angeschlossenes Mitglied" können die Personen sein, die sog. Fachpresse herausgeben. Es handelt sich um Titel mit niedriger Auflage, die für bestimmte Berufs- oder Bevölkerungsgruppen herausgegeben werden. Etwa 98 % der Tageszeitungsverleger und ca. 50 % der Zeitschriftenverleger gehören der Verlegerunion an[308]. Als Vertreter der Verlegerinteressen hat sich die Verlegerunion mit Vehemenz gegen den umstrittenen Entwurf des Pressegesetzes eingesetzt, eigene Stellungnahme dazu erarbeitet und schließlich in der Tat pressefreundlichere Regelungen durchgesetzt.

Im Jahre 1999/2000 startete die Verlegerunion eine Initiative zur Gründung eines Tschechischen Presserats. Der Tschechische Presserat sollte aus Journalisten, Verlegern und Medienexperten bestehen. Den Schwerpunkt seiner Tätigkeit sollte die Arbeit einer Beschwerdekommission bilden. Geplant war ein Modell nach dem Vorbild des deutschen Presserats. Mangelnde Resonanz, die skeptische Haltung seitens einer großen Zahl von Journalisten und Weigerung von Persönlichkeiten des öffentlichen Lebens, Mitglied zu werden, führten schließlich zum Scheitern des Projektes. Der Tschechische Presserat als Einrichtung der Presse-Selbstkontrolle, die erstmals sowohl Journalisten als auch Verleger an einen Tisch gebracht hätte, wurde nicht gegründet.

Zu den wichtigsten Aufgaben der Verlegerunion gehören die Aufstellung von Verkaufs- und Auflagestatistiken, der Vergleich der Werbeeinnahmen sowie diverse Markt- und Leseanalysen. Die Ergebnisse werden im Jahrbuch der Verlegerunion veröffentlicht.

---

308 S. Jahrbuch der Verlegerunion 2001.

§ 8 Verfassungsrechtliche Garantie der Pressefreiheit

A. Bedeutung der Pressefreiheit

In Westeuropa ist in den vergangenen fünfzig Jahren eine freie, nicht von der öffentlichen Gewalt gelenkte Presse als Wesenselement eines freiheitlichen Staates angesehen worden. In den sozialistischen Ländern hingegen stand die Presse im Dienst der kommunistischen Parteien. Diese benutzten und mißbrauchten sie als Instrument zur Indoktrinierung. Die Massenmedien wurden als politisches Propagandamittel des kommunistischen Machtapparats eingesetzt. Mit der Wende im Jahre 1989 kam auch die Stunde der Pressefreiheit. Denn Freiheit ist die Voraussetzung dafür, daß die Presse ihre demokratische Aufgabe wahrnehmen kann. Freie Presse und freier Rundfunk gehörten zu den tragenden Säulen des Transformationsprozesses[309]. Der Presse kam eine wesentliche Rolle hinsichtlich der Orientierung und der politischen Willensbildung in den ersten Wendejahren zu. Als Massenmedium ermöglicht die Presse dem Bürger durch eine Vielzahl von Informationen die Bildung der gesellschaftliche Meinung. Der einzelne ist heute gar nicht in der Lage, sich durch persönliche Beobachtungen vor Ort - etwa als Zuschauer im Parlament - alle zur Meinungsbildung erforderlichen Informationen zu beschaffen. Die Öffentlichkeit des Staatshandelns stellen heute in einem erheblichen Umfang die Medien her[310]. Hinzu kommt die Rolle der Presse als Organ zur Kontrolle der staatlichen Gewalt. Die Pressefreiheit gehört zu den politisch stärksten Grundrechten, und sie stellt ein „Sicherheitsventil“ in der Gesellschaft dar[311]. Die Stärkung der Demokratie kann aus verfassungsrechtlicher Sicht als die wichtigste Funktion der Presse bezeichnet werden.

---

[309] Zur Entstehung der Rundfunkverfassungen grundlegend Brunner, Rundfunk im Wandel, S. 55 ff.

[310] Dazu ausführlich Pernice, Öffentlichkeit und Medienöffentlichkeit, passim.

[311] Boček, Právník 1991, S. 588 ff.

B. Die innerstaatliche Gewährleistung

Die Grundlage der die Pressefreiheit konstitutierenden Maßstäbe bildet in erster Linie das Verfassungsrecht. Die Pressefreiheit wird in Art. 17 Abs. 1 der Charta als Bestandteil der Meinungsfreiheit gewährleistet. Art. 17 Charta bildet die zentrale Vorschrift für das Presserecht. Die zweite Quelle bilden die internationalen Menschenrechtsverträge. Gemäß Art. 10 der Verfassung werden alle „*ratifizierten und verkündeten internationalen Abkommen zum Schutz der Menschenrechte und Grundfreiheiten, durch die die Tschechische Republik gebunden ist*" für unmittelbar verbindlich erklärt, und es wird ihnen der Vorrang vor den Gesetzen zugebilligt. Als wichtigste Rechtsquelle dieser Art ist die Europäische Menschenrechtskonvention zu nennen. Neben der EMRK kommen die Menschenrechtspakte der Vereinten Nationen häufig zur Anwendung, insbesondere der Internationale Pakt über bürgerliche und politische Rechte.

Nach der noch bis zum Juli 2002 geltenden Rechtslage stehen in der Normenhierarchie internationale Verträge menschenrechtlichen Inhalts über den einfachen Gesetzen. Hinsichtlich des Verhältnisses eines „Menschenrechtsvertrags" zur Verfassung und zu den Verfassungsgesetzen wie etwa der Charta enthält die Verfassung de lege lata keine Regelung. Die Lehre erachtet „menschenrechtliche Verträge" ranggleich mit den Verfassungsgesetzen[312]. Die Voraussetzung, daß es sich um internationale Verträge „zum Schutz der Menschenrechte und Grundfreiheiten" handeln muß, hat in der Praxis bisher stets Schwierigkeiten bereitet. Diskutiert wurde vor allem, wann ein Abkommen noch unter die Kategorie eines Menschenrechtsvertrages zu rechnen ist[313]. Die mit der Einordnung der Verträge verbundenen Schwierigkeiten sind nun durch eine Verfassungsän-

[312] Malenovský, Přednost před zákonem v čl. 10, UAC; Pavlíček/Hřebejk, Ústavní systém, Art. 10, S. 78 ff.; Hofmann in Brunner/Hofmann/Holländer, Verfassungsgerichtsbarkeit, S. 85 ff. (87).

[313] Vgl. Hošková, Völkerrecht, S. 455; Boguszak, K výkladu čl. 10, UAC; Hofmann in Brunner/Hofmann/Holländer, Verfassungsgerichtsbarkeit, S. 85 ff.

derung behoben worden, die am 1. Juli 2002 in Kraft tritt[314]. Die Aufteilung in „Menschenrechtsverträge„ und „übrige“ völkerrechtliche Verträge wird nicht mehr aufrechterhalten. Der geänderte Art. 10 Verfassung bestimmt, daß „*verkündete internationale Verträge, zu deren Ratifizierung das Parlament seine Zustimmung gegeben hat und durch die die Tschechische Republik gebunden ist, Bestandteil der Rechtsordnung sind; bestimmt ein internationaler Vertrag etwas anderes als ein Gesetz, wird der internationale Vertrag angewandt*“. Danach sind internationale Verträge, die vom Präsidenten ratifiziert worden sind, zu deren Ratifizierung das Parlament im voraus seine Zustimmung gegeben hat und die in der amtlichen Sammlung der internationalen Verträge verkündet worden sind und durch die die ČR gebunden ist, Bestandteil der innerstaatlichen Rechtsordnung. Solche Verträge haben weiterhin Vorrang vor dem Gesetz.

Die Verfassungsänderung brachte neben der Änderung des Art. 10 Verfassung zusätzlich eine bedeutende Umgestaltung. Sie ebnet der ČR den Weg zum Beitritt zur EU durch die Statuierung der sog. supranationalen Öffnungsklausel. Danach können Hoheitsrechte auf eine internationale Organisation oder Institution übertragen werden. Mit der Bestimmung des Art. 10a Verfassung öffnet die Tschechische Republik als Assoziationsland ihre innerstaatliche Rechtsordnung für die supranationale Gemeinschaftsgesetzgebung[315].

Auf die hier untersuchte Gewährleistung der Pressefreiheit haben diese Änderungen keine Auswirkungen. Die Bestimmungen der ERMK stellen die wichtigste und meist genutzte Rechtsquelle dar[316]. Die Pressefreiheit wird in der EMRK in Art. 10 geschützt. Art. 10 EMRK stellt die zentrale Vorschrift im Be-

---

[314] Verfassungsgesetz Nr. 395/2001 Sb. Neben der Neuregelung der Stellung des Völkerrechts in der innerstaatlichen Rechtsordnung (Art. 10 Verfassung) liegt der Schwerpunkt der Verfassungsänderung in der Öffnung der Rechtsordnung für den EU-Beitritt und der Neuordnung der Zuständigkeiten des tschechischen Verfassungsgerichts; vgl. dazu Malenovský, Právník 2002, S. 917 ff.

[315] Diese Beitrittsvoraussetzung enthält seit 2001 auch die Slowakische Verfassung in Art. 7 und die polnische Verfassung in Art. 90; Verfassungstexte in deutscher Übersetzung in Brunner, VSO. Zu supranationalen Öffnungsklauseln vgl. Brunner, Zwei Seiten der Integrationsmedaille, S. 26.

[316] Hofmann in Brunner/Hofmann/Holländer, Verfassungsgerichtsbarkeit, S. 85 ff. (98).

reich der Kommunikationsfreiheiten[317] dar. Neben Art. 17 Charta bildet somit Art. 10 der EMRK die wichtigste Vorschrift für die Verbürgung der Pressefreiheit.

C. Die internationalen Bezüge

Dem tschechischen Gesetzgeber diente Art. 10 EMRK als Vorbild bei der Gestaltung des Art. 17 der Charta. Das tschechische Verfassungsgericht greift bei der Auslegung und Anwendung von Grundrechtsnormen in der Charta auf die Rechtsprechung des EGMR zurück. Auf die Rechtsprechung wird noch im einzelnen eingegangen. Art. 10 EMRK hat für das tschechische Medienrecht als Norm mit „Übergesetzesrang“ und als Prüfungsmaßstab für verfassungsgerichtliche Entscheidungen jedenfalls überragende Bedeutung.

Diese Bedeutung schlägt sich im Prüfungsaufbau der vorliegenden Arbeit nieder. Die Vorbildfunktion und der starke Einfluß des Art. 10 EMRK rechtfertigen es, die Norm hier, auch wenn sie in der Normenhierarchie hinter Art. 17 Charta steht, vorab zu erläutern. In diesem Zusammenhang soll auch Art. 19 IPbürgR kurz dargestellt werden.

I. Art. 10 EMRK

Art. 10 EMRK lautet:

(1) Jedermann hat Anspruch auf freie Meinungsäußerung. Dieses Recht schließt die Freiheit der Meinung und die Freiheit zum Empfang und zur Mitteilung von Nachrichten oder Ideen ohne Eingriffe öffentlicher Behörden und ohne Rücksicht auf Landesgrenzen ein. Dieser Artikel schließt nicht aus, daß die

---

[317] Dabei wird Pressefreiheit sogar als „Kern des Menschenrechts der Informationsfreiheit“ angesehen, und die in Art. 10 EMRK verbürgten Rechte werden unter dem Begriff Kommunikationsfreiheiten zusammengefaßt, siehe Rübenach, Presserecht, S. 20.

Staaten Rundfunk-, Lichtspiel- oder Fernsehunternehmen einem Genehmigungsverfahren unterwerfen.

(2) Da die Ausübung dieser Freiheiten Pflichten und Verantwortung mit sich bringt, kann sie bestimmten, vom Gesetz vorgesehenen Formvorschriften, Bedingungen, Einschränkungen oder Strafandrohungen unterworfen werden, wie sie vom Gesetz vorgeschrieben und in einer demokratischen Gesellschaft im Interesse der nationalen Sicherheit, der Aufrechterhaltung der Ordnung und der Verbrechensbekämpfung, des Schutzes der Gesundheit und der Moral, des Schutzes des guten Rufes oder Rechte anderer, um die Verbreitung von vertraulichen Nachrichten zu verhindern oder das Ansehen und die Überparteilichkeit der Rechtsprechung zu gewährleisten, unentbehrlich sind.

1. Sachlicher Schutzbereich des Art. 10 Abs.1 EMRK

Art. 10 Abs. 1 S. 1 EMRK gewährt jedermann das Recht zur freien Meinungsäußerung. Die Generalklausel des Absatzes 1 Satz 1 wird durch die Regelbeispiele des Satzes 2 konkretisiert. Danach wird die Freiheit der Meinung und die Freiheit zum Empfang und zur Mitteilung von Nachrichten oder Ideen gewährt. Nach dem Konventionstext des Art. 10 EMRK stellt sich die Meinungsfreiheit im Satz 2 als ein Unterfall der Meinungsäußerungsfreiheit nach S. 1 dar. Die herrschende Meinung vertritt jedoch die Auffassung, daß im Gegenteil gerade die Meinungsfreiheit den Oberbegriff verkörpere[318].

Die Freiheit zu kommunizieren ist ausdrücklich grenzüberschreitend und frei von Eingriffen öffentlicher Behörden garantiert, soweit es sich um Informationen handelt, die aus allgemein zugänglichen Quellen stammen. Im Gegensatz zu Art. 5 Abs. 1 S. 3 GG enthält der Konventionstext allerdings dem Wortlaut nach kein ausdrückliches Zensurverbot. Diesbezüglich wird vertreten, daß ein solches Zensurverbot aus dem generellen Verbot von Eingriffen öffentlicher Behörden abgeleitet werden kann[319]. Diese Frage entscheidet sich schließlich aber im

---

[318] Zum Verhältnis der Meinungsäußerungsfreiheit zur Meinungsfreiheit vgl. Uwer, Medienkonzentration, S. 79 ff.; Probst, Art. 10 EMRK, S. 22; Ragaz, Meinungsäußerungsfreiheit, S. 53; Diesbach, Völkerrechtliche Garantien, S. 128 ff.

[319] Probst, Art. 10 EMRK, S. 25.

Rahmen der Prüfung des Beschränkungskatalogs nach Art. 10 Abs. 2 EMRK. Jegliche Zensurmaßnahmen einer Behörde bedürfen nach der Rechtsprechung des Gerichtshofs besonders scharfer Überprüfung[320].

Die Äußerungsfreiheit gemäß Art. 10 Abs. 1 EMRK wird als Freiheitsrecht in einem umfassenden Sinne garantiert. Denn dieses Grundrecht vermittelt neben dem Individualrecht auf Äußerung gleichzeitig das Recht auf Kenntnisnahme von Äußerungen. So schützt Art. 10 EMRK nicht nur sog. publizistisch wertvolle Inhalte, sondern auch rein unterhaltende oder kommerzielle Publikationen. Zwischen Tatsachen und Werturteilen wird nicht unterschieden, geschützt wird jede mündliche, schriftliche oder gedruckte Äußerung oder Information[321]. Darüber hinaus werden gleichermaßen störende, schockierende oder beunruhigende Äußerungen vom Schutzbereich des Art. 10 Abs. 1 EMRK erfaßt[322]. Geschützt werden indes nicht nur Inhalte, sondern alle denkbaren Formen der Kommunikation, einschließlich der technischen Hilfsmittel, Kunstwerke oder Filme[323]. Nach der neueren Rechtsprechung des EGMR fallen sogar bestimmte Realhandlungen in den Schutzbereich des Art. 10 EMRK, deren Ziel darin besteht, Tätigkeiten anderer Menschen zu kritisieren[324].

Art. 10 Abs. 1 EMRK garantiert neben der Äußerungsfreiheit ebenfalls die aktive und passive Informationsfreiheit[325]. Geschützt wird einerseits das Recht, sich selbst und aktiv zu informieren, andererseits das Recht, passiv Informationen entgegenzunehmen, also das Recht auf Empfang. Dem Einzelnen vermittelt

---

[320] Frowein/Peukert, EMRK-Kommentar, Art. 10, Rn. 24.

[321] Zum konzeptionellen Unterschied zwischen Art. 5 Abs. 1 GG und Art. 10 Abs. 1 EMRK in bezug auf Tatsachenbehauptungen und Meinungen Klein, DÖV 1999, S. 758 (764).

[322] EGMR, Handyside ./. Vereinigtes Königreich, Urteil vom 7.12.1976, Ser. A 24 Ziff. 49; Linges ./. Österreich, Urteil vom 8.7.1986, Ser. A Nr. 103, 424 = EuGRZ 1986, 424; Oberschlick II ./. Österreich, Urteil vom 1.7.1997, RJD 1997-IV = NJW 1999, S. 1321.

[323] Vgl. Rübenach, Presserecht, S. 20; Kloepfer, Innere Pressefreiheit, S. 92 ff. m.w.N.; Klein, AfP 1994, S. 9 (13); Engel, AfP 1994, S. 1 (2).

[324] So etwa Blockaden gegen eine Autobahnerweiterung, s. EGMR, Steel u.a. ./. Vereinigtes Königreich, Urteil vom 23.9.1998, RJD 1998-VII, 2719, 2742, Ziff. 92 i.V.m. Ziff. 7, weitere Nachweise s. Hoffmeister, EuGRZ 2000, S. 359.

[325] Zur passiven Informationsfreiheit Müller, ZUM 5/1994, S. 289 ff.

Art. 10 Abs. 1 EMRK jedoch keinen durchsetzbaren Anspruch auf Gewährung von Informationen gegenüber den Behörden[326]. Dieses Recht kann jedoch in den nationalen Rechtsordnungen statuiert werden.

Das Fehlen einer ausdrücklichen Garantie der Pressefreiheit hat historische Gründe[327]. Anerkanntermaßen erstreckt sich Art. 10 Abs. 1 EMRK auch auf die Pressefreiheit. Der Garantiegehalt des Menschenrechtes Pressefreiheit ist durch die Judikatur des EGMR klar bestimmt und geprägt worden, die der Pressefreiheit gebührend Rechnung trägt[328]. Der Gerichtshof erinnert in seinen Entscheidungen an die grundsätzliche Rolle der Presse in der Demokratie und hat die Presse bereits mehrfach als „ public watchdog" bezeichnet[329].

2. Persönlicher Schutzbereich des Art. 10 Abs. 1 EMRK

Der persönliche Schutzbereich des Art. 10 EMRK ist weit gefaßt. Die Kommunikationsgrundrechte des Art. 10 EMRK stehen jedermann zu. Aus der Judikatur des Gerichtshof ergibt sich, daß es unzulässig ist, bestimmten Personen

---

[326] So hat der Gerichtshof in dem Urteil Leander ./. Schweden vom 26.3.1987, Ser. A 116, Ziff. 29, 74 verkündet, daß die Informationsfreiheit verbietet, daß die Regierung den Empfang von Informationen verhindert, die jemand weitergeben will. Das bedeutet aber nicht, daß Art. 10 EMRK dem Einzelnen ein Recht einräumt, ein Register, indem bestimmte Informationen gesammelt sind, einzusehen. Der Staat ist also nicht verpflichtet, bestimmte Informationen mitzuteilen. Zum Anspruch eines Weisenkindes auf Informationen aus seiner eigenen Akte s. EGMR, Gaskin ./. Vereinigtes Königreich, Urteil vom 7.7. 1989, Ser. A. 160, 20ff., vgl. Frowein/Peukert, EMRK-Kommentar, Art. 10, Rn. 13.

[327] Art. 10 EMRK knüpfte an Art. 19 der Allgemeinen Erklärung der Menschenrechte vom 10.12.1948 an, wonach „Jeder Mensch hat das Recht auf freie Meinungsäußerung;" Diese schlichte Erklärung wurde durch die etwas ausführlichere Bestimmung des Art. 10 EMRK fortentwickelt.

[328] Zur Rechtsprechung des EGMR zu Art. 10 EMRK siehe Rübenach, Presserecht, S. 5-19; Frowein/Peukert, EMRK-Kommentar, Art. 10, Rn. 15-19; Engel, AfP 1994, S. 3; Probst, Art. 10 EMRK, S. 34 ff.; Kühling, AfP 1999, S. 214 ff; Hoffmeister, EuGRZ 2000, S. 358.

[329] EGMR, Handyside ./. Vereinigtes Königreich, Urteil vom 7.12.1976, Ser. A 24 Ziff. 49 = EuGRZ 1977, 38 ff.; Observer and Guardian ./. Vereinigtes Königreich, Urteil vom 26.11.1991, Ser. A 216 Ziff. 59; Sunday Times II ./. Vereinigtes Königreich, Urteil vom 26.11.1991, Ser. A Nr. 217 Ziff. 50; Goodwin ./. Vereinigtes Königreich, Urteil vom 27.3.1996, RJD 1996-II, 483, Ziff. 39.

aufgrund ihrer Stellung den Schutz des Art. 10 EMRK zu versagen. Die Meinungsfreiheit genießen grundsätzlich auch zum Beispiel im öffentlichen Dienst beschäftigte Personen[330] sowie Soldaten[331]. Eine Einschränkung erfährt dieser Grundsatz durch Art. 16 EMRK. Art. 16 EMRK gestattet die Untersagung der politischen Tätigkeit von Ausländern. Deshalb ist es zulässig, Ausländern in bezug auf ihre politische Äußerungsfreiheit besondere Beschränkungen aufzuerlegen. Dabei müssen nicht einmal die formellen und materiellen Voraussetzungen des Art. 10 Abs. 2 EMRK eingehalten werden[332]. Diese Einschränkung soll jedoch bei Unionsbürgern keine Anwendung finden[333].

Der weitreichende Schutz des Art. 10 EMRK kommt auf jeden Fall allen im Pressewesen tätigen Personen zugute. So gehören nicht nur Redakteure, Verleger und Herausgeber zum geschützten Personenkreis, sondern auch Presseinformanten[334] und Verfasser von Leserbriefen[335]. Darüber hinaus können sich auf den Schutz des Art. 10 EMRK auch juristische Personen des Privatrechts und nichtrechtsfähige Vereinigungen berufen. Die Voraussetzungen der Individualbeschwerde nach Art. 34 EMRK sind notwendigerweise zu beachten. Bei juristischen Personen ist überdies unerheblich, welchen Charakter ihre Handelsaktivitäten haben. So darf die juristische Person zum Beispiel rein gewinnorientiert

330 EGMR, Vogt ./. Deutschland, Urteil vom 26.9.1995, Ser. A 323 Ziff. 44 = EuGRZ 1995, 590 ff.

331 EGMR, Engel u.a. ./. Niederlande, Urteil vom 8.6.1976, Ser. A 22 34 Ziff. 81 = EuGRZ 1976, 221 ff.

332 Diesbach, Völkerrechtliche Garantien, S. 165; Diesbach sieht denn Sinn dieser Beschränkung vor allem darin, daß „die Überschaubarkeit der politischen Aktivitäten von Ausländern“ erleichtert wird. In Deutschland unterliegt die politische Betätigung von Ausländern ebenfalls rechtlichen Grenzen. In § 37 Abs. 1 und Abs. 2 AuslG sind die Beschränkungen der politischen Betätigung von Ausländern aufgeführt. Auf der Grundlage des § 37 AuslG als allgemeines Gesetz i.S.v. Art. 5 Abs. 2 GG sind Einschränkungen der Meinungsfreiheit unter bestimmten Voraussetzungen zulässig. Zur politischen Betätigung von Ausländern s. Kaltenborn, DÖV 2001, S. 55 (57).

333 Kühling, Kommunikationsfreiheit, S. 158 und Fn. 111.

334 EGMR, Weber ./. Schweiz, Urteil vom 22.5.1990, Ser. A Nr. 177, 6. 20, § 42 = EuGRZ 1990, 297.

335 EGMR, Thorgeir Thorgeirson ./. Island, Urteil vom 25.6.1992, Ser. A Nr. 239, 6, 24 ff. § 56 = HRLJ, 1992, 440.

arbeiten[336]. Hier sind insbesondere Presseunternehmen gemeint, so daß nicht nur der einzelne Chefredakteur oder der Verleger beschwerdebefugt ist, sondern auch der Verlag selbst.

II. Art. 19 der Allgemeinen Erklärung der Menschenrechte und Art. 19 des Internationalen Pakts für bürgerliche und politische Rechte

Am 10. Dezember 1948 nahm die UN–Generalversammlung die Allgemeine Erklärung der Menschenrechte (im folgenden AEMR) an. Die AEMR postuliert in Art. 19 das Recht eines Jeden auf freie Meinungsäußerung. Die Erklärung blieb als Deklaration ohne Befolgungszwang zwar völkerrechtlich unverbindlich, beeinflußte jedoch maßgeblich eine Vielzahl von Erklärungen, Dokumenten und Staatsverfassungen. Insgesamt wird die AEMR zum Kernbestand der Freiheitsrechte gezählt und als Bestandteil des allgemeinen Völkerrechts angesehen[337].

Zur Geltung wurde den in der AEMR festgelegten Menschenrechtsgarantien erst durch den Internationalen Pakt über bürgerliche und politische Rechte (IPbürgR) vom 19. Dezember 1966 verholfen. Im Gegensatz zur AEMR enthält der IPbürgR Instrumente zur Sicherung der verbürgten Rechte. Er sieht die Möglichkeit vor, eine Staatenbeschwerde oder eine Individualbeschwerde nach dem Fakultativprotokoll[338] einzureichen. In Art. 19 des IPbürgR wird das Recht auf

---

[336] Dem beschwerdeführenden Unternehmen ging es nur um Werbung für die eigenen Satellitenanlagen s. EGMR, Autronic ./. Schweiz, Urteil vom 22.5.1990, Ser. A Nr. 178, 7, 23, § 47 = EuGRZ 1990, 261 ff., unter ausdrücklicher Bezugnahme auf die Entscheidungen Sunday Times I ./. Vereinigtes Königreich, Urteil vom 26.4.1979, Ser. A Nr. 30, Ziff. 29 ff.

[337] Statt aller Ipsen, Völkerrecht, S. 683, Rn. 36. Die (zumindest moralische) Bedeutung von der AEMR wurde im Jahre 1975 bekräftigt. In der Schlußakte der Helsinki Konferenz über Sicherheit und Zusammenarbeit in Europa haben sich die Länder West- und Osteuropas darauf geeinigt, die Menschenrechte entsprechend der AEMR zu respektieren.

[338] Fakultativprotokoll zum IPbürgR vom 19.12.1966, das die Einreichung einer Individualbeschwerde vor dem Ausschuß für Menschenrechte ermöglichte.

unbehinderte Meinungsfreiheit garantiert[339]. Im Gegensatz zur AEMR wird die Meinungsfreiheit nicht schrankenlos gewährt. Der Schrankenkatalog gleicht dem Schrankensystem der EMRK. Zusätzlich zu den in Art. 19 Abs. 3 verankerten Einschränkungsmöglichkeiten enthält der Pakt außerdem eine Beschränkung der Meinungsfreiheit in Art. 20 IPbürgR. Dieser verbietet jede Kriegspropaganda und das Eintreten für nationalen, rassischen oder religiösen Haß, wenn dadurch das zu Diskriminierung, Feindseligkeit oder Gewalt aufgestachelt wird.

Die Tschechische Republik hat am 1.1.1993 die Erklärung über die Weiteranwendung des bereits im Jahre 1976 durch die ČSSR unterzeichneten Paktes abgegeben[340]. Die praktische Bedeutung des Paktes ist aber in den Ländern, die gleichzeitig Vertragsparteien der EMRK sind, relativ gering. Der Vorzug des Verfahrens vor dem EGMR für den Beschwerdeführer liegt darin, daß die Urteile des EMGR verbindlich sind und deren Durchführung überwacht wird. Über solche Kompetenz verfügt der Ausschuß für Menschenrechte nicht[341].

---

[339] Art. 19 IPbürgR lautet:

(1) Jedermann hat das Recht auf unbehinderte Meinungsäußerung.

(2) Jedermann hat das Recht auf freie Meinungsäußerung; dieses Recht schließt die Freiheit ein, ohne Rücksicht auf Staatsgrenzen Informationen und Gedankengut jeder Art in Wort, Schrift oder Druck, durch Kunstwerke oder andere Mittel eigener Wahl sich zu beschaffen, zu empfangen und weiterzugeben.

(3) Die Ausübung der in Absatz 2 vorgesehenen Rechte ist mit besonderen Pflichten und einer besonderen Verantwortung verbunden. Sie kann daher bestimmten, gesetzlich vorgesehenen Einschränkungen unterworfen werden, die erforderlich sind

a) für die Achtung der Rechte oder des Rufs anderer;

b) für den Schutz der nationalen oder der öffentlichen Sicherheit, der öffentlichen Ordnung (ordre public), der Volksgesundheit oder der öffentlichen Sittlichkeit.

[340] Bekanntmachung des Außenministeriums Nr. 120/1976 Sb.; für die ČSSR war der IPbürgR am 23.3.1976 in Kraft getreten. Das Fakultativprotokoll wurde erst im Jahre 1991 durch die Tschechoslowakei unterschrieben s. Bekanntmachung des Außenministeriums Nr. 169/1991 Sb.; die Tschechische Republik gab am 1.1.1993 die Erklärung über die Weiteranwendung des Protokolls ab.

[341] Vgl. Šturma, Právník 1994, S. 357 (365). Dennoch ist der Menscherechtsauschuß nicht bedeutungslos und wird angerufen, vgl. kürzlich hinsichtlich Enteigung auf Grund der Beneš- Dekrete – Fall Walderode, UN Menschenrechtsausschuß, Dr. Karel Des Fours Walderode ./. Tschechische Republick, Entscheidung vom 2.11.2001, CCPR/C/73/D/747/1997 = NJW 2002, S. 353 ff.

D. Inhalt des Art. 17 Charta

I. Begriff und Interpretation der Pressefreiheit

Das für den einzelnen Bürger wie für den Staat fundamental wichtige Grundrecht der Meinungs- und Informationsfreiheit ist in Art. 17 der Charta verankert. Dieser lautet wie folgt:

Art. 17 der Charta[342]

(1) Die Meinungsfreiheit und die Informationsfreiheit sind gewährleistet.

(2) Jeder hat das Recht, seine Ansichten in Wort, Schrift, Druck, Bild oder auf andere Weise zu äußern wie auch Gedanken und Informationen ohne Rücksicht auf die Staatsgrenzen frei auszuwählen, zu empfangen und zu verbreiten.

(3) Eine Zensur ist unzulässig.

(4) Die Meinungsfreiheit und das Recht auf Auswahl und Verbreitung von Informationen können durch Gesetz eingeschränkt werden, wenn es sich um Maßnahmen handelt, die in einer demokratischen Gesellschaft für den Schutz der Rechte und Freiheiten anderer, für die Sicherheit des Staates, die öffentliche Sicherheit sowie für den Schutz der öffentlichen Gesundheit und Sittlichkeit unerläßlich sind.

(5) Die Staatsorgane der territorialen Selbstverwaltung sind verpflichtet, über ihre Tätigkeit in angemessener Weise zu informieren. Die Voraussetzungen hierfür sowie die Art und Weise der Durchführung werden durch das Gesetz geregelt.

1. Pressefreiheit als Bestandteil der Meinungsfreiheit

In Art. 17 Abs. 1 der Charta wird ausdrücklich die Meinungs- und Informationsfreiheit garantiert; die Pressefreiheit wird nicht erwähnt. Unter dem Gesichtspunkt der herausragenden Bedeutung der Presse und angesichts vergangener Konflikte erscheint es verwunderlich, daß die Pressefreiheit keine ausdrück-

[342] Übersetzung abgedruckt in Brunner, VSO, Tschechien.

liche Verankerung in der Charta gefunden hat. Der Grund für das Fehlen einer ausdrücklichen Garantie ist, daß sich der tschechische Gesetzgeber an den Vorgaben und der Tradition des Art. 10 der EMRK sowie des Art. 19 des UN-Pakts über bürgerliche und politische Rechte orientierte. Art. 10 der EMRK enthält keine explizite Garantie der Pressefreiheit. Es ist aber allgemein anerkannt, daß die Pressefreiheit als Bestandteil der allgemeinen Meinungsfreiheit geschützt wird[343]. Folglich entspricht Art. 17 den internationalen Standards. Aus deutscher Sicht mag Art. 5 GG ein differenzierteres System grundrechtlicher Gewährleistungen enthalten. Die ausdrückliche Garantie der Pressefreiheit erscheint am besten dazu geeignet, jeden Zweifel an dem besonderen Schutzbedürfnis der Presse auszuräumen[344].

In der tschechischen Lehre und Rechtsprechung wird fast ausschließlich der Begriff Meinungsfreiheit („svoboda projevu") verwendet. Der Begriff Pressefreiheit („svoboda tisku") ist nicht gebräuchlich. Im tschechischen Recht wird eine solche Trennung zwischen der Pressefreiheit und der Meinungsfreiheit, wie das deutsche Recht sie kennt, entweder überhaupt nicht oder nur sehr unscharf vorgenommen. In der tschechischen Dogmatik dient die Meinungsfreiheit als Oberbegriff, von dem die Pressefreiheit umfaßt wird. Unterschieden wird im Rahmen des Art. 17 Abs. 1 Charta nur zwischen der Meinungsfreiheit und der Informationsfreiheit. Die Pressefreiheit bildet zumindest begrifflich keine eigene Kategorie, sie ist Bestandteil der Meinungsfreiheit[345]. In der Rechtsprechung des Verfassungsgerichts wird die Bezeichnung „Entscheidungen des Verfassungsge-

---

343 Frowein/Peukert, EMRK-Kommentar, Art. 10, Rn. 15; Kloepfer, Innere Pressefreiheit, S. 88.

344 Für die ausdrückliche Garantie der Pressefreiheit in der Verfassung haben sich z.B. Polen (Art. 14), Ungarn (§ 61 Abs. 2), Slowenien (Art. 39), Bulgarien (Art. 40), Rumänien (Art. 30) entschieden, die jeweiligen Verfassungen in Roggemann, Verfassungen. Außer der Tschechischen Republik haben z.B. Estland (Art. 45) und Kroatien (Art. 38) die Pressefreiheit als Teil der allgemeinen Meinungs- und Informationsfreiheit geregelt. Zur Rundfunkfreiheit vgl. Brunner, Rundfunk im Wandel, S. 64 ff.

345 In dem einzigen tschechischen Kommentar zu Art. 17 Charta von Pavlíček, Práva a svobody wird der Begriff „Pressefreiheit" kein einziges Mal verwendet.

richts in Pressesachen“ oder „die Presse betreffende Entscheidung“ verwendet[346].

Im Rahmen dieser Arbeit wird der Begriff der Pressefreiheit weiterhin gebraucht. Diese Vorgehensweise dient einerseits der Unterscheidung von der Meinungsfreiheit im weiteren (nicht die Presse betreffenden) Sinne. Andererseits muß gerade im Zusammenhang zwischen dem Persönlichkeitsschutz und der Pressefreiheit ein über die Meinungsfreiheit hinausgehender Aspekt beachtet werden. Dieser Aspekt hängt mit der funktionalen Seite der Presse zusammen. Die Presse verbreitet nicht nur Nachrichten, sondern muß sich, um funktionieren zu können, Nachrichten selbst beschaffen. Diese Tätigkeiten stehen unter dem Schutz der Pressefreiheit.

Im Gegensatz zu Deutschland, wo die Freiheit der Presse noch einmal ausdrücklich in allen Landespressegesetzen wiederholt wird, erhält das tschechische Pressegesetz keine Bestimmung, die die Pressefreiheit berücksichtigen würde.

2. Pressefreiheit als politisches Grundrecht

Systematisch findet sich Art. 17 in der Charta im Kapitel „politische Rechte“ eingeordnet. Die Meinungs- und die Informationsfreiheit werden als politische Grundrechte verstanden, die der Staat garantiert. Durch die Einordnung als ein politisches Grundrecht bezieht sich Art. 22 der Charta auf das Grundrecht der Meinungs- und Informationsfreiheit. Dieser bestimmt, daß durch die gesetzliche Regelung aller politischen Rechte und Freiheiten sowie durch ihre Auslegung und Wahrnehmung der freie Wettbewerb der politischen Kräfte in der demokratischen Gesellschaft zu ermöglichen und zu schützen ist. Dieses Grundrecht geht von dem Prinzip aus, daß die Garantie der politischen Rechte in einer demokratischen Gesellschaft ein freier Wettbewerb der politischen Kräfte, also ein pluralistisches politisches System darstellt[347]. Art. 22 der Charta legt den Rahmen und die allgemeinen Anforderungen an die Gesetzgebung im Bereich der politischen Grundrechte der Art. 17 bis 23 der Charta fest. Art. 22 der Charta stellt eine ver-

[346] Vgl. Sládeček, Rozhodování ústavního soudu, passim.
[347] Vgl. Pavlíček, Práva a svobody, § 22.

bindliche Richtlinie nicht nur für die Legislative bei der Gesetzgebung, sondern auch für die Exekutive sowie für die Judikative bei der Anwendung und Auslegung von Gesetzen dar; er ist eine Grundsatzregel für die Interpretation aller Gesetze, die die Ausübung von politischen Rechten regeln[348]. Die Bedeutung der Meinungs- und Informationsfreiheit zeigt sich in der Möglichkeit, öffentliche Angelegenheiten zu beeinflussen, sich frei zu diesen zu äußern und so am politischen Leben teilzunehmen[349]. Jede Beschränkung bzw. Diskriminierung von politischen Kräften im Zugang zu Massenmedien stünde im Widerspruch zu Art. 22 der Charta. Nicht gemeint ist damit eine Pflicht, über bestimmte Ereignisse in der Presse Bericht erstatten zu müssen oder sogar politischen Parteien Raum für Erklärungen zu gewähren. Politischen Kräften soll hinsichtlich des Zugangs zu Massenmedien lediglich Chancengleichheit eingeräumt werden.

3. Grundrechtsinterpretation der Pressefreiheit

Die in Art. 17 der Charta gewährleistete Meinungsfreiheit, deren Bestandteil die Pressefreiheit ist, gehört zu den ersten Grundfreiheiten, die sich die Menschen erkämpft haben, und wird daher auch als ein „Urgrundrecht" angesehen[350]. Dieses Grundrecht ist zuvörderst als ein Individualrecht ausgestaltet. Es verbürgt die Freiheit von staatlicher Intervention. Es ist ein Abwehrrecht gegen staatliche Eingriffe wie z.B. Beschlagnahme von Druckschriften. Damit ist die Meinungs- und Pressefreiheit vorrangig als ein individuelles Abwehrrecht konzipiert. Wenn zugleich in dieser Garantie nicht nur ein Abwehrrecht des Bürgers gesehen wird, sondern auch die Pflicht des Staates, dieses Grundrecht aktiv zu schützen[351], fragt sich, ob damit eine Verfassungsgarantie oder sogar eine Schutzpflicht des Staates gegenüber Eingriffen Dritter angesprochen wird.

---

[348] Urteil des Verfassungsgerichts II. ÚS 275/96 vom 15. Oktober 1996 (Sb.n.u.ÚS. Band 6, Nr. 103, S. 243 ff.); IV. ÚS 275/96 vom 15. Oktober 1996 (Sb.n.u.ÚS. Band 6, Nr. 104, S. 249 ff.); IV. ÚS 276/96 vom 15. Oktober 1996 (Sb.n.u.ÚS. Band 6, Nr. 105, S. 255 ff.).

[349] Pavlíček, Svoboda projevu, UAC, S. 109.

[350] Vgl. Knapp, Antinomie, UAC, S. 87.

[351] Pavlíček, Svoboda projevu, UAC, S. 109, schreibt, daß „im Begriff „wird gewährleistet" auch eine aktive, positive Tätigkeit des Staates, das Recht zu schützen, ausgedrückt wird,

Im deutschen Recht wird die Pressefreiheit primär ebenfalls als ein individuelles Abwehrrecht gegen staatliche Eingriffe verstanden. Neben der Pressefreiheit als subjektives Recht wird der Pressefreiheit auch eine objektiv-rechtliche Seite beigemessen. Garantiert wird das Institut „Freie Presse“[352]. Der Staat ist verpflichtet, dem Postulat der freien Presse Rechnung zu tragen. Hierzu zählt neben der Gründung von Presseorganen und dem freien Zugang zu Presseorganen etwa die Pflicht, Gefahren abzuwenden, die aus der Bildung von Meinungsmonopolen entstehen könnten. Damit hat die Pressefreiheit nach der heute herrschenden Auffassung im deutschem Recht einen Doppelcharakter; in ihr wird gleichrangig eine subjektiv-individuelles Abwehrrecht und eine objektiv-institutionelle Gewährleistung verbürgt[353].

Darüber hinaus werden besondere Schutzpflichten des Staates, die ein aktives Handeln des Staates gebieten, diskutiert. Dieser Gedanke hat in der sog. Lehre von den grundrechtlichen Schutzpflichten Niederschlag gefunden. Dieser Lehre zufolge ist der Staat verpflichtet, sich aktiv und schützend vor die Grundrechte zu stellen[354]. Dies bedeutet, daß der Staat den Bürger vor Eingriffen durch private Dritte schützen soll und gegebenenfalls aktiv Maßnahmen ergreifen sollte, die einen effektiven Grundrechtsschutz des Bürgers gewährleisten[355]. Die typischen Fälle der Schutzpflicht in der deutschen Judikatur sind insbesondere der Schutz des ungeborenen Kindes vor Abtreibung und das Wächteramt des Staates über die Ausübung des Elternrechts.

Bei den Kommunikationsfreiheiten ist hinsichtlich der Herleitung staatlicher Schutzpflichten Zurückhaltung geboten. Physische Güter wie Leben und Ge-

---

und nicht nur eine Verpflichtung des Staates zu gewährleisten, daß er die Bürger an der Ausübung dieses Rechts behindern wird“.

352 Statt aller Degenhart, Bonner Kommentar, Art. 5, Rn. 390.

353 Bullinger, Handbuch des Staatsrechts VI, § 142, Rn. 10 ff; Degenhart, AfP 1987, S. 649 ff.: ders., Bonner Kommentar, Art. 5, Rn. 390, 391. Neben Deutschland gewährleisten noch Griechenland, Portugal und Finnland die Pressefreiheit nicht nur als ein Abwehrrecht, sondern gleichzeitig als eine institutionelle Garantie, vgl. Rübenach, Presserecht, S. 41.

354 Grundlegend zu staatlichen Schutzpflichten Stern, Staatsrecht der BRD, Band III/2, S. 1186 ff. und 1769 ff.; Isensee, Handbuch des Staatsrechts V, § 111, Rn. 3 ff.; Unruh, Schutzpflichten, passim; Classen, JÖR 1987, passim.

355 BVerfGE 39, S. 1 ff.; BVerfG NJW 1989, S. 3269; BVerwGE 82, S. 76 ff.

sundheit sind auf andere Weise verletzbar und daher „empfindlicher" als etwa Eigentum oder Ehre. Die Rechtslehre vertritt die Auffassung, die Meinungsfreiheit begründe keine Schutzpflicht für den Staat. Sie realisiere sich in Widerspruch und Kritik. Der Staat stehe unter einem grundrechtlichen Neutralitätsgebot[356].

Hinsichtlich der Presse ergibt sich ein anderes Bild. Der Presse drohen nicht nur Gefahren seitens des Staates, sondern in zunehmenden Maße auch von privater Seite. Sowohl die Rechtsprechung als auch die Lehre bejahen die Pflicht des Staates, die Pressefreiheit vor Gefährdungen durch Dritte zu schützen. Er habe Vorkehrungen zu treffen, die die Gefahr der Konzentration von Meinungsmacht zwecks einseitiger Beeinflussung der öffentlichen Meinung entgegenzuwirken[357]. In bezug auf Sicherung des Pluralismus im Pressewesen werden konzentrationsbeschränkende Pflichten des Staates diskutiert, insbesondere im Hinblick darauf, ob Art. 10 EMRK eine eindeutige positive staatliche Schutzpflicht vor übermäßiger Pressekonzentration umfasse[358].

In die tschechische Rechtsprechung hat explizit der Gedanke des objektivrechtlichen Gehalts der Pressefreiheit – soweit ersichtlich – keinen Eingang gefunden. Eine wissenschaftliche Diskussion über die Interpretation von Grundrechten, die mit der Schutzpflichtdogmatik des Bundesverfassungsgerichts und der Lehre in Deutschland vergleichbar wäre, wird in der Tschechischen Republik nicht geführt. Die Notwendigkeit, den Staat zum Schutz zu verpflichten und dem Einzelnen ein Recht auf Gewährung dieses Schutzes zu geben, wurde vom Verfassungsgericht ein einziges Mal im Bereich des Rechtes auf eine günstige

---

356 Isensee, Handbuch des Staatsrechts V, § 111, Rn. 98.

357 Schulze-Fielitz, in Dreier, GG-Kommentar, Art. 5 I, II Rn. 176; Degenhart, Bonner Kommentar, Art. 5 I Rn. 393; BVerfGE 57, 295, 323 = AfP, 1981, 398; Tettinger, JZ 1984, S. 400 ff. (406).

358 Ausführlich dargelegt bei Uwer, Medienkonzentration, S. 130 ff; Kloepfer, Innere Pressefreiheit, S. 102 ff. Das Problem der grundrechtlichen Schutzpflichten wird zunehmen in den internationalen Menschenrechtsschutzinstanzen thematisiert, Klein, DÖV 1999, S. 758(765) m.w.N.

Umwelt gesehen[359]. Ansonsten ist in der Judikatur der Begriff der Schutzpflichten nicht anzutreffen, nicht einmal in den nach deutscher Vorstellung typischen Schutzpflichtfällen[360]. In der Lehre führt *Pavlíček* in dem zur Zeit einzigem tschechischen Kommentar zur Charta aus, daß der Staat im Falle von gewährten Rechten eine Pflicht habe, aktiv zu handeln, damit diese Rechte nicht verletzt würden; er müsse für Sanktionen und Besserung sorgen, wenn es zu einer Verletzung gekommen sei[361]. Die soeben erwähnte Auffassung von *Pavlíček*, der Staat habe eine Pflicht, die Pressefreiheit aktiv zu schützen, und er müsse durch seine Tätigkeit die Pluralität der Meinungen in den Massenmedien garantieren[362], stellen Postulate für die Begründung von staatlichen Schutzpflichten dar. In *Pavlíčeks* Aussführungen sind folglich Ansätze zu finden, wonach der Staat wohl verpflichtet werden soll, Schutzvorkehrungen zur Bekämpfung vor übermäßiger Konzentration zu treffen. Dennoch können aus diesen spärlichen Ausführungen noch keine Schlußfolgerungen für die Annahme von staatlichen Schutzpflichten entnommen werden, die mit der bundesdeutschen Schutzpflichtendiskussion vergleichbar wäre. Das Grundrecht der Pressefreiheit ist somit zuallererst als ein Abwehrrecht des Individuums gegen staatliche Eingriffe zu qualifizieren.

---

[359] Das tschechische Verfassungsgericht führte in der Entscheidung III. ÚS 70/97 vom 10. Juli 1997 (Sb.n.u.ÚS, Band 8, Nr. 98, S. 375 ff.) folgendes aus: „Die Tatsache, daß die Umwelt ein öffentliches Gut (Wert) im Sinne der Präambel der Verfassung und der Charta der Grundrechte- und Freiheiten und des Art. 7 der Verfassung darstellt, schließt jedoch nicht die Existenz eines subjektiven Rechtes auf eine günstige Umwelt aus und das Recht dieses in dem gesetzlich festgelegten Rahmen (Art. 41 Charta) einzufordern."

[360] Mit der Problematik des Schutzes des ungeborenen Lebens hat sich z.B. bereits das ungarische und das polnische Verfassungsgericht beschäftigt, vgl. zu Schutzpflichten in Osteuropa grundlegend Brunner, Duty to Protect, S. 73 ff.; Küpper, Osteuropa Recht 2/1999, S. 155 ff.

[361] Pavlíček, Práva a svobody, Art. 3.

[362] Pavlíček, Práva a svobody, Art. 17.

II. Schutzbereich

1. Meinungsfreiheit gemäß Art. 17 Abs. 1 Charta

a) Grundrechtsinhalt

Art. 17 Abs. 1 Charta gewährleistet die Meinungsfreiheit und die Informationsfreiheit. Der Begriff „gewährleistet" soll so verstanden werden, daß der Staat verpflichtet ist, Rechte und Freiheiten zu verbürgen[363]. Eine Legaldefinition des gewährleisteten Grundrechtes der Meinungsfreiheit enthalten weder die Charta noch das Pressegesetz. Ebensowenig ist bisher dem tschechischen Verfassungsgericht eine Definition der Meinungsfreiheit gelungen. Eine Konkretisierung der Meinungsfreiheit wird in Art. 17 Abs. 2 Charta vorgenommen. Danach hat jeder das Recht, seine Ansichten wie auch Gedanken und Informationen zu äußern. Art. 17 Abs. 2 Charta versteht also unter Meinungsfreiheit die Freiheit, seine Überzeugungen, Wertungen, Einschätzungen, Ideen, Kenntnisse, Vorstellungen oder Wünsche zu äußern[364]. Das Schutzgut ist die Meinungsäußerungsfreiheit, und geschützt werden Äußerungen jeder Art.

aa) Wertende Äußerungen

Werturteile und Kritik sind Meinungsäußerungen, die den Schutz des Art. 17 Abs. 1 Charta genießen. Eine Ausnahme bilden Äußerungen, „die von den in demokratischen Gesellschaften allgemein anerkannten Regeln des Anstands abweichen, den Charakter eines korrekten Urteils verlieren und als solche sich dann in der Regel außerhalb des Schutzbereichs der Verfassung befinden"[365]. Dies entspricht der Auffassung des Bundesverfassungsgerichts. Dieses vertritt

[363] Vgl. Pavlíček, Práva a svobody, Art. 3 Abs. 1 und die Ausführungen zur Grundrechtsinterpretation im Kapitel § 7 A. II. (S.86).

[364] Pavlíček, Práva a svobody, Art. 17 Abs. 2.

[365] Urteil des Verfassungsgerichts III. ÚS 359/96 vom 10. Juli 1997 (Sb.n.u.ÚS, Band 8, Nr. 95, S. 367 ff.).

den Standpunkt, daß Wertungen, bei denen es primär um Verunglimpfung geht, eine nicht geschützte Verhaltensweise darstellen[366].

Eine berechtigte Kritik muß sachlich und konkret sein. Als sachlich gilt die Kritik, die auf wahren Tatsachen und Grundlagen beruht. Hinsichtlich des Inhalts und der Form darf die Kritik im weiteren nicht das Maß überschreiten, das zum Erreichen des verfolgten und dabei gesellschaftlich anerkannten Zweckes oder Zieles notwendig ist. Was die Form der Kritik angeht, insbesondere die verwendeten Formulierungen, dürfen diese nicht vom Inhalt isoliert betrachtet werden.

Unter dem Gesichtspunkt der Angemessenheit der Kritik prüft die Rechtsprechung, ob im Verhältnis zwischen den in der Kritik verwendeten Mitteln und dem Ziel der Kritik (dem Zweck, den der Kritiker durch sein Werturteil erreichen möchte) „die Proportionen stimmen“[367]. Die Verwendung von Kraftausdrücken, die unter anderen Umständen als beleidigend gelten müßten, kann bei manchen gesellschaftlichen Anliegen angebracht und angemessen sein, um das Interesse der Öffentlichkeit zu wecken. Die Rechtsprechung vertritt die Auffassung, daß sich das Fehlen einer „gewissen emotionalen Munition“ für die Kritik als nachteilig erweisen würde. Nach der Rechtsprechung des Verfassungsgerichts ist bei der Beurteilung der Angemessenheit von Kritik darüber hinaus die gesellschaftliche Stellung des Betroffenen von Bedeutung. Die Maßstäbe, die bei Privatpersonen angelegt werden, können etwa von Politikern nicht in demselben Umfang in Anspruch genommen werden[368]. Politiker müssen sich deutlich härtere Kritik gefallen lassen.

Wird mit der Kritik jedoch das Ziel verfolgt, eine Person zu diffamieren, zu beleidigen oder einen Skandal hervorzurufen, sind die Grenzen des Zulässigen überschritten – sog. „intensiver Exzeß“. So wurde ein Zeitungsartikel, in dem die Denkweise des Autors eines Leserbriefes als „perverse Logik“, seine Polemik als „plump“ und seine Aktivitäten als „Flegelei“ bezeichnet wurden, als un-

---

366 BVerfGE, 85, 1 (16).

367 Urteil des Kreisgerichts Ostrava vom 15.1.1996, sp.zn. 23 C 96/95 = PR 4/96, S. 178; vgl. auch zur Angemessenheit der Kritik das Urteil des Obersten Gerichts vom 19.7.1995, Rc 15/96 Cdon 24/95 = (Sb.s.r. 1996, 1, S. 34).

368 Vgl. dazu Doležílek, PP 1997, S. 123 ff.

angemessene Kritik gewertet, die geeignet war, die Persönlichkeitsrechte des Klägers zu verletzten[369]. Kommt es folglich dem Kritiker ausschließlich darauf an, eine andere Person zu beleidigen, zu schmähen und in den Augen der Mitmenschen herabzusetzen, ist eine solche Kritik nicht mehr durch das Grundrecht der Meinungsfreiheit gedeckt.

bb) Tatsachenmitteilungen als Meinungsäußerung

Tatsachenbehauptungen haben einen objektiven Charakter und können auf ihre inhaltliche Richtigkeit überprüft werden. Bei Werturteilen und Kritik kann deren Aussagegehalt nicht unter dem Gesichtspunkt ihrer Richtigkeit oder Unrichtigkeit überprüft werden, da sie notwendig subjektiv sind.

In der deutschen Grundrechtsdogmatik wird diskutiert, ob Tatsachenbehauptungen unter den Meinungsbegriff fallen[370]. Mit Verweis auf die historische und systematische Auslegung wurde insbesondere in den fünfziger Jahren vertreten, daß Tatsachenbehauptungen keine Meinungsäußerungen sein können[371]. Im heutigen Schrifttum wird indes die Ausklammerung von Tatsachenbehauptungen aus dem Schutzbereich des Art. 5 I GG abgelehnt, denn Tatsachenbehauptungen sind Voraussetzung für die Bildung von Meinungen[372]. Das Bundesverfassungsgericht verwendet einen weiten Meinungsbegriff. Wenn eine Äußerung durch die Elemente der Stellungnahme, des Dafürhaltens, geprägt wird, und sei es auch vermischt mit Elementen einer Tatsachenbehauptung, fällt sie in den Schutzbereich des Art. 5 Abs. 1 S. 1 GG[373].

In der tschechischen Grundrechtsdogmatik wird die Frage, ob Tatsachenmitteilungen unter den Meinungsbegriff fallen nicht kontrovers bzw. gar nicht diskutiert. In der Judikatur des Verfassungsgerichts betreffend Art. 17 Abs. 1 Charta wurden bisher nur Fälle verhandelt, deren Gegenstand entweder „reine Werturteile" oder mit einer Tatsachenbehauptung verbundene und vermischte Wert-

[369] Urteil des Kreisgerichts Ostrava vom 15.1.1996, sp.zn. 23 C 96/95 = PR 4/96, S. 178.
[370] Zum Streitstand vgl. statt aller Schmidt-Jortzig, Handbuch des Staatrechts VI, S. 644 ff.
[371] Nachweise bei Pieroth/Schlink, Grundrechte, § 13, Rn. 605 ff.
[372] Schulze-Fielitz, in Dreier, GG-Kommentar, S. 365, Rn. 45.
[373] BVerfGE 61, S. 1 (9), BVerfGE 85, S. 1 (15).

urteile waren. Das tschechische Verfassungsgericht hat tatbestandlich nicht zwischen Meinungen und Tatsachenbehauptungen unterschieden. Daraus ist ersichtlich, daß das Verfassungsgericht zugrunde legt, daß die Meinung auch Tatsachenbehauptungen einschließen kann. In diesem Zusammenhang ergibt sich aus der Rechtsprechung des Verfassungsgerichts aber weiter, daß das Gericht prüft, ob die Tatsachenbehauptung nur „ungenau oder gänzlich unwahr" ist[374]. Dabei dürfen aber an die „absolute Genauigkeit" der Tatsachenbehauptungen keine unerfüllbaren Anforderungen gestellt werden[375]. Daraus folgt, daß „gänzlich unwahre" Tatsachenbehauptungen nicht vom Schutzbereich des Art. 17 Abs. 1 Charta erfaßt werden. Dies entspricht der Auffassung, die das Bundesverfassungsgericht vertritt. Dieses betrachtet „erwiesen oder bewußt unwahre Tatsachenbehauptungen" als nicht vom Schutzbereich des Art. 5 Abs. 1 S. 1 GG umfaßt. Art. 5 GG gibt kein Recht zur Lüge[376]. Dabei dürfen an die Wahrheitspflicht jedoch keine zu hohen Anforderungen gestellt werden[377].

cc) Meinungsäußerungsfreiheit, negative Meinungsfreiheit

Die Meinungsfreiheit wird durch die Meinungsverbreitungsfreiheit ergänzt. Die in Abs. 2 genannten Verbreitungsmöglichkeiten „in Wort, Schrift, Druck, Bild oder auf andere Weise" zeigen durch die Verwendung des Begriffs „auf andere Weise" deutlich, daß es sich um bloß eine beispielhafte Aufzählung handelt. Zum Äußern und Verbreiten von Meinungen gehört auch, daß sie entweder bei einem bestimmten Adressaten ankommen und von ihm empfangen werden oder daß sie öffentlich, also an jedermann gerichtet sind. Hinsichtlich des Rechts des Adressaten, Meinungen zu empfangen, verbürgt diese Freiheit jedoch das Grundrecht der Informationsfreiheit.

---

[374] Urteil des Verfassungsgerichts I. ÚS 156/99 vom 8. Februar 2000 (Sb.n.u.ÚS, Band 17, Nr. 19, S. 133 ff.).

[375] Urteil des Verfassungsgerichts I. ÚS 156/99 vom 8. Februar 2000 (Sb.n.u.ÚS, Band 17, Nr. 19, S. 133 ff.).

[376] BVerfGE 85, S. 1 (15); BVerfGE 90, S. 241 (247).

[377] BVerfGE 54, 208, (219); 61, 1 (8); 85, 1 (15).

Art. 17 Abs. 1 Charta vermittelt keinen Anspruch oder eine Verpflichtung, insbesondere in bezug auf die Medien, fremde Meinungen zu publizieren. Darüber hinaus enthält das Grundrecht der Meinungsfreiheit eine negative Komponente, denn niemand kann zu Meinungsäußerungen gezwungen werden.

b) Grundrechtsträger

Grundrechtsträger der Meinungsfreiheit ist ohne Rücksicht auf sein Alter jeder Mensch. Daraus folgt, daß nicht nur tschechische Staatsangehörige, sondern auch Ausländer ihre Ansichten frei äußern können. Hinsichtlich der Grundrechtsträgerschaft von juristischen Personen trifft die Charta, wie bereits erwähnt, keine Aussage[378]. Dies gilt auch in bezug auf das Grundrecht der Meinungsfreiheit. Ob das Grundrecht der Meinungsfreiheit auch auf juristische Personen anwendbar ist, muß daher ermittelt werden. Juristische Personen handeln durch ihre Organe, etwa durch den Vorstand oder Geschäftsführer. Diese sind in der Lage, Meinungen und Äußerungen abzugeben und zu verbreiten. Deshalb ist das Grundrecht der Meinungsfreiheit seinem Wesen nach auch auf juristische Personen anwendbar[379]. Darüber hinaus ergibt sich die Grundrechtsträgerschaft von juristischen Personen aus der Judikatur des EGMR zu Art. 10 EMRK[380].

2. Informationsfreiheit gemäß Art. 17 Abs. 1 Charta

a) Grundrechtsinhalt

Art. 17 Abs. 1 Charta gewährleistet neben der Meinungsfreiheit zugleich das Grundrecht der Informationsfreiheit. Die Information ist eine unerläßliche Voraussetzung für die Meinungsbildung. Daher korrespondiert die Informationsfreiheit mit der Meinungsfreiheit. Die Informationsfreiheit ist jedoch ein selbständiges Grundrecht[381]. Informationen im Sinne von Art. 17 Charta sind öffentliche

[378] Vgl. Zweiter Teil, § 7 A. II. (S. 84).
[379] Vgl. Zweiter Teil, § 7 A. II. (S. 84).
[380] Vgl. Zweiter Teil, § 8 C. I. 2 (S. 115).
[381] Pavlíček, Svoboda projevu, AUC 1996, S. 110.

Informationen, die durch Masseninformationsmittel verbreitet werden und einem individuell nicht bestimmbaren Adressatenkreis zugänglich sind[382]. Der Begriff „öffentliche Informationen“ entspricht dem Begriff der „allgemein zugänglichen“ Informationsquelle im deutschen Recht.

Die Informationsfreiheit des Art. 17 Charta stellt ein Recht auf Informationen im allgemeinen Sinne dar. Die allgemeine Informationsfreiheit des Art. 17 Charta wird als Recht auf politische Information in weitem Sinne verstanden. Als politische Informationen werden die Informationen angesehen, die „die Menschen eines Staates dazu benötigen, um wissen zu können, was in der Öffentlichkeit und in der näheren sowie weiteren Umgebung geschieht“[383].

Die Charta enthält neben Art. 17 auch spezifische Rechte auf Informationen. In Art. 35 Abs. 2 Charta wird ein umweltbezogenes Informationsrecht gewährt, wonach jeder das Recht auf rechtzeitige und vollständige Informationen über den Zustand der Umwelt und der natürlichen Ressourcen hat[384]. Art. 35 Abs. 2 Charta ist nicht im Rahmen der politischen Grundrechte (Art. 17 – 25) verankert, sondern im vierten Abschnitt unter wirtschaftlichen, sozialen und kulturellen Rechten. In bezug auf das Verhältnis der beiden Informationsgrundrechte zueinander ist man sich darin einig, daß das Recht auf Informationen über die Umwelt „eine besondere Ausprägung des Rechts auf Informationen als politisches Recht sei“[385]. Das Recht auf Informationen über die Umwelt ist lex specialis gegenüber dem allgemeinen Recht auf Informationen[386]. Darüber hinaus haben gemäß Art. 25 Abs. 1 Charta Angehörige einer Minderheit das Recht, Informationen in ihrer Muttersprache zu verbreiten und zu empfangen.

---

382 Pavlíček, Práva a svobody, Art. 17 Abs. 1, S. 180.

383 Pavlíček, Práva a svobody, Art. 17 Abs. 1, S. 180.

384 Einzelheiten regelt das Gesetz Nr. 123/1998 Sb. über das Recht auf Informationen über die Umwelt, das am 1. Juli 1998 in Kraft trat. In den Verfassungen anderer europäischer Staaten wird ausdrücklich das Recht auf Informationen über die Umwelt nur vereinzelt gewährt, da es in der Regel durch die allgemeine Informationsfreiheit gedeckt wird. Eine explizite Verbürgung enthalten z.B. die slowakische und die norwegische Verfassung, vgl. Zachová, PR 2/1999, S. 98.

385 Pazderka, PR 10/1999, S. 526 m.w.N.

386 Pazderka, PR 10/1999, S. 526; Zachová, PR 2/1999, S. 98.

Konkretisiert wird die Informationsfreiheit in Art. 17 Abs. 2 Charta. Danach hat jeder das Recht, Information ohne Rücksicht auf die Staatsgrenzen frei auszuwählen, zu empfangen und zu verbreiten. Geschützt wird das Recht, sich selbst und aktiv zu informieren oder passiv Informationen entgegenzunehmen. Daneben umfaßt Art. 17 Abs. 2 Charta auch das Recht, Informationen zu verbreiten. Das Recht der Informationsverbreitung ist mit dem der Meinungsverbreitungsfreiheit identisch. Insofern kann auf die Ausführungen verwiesen werden. Art. 17 Abs. 2 Charta weist jedoch in einem Punkt keine Übereinstimmung mit Art. 10 EMRK auf, der als Vorbild für Art. 17 Charta diente. Geschützt wird zusätzlich das Recht, Informationen frei auszuwählen. Damit scheint ein Anspruch auf Gewährung von Informationen gegenüber Behörden verbunden sein. Art. 10 Abs. 1 EMRK vermittelt diesen Anspruch nach herrschender Auffassung nicht[387]. Das praktisch durchaus bedeutsame Recht auf freie Auswahl von Informationen räumt jedoch auch nach Art. 17 Abs. 2 Charta dem Einzelnen grundsätzlich keinen Anspruch auf Gewährung von Informationen ein. Eine Ausnahme bilden die durch Gesetz auferlegten Verpflichtungen. Nach Art. 17 Abs. 5 Charta haben Staatsorgane und Organe der territorialen Selbstverwaltung die Verpflichtung, angemessen zu informieren[388]. Mit dem Begriff „Informationen frei auszuwählen“ ist lediglich ein aktives Beschaffen von Informationen gemeint[389].

Art. 17 Abs. 2 Charta schützt auch die Wege der Informationsbeschaffung wie etwa die Nutzung von technischen Anlagen. Art. 17 Charta gewährleistet nicht das Recht auf jede Information, sondern das Recht auf wahre Information. Eine unrichtige Information ist keine Information, sondern „Desinformation“[390]. Dies korrespondiert mit der im Rahmen der Meinungsfreiheit vertretenden Auffassung, daß gänzlich unwahre Behauptungen nicht vom Schutz der Meinungsfreiheit erfaßt werden, da die unrichtige Information kein schützenswertes Gut darstellt.

---

[387] Siehe § 8 C. I 1 (S. 113) m.w.N. in der Fn. 326.

[388] Einzelheiten regelt das Gesetz Nr. 106/1999 Sb. über den freien Zugang zu Informationen, das am 8. Juli 1999 in Kraft trat; vgl. dazu Mates, PP 2000, S. 130.

[389] Pavlíček, Práva a svobody, Art. 17 Abs. 1, S. 182.

[390] Pavlíček, Práva a svobody, Art. 17 Abs. 1, S. 181.

b) Grundrechtsträger

Die Grundrechtsträgerschaft ist mit der der Meinungsfreiheit identisch. Auf das Recht der Informationsfreiheit können sich somit natürliche und juristische Personen gleichermaßen berufen.

3. Pressefreiheit

Art. 17 Abs. 1 Charta schützt, wie bereits ausgeführt wurde, die Pressefreiheit zwar nicht ausdrücklich, aber als Bestandteil der allgemeinen Meinungsfreiheit. Dies gilt gleichermaßen für die Rundfunkfreiheit.

In der deutschen Grundrechtsdogmatik wird zwischen einer „äußeren" und einer "inneren" Pressefreiheit unterschieden. Unter dem Begriff der „inneren Pressefreiheit" wird die Wahrung von wirtschaftlicher und publizistischer Autonomie im Innenbereich der Presseunternehmen auch gegenüber arbeitsrechtlichen Beschränkungen verstanden, insbesondere vor Beeinträchtigungen durch betriebliche Mitbestimmungs- und Beteiligungsrechte[391]. Presseunternehmen zählen im deutschen Recht zu den sog. Tendenzunternehmen (aufgrund der Verfolgung von geistig-ideellen Zielen), bei denen das Mitwirkungsrecht des Betriebsrats bei personellen und sozialen Maßnahmen entfällt, soweit der Tendenzcharakter des Unternehmens solcher Mitwirkung entgegensteht[392]. Unter dem Stichwort „innere Pressefreiheit" werden zudem die Problemkreise der Verlegerfreiheit und der geistigen Eigenständigkeit und Unabhängigkeit der Journalisten behandelt, beispielsweise: Darf ein Verleger es verbieten, über bestimmte Ereignisse zu informieren?

Eine Diskussion um die Fragen der sog. „inneren Pressefreiheit", die in Deutschland in den sechziger und siebziger Jahren mit viel Leidenschaft geführt worden ist, hat in der tschechischen Grundrechtsdogmatik bislang noch nicht begonnen. Der Begriff der inneren Pressefreiheit ist – soweit ersichtlich – unbe-

---

[391] Vgl. statt aller Degenhart, Bonner Kommentar, Art. 5, Rn. 505 ff.

[392] Vgl. Lerche, Verfassungsrechtliche Aspekte, passim.

kannt. Die Kompetenzabgrenzung in der Innenstruktur des Presseunternehmens findet keine gesetzliche Regelung[393].

Das Verhältnis zwischen dem Verleger und dem Journalisten unterliegt den arbeitsrechtlichen Bestimmungen.

4. Die Informationspflicht gemäß Art. 17 Abs. 5 Charta

a) Verpflichtete

Gemäß Art. 17 Abs. 5 Charta sind die Staatsorgane und die Organe der territorialen Selbstverwaltung verpflichtet, über ihre Tätigkeit in angemessener Weise zu informieren. Die Charta legt also ausdrücklich zwei Subjekten - den Staatsorganen und den Organen der territorialen Selbstverwaltung - die Verpflichtung auf, die Öffentlichkeit über ihre Tätigkeit zu informieren[394]. Diese Bestimmung wird als eine Art „Garantie" des Rechtes auf Informationen verstanden, das den natürlichen Personen gewährt wird[395]. Informationen über öffentliche Angelegenheiten sind ein Mittel zur Teilnahme des Volkes am politischen Leben im Staat. Der Inhalt der Informationsfreiheit setzt voraus, daß Möglichkeiten geschaffen werden, Informationen auszuwählen, zu empfangen und zu verbreiten. Dieses Recht korrespondiert mit der Verpflichtung der Organe, diese Informationen zu gewähren. Dies bedeutet, daß die Öffentlichkeit ein Recht auf das Zurverfügungstellen von Informationen hat, ohne daß sie diese selbst aktiv suchen muß.

---

[393] In den meisten mittel- und osteuropäischen Staaten finden sich keine Regelungen zum Schutz der inneren Pressefreiheit, vgl. Rittler, Rundfunkunternehmen in Mittel- und Osteuropa, S. 314 ff. (330).

[394] Staatsorgane sind Subjekte, die im Namen des Staates handeln – also nicht nur Ministerien und Verwaltungsämter sondern auch Parlament, Präsident, Regierung, Verfassungsgericht, Oberstes Kontrollamt, Tschechische Nationalbank; vgl. Pavlíček, Práva a svobody, Art. 17 Abs. 5, S. 187. Gemäß Art. 99 der Verfassung gliedert sich die Tschechische Republik in Gemeinden, diese bilden die Grundeinheiten der territorialen Selbstverwaltung, und in Kreise, diese sind die höheren Einheiten der territorialen Selbstverwaltung.

[395] Pavlíček, Práva a svobody, Art. 17 Abs. 5, S. 185.

b) Umfang und Voraussetzungen der Informationstätigkeit

Die Organe sind verpflichtet, in „angemessener Weise“ über öffentliche Angelegenheiten zu informieren. Damit wird die Informationspflicht bereits in der Charta eingeschränkt. Die Bestimmung in „angemessener Weise“ stellt als solche keinen materiellen Verweigerungsgrund dar. Zum einen müssen sich die Behörden gegen schikanöse und übertriebene Informationsansprüche, die das zumutbare Maß überschreiten, wehren können. Zum anderen wird der verfassungskonforme Umfang der Informationspflicht durch Gesetz konkretisiert. Die Voraussetzungen und der Umfang dieser Verpflichtung sowie die Art und Weise der Durchführung werden gemäß Art. 17 Abs. 5 Charta durch Gesetz geregelt. Das wichtigste Gesetz ist in diesem Bereich das Gesetz über den freien Zugang zu Informationen (im folgenden „Informationsgesetz“ oder „InfG“)[396].

c) Der Informationsanspruch gemäß Informationsgesetz

aa) Veröffentlichungspflichten

Das Informationsgesetz verpflichtet neben den Staatsorganen und den Organen der territorialen Selbstverwaltung noch weitere Subjekte zur Informationsgewährung. Es handelt sich um Subjekte, denen das Gesetz Entscheidungsbefugnisse über Rechte, rechtlich geschützte Interessen oder über Pflichten von natürlichen oder juristischen Personen im Bereich der öffentlichen Verwaltung einräumt, jedoch nur im Umfang dieser Entscheidungstätigkeit, § 2 Abs. 2 InfG. Das Informationsgesetz ist nicht auf Sachverhalte anwendbar, die durch ein be-

[396] Gesetz Nr. 106/1999 Sb. über den freien Zugang zu Informationen, geändert und ergänzt durch Gesetz Nr. 101/2000 Sb. und Gesetz Nr. 159/2000 Sb. Dieses Gesetz trat am 1. Januar 2000 in Kraft und realisierte damit erstmalig die in Art. 17 Abs. 5 Charta seit acht Jahren bestehende Verpflichtung die Voraussetzungen und den Umfang der Informationspflicht durch Gesetz zu regeln. Bis zum Inkrafttreten des Informationsgesetzes wurde das Recht auf Informationen nur in Teilaspekten in den verschiedensten Gesetzen geregelt wie etwa in Gesetz Nr. 89/1995 Sb. über den staatlichen statistischen Dienst, in der Geschäftsordnung des Parlaments Gesetz Nr. 90/1995 Sb., im Gesetz Nr. 367/1990 Sb. über Gemeinden oder im alten Pressegesetz Nr. 81/1966 Sb.; vgl. Mates, PP 2000, S. 129 ff.

sonderes Gesetz geregelt worden sind. In diese Kategorie gehört zum Beispiel das Gesetz Nr. 123/1998 Sb. über das Recht auf Informationen über die Umwelt und das Gesetz Nr. 101/2000 Sb. über den Schutz von persönlichen Daten. Das Informationsgesetz ist somit lex generalis.

Die verpflichteten Organe gewähren Informationen auf Antrag oder durch Veröffentlichung. Die Informationen, die veröffentlicht werden müssen, werden in § 5 des InfG ausdrücklich genannt. Es handelt sich gemäß § 5 InfG um Informationen, die zum Beispiel den Grund und die Art der Gründung des Pflichtsubjekts angeben, die seine Organisationsstruktur beschreiben, die Möglichkeiten von Rechtsmittel- oder Beschwerdeverfahren aufzeigen oder einen Überblick über die wichtigsten Vorschriften geben, gemäß denen das Organ handelt und entscheidet. Sobald diese Informationen veröffentlicht worden sind, sind sie der Öffentlichkeit zugänglich gemacht worden. In diesem Falle ist es ausreichend, wenn die Organe einen Antragsteller, der Informationen begehrt, innerhalb von sieben Tagen auf die Stelle der Informationsveröffentlichung hinweisen. Fordert der Antragsteller eine direkte Informationsbeschaffung, gewährt ihm das Organ diese Information gegen den Ersatz der Kosten, die bei der Erstellung (Kopie, Porto) entstanden sind. Antragsteller kann jede natürliche oder juristische Person sein. Der Antragsteller muß kein besonderes oder berechtigtes Interesse an der Information nachweisen[397]. Das Gesetz geht vom Prinzip der Offenheit des öffentlichen Sektors aus, das an die Stelle des zuvor geltenden Prinzips der Vertraulichkeit getreten ist[398].

bb) Ausnahmen

In den §§ 7 bis 11 InfG werden Informationen genannt, deren Auswahl und Verbreitung entweder beschränkt oder gänzlich verboten ist. Diese Bestimmungen regeln Ausnahmen von der Informationsfreiheit[399]. Die Organe dürfen keine

---

[397] Dies entspricht der Empfehlung des Ministerkomitees des Europarats Nr. R/81/19 vom 25.11.1981 über den Zugang zu Informationen von öffentlichen Organen.

[398] Vgl. Begründungsbericht zum Informationsgesetz, dort zu § 2.

[399] Mit dem Änderungsgesetz Nr. 101/2000 Sb. wurde der kritisierte § 8 InfG ersatzlos aufgehoben. Gemäß § 8 durften keine sogenannten sensiblen Daten preisgegeben werden. Als

Informationen weitergeben, wenn es sich um geheimzuhaltende Tatsachen im Sinne des Gesetzes Nr. 148/1998 Sb. handelt[400]. Hinzu kommt das Verbot der Weitergabe von Informationen, die als Geschäftsgeheimnisse i.S.d. § 17 HGB bezeichnet werden[401]. Nicht erlaubt ist ferner die Gewährung von Informationen über Vermögensverhältnisse von Personen, die nicht zu dem Kreis der Verpflichteten gehören und die aufgrund der Steuer-, Renten-, Kranken oder Sozialversicherungsgesetze erhoben worden sind[402]. Nicht verletzt wird hingegen das Geschäftsgeheimnis im Falle von Informationspreisgabe über Empfänger von Mitteln aus dem Staatshaushalt und deren Umfang, über den Haushalt der territorialen Selbstverwaltungseinheiten und über Mittel einer Stiftung, die durch Gesetz gegründet wurde.

Weitere Beschränkungsmöglichkeiten sieht § 11 InfG vor. Dieser nennt zwei weitere Gruppen von Fällen, in denen die Weitergabe von Informationen eingeschränkt bzw. grundsätzlich ausgeschlossen ist. Die verpflichteten Organe können die Weitergabe von Informationen beschränken, wenn sich diese ausschließlich Bezug zu internen Vorschriften oder Personalvorschriften haben. Grundsätzlich ausgeschlossen ist die Weitergabe von Informationen, über laufende Strafverfahren oder die Entscheidungstätigkeit der Gerichte sowie über das Erfüllen von Aufgaben der nachrichtendienstlichen Tätigkeit und die Vorbereitung, den Verlauf und Verhandlungen der Kontrollergebnisse des Obersten Kontrollamtes sowie über die Tätigkeit bestimmter Abteilungen des Finanzministe-

---

sensible Daten galten Daten, die Aussagen etwa über Privatsphäre, Nationalität, Rasse, Mitgliedschaft in politischen Parteien, Religion, Sexualleben, Vermögensverhältnisse, Straftätigkeit usw. enthielten. Deren Preisgabe war nur dann möglich, sofern dies ein besonderes Gesetz bestimmte oder wenn ein schriftliches Einverständnis des Betroffenen vorlag; vgl. dazu Mates, PP 2000, S. 133; Mates, WIRO 2002, S. 173 ff.

400 Gesetz Nr. 148/1998 Sb. über den Schutz von geheimzuhaltenden Tatsachen.

401 Das Handelsgesetzbuch Nr. 513/1991 Sb. in geltender Fassung.

402 § 24 des Gesetzes Nr. 337/1992 Sb. über die Verwaltung von Steuern und Gebühren; § 23 des Gesetzes Nr. 592/1992 Sb. über die allgemeine Krankenversicherung; § 14 des Gesetzes Nr. 582/1991 Sb. über Organisation und Durchführung der Sozialversicherung; § 24 a) des Gesetzes Nr. 551/1991 Sb. über die Allgemeine Krankenkasse der Tschechischen Republik und das Gesetz Nr. 117/1995 Sb. über die staatliche Sozialhilfe.

riums laut besonderer Vorschrift[403]. Zusätzlich werden grundsätzlich keine Informationen gewährt, wenn deren Preisgabe zur Verletzung von Urheberrechten führen könnte, und solche Informationen, die aufgrund eines besonderen Gesetzes in im voraus fest bestimmten Abständen veröffentlicht werden[404].

cc) Verfahren

Der Antrag auf Gewährung einer Information kann mündlich oder schriftlich (auch per Fax oder via Internet) gestellt werden. Aus dem Antrag muß deutlich hervorgehen, wer der Antragsteller ist und welche Information er begehrt. Ist der Antrag unverständlich oder die Frage zu allgemein formuliert, fordert der Verpflichtete (Körperschaft, Behörde usw.) den Antragsteller innerhalb von sieben Tagen zum Vervollständigen der erforderlichen Angaben im Antrag auf. Kommt der Antragsteller der Aufforderung innerhalb von 30 Tagen nicht nach, wird der Antrag abgelehnt. Liegt ein ordnungsgemäßer Antrag auf Weitergabe von Informationen vor, deren Gewährung nicht verboten oder eingeschränkt ist, dann muß das Organ gemäß § 14 Abs. 3 Buchst. c) InfG innerhalb von 15 Tagen ab dem Eingang des Antrags die geforderte Information gewähren. Die fünfzehntägige Frist kann aus den in § 14 Abs. 5 genannten Gründen höchstens um 10 Tage verlängert werden. Lehnt das Organ die Gewährung der Information auch nur teilweise ab, muß diese Entscheidung innerhalb von 15 Tagen mit Angabe von Gründen ergehen und dem Antragsteller zugestellt werden. Gewährt das Organ keine Informationen oder ergeht keine Entscheidung, wird diese Vorgehensweise als eine ablehnende Entscheidung behandelt.

dd) Rechtsmittel

Gegen eine ablehnende Entscheidung kann der Antragsteller gemäß Art. 16 Abs. 1 InfG innerhalb von 15 Tagen ab der Zustellung der Entscheidung Wider-

---

[403] Gesetz Nr. 61/1996 Sb. in geltender Fassung.

[404] Zum Beispiel das Gesetz Nr. 89/1995 Sb. über den staatlichen Statistischen Amt; das Atomgesetz Nr. 18/1997 Sb.

spruch einlegen[405]. Über den Widerspruch entscheidet die nächste übergeordnete Behörde des Organs, das die Entscheidung gefällt hat, wiederum in einer Frist von 15 Tagen. Die Bestimmung der nächsten übergeordneten Behörde kann in der Praxis durchaus problematisch sein, zum Beispiel bei Gemeinden, in denen keine Vertretung gewählt wird[406]. Erteilt die Widerspruchsbehörde innerhalb dieser Frist keinen Bescheid, gilt der Widerspruch gemäß § 16 Abs. 3 InfG als abgewiesen. Daraus folgt, daß sich jeder Widerspruch durch Ablauf der Zeit erledigt, so daß der Sinn der Widerspruchseinlegung zumindest fraglich ist. Gemäß § 16 Abs. 5 InfG ist die Entscheidung über die Ablehnung des Antrages im Verwaltungsverfahren gemäß § 247 ff. der tschechischen ZPO überprüfbar[407].

ee) Jahresbericht

Alle Verpflichteten müssen jährlich einen Bericht über ihre Tätigkeit im Bereich der Informationsgewährung veröffentlichen. Dieser Bericht enthält Angaben über die Zahl der gestellten Anträge, über die Zahl der Widerspruchsverfahren, Abschriften der tragenden Gründe von Gerichtsurteilen und weitere Informationen, die mit diesem Gesetzes zusammenhängen[408].

d) Informationsfreiheit für jedermann – kein medienspezifisches Recht

Nach dem Wortlaut des Art. 17 Abs. 2 Charta hat jeder das Recht, Informationen frei auszuwählen, und gemäß Art. 17 Abs. 5 Charta sind die Organe zur Informationsauskünften verpflichtet. Dabei handelt es sich um kein medienspe-

---

[405] Im Originaltext des § 16 InfG wird der Begriff „odvolání" verwendet, der wörtlich übersetzt Berufung bedeutet. Technisch handelt es sich aber um einen Widerspruch.

[406] Vgl. dazu Šimek, Právní zpravodaj 2/2000, S. 5; Mates, PP 2000, S. 137.

[407] Gesetz Nr. 99/1963 Sb. in geltender Fassung.

[408] So ergibt sich zum Beispiel aus dem ersten Jahresbericht der Regierung der Tschechischen Republik über die Anwendung des Gesetzes Nr. 106/1999 Sb. für das Jahr 2000, das im Jahre 2000 insgesamt 263 Anträge gestellt worden sind. Es wurde lediglich ein Berufungsverfahren durchgeführt. Der Jahresbericht enthält ferner detaillierte Tabellen mit Angaben über die Bereiche, zu denen Informationen angefordert worden sind, vgl. im Internet unter: www.vlada.cz/1250/odbor-sv/.

zifisches Grundrecht. Es steht jedermann und folglich auch den Medien zu. In gleicher Weise sieht die gesetzliche Konkretisierung des Art. 17 Abs. 5 Charta – das Informationsgesetz – als Informationsberechtigte alle natürlichen und juristischen Personen an. Der Presse wird nach dem Informationsgesetz kein Sonderrecht eingeräumt. Auch das tschechische Pressegesetz enthält keine Regelung, die einen weitergehenden Informationsanspruch der Presse gegenüber staatlichen Stellen begründen würde. Das bis zum März 2000 geltende Pressegesetz gewährte dem Chefredakteur sowie auch anderen Redakteuren einen Anspruch gegenüber Staatsorganen und Organisationen auf Informationen, die unerläßlich für wahre, rechtzeitige und allseitige Information der Öffentlichkeit waren[409]. Diese Bestimmung enthält das geltende Pressegesetz nicht mehr. Nach der Auffassung des Gesetzgebers war der Informationsanspruch der Presse unter dem Gesichtspunkt des Gleichheitsgebots beim Zugang zu Informationen „inakzeptabel". Aus Art. 17 Charta ergebe sich, daß jeder einen Anspruch auf die Erteilung von Informationen habe und nicht nur in den Medien tätige Personen[410].

Zur Verbreitung der Berichterstattung in Wort, Schrift und Bild wurde im Jahre 1992 durch Gesetz Nr. 517/1992 Sb. die Tschechische Nachrichtenagentur „Česká tisková kancelář" (im folgenden „ČTK") mit Sitz in Prag errichtet. Diese verfügt über ein weites Korrespondentennetz sowohl in der Tschechischen Republik als auch im Ausland. Die ČTK hat die Aufgabe, objektive und vielseitige Informationen zu gewähren, die für die Schaffung der freien Meinungsbildung benötigt werden. Sie erfüllt dadurch gemäß § 2 des Gesetzes über die ČTK eine öffentliche Aufgabe. Die ČTK ist eine öffentlich-rechtliche Institution, und ihre Tätigkeit wird durch den Rat der ČTK kontrolliert. Die Informationsgewährung erfolgt gegen Gebühr. Diesen Nachrichtendienst können alle Masseninformationsmittel sowie andere juristische und natürliche Personen in Anspruch nehmen. Somit sind die Dienste der ČTK nicht nur den Medienunternehmen, sondern auch allen anderen Personen zugänglich. Voraussetzung ist lediglich die

[409] § 13 des Pressegesetzes Nr. 81/1966 Sb.; vgl. auch Erster Teil, § 5 B. II. 6; zum Informationsanspruch s. Beschluß des Verfassungsgerichts III. ÚS 28/96 vom 16. Mai 1996 (Sb.n.u.ÚS, Band 5, Nr. 5, S. 557 ff.). Siehe ferner Barton, Svoboda projevu, S. 224.

[410] Begründungsbericht zum Pressegesetz, allgemeiner Teil, Punkt 8.

Entrichtung der geforderten Gebühr. Einen medienspezifischen Anspruch räumt das Gesetz über die ČTK der Presse nicht ein.

Nach deutschem Recht indessen hat die Presse einen Rechtsanspruch auf Informationserteilung gegenüber staatlichen Stellen, zu dessen Erfüllung der Staat im Rahmen der durch die Pressegesetze gezogenen Grenzen verpflichtet ist. Die Rechtsgrundlage dieses Anspruches wird nach der herrschenden Meinung nicht direkt in dem Grundrecht der Pressefreiheit erblickt, sondern in den Landespressegesetzen[411]. Die Landespressegesetze weisen der Presse eine öffentliche Aufgabe zu, die sich insbesondere in der Kontrolle der Staatsgewalt niederschlägt. Dieses Sonderrecht der Presse beruht auf der den Medien zugewiesenen Aufgabe als Wächter der Demokratie. Die ordnungsgemäße Erfüllung des Informationsanspruches der Presse stellt seitens der Behörde eine Amtspflicht im Sinne von Art. 34 GG in Verbindung mit § 839 BGB dar[412].

Hinsichtlich des Informationsanspruchs der Presse besteht daher ein deutlicher Unterschied zwischen tschechischen und deutschem Recht. Der im tschechischen Recht verankerte Informationsanspruch gewährt der Presse lediglich einen Anspruch auf Erteilung von Informationen gegenüber Staatsorganen und Organen der territorialen Selbstverwaltung, die auch alle andere Bürger begehren können.

5. Gewährleistung der Pressefreiheit durch Schutz der Informationsquelle

Ein umfassender Schutz der Pressefreiheit bedarf der Absicherung, Informationen frei zu beschaffen und deren Quellen vor staatlichen Zugriffen zu schützen. Der EGMR sieht im Schutz der Informationsquelle eine der grundlegenden Voraussetzungen der Pressefreiheit und stellt ihn unter den Schutz des Art. 10 EMRK[413]. Dem durch Art. 10 EMRK geforderten Informantenschutz dient § 16 PrG. Mit dem Inkrafttreten des neuen Pressegesetzes im Jahre 2000 ist der alte

---

[411] Zum Streitstand ausführlich Löffler/Ricker, Handbuch des Presserechts, S. 147 ff.

[412] Soehring, Presserecht, S. 43, Rn. 4,4.

[413] Vgl. Zweiter Teil, § 9 A. I. 2.(S. 163).

Wunsch der tschechischen Presse nach Schutz der Anonymität erfüllt worden[414]. Die Anerkennung und Regelung des Schutzes der Informationsquelle stellt aus tschechischer Sicht einen wesentlichen Fortschritt und eine längst gebotene Anpassung an die durch den EGMR entwickelten Grundsätze dar.

a) Bedeutung

Für die Medien ist der Schutz der Informationsquelle von größter Bedeutung. Die Presse bezieht einen Teil ihrer Informationen von Informanten. Viele Informationen würde die Presse nicht erhalten, wenn der Informant die Preisgabe seiner Identität fürchten müßte. Es handelt sich vor allem um die brisanten, Mißstände aufdeckenden Informationen, die von sog. Insidern stammen. Diese geben die Information nur unter der Voraussetzung und im Vertrauen darauf weiter, daß sie als Quelle unentdeckt bleiben. Denn im Falle ihrer Aufdeckung müssen solche Informanten mit beruflichen, disziplinarischen oder mit strafrechtlichen Konsequenzen rechnen. Das geschützte Rechtsgut ist die Pressefreiheit selbst. Von der Zielsetzung her geht es darum, die Informationsbeschaffung zu sichern, um so den Informationsfluß und die Meinungsbildung in Gang zu halten. Der tschechische Gesetzgeber hat im Begründungsbericht zu § 16 PrG betont, daß „der Charakter der Tätigkeit von Masseninformationsmitteln es erfordert, durch Gesetz den Schutz von Informationsquellen zu garantieren“.

Dieser Schutz wäre unzureichend und wirkungslos, wenn über den Umweg der Beschlagnahme des Redaktionsmaterials die Identität des Informanten aufgedeckt würde. Dementsprechend sichert das Recht, die Herausgabe von Redaktionsunterlagen zu verweigern, die Wahrung des Redaktionsgeheimnisses.

[414] Das sozialistische Pressegesetz enthielt zwar bereits vor der Wende eine Bestimmung über den Schutz der Informationsquelle, dieser lief in der Praxis jedoch leer, s. Erster Teil, § 5 B. II. 5 (S. 66). Im Rahmen der ersten Pressegesetznovelle im Jahr 1990 ist die Bestimmung, die die sozialistische Zeit erstaunlicherweise überdauert hat, aus unerklärlichen Gründen verschwunden. Somit führte das neue Pressegesetz mit der Bestimmung zum Schutz der Informationsquelle zum ersten Mal eine Bestimmung ein, die eine echte Regelungsfunktion besitzt.

b) Inhalt des Rechts

Gemäß § 16 PrG, der die Überschrift „Schutz der Informationsquelle und des Inhalts von Informationen" (ochrana zdroje a obsahu informací) trägt, hat nach Abs. 1 jede natürliche oder juristische Person, die sich an der Gewinnung oder Verarbeitung von Informationen beteiligt hat, die zur Veröffentlichung bestimmt oder veröffentlicht worden sind, gegenüber Gerichten, Staatsorganen oder Organen der öffentlichen Verwaltung das Recht, die Mitteilung über die Herkunft oder den Inhalt dieser Information zu verweigern. Nach Abs. 2 kann derselbe Personenkreis den in Abs. 1 genannten Organen die Herausgabe von Gegenständen verweigern, aus denen sich die Herkunft oder der Inhalt der Information ermitteln läßt.

Die Zeugnisverweigerung ist nach langwieriger Diskussion als Recht und nicht als Pflicht statuiert worden[415]. Rechtlich steht es daher weiterhin im Ermessen des Journalisten, ob er von seinem Zeugnisverweigerungsrecht Gebrauch macht oder nicht. Die Standespflicht verlangt hingegen, daß der Journalist seine Quelle auch dann schützt, wenn ihm dadurch Schwierigkeiten und Nachteile entstehen können, es sei denn, der Informant hat ihn von seiner Geheimhaltungspflicht entbunden[416].

aa) Der Kreis der Berechtigten

Der Kreis der zur Zeugnis- und Herausgabeverweigerung Berechtigten ist weit gezogen. Erfaßt werden alle Personen, die sich in irgendeiner Art und Weise an der Beschaffung und Verarbeitung von Informationen beteiligt haben, die zur Veröffentlichung bestimmt sind. Eine berufsmäßige Mitwirkung, wie sie das deutsche Recht im Rahmen der Zeugnisverweigerung nach § 53 Abs. 1 Nr. 5 StPO und § 383 Abs. 1 Nr. 5 ZPO vorsieht, ist nach dem Gesetzeswortlaut nicht erforderlich. Demnach dürfen sich nicht nur Redakteure, sondern alle im Be-

[415] Für eine Schweigepflicht hat sich insbesondere der Journalistenverband stark gemacht, s. Jelínek, Mediažurnál 1999, S. 11 ff.

[416] Ethischer Kodex der Journalisten, Abschnitt 3 c), s. im Internet abrufbar unter www. syndikat-novinaru.cz.

schaffungs- und Herstellungsprozeß involvierten Personen, auch die kaufmännischen und technischen Beschäftigten des Medienunternehmens, die Mitarbeiter aus dem Dokumentationszentrum, die Volontäre usw. auf ihr Zeugnisverweigerungsrecht berufen. Voraussetzung für die Befreiung vom Zeugniszwang ist also die Mitwirkung an der Beschaffung und Verarbeitung von Informationen, die zur Veröffentlichung bestimmt oder die bereits veröffentlicht worden sind. Die Formulierung des Gesetzeswortlauts – zur Veröffentlichung bestimmt sind oder veröffentlicht worden sind – drückt aus, daß das Zeugnisverweigerungsrecht sowohl im Vorfeld einer Veröffentlichung geltend gemacht werden kann als auch nach der Veröffentlichung der Information. Das Zeugnis kann gegenüber Gerichten, anderen Staatsorganen - damit sind insbesondere die Polizei und die Staatsanwaltschaft gemeint – oder gegenüber Organen der öffentlichen Verwaltung verweigert werden. Die allgemeine Zeugnispflicht ergibt sich aus § 126 Abs. 1 ZPO und aus § 97 StPO.

Der Berechtigte hat das Recht, die Aussage in bezug auf die Herkunft und den Inhalt der Information zu verweigern. Damit sind nicht nur die Auskünfte über die Person des Informanten erfaßt, sondern auch über den Inhalt der mitgeteilten Information.

bb) Umfang des Rechts

Der Schutz der Informationsquelle und das Herausgabeverweigerungsrecht werden in § 16 Abs. 3 und 4 PrG eingeschränkt. Die Presseangehörigen sind ihrer Zeugnis- oder Herausgabepflicht nicht enthoben, wenn einer der Straftatbestände der §§ 166 bis 168 Strafgesetzbuch verwirklicht wurde.

Auf den Schutz der Informationsquelle kann sich nicht berufen, wer dem Täter einer Straftat in der Absicht hilft, es ihm zu ermöglichen, sich der Strafverfolgung, der Strafe, den Sicherungsmaßnahmen oder der Vollstreckung der Strafe zu entziehen, § 166 (Strafvereitelung).

Bei den Straftatbeständen der §§ 167 (Nichtverhinderung einer Straftat) und 168 (Nichtanzeige geplanter Straftaten) Strafgesetzbuch entfällt nicht nur das Zeugnis- und Herausgabeverweigerungsrecht, vielmehr besteht zudem auch die Pflicht, die genannten Straftaten anzuzeigen. Die Straftat der Nichtverhinderung von Straftaten § 167 Strafgesetzbuch begeht derjenige, der glaubhaft erfährt, daß jemand eine der im Gesetz genannten Straftaten vorbereitet oder verübt. Des Nichtanzeigens von Straftaten nach § 168 Strafgesetzbuch macht sich derjenige schuldig, der glaubhaft erfährt, daß ein anderer eine der im Gesetz genannten Straftaten begangen hat. Die Anzeigepflicht besteht gegenüber Polizei und Staatsanwaltschaft.

Im Katalog des § 167 Strafgesetzbuch werden nahezu 50 Straftatbestände aufgeführt. Es handelt sich um schwere Straftaten wie Landesverrat, Spionage, Geldfälschung, Mord, Raub, Vergewaltigung, Geiselnahme, Drogenhandel usw. Darüber hinaus werden auch Straftaten wie Betrug, Kredit- und Versicherungsbetrug, Diebstahl, Unterschlagung, sofern ein erheblicher Schaden entstanden ist, oder Fahnenflucht, die Befehlsverweigerung oder die Bedrohung des moralischen Zustands der Truppe genannt.

Insgesamt besteht danach nicht nur kein Zeugnisverweigerungsrecht, sondern umgekehrt es besteht eine Rechtspflicht, bei der Polizei oder Staatsanwaltschaft rechtzeitig Anzeige zu erstatten, wenn der Journalist von der Vorbereitung oder Verübung einer Reihe von Straftaten erfährt. Im Hinblick auf den Tatverdacht der Strafvereitelung besteht hingegen keine Anzeigepflicht. Strafrechtlich verfolgt wird jede konkrete Handlung, die als Unterstützung des Täters qualifiziert werden kann. Welche Straftat der andere begangen hat, ist im Rahmen des § 166 PrG unerheblich. In allen Fällen kommt es darauf an, ob der Zeugnisverweigerungsberechtigte die vorbereitete oder begangene Handlung zutreffend als Straftat erkennt.

Vergegenwärtigt man sich, daß der Schutz der Informationsquelle eine Ausprägung der Pressefreiheit darstellt, so fragt sich, ob die Anzeigepflicht von nahezu 50 Straftatbeständen nicht mit dem Grundrecht der Pressefreiheit der Art. 17 Charta, Art. 10 EMRK kollidiert. In der Tat bestehen keine Bedenken, die Presse zur Anzeige geplanter Verbrechen wie Raub und Mord oder in bezug auf Staatsschutzdelikte zu verpflichten. Solche Straftaten, die sich gegen die elementarsten Rechtsgüter des Einzelnen richten, schränken insoweit den Umfang des Schutzes der Informationsquelle ein. Denn das Grundrecht der Pressefreiheit kann beschränkt werden, wenn eine solche Maßnahme etwa zum Schutz von

Rechten anderer oder zum Schutz der öffentlichen Sicherheit unerläßlich ist. Auch das deutsche Zeugnisverweigerungsrecht enthebt die Pressemitarbeiter nicht von der mit Strafe bewehrten Rechtspflicht (§ 138 StGB), bestimmte Straftaten den Behörden rechtzeitig anzuzeigen[417]. Wie aber verhält es sich mit der Anzeigepflicht und der Preisgabe des Informanten, wenn dieser einen Diebstahl oder einen Versicherungsbetrug, sei es auch mit erheblichen Schaden, usw. begangen hat. Oder auch: Macht sich der Journalist einer Strafvereitelung strafbar, wenn er Dokumente veröffentlicht, von denen er weiß, daß sie in rechtswidriger Weise erlangt worden sind.

Der Schutz der Informationsquelle ist, wie bereits ausgeführt, nach der Rechtsprechung des EGMR eine der grundlegenden Voraussetzungen der Pressefreiheit und wird durch Art. 10 EMRK geschützt. Auf der anderen Seite betont der EGMR, daß der Schutz des Art. 10 EMRK die Journalisten nicht von der Pflicht entbindet, die allgemeinen Strafgesetze zu achten. Die Beschränkung des Informationsschutzes gemäß § 16 Abs. 3 PrG verpflichtet Medienangehörige dazu, in bestimmten Fällen ihre Informationsquelle preiszugeben. Diese Einschränkung kann einen Eingriff in Art. 10 EMRK darstellen. Der EGMR akzeptiert in ständiger Rechtsprechung die Einschränkung des Informationsschutzes nur dort, wo die Pflicht zur Offenlegung der Informationsquelle durch überwiegende öffentliche Interessen, nämlich die Verhütung von Straftaten, begründet ist. Ein überwiegendes Interesse in diesem Sinne liegt insbesondere dann vor:

- wenn sehr schwerwiegende Straftaten, etwa Verbrechen gegen die körperliche Integrität, verübt worden sind,
- wenn den Strafverfolgungsbehörden im Strafverfahren keine Alternativmittel zur Verfügung stehen, die Identität der Quelle festzustellen,
- und wenn die Feststellung der Identität der Quelle zentral ist für die Klärung des Falles[418].

[417] Löffler, Presserecht, § 23 Rn. 83.
[418] Voorhoof, Comments, Kapitel 9.

Unter den genannten Kriterien wird die Notwendigkeit, das Zeugnisverweigerungsrecht in den Fällen einzuschränken, in denen kein Verbrechen gegen die körperliche Integrität begangen wurde oder der Schutz nationaler Sicherheit nicht bedroht ist, überzeugend nachgewiesen werden müssen. Die Behörde wird nicht nur ein dringendes soziales Bedürfnis darlegen müssen, um die Einschränkung zu rechtfertigen, sondern auch die Verhältnismäßigkeit dieser Einschränkung.

Daß die geäußerten Bedenken gegen die Vereinbarkeit von § 16 Abs. 3 PrG mit Art. 10 EMRK keineswegs nur akademischer Natur sind, hat die Praxis gezeigt. Die Polizei hat zwei tschechische Journalisten gezwungen, die Identität einer Person preiszugeben, die ihnen brisantes politisches Material zuspielte[419]. Die überreichte Diskette wurde vom Rechner eines der Berater des Premiers heruntergeladen. Sie enthielt detaillierte Anweisungen für die Durchführung einer Diffamierungskampagne gegen eine namhafte hochrangige Politikerin der derzeitigen Regierungspartei. Die Journalisten weigerten sich unter Berufung auf ihr Zeugnisverweigerungsrecht, den Informanten zu nennen. Daraufhin wurden die beiden Journalisten der Strafvereitelung beschuldigt. Der Präsident der ČR hat die Journalisten noch im laufendem Ermittlungsverfahren „begnadigt“[420]. Diese lehnten die „Begnadigung“ ab, entschieden sich also für die Fortsetzung des Ermittlungsverfahrens, um eine gerichtliche Klärung des Vorwurfs der Strafvereitelung bei Berufung auf das Zeugnisverweigerunsrecht herbeizuführen. Die Staatsanwaltschaft hat das Verfahren gegen die beiden Journalisten schließlich eingestellt. Die Problematik ist damit offengeblieben.

Es bleibt abzuwarten, wie die Gerichtspraxis das Zeugnisverweigerungsrecht tatsächlich handhaben wird. Die mit Blick auf § 16 Abs. 3 PrG geäußerten Bedenken können durch eine strikte Beachtung des Grundsatzes der Verhältnismäßigkeit ausgeräumt werden. Einer sorgfältigen Abwägung bedarf es zwischen

---

[419] Mladá Fronta Dnes vom 16.05.2000: „Operace olovo“; Mladá Fronta Dnes vom 27.09.2000: „Policie stíhá novináře, kteří kryjí svůj zdroj“.

[420] Gemäß Art. 62 Buchst. g) der Verfassung kann der Präsident von einem Gericht verhängte Strafen erlassen und mildern. Darüber hinaus kann er anordnen, ein Strafverfahren nicht einzuleiten oder, falls dieses bereits eingeleitet worden ist, es nicht fortzusetzen.

dem Grundrecht der Presse- und Informationsfreiheit und den berechtigten Anliegen der Strafverfolgungsbehörden.

Eine weitere Ausnahme von Schutz der Informationsquelle bildet die Pflicht des Verlegers nach § 16 Abs. 4 PrG, den Finanzbehörden auf Aufforderung den Namen und die Adresse von Auftraggebern mitzuteilen, die eine Anzeige unter Chiffre abgegeben haben. Ein Chiffregeheimnis gegenüber der Finanzbehörde besteht mithin nicht.

III. Das Zensurverbot gemäß Art. 17 Abs. 3 Charta

Ein Zensurverbot folgt aus Art. 17 Abs. 3 Charta. Dieser enthält den schlichten Satz: „Eine Zensur ist unzulässig". Das in Art. 17 Abs. 3 Charta verankerte Zensurverbot gilt für das Grundrecht der Meinungs- und Informationsfreiheit. Die Unzulässigkeit der Zensur soll die Meinungsfreiheit in allen ihren Formen schützen und damit ein freies politisches Leben in einem Staat gewährleisten[421]. Gemeint ist damit nicht nur die Zensur von jeglichen öffentlichen Äußerungen wie zum Beispiel in den Masseninformationsmitteln oder die Zensur von Büchern, sondern auch etwa die Polizeiaufsicht in Versammlungen oder Vereinen mit dem Ziel der Überwachung der öffentlich gehaltenen Reden oder Zensur des Schulunterrichts[422]. Das Zensurverbot des Art. 17 Abs. 3 Charta verbietet nach *Pavlíček* nicht nur die Vor- oder Präventivzensur, sondern auch die Nach- oder Repressivzensur[423]. Verfassungsrechtliche Rechtsprechung, die *Pavlíček*s Auffassung stützen würde, gibt es nicht. Gegen die Einbeziehung der nachträglichen Zensur in das Zensurverbot sprechen jedoch historische und systematische Gründe. Verfassungsgeschichtlich betrachtet, ging es beim Zensurverbot um die Gewährleistung der Pressefreiheit und das Verbot der präventiven Zensur. Die Herausgabe eines Druckwerkes sollte nicht von einer vorherigen Bewilligung

[421] Pavlíček, Svoboda projevu, UAC, S. 110.
[422] Pavlíček, Práva a svobody, Art. 17 Abs. 1, S. 182.
[423] Pavlíček, Práva a svobody, Art. 17 Abs. 1, S. 182.

einer Behörde abhängig gemacht werden[424]. Die nachträgliche Zensur war üblich. Dieses historische Verständnis sollte bei der Interpretation nicht außer acht gelassen werden. Die Behauptung, daß das im Art. 17 Abs. 3 Charta normierte Zensurverbot nur die Vorzensur und nicht auch die Nachzensur umfaßt, wird zusätzlich durch die dogmatische Einordnung des Zensurverbots unterstützt. Obwohl dem Zensurverbot in der Charta ein eigener Absatz 3 gewidmet wird, handelt es sich dennoch von seiner systematischen Stellung nicht um ein eigenes Grundrecht, sondern um eine zusätzliche Schranke[425]. Als Schranke dient dieses Verbot der Absicherung der Meinungs- und Informationsfreiheit gemäß Art. 17 Abs. 1 Charta. Der Umstand, daß das Zensurverbot nicht zu den in Art. 17 Abs. 4 genannten Schranken eingeordnet wurde, sondern in einem eigenen Absatz 3 geregelt wurde, deutet darauf hin, daß das Zensurverbot nicht den in Art. 17 Abs. 4 Charta genannten Schranken unterliegt.

Die von *Pavlíček* vertretene dogmatische Einordnung unterscheidet sich deutlich von der Einordnung des Zensurverbots in Art. 5 Abs. 1 Satz 3 GG. Die Zensur i.S.d. Art. 5 Abs. 1 S. 3 GG umfaßt nur die Vorzensur, also einschränkende Maßnahmen vor Herstellung und Verbreitung eines Geisteswerkes, insbesondere das Abhängigmachen von behördlicher Vorprüfung und Genehmigung seines Inhalts[426]. Darüber hinaus gilt das Zensurverbot des Art. 5 Abs. 1 S. 3 GG nur für den Bereich der Äußerungen im Rahmen des Grundrechtes der Meinungsfreiheit[427]. Auf die Informationsfreiheit zielt das Zensurverbot nicht[428].

Das Verbot der Vorzensur nach Art. 17 Abs. 3 Charta richtet sich ausschließlich an staatliche Stellen. Es betrifft nicht die medieninterne Kontrolle. Daher

---

[424] Vgl. Erster Teil, § 3 B. II. 1 (S. 16).

[425] Pavlíček behandelt selbst das Zensurverbot im Rahmen der Einschränkbarkeit des Grundrechts der Meinungs- und Informationsfreiheit; vgl. Svoboda projevu, UAC, S. 110; oder er spricht von „Limitierung“, Práva a svobody, Art. 17 Abs. 3, S. 182.

[426] BVerfG 33, S. 52 (72); 87, S. 209 (230); Degenhart, Bonner Kommentar, Art. 5, Rn. 29; Schulze-Fielitz, in: Dreier, GG-Kommentar, Art. 5, Rn. 139; Tettinger, JZ 1990, S. 846 ff. (851).

[427] Schulze-Fielitz, in: Dreier, GG-Kommentar, Art. 5, Rn. 141.

[428] Herrschende Auffassung, vgl. statt aller Schulze-Fielitz, in: Dreier, GG-Kommentar, Art. 5, Rn. 141; a.A. Schmidt-Jortzig, Handbuch des Staatsrechts VI, S. 660, Rn. 45, der auch die Informationsfreiheit dem Zensurverbot unterstellt.

liegt keine Zensur vor, wenn es um die Nicht-Veröffentlichung eines Artikels in der Zeitung geht, etwa wenn es der Chefredakteur ablehnt, einen Artikel zu veröffentlichen, oder die Weigerung eines Verlegers, ein Buch zu drucken.

IV. Die prozessuale Durchsetzung der Meinungs- und Pressefreiheit

1. Verfassungsbeschwerde

Einen besonderen Rechtsbehelf bei der Verletzung des Grundrechts der Meinungs- und Pressefreiheit bietet die Verfassungsbeschwerde[429]. Die Verfassungsbeschwerde ist nicht Bestandteil der Rechtsweggarantie des Art. 36 Charta. Das Verfassungsgericht ist kein Teil des allgemeinen Gerichtssystems. Dieses besteht nach Art. 91 Verfassung aus dem Obersten Gericht, dem Obersten Verwaltungsgericht[430], den Obergerichten sowie den Kreis- und Bezirksgerichten. Das Verfassungsgericht hingegen ist das Gerichtsorgan zum Schutze der Verfassung. Daher stellt die Verfassungsbeschwerde weder einen ordentlichen noch einen außerordentlichen Rechtsbehelf dar. Bei der Verfassungsbeschwerde handelt es sich um ein spezifisches Mittel zur Überprüfung von Entscheidungen, bei denen der Antragsteller der Auffassung ist, daß seine verfassungsmäßig garantierten Grundrechte verletzt worden sind[431].

[429] Gemeint ist die „eigentliche" Verfassungsbeschwerde, die wegen der Verletzung von Grundrechten von natürlichen und juristischen Personen erhoben wird. Das tschechische Recht kennt neben der klassischen Verfassungsbeschwerde noch zwei weitere Rechtsbehelfe, die als Verfassungsbeschwerde bezeichnet werden. Es handelt sich um eine kommunale Verfassungsbeschwerde (Art. 87 Abs. 1 Buchst. c) der Verfassung) und um eine Verfassungsbeschwerde politischer Parteien (Art. 87 Abs. 1 Buchst. j) der Verfassung).

[430] Das von der Verfassung in Art. 91 Abs. 1 vorgesehene Oberste Verwaltungsgericht nahm erst zum 1.1.2003 seine Tätigkeit auf.

[431] Zur Verfassungsbeschwerde grundlegend Šimíček, Ústavní stížnost, S. 43 ff.; Filip/Holländer/ Šimíček, Ústavní soud, § 72 passim; vgl. auch Sládeček, Ústavní soudnictví, S. 61 ff.

Gemäß Art. 87 Abs. 1 Buchst. d) der Verfassung entscheidet das Verfassungsgericht über eine Verfassungsbeschwerde gegen einen rechtskräftigen Beschluß oder einen anderen Eingriff von Organen der öffentlichen Verwaltung in die verfassungsmäßig garantierten Grundrechte und -freiheiten. Zulässigkeitsvoraussetzung ist stets, daß der Beschwerdeführer in seinen Grundrechten unmittelbar betroffen und der Rechtsweg erschöpft ist, § 72 VerfGG[432]. Um die Effektivität des Grundrechtsschutzes nicht zu gefährden, kann das Verfassungsgericht gemäß § 75 Abs. 2 Buchst. a) und b) VerfGG von dem Erfordernis der Rechtswegerschöpfung absehen. Dies setzt voraus, daß die Verfassungsbeschwerde ihrer Bedeutung nach die Eigeninteressen des Beschwerdeführers übersteigt und innerhalb einer Jahresfrist gestellt wurde oder daß es im Rechtsmittelverfahren zu beträchtlichen Verzögerungen kommt und dem Beschwerdeführer ernsthafte und unabwendbare Nachteile entstehen oder drohen. Die Verfassungsbeschwerde kann von einer natürlichen oder juristischen Person innerhalb von 60 Tagen ab dem Tag, an dem die Entscheidung über das letzte Rechtsmittel in Kraft tritt, erhoben werden; sofern kein solches Rechtsmittel vorhanden ist, mit dem Tag, an dem die Tatsachen vorlagen, die Gegenstand der Verfassungsbeschwerde sind. Der Verfassungsbeschwerde kommt gemäß § 79 Abs. 1 VerfGG keine aufschiebende Wirkung zu. Das Gericht kann auf Antrag eine solche aufschiebende Wirkung jedoch im Rahmen einer Interessenabwägung anordnen.

Eine Verfassungsbeschwerde kann nur unter der Voraussetzung erhoben werden, daß der Beschwerdeführer behauptet, durch eine rechtskräftige Entscheidung in einem Verfahren, durch eine Maßnahme oder durch einen anderen Eingriff der öffentlichen Gewalt in seinen Grundrechten verletzt worden zu sein, die ein Verfassungsgesetz oder internationale Verträge i.S.d. Art. 10 Verfassung garantieren. In der überwiegenden Zahl der Fälle geht es um die Überprüfung einer letztinstanzlichen Gerichtsentscheidung. In den Ausnahmefällen, in denen das Verfassungsgericht von der Rechtswegerschöpfung absehen kann, können

[432] Gesetz Nr. 182/1993 Sb. über das Verfassungsgericht in geltender Fassung; deutsche Übersetzung in Brunner, VSO, Tschechien.

ausnahmsweise auch Verwaltungsakte überprüft werden[433]. Hinzu kommt die Überprüfung von Realakten, die sich „als solche einer herkömmlichen Überprüfung oder einem anderen Verfahren entziehen und denen somit nur mit einer Verfassungsbeschwerde begegnet werden kann"[434]. Des weiteren kann auch Unterlassen bzw. Untätigkeit eines Organs der öffentlichen Gewalt einen Eingriff darstellen und somit Gegenstand einer Verfassungsbeschwerde sein[435].

Der Eingriff muß den Beschwerdeführer in seinen Grundrechten verletzen, die Verletzung einfachen Rechts ist nicht ausreichend[436]. Eine Verfassungsbeschwerde kann nicht „zugunsten eines Dritten" eingereicht werden[437], es muß sich um eine unmittelbare Verletzung von subjektiven Grundrechten des Beschwerdeführers handeln. Als Quelle der Grundrechte sieht § 72 Abs. 1 Buchst. a) VerfGG Verfassungsgesetze und internationale Verträge i.S.d. Art. 10 Verfassung an. Damit ist die Charta der Grundrechte und Grundfreiheiten der wichtigste Kontrollmaßstab[438]. Einen zweiten Prüfungsmaßstab liefern die internationalen Verträge i.S.d. Art. 10 der Verfassung. Es handelt sich um ratifizierte und verkündete internationale Verträge, an die die Tschechische Republik ge-

---

433 Es handelt sich um Fälle des § 248 ZPO. Dieser enthält eine Aufzählung von Verwaltungsentscheidungen, die nicht gerichtlich überprüft werden können. Die Vorschriften des fünften Teil der ZPO „Verwaltungsgerichtsbarkeit" §§ 244-250s ZPO wurden durch das Urteil des Verfassungsgerichts Pl. ÚS 16/99 vom 27. Juli 2001 zum 31.12. 2002 aufgehoben.

434 Urteil des Verfassungsgerichts III. ÚS 62/95 vom 30. November 1995 (Sb.n.u.ÚS, Band 4, Nr. 78, S. 243 ff).

435 Beschluß des Verfassungsgerichts III. ÚS 28/96 vom 16. Mai 1996 (Sb.n.u.ÚS, Band 5, Nr. 5, S. 557 ff.); Urteil des Verfassungsgerichts IV. ÚS 358/1998 vom 10. November 1998, nicht in der Sammlung veröffentlicht, aber im Internet unter www.councort.cz zu finden. Zur Untätigkeit vgl. Sládeček, Ústavní soudnictví, S. 65.

436 Brunner weist auf die Problematik der Abgrenzung der Grundrechtswidrigkeit von der einfachen Rechtswidrigkeit hin s. Brunner/Hofmann/Holländer, Verfassungsgerichtsbarkeit, S. 70.

437 Beschluß des Verfassungsgerichts I. ÚS 178/96 vom 25. September 1996 (Sb.n.u.ÚS, Band 6, Nr. 24, S. 581 ff.).

438 Zum Rechtsquellenrang der Charta siehe Zweiter Teil, § 8 B. (S. 109).

bunden ist. In diesem Bereich stellt den wichtigsten Kontrollmaßstab die EMRK dar.

Der Beschwerdeführer kann in Zusammenhang mit der Verfassungsbeschwerde indirekt ein konkretes Normenkontrollverfahren initiieren. Dies ermöglicht ihm § 74 VerfGG. Danach kann ein Antrag auf Aufhebung eines Gesetzes oder einer anderen Rechtsvorschrift gestellt werden, deren Geltung ursächlich für die behauptete Grundrechtsverletzung sein soll. Dabei muß der Beschwerdeführer von der Verfassungswidrigkeit der Rechtsnorm ausgehen. Die in § 74 VerfGG normierte Vorgehensweise kommt also nur in Betracht, wenn in einem konkreten Fall eine Tatsache entstanden ist, die den Gegenstand der Verfassungsbeschwerde bildet, und wenn es gleichzeitig zu dieser Tatsache durch die Anwendung einer Rechtsnorm gekommen ist, die nach der Behauptung des Beschwerdeführers verfassungswidrig ist[439].

Kommt das Verfassungsgericht zu dem Ergebnis, daß es der Verfassungsbeschwerde stattgibt, wird das Kassationsprinzip angewandt. Die angefochtene, grundrechtswidrige Einzelentscheidung wird aufgehoben. Anders verhält es sich, wenn sich die Verfassungsbeschwerde gegen einen Realakt richtet. Da hier eine Aufhebung nicht in Betracht kommt, weist das Verfassungsgericht das Organ der öffentlichen Gewalt an, die Grundrechtsverletzung zu unterlassen und den vorherigen Zustand - sofern dies möglich ist - wiederherzustellen, § 82 Abs. 3 Buchst. b) VerfGG. Sobald die Entscheidungen des Verfassungsgerichts ordnungsgemäß in der Sammlung der Gesetze verkündet worden sind, sind sie vollstreckbar. Ausnahmsweise kann das Verfassungsgericht auf Antrag des Beschwerdeführers die Vollstreckung der Entscheidung aufschieben. Die Entscheidungen des Verfassungsgerichts sind für alle Organe und Personen gemäß Art. 89 Abs. 2 Verfassung bindend.

Zusammenfassend läßt sich festhalten, daß gegen Maßnahmen der Verwaltung, Realakte oder Entscheidungen der Gerichte und gegebenenfalls sogar ge-

---

[439] Zur Problematik der Akzessiorität vgl. Filip/Holländer/ Šimíček, Ústavní soud, § 74, Rn. 4; Šimíček, Ústavní stížnost, S. 98 ff.; s. auch das Sondervotum des Verfassungsrichters Holländer zum Beschluß des Verfassungsgerichts Pl. ÚS 10/94 vom 7. Februar 1995 (Sb.n.u.ÚS, Band 3, Nr. 5, S. 321(325ff.).

gen Gesetze im Falle der unmittelbaren Verletzung des Grundrechts der Meinungs- und Informationsfreiheit eine Verfassungsbeschwerde erhoben werden kann, und zwar von natürlichen oder juristischen Personen.

2. Völkerrechtlicher Schutz

Den tschechischen Bürgern steht nach der Erschöpfung des innerstaatlichen Rechtsweges – einschließlich einer möglichen Verfassungsbeschwerde – die Möglichkeit offen, beim EGMR wegen Verletzung der Meinungsfreiheit eine Individualbeschwerde gemäß Art. 34 EMRK oder eine Beschwerde vor dem Menschrechtsausschuß gem. Art. 2 IPbürgR einzulegen.

a) Das Kontrollsystem der EMRK

Die herausragende Bedeutung des durch die EMRK und die Zusatzprotokolle gewährten Schutzsystems zeigt sich in der Möglichkeit, daß sich jede Person, die sich in ihren Rechten verletzt fühlt, mit einer Individualbeschwerde an den Ständigen Europäischen Gerichtshof für Menschenrechte in Straßburg wenden kann. Dieser nahm am 1.11.1998 mit dem Inkrafttreten des 11. Protokolls seine Tätigkeit auf. Damit wurde der bisherige schwerfällige Kontrollmechanismus geändert. Bis November 1998 war für die Zulässigkeitsprüfung bei behaupteter Verletzung von Menschenrechten die Kommission für Menschenrechte zuständig. Die Kommission für Menschenrechte war dem nicht ständig tagenden EGMR vorgeschaltet[440]. Die Kommission ist ersatzlos abgeschafft worden. Mit der Einrichtung eines Europäischen Gerichtshof für Menschenrechte, der seine Aufgaben als „ständiger Gerichtshof" wahrnimmt und das einzige Judikativorgan darstellt, ist der Menschenrechtsschutz deutlich verbessert worden. Die Individualbeschwerde nach Art. 34 EMRK eröffnet jedermann die Möglichkeit, den Gerichtshof mit der Behauptung der Verletzung eigener Rechte anzurufen.

[440] Zum Kontrollmechanismus vor dem Inkrafttreten des 11. Protokolls vgl. Frowein/Peukert, EMRK-Kommentar, Art. 25 bis 35 EMRK; Klein, AfP 1994, S. 10 ff.; Meyer-Ladewig, NJW 1998, S. 512; Ipsen, Völkerrecht, S. 696, Rn. 9 ff.

Daneben besteht noch die Möglichkeit, daß eine Vertragspartei eine Staatenbechwerde nach Art. 33 EMRK einlegen kann. Die Staatenbeschwerde ist für den hier untersuchten Art. 10 EMRK ohne praktische Bedeutung[441]. Gemäß Art. 35 EMRK befaßt sich der Gerichtshof mit einer Individualbeschwerde, wenn bereits alle innerstaatlichen Rechtsbehelfe erschöpft worden sind. Dies zeigt mithin, daß die Individualbeschwerde nur gegen bereits erfolgte Verletzungen zu schützen vermag. Das Verfahren des einstweiligen Rechtsschutzes ist nicht Bestandteil der EMRK. Es besteht allerdings die Möglichkeit, eine einstweilige Maßnahme anzuzeigen, wenn verhindert werden soll, daß zu Lasten des Beschwerdeführers irreversible Tatsachen geschaffen werden[442].

Das Verfahren der Individualbeschwerde wurde wesentlich einfacher und effektiver gestaltet. Die Urteile des Gerichtshofs sind endgültig und für die Vertragsparteien verbindlich, die sich verpflichtet haben, die Urteile des Gerichtshofs zu befolgen, Art. 46 EMRK. Bejaht der EGMR eine Verletzung der EMRK durch eine staatliche Maßnahme, so ist es ihm gleichwohl verwehrt, diese Maßnahme aufzuheben. Der EGMR kann dem Beschwerdeführer lediglich eine Entschädigung zusprechen, die der verurteilte Mitgliedstaat gewähren muß. Die Beseitigung des konventionswidrigen Zustands, also die Umsetzung des Urteils, obliegt dem jeweiligen Staat selbst. Die Durchführung der Urteile des Gerichtshofs überwacht das Ministerkomitee. Dieses überprüft gemäß Art. 46 Abs. 2 EMRK die Einhaltung der Verpflichtungen, die dem verurteilten Staat auferlegt worden sind. Im Falle der Nichtbefolgung des Urteils des Gerichtshofs könnte das Ministerkomitee zu der äußersten Maßnahme des Ausschlusses des Mitgliedstaates greifen. Von dieser Sanktion ist bisher nie Gebrauch gemacht wor-

---

[441] Das Mittel der Staatenbeschwerde wird insgesamt recht selten gewählt. Die Staatenbeschwerde ist grundsätzlichen Konflikten zwischen Staaten, die Vertragsparteien der EMRK sind, vorbehalten. So z.B. im Konflikt um Zypern oder um Nordirland, vgl. Meyer-Ladewig, NJW 1998, S. 512.

[442] § 39 Verfahrensordnung der EGMR vom 1.11.1998 = Rules of Court, s. im Internet www.echr.coe.int; vgl. Wittinger, NJW 2001, 1238, 1241 ff.

den. Die Urteile des EGMR werden in der überwiegenden Zahl der Fälle befolgt[443].

Unbeschadet der Tatsache, daß das Gericht die streitbefangene Maßnahme nicht kassieren kann, ist die Bedeutung der EMRK und der Judikatur des EGMR indes offensichtlich. Der Bürger kann sich nach der Erschöpfung des nationalen Rechtsweges an den EGMR wenden. Darüber hinaus ist für den Beschwerdeführer im Falle einer Verurteilung des Mitgliedstaates die Frage der Entschädigung von Bedeutung. Für die Schaffung eines europäischen Grundrechtsstandards stellen die durch das 11. Protokoll eingeführten Verbesserungen einen bedeutenden Schritt in Richtung der Konstituierung eines „Europäischen Verfassungsgerichtshofs" dar[444]. Die Impulse, die von der Rechtsprechung des EGMR auf die Judikatur der inzwischen 40 Mitgliedstaaten[445] ausgehen, sind unübersehbar.

Die tschechische Verfassung enthält hinsichtlich der Vollstreckung internationaler Entscheidungen eine Besonderheit. Gemäß Art. 87 Abs. 1 Buchst. i) Verfassung entscheidet das Verfassungsgericht über Maßnahmen, die unerläßlich sind, um die Entscheidung eines internationalen Gerichtes, die für die Tschechische Republik verbindlich ist, durchzuführen, sofern solche Maßnahmen nicht anders durchführbar sind. Aus § 117 VerfGG ergibt sich, daß als „internationales Gericht" solche internationale Organe angesehen werden, die berechtigt sind, über Beschwerden gegen die Verletzung von Menschenrechten und Grundfreiheiten zu entscheiden und deren Entscheidungen in der Tschechischen Republik verbindlich sind. Derzeit erfüllt diese Voraussetzung nur der EGMR. Im Falle, daß der EGMR auf Beschwerde die Grundrechtswidrigkeit einer tschechischen Rechtsvorschrift feststellen würde, müßte die Regierung gem. Art. 87 I Buchst. i) Verf. i.V.m. §§ 117-119 VerfGG beim Verfassungsgericht einen Antrag auf Aufhebung dieser Rechtsvorschrift stellen, wenn keine Aufhebung oder Ände-

---

[443] Vom Ministerkomitee wurde in letzter Zeit wiederholt die Türkei zur Umsetzung von gegen sie ergangenen Entscheidungen gemahnt; vgl. dazu Wittinger, NJW 2001, 1238 (1239) m.w.N.

[444] Kühling, AfP 1999, S. 215.

[445] BGB II, Fundstellennachweis B, Stand vom 31.12.2000.

rung der Vorschrift auf andere Weise gesichert werden kann[446]. Bisher wurde ein solches Normaufhebungsverfahren noch nicht durchgeführt.

b) Beschwerde vor dem UN-Menschenrechtsausschuß

Ferner kommt nach der Erschöpfung der innerstaatlichen Rechtsbehelfe ein Beschwerdeverfahren vor dem UN-Menschenrechtsausschuß gemäß Art. 2 IPbürgR wegen Verletzung der in Art. 19 IPbürgR geschützten Meinungsfreiheit in Betracht. Dieser Weg bleibt jedoch versperrt, wenn die Individualbeschwerde bereits vor dem EGMR anhängig war oder ist[447]. Könnte der Beschwerdeführer sowohl vor dem EGMR als auch gleichzeitig vor dem UN-Menschenrechtsausschuß eine Individualbeschwerde geltend machen, bestünde die Gefahr von divergierenden Entscheidungen, die es zu vermeiden gilt.

§ 9 Schranken der Pressefreiheit

A. Verfassungsrechtliche Schranken

I. Der Schrankenkatalog gemäß Art. 10 Abs. 2 EMRK

1. Einleitung

Im Vergleich mit anderen Konventionsgrundrechten fällt auf, daß der Schrankenkatalog des Art. 10 Abs. 2 EMRK zu den umfangreichsten gehört. Einleitend wird im Text darauf hingewiesen, daß die Ausübung der Meinungsfreiheit Pflichten und Verantwortung mit sich bringt. Dieser Hinweis ist Ausdruck eines allgemeinen Grundpflichtgedankens. Der Gebrauch bestimmter Freiheits- und Menschenrechtsgewährleistungen, zu denen neben der Meinungsfreiheit etwa

---

[446] Vgl. Filip/Holländer/Šimíček, Ústavní soud, §§ 117-119; Brunner in Brunner/Hofmann/Holländer, Verfassungsgerichtsbarkeit, S. 74.

[447] Art. 90 Buchst. e) der Verfahrensordnung des UN-Menschenrechtsausschusses.

die Gewissens- und Religionsfreiheit gemäß Art. 9 EMRK oder auch die Versammlungs- und Vereinigunsfreiheit nach Art. 11 EMRK gehören, wird unter Berücksichtigung vielfältiger öffentlicher und privater Belange gewährt. Der einleitende Text des Art. 10 Abs. 2 EMRK stellt aber keine eigenständige Schranke dar. Der Hinweis dient der Erklärung, daß das in der EMRK verankerte Schrankensystem differenziert und abgestuft ist[448]. Dieses differenzierte und abgestufte Schrankensystem soll gewährleisten, daß die Beschränkungen dieses Freiheitsrechtes ein hohes Maß an Berechenbarkeit erreichen[449]. Art. 10 Abs. 2 EMRK führt folgende Arten der Beschränkungen an: Formvorschriften, Bedingungen, Einschränkungen oder Strafandrohungen. Darunter können alle in Betracht kommenden Bestimmungen subsumiert werden, die geeignet sind, Meinungsäußerungen einzuschränken[450]. Die Rechtsprechung des Gerichtshofs verfährt in einer neueren Entscheidung recht großzügig mit dem Eingriffsbegriff und hat eine verbal angedrohte Sanktion – den Gerichtspräsidenten nicht mehr in seinem Amt zu bestätigen - als Eingriff im Sinne vom Art. 10 ERMK definiert[451].

2. Prüfungsmethode

Der EGMR hat in den zahlreichen Entscheidungen, die Art. 10 EMRK betrafen, einen dreistufigen Prüfungsmaßstab der Rechtfertigungsvoraussetzungen entwickelt, der sich fest etabliert hat. Nach der Feststellung eines Eingriffes in den Schutzbereich des Art. 10 EMRK wird als erstes geprüft, ob eine hinreichende gesetzliche Eingriffsgrundlage vorliegt. Dann wird festgehalten, ob damit ein nach Art. 10 Abs. 2 EMRK vorgesehener Schutzzweck gegeben ist. Die dritte Voraussetzung, die Notwendigkeit des freiheitseinschränkenden Eingriffs in einer demokratischen Gesellschaft, bildet in der Regel den Schwerpunkt der Prüfung. Die genannten Voraussetzungen müssen kumulativ vorliegen.

---

[448] Klein, DÖV 1999, S. 763.

[449] Grundlegend m.w.N. Kloepfer, Innere Pressefreiheit, S. 114.

[450] Frowein/Peukert, EMRK-Kommentar, Art. 10, Rn. 24.

[451] EGMR, Wille ./. Liechtenstein, Urteil vom 28.10.1999, Ziff. 44 ff. = NJW 2001, S. 1195 ff.; vgl. dazu die Ausführungen von Hoffmeister, EuGRZ 2000, S. 358 (359).

a) Erfordernis einer gesetzlichen Eingriffsgrundlage

Der Begriff „gesetzliche Grundlage“ wird nicht formal, sondern im materiellen Sinne verstanden. Damit fällt gleichermaßen ungeschriebenes Recht unter den Begriff[452]. Nach der Rechtsprechung des Gerichtshofs muß die gesetzliche Grundlage bestimmte Kriterien erfüllen. Die Rechtsnorm muß für den einzelnen Bürger zugänglich und mit ausreichender Bestimmtheit formuliert sein[453]. Nur so kann der Bürger sein Verhalten und die Folgen seines Verhaltens erkennen. Im Falle der Überprüfung einer „common law“ Regelung auf ihre Vorhersehbarkeit hin wird das Vorhandensein entsprechender Rechtsprechung verlangt, da sich der Betroffene ansonsten nicht danach richten kann. Hinzu kommt das Erfordernis, daß die gesetzliche Grundlage den allgemeinen Prinzipien der Rechtsstaatlichkeit entsprechen muß[454].

b) Beschränkungsziele

Neben dem Erfordernis nach einer gesetzlichen Grundlage muß der Eingriff durch einen der in Art. 10 Abs. 2 abschließend genannten Ziele gedeckt sein. Die Bedingungen, unter denen eine Behörde oder ein Gericht in die Ausübung des Rechts nach Art. 10 Abs. 1 eingreifen darf, sind eng auszulegen. Den Eingriff einem dieser Ziele zuzuordnen, bereitet in der Rechtsprechungspraxis keine Probleme[455]. Zwischen den im Abs. 2 genannten Zielen wird in puncto ihrer Be-

[452] Es ist hinreichend bekannt, daß die vom „common law“ geprägten Rechtsordnungen wie etwa Großbritannien und Irland, Beschränkungen auferlegen können, die nicht auf einem formellen Gesetz beruhen. In Rechtsprechung des Gerichtshofs hat sich diese Auffassung bereits im Jahre 1979 im Fall Sunday Times niedergeschlagen, EGMR, Sunday Times I ./. Vereinigtes Königreich, Urteil vom 26.4.1979, Ser. A Nr. 30, Ziff. 29 ff.

[453] Auch insoweit ist das bereits erwähnte Urteil des EMGR Wille ./:Liechtenstein, vgl. Fn. 451; interessant. Denn die Briefe des liechtensteinischen Staatsoberhaupts, in denen die angedrohte Sanktion ausgesprochen wurde, stellen mangels unmittelbarer Rechtswirkung keine Ermächtigungsgrundlage dar, vgl. Hoffmeister, EuGRZ 2000, S. 358 (359).

[454] EGMR, Thorgeir Thorgeirson ./. Island, Urteil vom 25.6.1992, Ser. A Nr. 239, 6, 24 ff. § 56 = HRLJ, 1992, 440; Castells ./. Spanien, Urteil vom 23.4.1992, Ser. A Nr. 236, 7, 23, Ziff. 43.

[455] Klein, AfP 1994, S. 13.

deutung nicht differenziert, da sie gleichwertig sind. Eine Differenzierung ergibt sich lediglich in bezug darauf, daß einige Beschränkungen häufiger zur Anwendung gelangen als andere. In der Rechtsprechungspraxis des Gerichtshofs spielen vor allem der Ordnungsvorbehalt und der Vorbehalt des Schutzes der Rechte anderer eine wichtige Rolle. Dennoch ist auch dieser Bereich in Bewegung. So konnte *Kloepfer*[456] noch im Jahre 1996 feststellen, daß zum Eingriffsziel „der Schutz der territorialen Unversehrtheit" noch keine Urteile gefällt worden sind. Im Jahre 1999 hat der EGMR sich dann in dreizehn Fällen gegen die Türkei mit dem Vorbringen auseinandersetzen müssen, ob die Unterdrückung von separatistischen pro-kurdischen Äußerungen im Interesse der territorialen Unversehrtheit erfolgen kann[457]. Nachfolgend werden die Zielsetzungen der Beschränkungen kurz erläutert, auf die sich der Staat berufen kann und die in der Rechtsprechung des EGMR häufig zur Anwendung kommen.

aa) Aufrechterhaltung der Ordnung

Wie das Ziel „Aufrechterhaltung der Ordnung" seinem Gehalt nach zu bestimmen ist, ist nicht abschließend geklärt[458]. In der Rechtsprechung wurde bisher zwischen der Aufrechterhaltung der öffentlichen Ordnung sowie der Aufrechterhaltung der Ordnung in der Armee und im Gefängnis unterschieden[459].

---

456 Kloepfer, Innere Pressefreiheit, S. 138.

457 EGMR, Urteil vom 8.7.1999, (Arslan, Ziff. 48, 48; Baskaya und Okcuoglu, Ziff. 56; Ceylan, Ziff. 28; Erdogdu und Ince, Ziff. 43; Gerger, Ziff. 42; Karatas, Ziff. 44; Okcouglu, Ziff. 38; Polat, Ziff. 39; Sürek (Nr. 1), Ziff. 52; Sürek (Nr. 2); Ziff. 29; Sürek (Nr. 3), Ziff. 31, Sürek (Nr. 4), Ziff. 49; Sürek und Özdemir, Ziff. 51; vgl. Hoffmeister, EuGRZ 2000, S. 361. Interessant ist dabei der Umstand, daß dieser Eingriffsvorbehalt auf Wunsch der Türkei in den Vertragstext aufgenommen worden ist. Der Grund dafür war, den separatistischen Tendenzen entgegenzuwirken.

458 Nach Engel (AfP 1994, S. 2) ist der Ordnungsvorbehalt „schwer zu handhaben". Eindeutig soll es sich jedenfalls nicht um einen allgemeinen Vorbehalt des nationalen Ordre Public oder Raison d'Etat handeln. Die Schwierigkeiten mit dem Ordnungsvorbehalt beruhen zum Teil auch auf unterschiedlichen Formulierungen der jeweiligen Gesetzestexte. Die englische Übersetzung lautet „prevention of disorder" (Verhütung von Unordnung), wobei der französischen Text den Begriff „défence de l'ordre" (Verteidigung der Ordnung) verwendet.

459 Vgl. Frowein/Peukert, EMRK-Kommentar, Art. 10, Rn. 30; Probst, Art. 10 EMRK, S. 32.

Der Ordnungsvorbehalt soll zudem dem Schutz gewachsener demokratischer Institutionen dienen[460]. Beachtung in bezug auf Osteuropa verdient die Entscheidung, in der der Gerichtshof ein Verbot von politischer Betätigung für ungarische Polizeibeamte für verhältnismäßig hielt. Das Ziel, Ungarns Polizei zu entpolitisieren, sei aufgrund Ungarns Geschichte gerechtfertigt; das Verbot von politischer Betätigung sei somit notwendig in einer demokratischen Gesellschaft, um dieses Ziel zu erreichen[461].

bb) Schutz der Rechte anderer und Schutz des guten Rufes

Die Einschränkung des Art. 10 Abs. 1 EMRK kann zum Schutz von Rechten anderer erfolgen. Im Vordergrund steht das staatliche Interesse, Verletzungen der Rechte anderer durch einen rücksichtslosen Umgang mit der Meinungsfreiheit zu verhindern. Als „Andere“ werden ausschließlich einzelne Individuen und nicht der Staat oder beliebige Gruppen bezeichnet. Anerkanntermaßen werden unter die Beschränkung zum Schutz der Rechte anderer die Rechte gezählt, die die EMRK selbst schützt. Ausreichend ist allerdings auch der Schutz im nationalen Recht[462].

So werden etwa religiöse Überzeugungen und Gefühle[463] oder eine gesunde sexuelle Entwicklung[464] unter das Recht anderer subsumiert. Seit einiger Zeit definiert der Gerichtshof in seinen Entscheidungen auch das Recht auf effektive Demokratie als Recht anderer[465]. Überschneidungen und Abgrenzungsschwie-

[460] Engels, Privater Rundfunk, S. 81. ; ders., AfP 1994, S. 2.

[461] EGMR, Rekvényi ./. Ungarn, Urteil vom 20.5.1999, Ziff. 49 = RUHD 1999, 182; interessant ist in diesem Zusammenhang der Fall Janowski ./. Polen, Urteil vom 21.1.1999, Ziff. 33 = EuGRZ 1999, S. 8; vgl. auch die Besprechung des Falls bei Kühling, AfP 1999, S. 214 (218).

[462] Engels, AfP 1994, S. 2; Müller, ZUM 1994, S. 289 (290), Kloepfer, Innere Pressefreiheit, S. 142.

[463] EGMR, Otto-Preminger-Institut ./. Österreich, Urteil vom 20.9.1994, Ser. A 295, Ziff. 46-48; Wingrove ./. Vereinigtes Königreich, Urteil vom 25.11.1996, RJD 1996-V, 1937.

[464] EGMR, Müller u.a. ./. Schweiz, Urteil vom 24.5.1988, Ser. A 133.

[465] EGMR, Bowman ./. Vereinigtes Königreich, Urteil vom 19.2.1998, RJD 1998-I, 175; Ahmed u.a. ./. Vereinigtes Königreich, Urteil vom 2.9.1998, RJD 1998-VI, 2356.

rigkeiten bestehen zwischen dem Ziel der „Rechte anderer" und dem Schutz des guten Rufs. Der Grund dafür ist, daß es häufig gerade Beleidigungen sind, die die Rechte anderer, aber zugleich auch den guten Ruf verletzen. In der Rechtsprechung des Gerichtshofs werden die Überschneidungen mit Hilfe von Einordnung in Fallgruppen gehandhabt[466].

Hinsichtlich der Schranken, die die Presse zum Schutz des guten Rufes anderer nicht übertreten darf, differenziert der Gerichtshof grundsätzlich danach, ob es sich um eine Privatperson oder um einen in der Öffentlichkeit auftretenden Politiker handelt. Diese Unterscheidung spielt in der Entscheidungspraxis eine wichtige Rolle[467]. In der Öffentlichkeit haben Politiker zwar auch Anspruch auf Schutz ihres guten Rufes, aber dieser Schutz ist gegen das Interesse an einer offenen politischen Diskussion abzuwägen. Politiker müssen Polemik und schärfere Angriffe hinnehmen. Dies gilt um so mehr dann, wenn der Politiker selbst markige und provokante Äußerungen verwendet. So durfte etwa der österreichische Politiker Jörg Haider als „Trottel" bezeichnet werden. Bei solchen Meinungsäußerungen kann der Journalist keinen Wahrheitsbeweis für solche wertende Urteile erbringen[468]. Ferner sind die Grenzen der zulässigen Kritik in bezug auf Regierungen nicht nur weiter als bei Privatpersonen, sondern sind noch weitgehender als es bei Politikern bereits der Fall ist. Der Gerichtshof vertritt die Auffassung, daß in einer demokratischen Gesellschaft Handlungen und Unterlassungen von Regierungen Gegenstand einer sorgfältigen Überprüfung nicht nur durch die Legislative und die Judikative, sondern auch durch die öffentliche Meinung sein müssen[469].

---

[466] Probst, Art. 10 EMRK, S. 31 m.w.N.; Frowein/Peukert, EMRK-Kommentar, Art. 10, Rn. 32 u. 33.

[467] EGMR, Linges ./. Österreich, Urteil vom 8.7.1986, Ser. A Nr. 103, 424 = EuGRZ 1986, 424, 428; Oberschlick I ./. Österreich, Urteil vom 23.5.1991, Ser. A Nr. 204, 26, Ziff. 59 = NJW 1992, S. 613 ff.; Oberschlick II ./. Österreich, Urteil vom 26.4.1995, RJD 1997 – IV, 1266, 1275; Feldek ./. Slowakei, Urteil vom 12.7.2001, 29032/95.

[468] Letztlich erneut bestätigt in EGMR, De Haes und Gijsels ./. Belgien, Urteil vom 24.2.1997, RJD 1997-I, 198, 235.

[469] EGMR, Baskaya und Okcouglu ./. Türkei, Urteil vom 8.7.1999, 2353/94 und 24408/94 = NJW 2001, S. 199.

cc) Schutz der Moral

Zum Schutz der Moral sind in den meisten Mitgliedstaaten die unterschiedlichsten Vorschriften vorhanden. Es wird vor allem die Jugend gegen die Verbreitung von jugendgefährdenden Schriften geschützt. Hinzu kommen Regelungen gegen die Verbreitung von blasphemischen, obszönen oder pornographischen Schriften. Die Maßnahmen zum Schutz der Moral hängen stark von der jeweiligen nationalen Tradition ab. Zusätzlich unterliegen die Moralvorstellungen stets Veränderungen und befinden sich im Wandel. Nach der Rechtsprechung des Gerichtshof besteht keine einheitliche europäische Moralkonzeption[470].

dd) Verhinderung und Verbreitung von vertraulichen Nachrichten

Dieses Einschränkungsziel stellt eine vorbeugende Maßnahme gegen die Verbreitung von vertraulichen Informationen dar. Eine Information wird als vertraulich angesehen, wenn sie im Vertrauen auf ihre Geheimhaltung empfangen wurde[471]. Diese Voraussetzung erfüllen die Informationen, die man im Rahmen einer Geheimhaltungspflicht, wie etwa in einem Dienst-, Berufs-, Beratungs- oder Amtsverhältnis erhalten hat[472]. Als legitimes Ziel zur Rechtfertigung des Eingriffs ist der Schutzzweck der Verhinderung und Verbreitung von vertraulichen Nachrichten zwar nicht so häufig wie die zuvor erörterten Schutzzwecke angerufen worden.

Dennoch wurden in einigen neueren Entscheidungen des Gerichtshofs Weichen gestellt, die für die Presse und die Pressetätigkeit von großer Bedeutung

---

[470] EGMR, Handyside ./. Vereinigtes Königreich, Urteil vom 7.12.1976, Ser. A 24 Ziff. 49 = EuGRZ 1977, 38 ff.

[471] Insoweit wird der englische Wortlaut herangezogen, denn dieser spricht von „received in confidence", vgl. Diesbach, Völkerrechtliche Garantien, S. 154.

[472] Disziplinarmaßnahmen gegen einen Beamten, der die Absicht hatte, dienstliche Vorgänge an einen Nachrichtenmagazin weiterzugeben, wurden durch das Beschränkungsziel als gedeckt angesehen, s. Beschwerde Nr. 4274/69, Yb 13, S. 888, 890 ff.

sind[473]. Dies betrifft insbesondere seine Rechtsprechung zum Schutz vertraulicher Informationen im Bereich, indem das staatliche Geheimhaltungsinteresse und das Interesse des Journalisten, seine Informationsquelle zu schützen, miteinander kollidieren. Im Fall Goodwin hat der Gerichtshof zum ersten Mal den Schutz der Informationsquelle als eine der Grundvoraussetzungen der Pressefreiheit definiert[474]. Ohne diesen Schutz könnte die Presse nicht ihre Aufgabe als „Wachhund" der Demokratie erfüllen. Deshalb sind Einschränkungen in diesem Bereich nur zulässig, wenn sie durch ein überwiegendes öffentliches Interesse gerechtfertigt sind. Diese Rechtsprechung ist in der Entscheidung Fressoz und Roire bestätigt worden[475]. Darüber hinaus hat der Gerichtshof ausgeführt, daß das Geheimhaltungsinteresse dann eingeschränkt ist, wenn der Inhalt der Information einer großen Zahl von Personen zugänglich ist[476].

ee) Gewährleistung des Ansehens und Unparteilichkeit der Rechtsprechung

Dieser Schutzzweck wurde erstmalig vom Vereinten Königreich im Fall Sunday Times I geltend gemacht. Die Zeitung Sunday Times kündigte eine Dokumentation über ein Pharma-Unternehmen an, dessen Medikament Mißbildungen bei Neugeborenen hervorrief. Das Unternehmen erwirkte im Wege des einstweiligen Rechtsschutzes ein Veröffentlichungsverbot. Begründet wurde diese Untersagung mit einem Eingriff in ein laufendes Gerichtsverfahren, da gegen das Unternehmen mehrere Klagen eingereicht wurden[477]. Im Ergebnis hat der

---

473 Zur Entscheidungspraxis bis 1990 siehe Laeuchli Bosshard, Die Meinungsfreiheit, S. 180 ff.

474 EGMR, Goodwin ./. Vereinigtes Königreich, Urteil vom 27.3.1996, RJD 1996-II, 483.

475 EGMR, Fressoz und Roire ./. Frankreich, Urteil vom 21.1.1999, 26/1998/929/1141 = EuGRZ 1999, S. 5 ff. = NJW 1999, S. 1315; vgl. die Besprechung des Urteils Kühling, AfP 1999, S. 214, 216 ff.

476 Im Falle Fressoz und Roire veröffentlichte die Zeitung die Steuererklärung des Generaldirektors der Firma Peugot. Die Steuerpflichtigen können in Frankreich jedoch in ihrer Gemeinde eine Liste einsehen, in der die Einkommen anderer Gemeindemitglieder aufgeführt sind. Auch wenn diese Informationen nicht allgemein weiter verbreitet werden dürfen, sind sie dennoch einem gewissen Kreis von Personen zugänglich und damit nicht geheim.

477 Ein Eingriff in ein schwebendes Verfahren kann (ein) Contempt of Court sein. Dieses Rechtsinstitut kennt das Commen Law, vgl. dazu Bartsch, EuGRZ 1977, S. 464 ff.

EGMR eine Verletzung von Art. 10 EMRK festgestellt. Das Einschränkungsziel „Ansehen der Rechtsprechung" hat er aber anerkannt. Dieser Ansatz wurde vom Gerichtshof auch in weiteren Verfahren verfolgt[478]. Im Hinblick auf Berichterstattung über Gerichtsverhandlungen oder über Richterverhalten ist zunächst zu berücksichtigen, daß sich Richter im Gegensatz zu Politikern nicht in gleicher Weise verbal zur Wehr setzen können. Sie sind zur Unparteilichkeit und Zurückhaltung kraft ihres Amtes verpflichtet. Daher sieht der Gerichtshof Kritik an der Amtsführung eines Richters dann als gerechtfertigt an, wenn diese Kritik auf einer sachlichen Grundlage beruht[479].

II. Der allgemeine Gesetzesvorbehalt des Art. 4 Abs. 2 Charta

Einer Grundlage in einem formellen Gesetz bedürfen gemäß Art. 4 Abs. 2 Charta alle Eingriffsakte, also belastenden Maßnahmen, die zur Einschränkung der Grundrechte führen. Damit besteht ein umfassender Schutz gegenüber belastenden Maßnahmen, die nicht auf ein formelles Gesetz zurückzuführen sind. Als formelles Gesetz wird ein Akt angesehen, der in dem durch die Verfassung vorgegebenen Gesetzgebungsverfahren vom zuständigen Organ, also vom Parlament, verabschiedet und in der amtlichen Sammlung der Gesetze veröffentlicht wurde[480]. Dem Wortlaut des Art. 4 Abs. 2 Charta folgend hat auch das Verfassungsgericht bestimmt, die Grundrechte gemäß Art. 17 Abs. 1 Charta können nicht durch untergesetzliche Normen etwa durch Satzungen eingeschränkt werden[481]. Die Grundrechte sind der „ausschließlichen Kompetenz des Gesetzge-

[478] EGMR, Worm ./. Österreich, Urteil vom 29.8.1997, RJD 1997-V, 1534.

[479] EGMR, De Haes und Gijsels ./. Belgien, Urteil vom 24.2.1997, RJD 1997-I, 198, 235.

[480] Hendrych, Správní právo, S. 30 m.w.N.

[481] Urteil des Verfassungsgerichts Pl. ÚS 43/95 vom 3. Juli 1996 (Sb.n.u.ÚS, Band 5, Nr.60, S. 462 ff.). Eine tschechische Gemeinde hatte eine Satzung erlassen, die das Verbot von kommunistischer, faschistischer, nationalsozialistischer oder rassistischer Propaganda auf dem Gemeindegebiet enthielt. Im Rahmen eines Normenkontrollverfahrens hat das Verfassungsgericht die Satzung wegen Kompetenzüberschreitung aufgehoben. Das Verfassungsgericht hat ausgeführt, daß die Gemeinde allgemein verbindliche Satzungen nur aufgrund einer ausdrücklichen gesetzlichen Ermächtigungsgrundlage erlassen darf. Wenn es sich um ein

bers" anvertraut[482]. Die wesentlichen Entscheidungen in grundrechtsrelevanten Bereichen muß der Gesetzgeber selbst treffen[483].

Nach der in der deutschen Grundrechtsdogmatik herrschenden Auffassung sind allgemeine Gesetze i.S.v. Art. 5 Abs. 2 GG sowohl formelle als auch materielle Gesetze[484]. Rechtsvorschriften im Rang unterhalb des Gesetzes müssen jedoch ihrerseits auf gesetzlicher Ermächtigung beruhen. Tatsächlich bestehen jedoch zwischen dem tschechischen und deutschen Recht diesbezüglich kaum Unterschiede. Die Rechtsprechung des Bundesverfassungsgerichts hat die Grenzen, in denen der formelle Gesetzgeber selbst tätig werden muß, immer enger gesteckt. In der Regel beruhen die Einschränkungen des Art. 5 Abs. 2 GG wegen der Grundrechtsrelevanz auf einem formellen Gesetz[485].

Hinsichtlich des Grundrechts der Meinungs- und Informationsfreiheit wird der allgemeine Gesetzesvorbehalt gemäß Art. 4 Abs. 2 Charta durch die in Art. 17 Abs. 4 Charta genannten Beschränkungsziele ergänzt.

Verbot im Sinne vom Art. 2 Abs. 4 der Verfassung und Art. 2 Abs. 3 Charta handelt, kann dies nur durch Gesetz geschehen. Falls dieses Verbot gleichzeitig einen Eingriff in Grundrechte darstellt, kann dies nur durch ein Gesetz i.S.d. Art. 4 Abs. 2 Charta bestimmt werden. Der Inhalt der angegriffenen Satzung stellt einen Eingriff in die Meinungsfreiheit gemäß Art. 17 Abs. 1 und 2 Charta dar. Solch ein Eingriff kann nur unter den in Art. 17 Abs. 4 Charta festgelegten Voraussetzungen geschehen. Die Form, durch die es geschehen darf, kann nach Art. 4 Abs. 2 Charta nur ein Gesetz sein, und nicht eine untergesetzliche Norm, die noch überdies nicht landesweite Geltung hat. Die Gemeinde hat daher versucht, Fragen zu regeln, die der ausschließlichen Kompetenz des Gesetzgebers anvertraut wurden. Die Satzung wurde nicht im Rahmen der in Art. 104 Abs. 1 und 3 der Verfassung festgelegten Kompetenzen erlassen. Die Gemeinde handelte nicht in Angelegenheiten der Selbstverwaltung; vgl. auch Urteil des Verfassungsgerichts Pl. ÚS 47/93 vom 23. August 1994 (Sb.n.u.ÚS, Band 2, Nr. 39, S. 3 ff.).

482 Urteil des Verfassungsgerichts Pl. ÚS 43/95 vom 3. Juli 1996 (Sb.n.u.ÚS, Band 5, Nr .60, S. 462 ff.).

483 Vgl. Hendrych, Správní právo, S. 30 ff.

484 Statt aller Schulze-Fielitz, in: Dreier, GG-Kommentar, Art. 5, Rn. 106 ff.

485 Löffler/Ricker, Handbuch des Presserechts, S. 71.

III. Die Schranken gemäß Art. 17 Abs. 4 Charta

1. Einleitung

Die Entfaltung der Meinungsfreiheit und der Informationsfreiheit stößt auf rechtliche Grenzen. Das Recht des Einzelnen findet seine Grenzen an den Rechten Anderer. Dieser Tatsache hat der Gesetzgeber durch die Möglichkeit der Einschränkung von Grundrechten Rechnung getragen. Gemäß Art. 17 Abs. 4 Charta können die Meinungsfreiheit und das Recht auf Auswahl und Verbreitung von Informationen durch Gesetz eingeschränkt werden, wenn es sich um Maßnahmen handelt, die in einer demokratischen Gesellschaft für den Schutz der Rechte und Freiheiten Anderer, für die Sicherheit des Staates, die öffentliche Sicherheit sowie den Schutz der öffentlichen Gesundheit und Sittlichkeit unerläßlich sind.

2. Ziel der Beschränkungen

Die Meinungsfreiheit und die Informationsfreiheit können nur dann durch Gesetz beschränkt werden, wenn es zum Schutz eines der in Art. 17 Abs. 4 Charta abschließend genannten Beschränkungsziele geschieht. Damit wird verhindert, daß der Gesetzgeber in den Schutzbereich der Grundrechte beliebig aus rechtspolitischen Überlegungen eingreifen kann, in dem er ein formelles Gesetz verabschiedet. Einschränkende Eingriffe in das Grundrecht der Meinungs- und Informationsfreiheit müssen zusätzlich durch eines der in Art. 17 Abs. 4 Charta aufgeführten Beschränkungsziele gedeckt sein. Die Eingriffsrechtfertigungen gemäß Art. 17 Abs. 4 Charta sind durchaus mit dem qualifizierten Gesetzesvorbehalt der „allgemeinen Gesetze" des Art. 5 Abs. 2 GG vergleichbar. Denn beide Vorbehalte dienen dazu, daß sich das die Meinungsfreiheit einschränkende Gesetz nicht gegen die Äußerung der Meinung als solche richtet, sondern den Zweck verfolgt, bestimmte wertvolle Rechtsgüter zu schützen[486].

---

[486] Das Bundesverfassungsgericht definiert in ständiger Rechtsprechung „allgemeine Gesetze" als Gesetze, „die nicht eine Meinung als solche verbieten, die sich nicht gegen Äußerungen

a) Schutz der Rechte und Freiheiten anderer

Zu den praktisch bedeutsamen Beschränkungen gehören die Eingriffe zum Schutz von Rechten und Freiheiten anderer. Welche „Rechte anderer" solche sind, wird an keiner Stelle der Charta ausdrücklich gesagt. Zu den Rechten anderer gehören aber sicherlich die in der Charta selbst gewährleisteten und geschützten Grundrechte und –freiheiten. Das Verfassungsgericht vertritt die Auffassung, Art. 17 Abs. 1 und 2 Charta sei inhaltlich durch solche Rechte anderer beschränkt, die sich „entweder aus der durch die Verfassung garantierten Verfassungsordnung der Republik oder aus anderen durch Gesetz geschützten gesamtgesellschaftlichen Interessen und Werten" ergeben[487]. So werden in Art. 10 Abs. 1 und 2 Charta die Persönlichkeitsrechte geschützt. Diese können zur Einschränkung der Meinungsfreiheit führen. Ausdrücklich wird in der Charta die Informationsfreiheit in Art. 10 Abs. 3 beschränkt. Gemäß Art. 10 Abs. 3 Charta hat jeder das Recht, davor geschützt zu werden, daß über seine Person ungerechtfertigt Daten erhoben, veröffentlicht oder in sonstiger Weise mißbraucht werden. Als Rechte anderer werden nicht nur Rechte von natürlichen, sondern auch von juristischen Personen verstanden. Beispielhaft können Rechte zum Schutz der Ehre, des guten Rufs oder der Privatsphäre sowie Strafgesetze genannt werden.

b) Sicherheit des Staates, öffentliche Sicherheit, Schutz der öffentlichen Gesundheit und Sittlichkeit

Zur Einschränkung von Grundrechten kann es unter den Voraussetzungen des Verfassungsgesetzes über die Sicherheit der ČR im Rahmen der Ausrufung ei-

---

der Meinung als solche richten, die vielmehr dem Schutze eines schlechthin, ohne Rücksicht auf eine bestimmte Meinung, zu schützenden Rechtsguts dienen, dem Schutze eines Gemeinschaftswertes, der gegenüber der Betätigung der Meinungsfreiheit Vorrang hat", BVerfGE 7, S. 198 (209 ff.).

[487] Urteil des Verfassungsgerichts I. ÚS 156/99 vom 8. Februar 2000 (Sb.n.u.ÚS, Band 17, Nr. 19, S. 133 ff.).

nes Notstands, einer Staatsbedrohung oder im Falle des Krieges kommen[488]. Die öffentliche Sicherheit umfaßt den Schutz des Staates und des Einzelnen vor Gefahren. Diese Gefahren müssen entweder die Sicherheit des Staates sowie seiner Institutionen oder die ungestörte Ausübung der Staatsfunktionen (innere Staatsordnung) oder das Leben, die Gesundheit, die Menschenwürde und die Ehre sowie das Vermögen bedrohen[489]. Dem Schutz der öffentlichen Sicherheit dienen viele einschränkende Bestimmungen, die in allgemeinen Gesetzen enthalten sind, wie etwa strafrechtliche Bestimmungen. Beim Beschaffen von Informationen kann es zu Kollisionen mit Gesetzen kommen, die Bestimmungen über Geheimhaltung enthalten. Es handelt sich um die sogenannten gesetzlichen Berufsgeheimnisse. Diese dienen dem Schutz von unterschiedlichsten Rechtsgütern. Geschützt werden etwa Staatsgeheimnisse, Bankgeheimnisse oder Briefgeheimnisse[490].

Des weiteren können Einschränkungen der Meinungsfreiheit zum Schutz der Gesundheit gerechtfertigt sein. Gemäß Art. 31 S. 1 der Charta hat jeder das Recht auf Schutz seiner Gesundheit. Unter dem Schutz der Gesundheit werden vor allem Maßnahmen zum Schutz vor Einflüssen verstanden, die der Mensch nicht selbst beeinflussen kann (wie etwa Epidemien) bzw. denen er sich nicht selbst und freiwillig aussetzt[491]. Im Rahmen des Schutzes der öffentlichen Gesundheit können Beschränkungen auferlegt werden, die das Propagieren von Drogenkonsum oder Gewalt unter Jugendlichen verhindern. Denn die ungestörte Entwicklung von Kindern und Jugendlichen und deren Schutz vor schädlichen Einflüssen gehören zu den Aufgaben des Gesetzgebers[492].

---

488 Verfassungsgesetz Nr. 110/1998 Sb. über die Sicherheit der Tschechischen Republik in der Fassung des Gesetzes Nr. 300/2000 Sb.

489 Zu den Grundbegriffen öffentliche Sicherheit und Ordnung vgl. Blažek, Správní právo, S. 34 ff.

490 Gesetz Nr. 102/1971 Sb. über den Schutz des Staatsgeheimnisses in geltender Fassung; das Briefgeheimnis wird gemäß Art. 13 Charta geschützt.

491 Pavlíček, Práva a svobody, Art. 31, S. 251.

492 Vgl. Gesetz Nr. 359/1999 Sb. über den sozial – rechtlichen Schutz von Kindern in geltender Fassung.

In der Kategorie „Schutz der Sittlichkeit“ sind entsprechend der Rechtsprechung des EGMR die jeweiligen gesellschaftlichen Normen sowie deren Wandel zu berücksichtigen. Das tschechische Strafgesetz regelt die Bedrohung der Sittlichkeit in § 205 Strafgesetzbuch. Dieser verbietet die Verbreitung von pornographischen Werken, die die Menschenwürde mißachten oder Gewalt sowie sexuellen Verkehr mit Kindern, Tieren oder andere pathologische sexuelle Praktiken zeigen.

IV. Persönlichkeitsschutz gemäß Art. 10 Charta als Schranke der Pressefreiheit

1. Einführung

Zu den praktisch bedeutendsten „Rechten anderer“, die zur Beschränkung der Meinungs- und Pressefreiheit führen können, gehört das Persönlichkeitsrecht. Die Berichterstattung der Presse steht im Spannungsverhältnis zum Schutz der Persönlichkeitsrechte des Individuums. Dieses Spannungsverhältnis zwischen der Pressefreiheit und dem Persönlichkeitsrecht besteht aus Gründen, die in der Natur der Sache liegen. Es kollidiert das Veröffentlichungs- und Informationsinteresse der Presse auf der einen Seite mit dem Interesse des Betroffenen, in seiner persönlichen Lebenssphäre oder hinsichtlich seiner Person in Ruhe gelassen zu werden, auf der anderen Seite. Das Persönlichkeitsrecht bietet dem Individuum die einzige Möglichkeit, sich gegen Eingriffe der Medien zur Wehr zu setzen. Es dient als ausgleichendes Gegengewicht zum Schutz des Einzelnen vor den Medien. Das Persönlichkeitsrecht steht unter dem Schutz der Verfassung sowie zahlreicher anderer Normen, die sich etwa aus dem Zivil-, Straf- oder Presserecht ergeben. Darüber hinaus finden sich, bedingt durch die fortschreitende Entwicklung der Massenkommunikationstechnik und die Möglichkeiten der Datenerfassung, zahlreiche Vorschriften zum Schutz der Persönlichkeitsrechte in besonderen Vorschriften.

Die folgenden Ausführungen gehen auf das Thema des Persönlichkeitsrechts ausschließlich unter dem Aspekt der angesprochenen Problematik ein. Außer Betracht bleiben alle anderen Bereiche des Persönlichkeitsschutzes wie etwa der körperlichen Unversehrtheit (Art. 7), der persönlichen Freiheit (Art. 8) oder Verbot der Zwangsarbeit (Art. 9).

Die Charta der Grundrechte und -freiheiten hat dem Persönlichkeitsschutz einen neuen Inhalt und Funktion in der tschechischen Rechtsordnung eingeräumt. Die frühere sozialistische Verfassung enthielt kein Grundrecht zum Schutz der Persönlichkeit. Die Charta widmet indes dem Persönlichkeitsschutz in Art. 10 eine eigene Bestimmung. Darüber hinaus werden die Persönlichkeitsrechte durch die einschlägigen Bestimmungen der internationalen Menschenrechtsverträge i.S.d. Art. 10 der Verfassung geschützt. In bezug auf das Verhältnis der Meinungsfreiheit und des Persönlichkeitsschutzes ist vor allem Art. 17 Abs. 1 IPbürgR und Art. 8 EMRK von Bedeutung. Art. 17 Abs. 1 IPbürgR schützt jedermann vor rechtswidrigen Eingriffen in sein Privatleben, seine Familie, seine Wohnung und seinen Schriftverkehr oder vor rechtswidrigen Beeinträchtigungen seiner Ehre und seines Rufes. Für einen einheitlichen Schutz der Persönlichkeit in Europa sorgt zusätzlich Art. 8 EMRK. Dieser schützt das Privat- und Familienleben, die Wohnung und den Briefverkehr und gewährleistet damit den Schutz von vier Rechten. Beide Bestimmungen beeinflußten die Formulierung des Wortlauts des Art. 10 Charta.

Die Kontrolle der gleichmäßigen Anwendung des Konventionsrechts obliegt dem EGMR. In Fragen des Schutzes der Meinungs- und Pressefreiheit gemäß Art. 10 EMRK existiert eine umfangreiche Judikatur des EGMR, auf die sich das tschechische Verfassungsgericht, wie bereits dargestellt wurde, in seiner Rechtsprechung stützt. Hinsichtlich des hier behandelten Themas der Kollision zwischen Pressefreiheit und Persönlichkeitsschutz kann dagegen nicht auf die Judikatur des EGMR zurückgegriffen werden. Der EGMR befaßt sich mit einer Beschwerde nur dann, wenn ein Vertragsstaat im Verhältnis zum Bürger das Konventionsrecht verletzt. Die Pressefreiheit ist typischerweise das Ziel staatlicher Beschränkungen. Dieser Umstand führte zu der umfangreichen Judikatur zu Art. 10 EMRK. Verstöße gegen das Persönlichkeitsrecht geschehen hingegen in den meisten Fällen durch andere Personen. Insbesondere greift die Presse in die Persönlichkeitsrechte anderer ein. In diesem Bereich stehen sich aber nicht der Staat und der Bürger gegenüber, sondern zwei Private. Der EGMR lehnt jedoch eine Drittwirkung der Menschenrechte strikt ab. Folglich ist kein durch die Rechtsprechung des EGMR geprägtes „europäisches Persönlichkeitsrecht" im Bereich, in dem die Pressefreiheit mit dem Persönlichkeitsrecht kollidiert, vorhanden. Der Umgang mit dem Persönlichkeitsrecht weist in den europäischen Rechtsordnungen große Unterschiede auf[493].

Die wichtigste Vorschrift im Rahmen der Untersuchung der Kollision zwischen der Meinungs- und Pressefreiheit und dem Persönlichkeitsschutz stellt Art. 10 Charta dar.

Artikel 10 Charta lautet:

(1) Jeder hat das Recht auf die Achtung seiner Menschenwürde, seiner persönlichen Ehre, seines guten Rufes sowie den Schutz seines Namens.

(2) Jeder hat das Recht, vor ungerechtfertigten Eingriffen in sein Privat- und Familienleben geschützt zu werden.

(3) Jeder hat das Recht, davor geschützt zu werden, daß über seine Person ungerechtfertigt Daten erhoben, veröffentlicht oder in sonstiger Weise mißbraucht werden.

Im deutschen Grundgesetz findet man hingegen kein eigenes Grundrecht, das ausschließlich das Persönlichkeitsrecht als solches zum Gegenstand hat. Im deutschen Recht ist der Persönlichkeitsschutz ein Beispiel für die wechselseitige Beeinflussung und Durchdringung von einfachem Recht und Verfassungsrecht. Die Bestimmung des Art. 2 Abs. 1 GG: „Jeder hat das Recht auf freie Entfaltung der Persönlichkeit" wird zuvörderst als eine Art Generalklausel des Grundgesetzes angesehen, die die allgemeine Handlungsfreiheit schützt. Art. 2 Abs. 1 GG wird so interpretiert, als ob dort stünde: Jeder kann tun und lassen, was er will[494]. Erst durch die Rechtsprechung des Bundesverfassungsgerichts erlangte

[493] Zum Persönlichkeitsschutz im internationalen Vergleich s. Gerlach, AfP 2001, S. 1 ff.
[494] Jarass, NJW 1989, S. 857 ff.

Art. 2 Abs. 1 GG gleichermaßen die Bedeutung als Grundrecht des allgemeinen Persönlichkeitsrechtes[495]. Dieses wird an die freie Entfaltung der Persönlichkeit in Art. 2 Abs. 1 angeknüpft und dessen Inhalt von der Menschenwürde aus Art. 1 Abs. 1 GG bestimmt. In der Verfassung findet das allgemeine Persönlichkeitsrecht also seine Verankerung in Art. 2 GG i.V.m. Art. 1 Abs. 1 GG. Es handelt sich in verfassungssystematischer Sicht um ein eigenständiges Grundrecht, das von der allgemeinen Handlungsfreiheit zu trennen ist.

Die gegenüber dem deutschen Grundgesetz mehr als vierzig Jahre jüngere tschechische Charta konnte die erst in der zweiten Hälfte des 20. Jahrhundert herausgearbeitete Konstruktion der freien und vollen Entfaltung der Persönlichkeit berücksichtigen. Art. 10 Charta gewährleistet ein eigenständiges Grundrecht zum Schutz der Persönlichkeitsrechte. Die allgemeine Handlungsfreiheit wird explizit in Art. 2 Abs. 3 Charta ausgedrückt: „Jeder kann alles tun, was nicht verboten ist, und keiner kann gezwungen werden, etwas zu tun, was ihm nicht durch Gesetz auferlegt ist".

2. Schutzbereich des Art. 10 Charta

a) Art. 10 Abs. 1 Charta

Art. 10 Abs. 1 Charta verbürgt die Achtung der Menschenwürde, der persönlichen Ehre, des guten Rufes sowie den Schutz des Namens eines jeden Menschen. Art. 10 Charta kann genauso wie das Grundrecht der Meinungsfreiheit direkt geltend gemacht werden, ohne daß es eines Ausführungsgesetzes bedürfte. Die Aufzählung der in Art. 10 Abs. 1 Charta genannten Schutzgüter ist abschließend.

---

495 Vgl. BVerfGE 54, 148 (153); BVerfGE 72, 155 (170); zum allgemeinen Persönlichkeitsrecht Nipperdey, Entfaltung der Persönlichkeit, passim, insbes. S. 826 ff.; Jarass, NJW 1989, S. 857 ff.; Pieroth/Schlink, Grundrechte, S. 98 ff; Dreier, in: Dreier, GG-Kommentar, Art. 2 Abs. 1, passim; Wasserburg, Der Schutz der Persönlichkeit, S. 30 ff.

aa) Menschenwürde

Mit der Definition des Begriffs „Menschenwürde“ haben tschechische Verfassungsrechtler ähnliche Schwierigkeiten wie ihre deutschen Kollegen[496]. Deshalb wird die Technik der Negativdefinition angewandt. Dies bedeutet, daß der Inhalt der Menschenwürde vom Verletzungsvorgang her bestimmt wird. Abgestellt wird auf die negative Umschreibung der Maßnahmen, die als Verletzung der Menschenwürde bezeichnet werden könnten. Als Verletzung der Menschenwürde werden Eingriffe in die rechtliche Gleichheit der Menschen angesehen[497]. So können keine Gesetze verabschiedet werden, die jemanden aufgrund seines Geschlechts, seiner Rasse oder Religion bevorzugen würden. Deshalb wird auch etwa die Aufhebung der Adelstitel und der damit verbundenen Rechte als die Wahrung der Gleichheit der Menschen in ihrer Würde betrachtet[498]. Ebenso wird die Leibeigenschaft und Sklaverei als menschenunwürdiger Eingriff gewertet. Ein weiterer Bereich betrifft das Gebot, alle Personen, die ihre persönlichen Freiheit eingebüßt haben – Strafgefangene - , menschenwürdig zu behandeln.

bb) Persönliche Ehre

Art. 10 Abs. 1 Charta garantiert im weiteren das Recht der persönlichen Ehre und des guten Rufes. Die persönliche Ehre beruht auf der gesellschaftlichen Stellung eines Menschen. Sie umfaßt die Reputation und den Geltungsanspruch einer Person in der Gesellschaft. Die Ehre wird im wesentlichen durch das eigene Verhalten bestimmt. Das tschechische Recht sieht die Ehre als einen Wert, dessen Charakter und Ausmaß sich im Laufe des Lebens einer natürlichen Per-

496 Dazu ausführlich Dreier, in: Dreier, GG-Kommentar, Art. 1 Abs. 1, Rn. 36 ff.

497 Vgl. Pavlíček, Práva a svobody, Art. 10 Abs. 1, S. 110.

498 Pavlíček, Práva a svobody, Art. 1 Abs. 1, S. 38. Die Aufhebung der Adelstitel erfolgte im Jahre 1918 durch das Gesetz Nr. 61/1918 Sb. i.V.m. Gesetz Nr. 243/1920 Sb.

son wandelt, abhängig vom Alter und von den Beziehungen, die die Person eingeht[499].

Daraus folgt, daß im Bereich der persönlichen Ehre, im Unterschied zum Schutzgut Menschenwürde, keine rechtliche Gleichheit gegeben ist. Die Würde des Menschen ist streng von der Ehre eines Menschen zu unterscheiden. In ihrer Würde sind alle Menschen gleich (Art. 1 Charta); sie wird nicht durch Alter, gesellschaftliche Stellung, Dienstgrade oder Adelstitel erworben. Die Würde eines Menschen ist an dessen bloße Existenz geknüpft. Reputation und Menschenwürde sind zwei gänzlich unterschiedliche und voneinander zu trennende Schutzgüter. Eine Äußerung kann jedoch gleichzeitig die Menschenwürde und die Ehre eines Menschen verletzten.

Der gute Ruf wird als das Ansehen eines Menschen in der Gesellschaft charakterisiert. Das Ansehen eines Menschen beinhaltet bestimmte moralische, aber auch qualitative Werte wie etwa Ehrlichkeit, Anständigkeit, nach denen der Ruf des Menschen in der Gesellschaft beurteilt wird. Der Anspruch auf Schutz der persönlichen Ehre und des guten Rufs sieht sich einer Einzelfallprüfung ausgesetzt. Das konkrete Maß an Ansehen und Ehre ist Tatfrage und muß unter Miteinbeziehung der Umstände gesondert geprüft werden. Hinsichtlich des Rechtes der persönlichen Ehre ist zu berücksichtigen, daß es keine Menschen gibt, die gänzlich „ehrlos“ wären. Bei gutem Ruf hingegen vertritt die tschechische Lehre die Auffassung, daß es Menschen geben kann, die überhaupt keinen guten Ruf haben[500]. In einem solchen Fall entfiele der Gegenstand des Schutzes.

Wie es zur Verletzung der Menschenwürde, der Ehre und des Rufes kam, ist unerheblich. Voraussetzung ist, daß sie lediglich einem anderen Menschen gegenüber erfolgt. Die Verletzung kann verbal, schriftlich oder durch bildliche Darstellung oder Mimik geschehen.

Das Verfassungsgericht hat darüber hinaus in der Entscheidung I. ÚS 15/95 ein Unterlassen als einen Eingriff in das Grundrecht gemäß Art. 10 Abs. 1 Char-

---

[499] So unterscheidet sich etwa die Ehre eines Säuglings von der Ehre eines Erwachsenen, vgl. Doležílek, PR, 10/2000, S. 430 (434).

[500] Pavlíček, Práva a svobody, Art. 10 Abs. 1, S. 111.

ta gewertet[501]. Der Beschwerdeführer wurde in Deutschland wegen nicht ordnungsgemäßer Arbeitserlaubnis kurz festgenommen, verhört und ausgewiesen. Deutsche Behörden untersagten ihm zudem die Einreise nach Deutschland für ein Jahr. Vor dem Reiseantritt versicherte der damalige tschechische Arbeitgeber dem Beschwerdeführer wiederholt, alles Erforderliche für seine Tätigkeit in Deutschland inklusive gültiger Arbeitserlaubnis erledigt zu haben. Das Verfassungsgericht sah in der Art und Weise, wie der Beschwerdeführer von deutschen Behörden behandelt wurde, eine Verletzung des Art. 10 Abs. 1 Charta. Dieser Behandlung wurde er infolge eines Versäumnisses seines Arbeitgebers ausgesetzt. Die Menschenwürde, die Ehre und der gute Ruf des Beschwerdeführers seien durch die Unannehmlichkeiten verletzt, denen der Beschwerdeführer in Zusammenhang mit der nicht vorhandenen Arbeitserlaubnis ertragen mußte. Daß der Eingriff hier in einem Unterlassen bestehe – Fehlen einer gültigen Arbeitserlaubnis – ändere nichts daran. Art. 10 Abs. 1 Charta könne auch durch passives Verhalten verletzt werden. Daher reiche eine einfache Entschuldigung des Arbeitgebers nicht aus, er müsse Schadensersatz leisten.

cc) Name

Das letzte durch Art. 10 Abs. 1 Charta geschützte Gut ist der Name. Jeder hat das Recht auf Namen, und dieses Recht wird geschützt. Geschützt wird, der durch den Namen repräsentierte Eigenwert, das Identitätsinteresse der Person, durch das sich die Person von anderen natürlichen Personen unterscheidet. In erster Linie schützt Art. 10 Abs. 1 Charta das Identitätsinteresse einer Person. Diesem Interesse trägt auch Art. 24 Abs. 2 IPbürgR Rechnung. Dieser bestimmt, daß jedes Kind unverzüglich nach seiner Geburt einen Namen erhält. Neben dem IPbürgR ist die Tschechische Republik Vertragsstaat des Übereinkommens über die Rechte des Kindes[502]. Das Übereinkommen ist ein internationaler Vertrag über Menschenrechte und Grundfreiheiten i.S.d. Art. 10 der Verfassung.

[501] Urteil des Verfassungsgerichts I. ÚS 15/95 vom 24. Oktober 1995 (Sb.n.u.ÚS, Band 4, Nr. 66, S. 151 ff.).

[502] Mitteilung des Außenministeriums Nr. 104/1991 Sb.

Gemäß Art. 8 Abs. 1 dieses Übereinkommens hat sich die ČR verpflichtet, die Identität und den Namen des Kindes zu achten.

Von Bedeutung ist der Namensgebrauch nicht nur für den Namensträger selbst, sondern auch für seine Umwelt als äußeres Kennzeichen zur Unterscheidung[503]. Vom Schutzbereich wird der Geburts-, Ehe-, Vor- und Familienname umfaßt. Darüber hinaus wird auch der Künstler- und der Spitzname oder ein Namenskürzel geschützt, wenn die Person unter diesem Namen oder Kürzel allgemein bekannt ist. Adelsprädikate sind kein Bestandteil des Namens, geschützt wird nur der Familienname. Zur Verletzung des Namensrechtes kann es zum Beispiel durch Namensanmaßung oder Namensleugnung kommen. Art. 10 Abs. 1 schützt den Namensträger aber auch davor, daß jemand seinen Namen verfremdet oder absichtlich ins Lächerliche zieht.

b) Art. 10 Abs. 2 Charta

Durch technischen Fortschritt sind die Möglichkeiten und die Intensität, mit der (u.a. auch) die Medien in das Privatleben von Personen eingreifen können, beträchtlich gestiegen. Die Häufung von Persönlichkeitsrechtsverletzungen führte zur Verankerung des Grundrechtes, das vor ungerechtfertigten Eingriffen ins Privat- oder Familienleben einer Person schützt. Das Privatleben umfaßt begrifflich auch das Familienleben und bildet somit den Oberbegriff. Das Respektieren des Privatlebens beinhaltet nach Auffassung des Verfassungsgerichts bis zu einem gewissen Maße auch das Recht auf Schaffung und Entwicklung von Beziehungen mit anderen Menschen. Das Familienleben ist Bestandteil des Privatlebens, das auch Beziehungen zu nahen Verwandten umfaßt[504]. Das Privatleben stellt den geschützten Bereich eines Menschen dar, in das niemand ohne sein

---

503 Die Regelung des Namensrechts blickt auf eine lange Tradition zurück. Die erste Regelung stammt aus dem Jahre 1776. Die öffentliche Gewalt hatte ein Interesse an der Namensführungspflicht wegen der Zuordnung von Personen. Daher waren Bereiche des Namensrechts zum Teil öffentlich-rechtlich, andere dagegen privatrechtlich geregelt, vgl. Pavlíček, Práva a svobody, Art. 10 Abs. 1, S. 111.

504 Urteil des Verfassungsgerichts II. ÚS 517/99 vom 1. März 2000 (Sb.n.u.ÚS, Band 17, Nr. 32, S. 229 ff.).

Einverständnis oder eine ausdrückliche Einwilligung durch Gesetz eingreifen darf[505]. In der Abschirmung seiner Privatsphäre muß niemand Informationen preisgeben, sofern keine gesetzliche Verpflichtung zur Informationsgewährung besteht. Für Teilbereiche dieser Abschirmung des Privatlebens existieren spezielle Grundrechte, die Art. 10 Abs. 2 Charta vorgehen. Es handelt sich um den Schutz des Briefgeheimnisses (Art. 13) und um die Unverletzlichkeit der Wohnung (Art.12). Zu gewissen Überschneidungen kommt es zwischen Art. 10 Abs. 2 und Art. 7 Abs. 1 Charta. Art. 7 Abs. 1 Charta garantiert die Unantastbarkeit der Person und ihres Privatlebens. Die Lehre sieht Art. 10 Abs. 2 als lex specialis gegenüber Art. 7 Abs. 1 Charta an[506].

c) Art. 10 Abs. 3 Charta

Art. 10 Abs. 3 Charta garantiert jedem das Recht, davor geschützt zu werden, daß über seine Person ungerechtfertigt Daten erhoben, veröffentlicht oder in sonstiger Weise mißbraucht werden. Daraus folgt, daß personenbezogene Daten grundsätzlich nur dann erhoben, verarbeitet, veröffentlicht oder anders verwendet werden dürfen, wenn der Betroffene dem zustimmt. Nach Art. 10 Abs. 3 Charta hat jeder das Recht, Informationen über seine Person und über sein Privatleben nicht preiszugeben, sofern er nicht durch Gesetz zu deren Offenlegung verpflichtet ist. Ungerechtfertigt ist eine Verarbeitung von personenbezogenen Daten also dann, wenn der Betroffene die Daten nicht selbst zur Verfügung gestellt hat oder der Verarbeitung nicht zugestimmt hat, es sei denn, ein Gesetz erlaubt diese Vorgehensweise. So ist zum Beispiel der Nachrichtendienst berechtigt, personenbezogene Daten zu erheben, speichern und verarbeiten, die für die Erfüllung seiner Aufgaben unerläßlich sind[507]. Die geschützten Daten kön-

---

[505] Greift ein Gericht in Übereinstimmung mit dem Familiengesetz in die Regelung von Rechten und Pflichten eines minderjährigen Kindes ein, so handelt es sich nicht um einen Eingriff ins Privatleben gemäß Art. 10 Abs. 2 Charta, denn dieses Vorgehen ist gesetzlich erlaubt; Beschluß des Verfassungsgerichts I. ÚS 471/97 vom 15. April 1998 (Sb.n.u.ÚS, Band 10, Nr. 32, S. 459 ff.).

[506] Pavlíček, Práva a svobody, Art. 10 Abs. 2, S. 113.

[507] § 16 des Gesetzes Nr. 154/1994 Sb. über den Nachrichtendienst; zur Erhebung von personenbezogenen Daten durch Nachrichtendienst s. Urteil des Verfassungsgerichts Pl. ÚS

nen unterschiedlichster Art sein, etwa Krankenakten, Daten über Nationalität, über persönliche wirtschaftliche Verhältnisse, über Sexualität, Eheleben usw. Einen Eingriff in den Schutzbereich des Art. 10 Abs. 3 Charta stellt darüber hinaus die Gewinnung solcher Daten dar, die aus einer gezielten Observation einer Person mit Hilfe technischer Mittel wie Abhöranlagen, durch verdeckte Ermittlungen, mit versteckter Kamera usw. stammen. Geschützt werden alle Daten unabhängig davon, ob sie in automatisierten Informationssystemen - Datenbanken - oder nicht automatisch gespeichert werden. Art. 10 Abs. 3 Charta schützt allgemein vor jeglichen Eingriffen in personenbezogene Daten[508]. In dieser Funktion stellt Art. 10 Abs. 3 Charta ein Recht für den Schutz der Rechte und Freiheiten anderer i.S.v. Art. 17 Abs. 3 Charta dar, das die Informationsfreiheit gemäß Art. 17 Abs. 1 Charta beschränken kann.

Der Schutzbereich des Art. 10 Abs. 3 Charta entspricht dem vom Bundesverfassungsgericht im Volkszählungsurteil entwickelten „Recht auf informationelle Selbstbestimmung"[509]. Dieses informationelle Selbstbestimmungsrecht gründet sich auf der aus dem Gedanken der Selbstbestimmung folgenden Befugnis des Einzelnen, grundsätzlich selbst zu entscheiden, wann und innerhalb welcher Grenzen persönliche Lebenssachverhalte offenbart werden[510].

3. Träger des Grundrechts

Art. 10 Charta ist ein Jedermannsgrundrecht und steht allen natürlichen Personen unabhängig von ihrem Alter oder ihrer Staatsangehörigkeit zu. Die Geschäftsfähigkeit der natürlichen Person spielt im Rahmen des Art. 10 Charta

---

34/95 vom 10. April 1996 (Sb.n.u.ÚS, Band 5, Nr. 28, S. 233 ff.) = Nr. 124/1996 Sb.; Urteil des Verfassungsgerichts IV. ÚS 536/2000 vom 13. Februar 2000.

[508] Spezielle Regelungen in bezug auf Datenbanken enthält das Gesetz Nr. 101/2000 Sb. über den Schutz von persönlichen Daten (Datenschutzgesetz). Zum Datenschutz vgl. Mates, WI-RO 2002, S. 173 ff.; Skála, Právník 1/1994, S. 22 ff.; Mates, PR 4/1994, S. 110 ff.

[509] BVerfGE 65, S. 1 (38 ff.) = NJW 1984, S. 419. Der Ausdruck „Recht auf informationelle Selbstbestimmung" ist im tschechischen Recht unbekannt.

[510] BVerfGE 65, S. 1 (42); 80, S. 367 (373).

keine Rolle. Im tschechischen Recht genießt auch der nasciturus den Schutz der Persönlichkeitsrechte. Gemäß § 7 des tschechischen ZGB ist das erzeugte Kind rechtsfähig, wenn es lebend geboren wird. Im deutschen Recht hingegen scheidet die Anwendung auf Ungeborene aus, da die Rechtsfähigkeit des Menschen mit seiner Geburt beginnt.

Das allgemeine Persönlichkeitsrecht ist ein höchstpersönliches Recht und ist weder übertragbar noch vererblich. Der Schutz des Art. 10 Charta steht ausschließlich natürlichen Personen zu. Juristische Personen können sich nicht auf Art. 10 Charta berufen. Teil der in Art. 10 Charta verbürgten Rechte wie etwa Menschenwürde, persönliche Ehre oder Familienleben sind bereits ihrem Wesen nach nicht auf juristische Personen anwendbar. Daher scheiden diese von vornherein aus. In bezug auf den guten Ruf und auf den Schutz des Namens, die ihrem Wesen nach auch bei juristischen Personen schützenswert wären, wird vertreten, daß sie nicht durch Art. 10 Charta, sondern durch besondere Bestimmungen ausreichenden Schutz genießen[511].

Im deutschen Recht ist die Frage, ob das Grundrecht auch juristischen Personen zusteht, umstritten. Das Bundesverfassungsgericht hat sie bisher offengelassen. In der Rechtsprechung der Zivilgerichte kommt in bestimmten Fällen das allgemeine Persönlichkeitsrecht auch juristischen Personen zugute. In der Lehre wird die Ausdehnung des allgemeinen Persönlichkeitsrechts auf juristische Personen abgelehnt[512].

4. Schranken des Persönlichkeitsschutzes

Das in Art. 10 Charta geregelte Persönlichkeitsrecht unterliegt keinen ausdrücklichen durch die Charta festgelegten Schranken, wie es hingegen in Art. 17 Abs. 4 Charta bei Meinungs- und Informationsfreiheit der Fall ist. Damit kann das Persönlichkeitsrecht gemäß Art. 4 Abs. 2 Charta nur durch Gesetz einge-

---

[511] Vgl. Pavlíček, Práva a svobody, Art. 10, S. 109. Es handelt sich zum Beispiel um die Bestimmungen des HGB über den Schutz des Handelsnamen, des Geschäftsgeheimnisses und über den unlauteren Wettbewerb.

[512] Zum Streitstand vgl. Dreier, in: Dreier, GG-Kommentar, Art. 2 Abs. 1, Rn. 55 ff. m.w.N.

schränkt werden, wobei unter Gesetz immer ein förmliches Gesetz zu verstehen ist. In keinem Fall darf das Grundrecht in seinem Wesensgehalt angetastet werden, Art. 4 Abs. 4 Charta. Praktisch kommt der Begrenzung durch andere Grundrechtsnormen etwa durch die Pressefreiheit überragende Bedeutung zu.

V. Schranken – Schranken

1. Notwendigkeit des Eingriffs in einer demokratischen Gesellschaft gem. Art. 10 Abs. 2 EMRK

Nach der Feststellung der gesetzlichen Grundlage und eines legitimen Ziels zur Rechtfertigung des Eingriffs wird im dritten Prüfungsschritt kontrolliert, ob der Eingriff in einer demokratischen Gesellschaft notwendig war. „Demokratische Gesellschaft" als Begriff wird an dem gemeinsamen Demokratieverständnis der Mitgliedsstaaten gemessen. Die Beurteilung der Notwendigkeit des Eingriffs stellt den Schwerpunkt der Prüfungstätigkeit des Gerichts dar. Der Gerichtshof prüft, ob der erfolgte Eingriff notwendig ist, um eines der zuvor genannten Ziele zu schützen. Im Sinne der deutschen Grundrechtsterminologie wird die Prüfung der Notwendigkeit als „Schranken-Schranke" bezeichnet[513]. Die Maßnahmen werden somit am Grundsatz der Verhältnismäßigkeit gemessen. Hinsichtlich der Ausgestaltung des Verhältnismäßigkeitsgrundsatzes ergeben sich Unterschiede zu der deutschen Dogmatik. Der Gerichtshof prüft die Geeignetheit und die Angemessenheit des Eingriffs. Ob sich der Gerichtshof im Rahmen der Verhältnismäßigkeitsprüfung damit auseinandersetzt, ob es ein milderes Mittel als die staatliche Maßnahme gäbe (Erforderlichkeit der Maßnahmen), geht aus seiner Rechtsprechung nicht eindeutig hervor. Diese Frage ist aber zu verneinen[514]. Die im Rahmen der Verhältnismäßigkeitsprüfung durchgeführte Abwägung berücksichtigt jedoch alle relevanten Umstände des konkreten

---

[513] Kühling, AfP 1999, S. 216; Uwer, Medienkonzentration, S. 164 m.w.N.

[514] Engel, AfP 1994, S. 3; Kloepfer, Innere Pressefreiheit, S. 121 ff; Rübenach, Europäisches Presserecht, S. 25.

Einzelfalls und erlaubt Akzentuierungen. Damit entstehen bezüglich der Rechtsprechungsergebnisse trotz der verschiedenen Prüfungsansätze kaum Unterschiede[515]. Die Notwendigkeit jedweder Beschränkung muß in überzeugender Weise festgestellt werden.

Nach gefestigter Rechtsprechung ist ein Eingriff notwendig, wenn er durch ein dringendes soziales Bedürfnis geboten ist[516]. Von Bedeutung ist für die Prüfung sowohl die den Eingriff zulassende Norm als auch deren Anwendung. Die zur Begründung von den staatlichen Instanzen genannten Gründe müssen stichhaltig sein. Bei der Beurteilung, ob ein dringendes soziales Bedürfnis besteht, haben die nationalen Gerichte einen gewissen Beurteilungsspielraum; abschließend entscheidet der Gerichtshof, ob eine Notwendigkeit gegeben ist[517]. Dieser Beurteilungsspielraum wird als „margin of appreciation"- Prinzip bezeichnet[518].

Das Prinzip wurde vom EGMR entwickelt, um den nationalen Souveränitätsinteressen sowie den berechtigten traditionellen Besonderheiten der Mitgliedstaaten Rechnung zu tragen. Dabei darf aber nicht der gemeinsame europäische Menschenrechtsstandard aus den Augen verloren gehen. Das Ausmaß des Beurteilungsspielraum ist unterschiedlich und hängt vom Eingriffszweck ab. Den nationalen Organen wird in den Fragen mehr Kompetenz eingeräumt, in denen innerhalb der Mitgliedstaaten sehr uneinheitliche Maßstäbe vorherrschen[519]. So gelten hinsichtlich des Maßes dessen, was zum Schutz der Moral notwendig ist, in den Mitgliedstaaten durchaus unterschiedliche Anforderungen. Wenn es hingegen um die Freiheit der Presse in Sachen kritischer Berichterstattung geht, ist der zugestandene Beurteilungsspielraum der nationalen Organe stark eingeengt.

Insgesamt ist seit geraumer Zeit eine größere Kontrolldichte festzustellen. Bei seiner Prüfung stützt sich der EGMR auf Indizien. Er bewertet, wie relevant der spezifische Menschenrechtsgebrauch für das Funktionieren einer demokratischen Gesellschaft ist, welche Relevanz er politisch hat oder ob das staatliche

---

[515] Klein, DÖV 1999, S. 764.

[516] So zu Beispiel im Fall Fressoz und Roire, vgl. oben Fn. 475

[517] Vgl. Fall Lingens, Fn. 467; Janowski, Fn. 461.

[518] Dieser Beurteilungsspielraum wird in der Literatur auch als Ermessens- oder Einschätzungsspielraum bezeichnet.

[519] Spilsbury, Media Law, S. 18.

Verhalten widerspruchsfrei ist[520]. Darüber hinaus kommt dem Indiz des Vergleichs unter den Mitgliedsstaaten ein hoher Rang zu. Dabei prüft der Gerichtshof, ob die Grundrechtseinschränkung in den anderen Vertragsstaaten entsprechend gehandhabt wird.

2. Unerläßlichkeit der Maßnahme in einer demokratischen Gesellschaft gem. Art. 17 Abs. 4 Charta

Die Beschränkungen müssen gemäß Art. 17 Abs. 4 Charta in einer demokratischen Gesellschaft unerläßlich sein[521]. Dies bedeutet, daß die Notwendigkeit der Maßnahme an den politischen und ethischen Maßstäben gemessen wird, die einer demokratischen Gesellschaft immanent sind. Das Verfassungsgericht prüft, ob das eingesetzte Mittel zu dem Schutz des betreffenden Gutes tatsächlich notwendig gewesen ist und nimmt eine Abwägung zwischen dem Freiheitsrecht und dem Schutzgut vor. Dies geschieht im Wege einer Verhältnismäßigkeitsprüfung. Es werden die Geeignetheit, die Erforderlichkeit und die Verhältnismäßigkeit im engeren Sinne geprüft. Das Verfassungsgericht prüft darüber hinaus, ob auch das Gebot der Minimierung des Eingriffes in eines der Grundrechte beachtet wurde[522]. Dabei prüft das Verfassungsgericht, ob der Wesensgehalt des Grundrechts nicht i.S.d. Art. 4 Abs. 4 Charta angetastet wurde. Das Verfassungsgericht stützt sich dabei häufig auf die Entscheidungen des EGMR, in denen diese Kontrollkriterien entwickelt wurden, insbesondere in den Fällen Sunday Times und Handyside.

In der Entscheidung Pl. ÚS 43/93 hat das Verfassungsgericht aufgrund des Antrags des tschechischen Präsidenten die Bestimmung des § 102 Strafgesetz-

---

[520] Kloepfer, Innere Pressefreiheit, S. 127 ff., Engel, AfP 1994, S. 3 m.w.N.

[521] Richtiger wäre „notwendig“. Im tschechischen Text wird der Begriff „nezbytná“ verwendet. Dieser kann mit den Worten „unerläßlich“, unentbehrlich“ oder notwendig“ übersetzt werden. Die Charta orientiert sich stark an der EMRK. Der französische und der englische Text verwendet den Begriff notwendig (necessary, nécessaire).

[522] Urteil des Verfassungsgerichts Pl. ÚS 4/94 vom 12. Oktober 1994 (Sb.n.u.ÚS Band 2, Nr. 46, S. 57 ff.).

buch aufgehoben[523]. § 102 Strafgesetzbuch lautete: „Wer öffentlich die Tschechische Republik, ihr Parlament, die Regierung oder das Verfassungsgericht verunglimpft, wird mit einer Freiheitsstrafe bis zu zwei Jahren bestraft". Das Verfassungsgericht vertrat die Auffassung, bei § 102 Strafgesetzbuch handele es sich nicht um eine Bestimmung, die im Sinne von Art. 17 Abs. 4 Charta und Art. 10 Abs. 2 EMRK in einer demokratischen Gesellschaft zum Schutz der Rechte anderer notwendig sei. Denn die Freiheit der politischen Diskussion gehöre nach Rechtsprechung des EGMR zum Kern des Begriffes der demokratischen Gesellschaft. § 102 Strafgesetzbuch stelle schon deshalb keine unerläßliche Maßnahme dar, weil das Strafgesetzbuch den Staatsorganen schon durch andere Bestimmungen des Strafrechts genügend Schutz biete. Diese seien hinsichtlich des Schutzobjektes wesentlich präziser gefaßt. So ist etwa gemäß § 154 Abs. 2 Strafgesetzbuch die grobe Beleidigung oder Verleumdung eines Staatsorgans bei der Ausübung seiner Tätigkeit strafbar. Dementsprechend meint das Verfassungsgericht, die angegriffene Regelung des § 102 Strafgesetzbuch schaffe eine Art von „absoluten institutionellen Schutz der fraglichen Verfassungsorgane". Hierzu sei noch nicht einmal erforderlich, daß das Organ im Rahmen der Ausübung seiner Machtbefugnisse verunglimpft werde. Dadurch verliere die Interpretation des Begriffs „Verunglimpfung" ihre Grenzen und Bindung an die Funktion dieser Verfassungsorgane. § 102 Strafgesetzbuch berücksichtige weder die Absichten des Täters noch den Umfang der Bedrohung oder die Aufgaben, die ein Verfassungsorgan in einem demokratischen System habe, und sei deshalb eher mit einer „Majestätsbeleidigung" zu vergleichen. Dies stehe im direkten Widerspruch zu Art. 17 Abs. 4 Charta, Art. 10 Abs. 2 EMRK, weil es sich um keine notwendige Maßnahme in einer demokratischen Gesellschaft handele. Auch ein Widerspruch zu Art. 4 Abs. 4 Charta sei zu besorgen. Danach müsse bei der Anwendung von Vorschriften über Einschränkungen von Grundrechten deren Wesen und Sinn gewahrt bleiben. Eine solche Einschränkung könne nur zum Schutz der demokratischen Prinzipien der Gesellschaft in deren konkreter Gestalt erfolgen.

---

[523] Urteil des Verfassungsgerichts Pl. ÚS 43/93 vom 12. April 1994 (Sb.n.u.ÚS, Band 1, Nr. 16, S. 113 ff.).

Das Verfassungsgericht betont in seiner Entscheidung, es gehe nicht um den Schutz abstrakter Begriffe, sondern um den Schutz der Institutionen unter Berücksichtigung der konkreten Aufgaben, die diese in einer freiheitliche demokratischen Gesellschaft erfüllen. Die vom Verfassungsgericht getroffenen Schlußfolgerungen unterscheiden sich nicht wesentlich von der im deutschen Recht vorherrschenden Auffassung. Die Bestimmungen des politischen Strafrechts – Angriffe auf die Bundesrepublik und deren Länder, Hoheitszeichen, Verfassungs- und Sicherheitsorgane §§ 88-92 StGB – haben vor dem Art. 5 Abs. 2 GG Bestand, weil nicht der Staat schlechthin, sondern seine konkrete Gestalt als freiheitlich repräsentative Demokratie geschützt wird[524]. Diese Vorschriften richten sich nicht gegen die Meinung als solche, sondern gegen die Art und Weise ihrer Äußerung.

VI. Grundrechtskollision – Verfassungsjudikatur

Das Grundrecht der Presse- und Meinungsfreiheit wird maßgeblich durch die Rechtsprechung geprägt. Diese Aussage trifft insbesondere für die Länder zu, in denen ein unabhängiges Verfassungsgericht über eine behauptete Verletzung von Grundrechten zu entscheiden hat[525]. Die maßgebliche Prägung der Grundrechte durch Verfassungsgerichte findet auch in zunehmenden Maße in einigen der mittel- und osteuropäischen Staaten statt[526]. Die von den Verfassungsgerichten getroffenen Entscheidungen schaffen eine der wichtigsten Erkenntnisquellen des Grundrechtes der Presse- und Meinungsfreiheit. So hat auch das deutsche Bundesverfassungsgericht in seiner langjährigen Tätigkeit grundlegende und

---

[524] BGHSt. 6, S. 324; Pieroth/Schlink, Grundrechte, Rn. 660.

[525] Umfangreiche Rechtsprechung zur Presse- und Meinungsfreiheit findet sich etwa durch den Supreme Court in den USA, durch das Tribunal Constiteutional in Spanien oder durch das Schweizer Bundesgericht, vgl. Löffler/Ricker, Presserecht, S. 41.

[526] Vgl. Brunner/Garlicki, Verfassungsgerichtsbarkeit in Polen, S. 231-254; Brunner/Sólyom, Verfassungsgerichtsbarkeit in Ungarn, S. 368-389; Brunner/Hofmann/Holländer, Verfassungsgerichtsbarkeit, passim; Zimmermann, Verfassungsrechtsprechung, S. 107 ff.

richtungsweisende Entscheidungen für die Interpretation dieses Grundrechtes getroffen[527].

Das tschechische Verfassungsgericht hingegen hat sich seit dem Beginn seiner Tätigkeit im Jahre 1993 nur vereinzelt mit dem Grundrecht der Meinungs- und Pressefreiheit auseinandergesetzt. Im Gegensatz zu der umfangreichen Rechtsprechung des Bundesverfassungsgerichts oder des Europäischen Gerichtshofs für Menschenrechte hat das tschechische Verfassungsgericht bisher - soweit ersichtlich - insgesamt fünf Entscheidungen in Pressesachen getroffen[528]. Wie viele Anträge seit dem Beginn der Tätigkeit des Verfassungsgerichts im Jahre 1993 tatsächlich eingegangen sind, in denen die Verletzung der Pressefreiheit behauptet wurde, ist nicht bekannt. Eine Statistik über Anträge, die wegen offensichtlicher Unbegründetheit abgelehnt wurden, wird beim Verfassungsgericht nicht geführt. Nach einer Einschätzung handelt es sich lediglich um einige Dutzend Fälle[529]. In diesem Zusammenhang ist zu erwähnen, daß im Bereich der Rundfunkfreiheit noch keinerlei Rechtsstreitigkeiten vor dem Verfas-

---

[527] Zu den grundlegenden Entscheidungen gehören zum Beispiel die „Lüth-Entscheidung" (BVerfGE 7, S. 198 ff.), die „Blinkfüer-Entscheidung" (BVerfGE 25, S. 256 ff.), die „Spiegel-Entscheidung" (BVerfGE 20, S. 162 ff.), die „Honecker-Entscheidung" (BVerfGE 91, S. 125 ff.), „Soldaten sind Mörder" (BVerfGE 93, S. 266 ff.); zum Einfluß der Verfassungsrechtsprechung auf die Pressefreiheit ausführlich Streinz, AfP 1997, S. 857 ff.

[528] Gemeint sind vorliegend nur Verfahren, die unmittelbar mit Presseveröffentlichungen zusammenhängen. Nicht erfaßt sind Fälle, in denen die Verletzung des Art. 17 Charta behauptet wurde, ohne daß ein Bezug zur Presse bestanden hätte. Diese Fälle sind zahlreicher als die mit Bezug zur Presse; bei ihnen handelt es sich jedoch nicht um Verfassungsbeschwerden. Bei der überwiegenden Zahl der Fälle (9) handelte es sich um ein abstraktes Normenkontrollverfahren gem. Art. 87 Abs. 1 Buchst. a) der Verfassung. Gegenstand der Überprüfung bildeten die Rechtsverordnungen der Gemeinden. Die Gemeinden haben Rechtsverordnungen erlassen, die die kommunistische, nationalsozialistische und faschistische sowie rassistische Propaganda auf dem Gemeindegebiet verboten haben, vgl. statt aller z.B. Pl. ÚS 43/95 vom 3. Juli 1996 (Sb.n.u.ÚS, Band 5, Nr.60, S. 462 ff.).

[529] Diese nach eigenen Aussagen „spekulative Einschätzung" äußerte im Jahre 1999 der Berichterstatter am Verfassungsgericht Sládeček, vgl. Rozhodování Ústavního soudu ve věcech tiskových. Die Aussage betraf die Fälle, die vor der Novelle des Verfassungsgerichtsgesetzes Nr. 77/1998 Sb. verhandelt wurden. Bis zur Novelle entschied über die offensichtliche Unbegründetheit eines Antrags ein Einzelrichter, heute entscheidet immer der Senat, § 43 Abs. 2 Buchst. a) des Gesetzes Nr. 182/1993 Sb.

sungsgericht ausgetragen worden sind. Hier besteht ein gewisser Unterschied zu der Rechtsprechungspraxis der Verfassungsgerichte in den anderen mittel- und osteuropäischen Staaten wie etwa in Ungarn und Polen[530].

1. Verfassungsbeschwerden

In vier vor dem Verfassungsgericht verhandelten Fällen ging es um Verfassungsbeschwerden von Personen, die sich durch eine Veröffentlichung in der Presse in ihrem Persönlichkeitsrecht verletzt gefühlt hatten[531]. Die Journalisten bzw. Verleger hingegen hatten sich auf die Meinungsfreiheit gemäß Art. 17 Charta berufen. Das Verfassungsgericht nahm eine Abwägung zwischen der in Art. 17 Abs. 1 Charta verankerten Meinungsfreiheit und dem Schutz der Person nach Art. 10 Charta vor. Das deutsche Bundesverfassungsgericht mißt die Zulässigkeit von Meinungsäußerungen, die durch das Medium Presse verbreitet werden, nicht am Grundrecht der Pressefreiheit, sondern am Grundrecht der Meinungsfreiheit gemäß Art. 5 Abs. 1 S. 1 GG[532]. Die Pressefreiheit wird nach der Auffassung des Bundesverfassungsgerichts dann berührt, wenn es um die im Pressewesen tätigen Personen in Ausübung ihrer Funktion, um ein Presseerzeugnis selbst, um seine institutionell–organisatorischen Voraussetzungen und Rahmenbedingungen sowie um die Institution der freien Presse überhaupt geht[533].

[530] Vgl. das Rundfunkurteil des ungarischen Verfassungsgerichts in deutscher Übersetzung in Brunner/ Sólyom, Verfassungsgerichtsbarkeit in Ungarn, Entscheidung Nr. 18, oder die Beschlüsse und Entscheidungen des polnischen Verfassungsgerichtshofs in deutscher Übersetzung in Brunner/Garlicki, Verfassungsgerichtsbarkeit in Polen, Entscheidungen Nr. 13, 14, 15.

[531] Urteil des Verfassungsgerichts III. ÚS 359/96 vom 10. Juli 1997 (Sb.n.u.ÚS, Band 8, Nr. 95, S. 367 ff.); II. ÚS 357/96 vom 10. Dezember 1997 (Sb.n.u.ÚS, Band 9, Nr. 156, S. 355 ff.); IV. ÚS 154/97 vom 9. Februar 1998 (Sb.n.u.ÚS, Band 10, Nr. 17, S. 113 ff.); I. ÚS 156/99 vom 8. Februar 2000.

[532] BVerfGE 71, S. 179 ff.; BVerfGE 85, S. 12 ff.; BVerfGE 95, S. 34 ff.

[533] BVerfGE 85, 1 (13).

Das tschechische Verfassungsgericht hat bei der Frage, ob eine bestimmte in der Presse veröffentlichte Äußerung erlaubt oder nicht erlaubt war, diese ebenfalls stets am Grundrecht der Meinungsfreiheit gemessen. Diese Vorgehensweise entspricht zwar derjenigen des Bundesverfassungsgerichts. Der Grund ist jedoch nicht in einer dem deutschen Recht vergleichbaren dogmatischen Unterscheidung zu sehen, sondern in dem Umstand, daß zwischen dem Grundrecht der Meinungsfreiheit und der Pressefreiheit keine scharfe bzw. gar keine Trennung vorgenommen wird (s. Zweiter Teil, § 8 D. I. 1, S. 119).

Über eine Verfassungsbeschwerde, deren Gegenstand die Institution der Presse als solche oder Angelegenheiten von Presseangehörigen waren, hatte das Verfassungsgericht noch nicht zu entscheiden.

Das tschechische Verfassungsgericht löst den Konflikt der Kollision von Persönlichkeitsschutz und Pressefreiheit durch Abwägung der kollidierenden Grundrechte. Das Verfassungsgericht erkennt in ständiger Rechtsprechung an, daß

„*das Grundrecht gemäß Art. 17 Charta mit dem Grundrecht gemäß Art. 10 Charta grundsätzlich gleichwertig ist. Jeder Fall einer behaupteten Verletzung der Meinungsfreiheit muß individuell, unter Berücksichtigung aller konkreten Umstände, gewertet werden*“[534].

„*Bei der Kollision des politischen Grundrechts auf Informationen und deren Verbreitung mit dem Recht auf Schutz der Persönlichkeit, also Grundrechte, die auf der gleichen Ebene stehen, ist es immer Sache der unabhängigen Gerichte, daß sie unter Berücksichtigung der Umstände jedes Einzelfalles sorgfältig abwägen, ob einem Recht unbegründet vor dem anderen Recht Vorrang eingeräumt wurde. Dies bestimmt im übrigen auch Art. 4 Abs. 4 Charta, wenn dieser den rechtsprechenden Organen auferlegt, bei der Anwendung Wesen und Sinn der Grundrechte zu wahren*“[535].

[534] Urteil des Verfassungsgerichts I. ÚS 156/99 vom 8. Februar 2000 (Sb.n.u.ÚS, Band 17, Nr. 19, S. 133 ff.).

[535] Urteil des Verfassungsgerichts IV. ÚS 154/97 vom 9. Februar 1998 (Sb.n.u.ÚS, Band 10, Nr. 17, S. 113 ff.).

Es zeigt sich mithin, daß sich das tschechische Verfassungsgericht im Falle einer Grundrechtskollision der Methodik der Einzellfallabwägung bedient, wie sie auch das Bundesverfassungsgericht vornimmt[536]. Bei der Abwägung nimmt das tschechische Verfassungsgericht immer wieder Bezug auf die vom EGMR herausgearbeiteten Grundsätze. Bisweilen hat das Verfassungsgericht viermal den Konflikt zwischen der Meinungs- und Pressefreiheit auf der einen und dem Persönlichkeitsschutz auf der anderen Seite lösen müssen.

a) Entscheidung III. ÚS 359/1997

Gegenstand der ersten Entscheidung III. ÚS 359/1997[537] des Verfassungsgerichts waren einige in der Tageszeitung „Český deník" veröffentlichte Artikel. Darin wurde der spätere Kläger als „Betrüger, der den Staat um mehr als vier Millionen betrogen hat" und als ein „Mensch mit krimineller Vergangenheit und Gegenwart" bezeichnet. Die ordentlichen Gerichte sahen in den Artikeln einen empfindlichen Eingriff in das Persönlichkeitsrecht des Klägers, und die beklagte Zeitung wurde zur Zahlung von 100.000 Kč Schadensersatz verurteilt. Sie erhob gegen die Entscheidung Verfassungsbeschwerde. Darin behauptete die Beschwerdeführerin, die angegriffenen Artikel seien Ausdruck einer berechtigten Kritik gewesen und durch die Gerichtsentscheidung sei ihr Grundrecht auf Meinungsfreiheit gemäß Art. 17 Charta verletzt worden. Das Verfassungsgericht hat die Beschwerde als unbegründet abgewiesen.

Das Verfassungsgericht führte dazu folgendes aus:

„Die Meinungsfreiheit und die Äußerung eigener Ansichten haben nicht den Charakter einer philosophischen Kategorie, sondern unterliegen als verfassungsrechtliche Begriffe bei ihrer Anwendung auf einen konkreten Sachverhalt

---

[536] Das Bundesverfassungsgericht löst den Konflikt der kollidierenden Grundrechte im Wege der praktischen Konkordanz bzw. einer umfassenden Güter- oder Interessenabwägung in der ermittelt wird, welches Recht in der konkreten Situation Vorrang genießt; vgl. dazu Hesse, Grundzüge des Verfassungsrechts, S. 317 ff.; Bleckmann, Grundrechte, S. 391.

[537] Urteil des Verfassungsgerichts III. ÚS 359/96 vom 10. Juli 1997 (Sb.n.u.ÚS, Band 8, Nr. 95, S. 367 ff.).

den allgemeinen Grundsätzen und Regeln der Rechtsinterpretation. Das von der Verfassung garantierte Recht, seine Ansichten (Art. 17 Abs. 2 der Charta) ohne Rücksicht auf mögliche Beschränkungen durch Gesetz (Art. 17 Abs. 4 der Charta) zu äußern, ist bereits inhaltlich durch Rechte anderer eingeschränkt, entweder ergeben sich diese Rechte als verfassungsrechtlich garantiert aus der Verfassungsordnung der Republik oder aus anderen Einschränkungen, die sich aus einem Gesetz ergeben, das gesamtgesellschaftliche Interessen oder Werte schützt (zum Beispiel §§ 205, 206 ff. Strafgesetzbuch); nicht nur diese inhaltlichen Beschränkungen können das Recht, seine Ansichten zu äußern, dessen verfassungsmäßigen Schutzes berauben, denn auch die Form, in der Ansichten nach außen ausgedrückt werden, ist eng mit dem verfassungsrechtlich garantiertem Recht verbunden, an dem sie sich ausrichten. Weicht eine publizierte Ansicht von den Grenzen der in einer demokratischen Gesellschaft allgemein anerkannten Anstandsregeln ab, verliert sie den Charakter eines korrekten Urteils (Nachricht, Kommentars), und als solche befindet sie sich in der Regel bereits außerhalb der Grenze des verfassungsmäßigen Schutzes. An der Notwendigkeit der Beachtung dieser Regeln ändert nichts die Tatsache, daß ein bestimmter Teil der Presse dazu neigt, der Ausdruckskraft, mit der sie „ihre Ansichten" vermittelt, Vorrang vor den Fakten (überprüften Tatsachen) einzuräumen; sofern dadurch die durch Verfassung oder Gesetz geschützten Interessen (Rechte) verletzt werden, muß sie darauf vorbereitet sein, die Konsequenzen aus diesen Handlungen zu tragen."

b) Entscheidung II. ÚS 357/96

In der zweiten Entscheidung II. ÚS 357/96[538] hat das Verfassungsgericht eine Verletzung der Meinungsfreiheit festgestellt. Der spätere Beschwerdeführer kritisierte in einem Artikel mit der Überschrift „Tschechische Schriftsteller – Zeit der Dunkelheit, Stunde Null" das Geschäftsgebaren des späteren Klägers im Verhältnis zum Tschechischen Schriftstellerclub. Das in erster Instanz zuständi-

[538] Urteil des Verfassungsgerichts II. ÚS 357/96 vom 10. Dezember 1997 (Sb.n.u.ÚS, Band 9, Nr. 156, S. 355 ff.). Vgl. dazu Barton, Svoboda projevu, S. 56 ff.

ge Bezirksgericht Prag wies die Persönlichkeitsschutzklage samt Schadensersatzforderung ab. Das Obergericht Prag als Berufungsgericht hatte zuvor entschieden, daß alle in dem Artikel gemachten Angaben der Wahrheit entsprechen. Strittig blieb lediglich der Satz: „Ich wage es nicht zu behaupten, was sich Dr. M. S. unter dem Begriff Kultur vorstellt". Das Obergericht vertrat die Auffassung, der Satz verletze das Persönlichkeitsrecht des Klägers. Der Artikel wecke bei dem Leser den Eindruck, daß der Kläger ein negatives Verhältnis zur tschechischen Kultur habe. Daher sei der Satz geeignet, sein Ansehen in der Gesellschaft abzuwerten. Der Beklagte (Beschwerdeführer) wurde zur Veröffentlichung einer Entschuldigung in der Tageszeitung „Práce" verurteilt. Das Oberste Gericht der ČR verwarf die Revision des Beklagten mit der Begründung, daß der Inhalt des Artikels in bezug zum Kläger kritisch und abwertend sei[539]. Dieser legte gegen das Urteil eine Verfassungsbeschwerde ein.

Das Verfassungsgericht hob die Urteile der Zivilgerichte auf und äußerte sich grundsätzlich zu kritischen Meinungsäußerungen und starker Polemik:

„...die Tatsache, daß der inkriminierte Satz in dem Zeitungsartikel mit der polemischen Aussage: „Ich wage es nicht zu behaupten...." eingeleitet wurde, schließt einen Eingriff in das Persönlichkeitsrecht gem. § 11 ff. ZGB und auf der Verfassungsebene einen Eingriff in das Recht nach Art. 10 Charta aus, denn jede Ansicht, Stellungnahme oder Kritik, und das auch dann, wenn sie polemisch beginnt, ist grundsätzlich zulässig, denn die Meinungsfreiheit nach Art. 17 Charta ist einer der wichtigsten Grundsätze einer demokratischen Gesellschaft."

c) Entscheidung IV. ÚS 154/97

Gegenstand der dritten Entscheidung des Verfassungsgerichts IV. ÚS 154/97[540] bildete die Beschwerde des Verlegers der Zeitschrift „Reflex". Die Zeitschrift veröffentlichte ein Photo eines Richters ohne dessen Einverständnis

[539] Urteil des Obersten Gerichts in Prag vom 12.9.1996, sp.cz. 1 Cdon 42/96.
[540] IV. ÚS 154/97 vom 9. Februar 1998 (Sb.n.u.ÚS, Band 10, Nr. 17, S. 113 ff.).

auf einer Seite, auf der neben dem Photo zwei Artikel mit folgenden Überschriften publiziert wurden: „Das beste Mittel für ein Mord ist Oxazepam“ und „Betrunkener Gewalttäter hat seine Geliebte in brutaler Weise totgeschlagen“. Sowohl das erstinstanzliche Gericht als auch das Berufungsgericht waren übereinstimmend der Auffassung, daß der Leser durch die graphische Gestaltung der Seite den Eindruck gewinnen müsse, das Photo und der Text gehören zusammen. Zur Verletzung des Persönlichkeitsrechts sei es nicht nur durch die Veröffentlichung des Photos ohne das Einverständnis des Betroffenen gekommen, sondern auch durch die Art und Weisewie es veröffentlicht wurde. Das Photo habe persönlichen Charakter und hänge nicht mit der Richtertätigkeit des Betroffenen zusammen, zumal es sich nicht um Berichterstattung aus dem Gerichtssaal handelte. Dem klagenden Richter sprach das Obergericht Prag ein Schadensersatz i.H.v. 100.000 Kč zu. Der Verleger legte gegen das Urteil Verfassungsbeschwerde unter Berufung auf die Verletzung seiner Rechte aus Art. 17 Charta ein.

Das Verfassungsgericht beschäftigte sich vor allem mit der Klärung der Frage, ob das Photo in angemessener Art und Weise für Zwecke der Berichterstattung verwendet wurde und ob diese Verwendung nicht den berechtigten Interessen des Beschwerdeführers widerspricht. Das Verfassungsgericht schloß sich weitgehend den Argumenten der Zivilgerichte an. Insbesondere müsse vor allem die Form, der Umfang und die Art und Weise der Verwendung dem Zweck entsprechen. Meinungs- und Informationsfreiheit brächten auch Pflichten und Verantwortung mit sich, denn dieses Grundrecht könne in dem Maße beschränkt werden, wie es in einer demokratischen Gesellschaft zwingend erforderlich ist.

„*Unter anderem werden solche Einschränkungen als zulässig erachtet, die den Ruf und die Rechte anderer schützen bzw. die der Wahrung der Autorität und der Unparteilichkeit der rechtsprechenden Gewalt dienen*“.

In diesem Zusammenhang verwies das Verfassungsgericht auf die umfangreiche Rechtsprechung des EGMR, insbesondere auf den Fall Prager und Oberschlick gegen Österreich[541]. Die Verfassungsbeschwerde wurde als unbegründet abgewiesen.

d) Entscheidung I. ÚS 156/99

Als eine Grundsatzentscheidung kann die gegenwärtig letzte Entscheidung des Verfassungsgerichts I. ÚS 156/99[542] bezeichnet werden. Das Verfassungsgericht beschäftigt sich darin ausführlich mit der Frage, welche Kriterien erfüllt sein müssen, um die Rechtswidrigkeit eines Eingriffs in das Persönlichkeitsrecht zu bejahen. Dabei setzt sich das Verfassungsgericht mit der Rechtsprechung des Obersten Gerichtshofs der Tschechischen Republik in Verfahren zum Schutz der Persönlichkeit auseinander.

In der Sache ging es um einen im Jahre 1991 veröffentlichten Artikel. Darin behaupteten die Journalisten (die späteren Beschwerdeführer), daß ein gegen den späteren Kläger (ein in der Öffentlichkeit bekannter Künstler und Politiker) geführtes Ermittlungsverfahren wegen einer Vermögensstraftat wahrscheinlich aufgrund seiner „engen Beziehungen" zu der ehemaligen Leitung des Bezirksverbands der Kommunistischen Partei eingestellt worden sei. Die Verfahrenseinstellung bezeichneten die Beschwerdeführer als „einen äußerst ungewöhnlichen Vorgang". Dem folgte der Satz, daß man die Informationen aus Angaben erfuhr, die „uns im Bürgerkomitee" zur Verfügung standen. Die Beschwerdeführer wurden vom Bezirksgericht Ostrava[543], bestätigt durch das Obergericht Olomouc[544], zur Zahlung von 25.000 Kč Schadensersatz und zur Veröffentlichung einer Entschuldigung folgenden Wortlauts wegen Verletzung des Persönlichkeitsrechts verurteilt: „Wir entschuldigen uns bei Herrn P.D. dafür, daß wir in dem am 27.3.1991 veröffentlichten Artikel „Existiert die mährische Frage?" die Vorgehensweise der Prokuratur der Stadt Ostrava bei der Ein-

[541] Vgl. Fn. 467.

[542] Urteil des Verfassungsgericht I. ÚS 156/99 vom 8. Februar 2000 (Sb.n.u.ÚS, Band 17, Nr. 19, S. 133 ff.).

[543] Urteil des Bezirksgerichts Ostrava vom 30.10.1997, sp.zn. 23 C 87/96.

[544] Urteil des Obergerichts Olomouc vom 24.11.1998, sp.zn. 1 Co 73/98.

stellung des Ermittlungsverfahrens nicht wahrheitsgemäß als äußerst ungewöhnlich bezeichnet haben und dies damit begründet haben, daß das Verfahrens wahrscheinlich aufgrund der engen Beziehungen zu der ehemaligen Leitung des Bezirksverbands der Kommunistischen Partei eingestellt worden ist". Gegen das Urteil des Obergerichts Olomouc erhoben die Journalisten Verfassungsbeschwerden wegen Verletzung ihrer Rechte aus Art. 17 Abs. 1 und 2 Charta.

Das Verfassungsgericht konzentrierte sich zunächst auf die Frage, ob sich der veröffentlichte Artikel hinsichtlich seiner Form (die Art und Weise der Meinungsäußerung) und hinsichtlich seines Inhalts (Tatsachenbehauptungen, Werturteile) nicht außerhalb der Grenzen des verfassungsmäßigen Schutzes befinde. Es prüfte, ob die im Artikel veröffentlichten Informationen grundsätzlich als wahrheitsgemäß bezeichnet werden könnten. Dabei stellte das Verfassungsgericht fest, daß die Journalisten im Artikel den Eindruck erweckt hätten, als hätten sie die Informationen im Rahmen ihrer Tätigkeit im Bürgerkomitee erhalten. Tatsächlich waren sie aber nie Mitglieder des Komitees, so daß diese Behauptung nicht der Wahrheit entsprach. Auf der anderen Seite stellte das Verfassungsgericht fest, daß sich die Informationen wortwörtlich mit dem Material deckten, das das Bürgerkomitee erarbeitet hatte. Somit war der Inhalt der Information richtig, unwahr lediglich die Angabe hinsichtlich der Mitgliedschaft der beiden Journalisten. Bezüglich der Berichterstattung über das Ermittlungsverfahren kam das Verfassungsgericht zu dem Ergebnis, daß der Zeitungsartikel zwar gewisse Ungenauigkeiten und Vergröberungen enthielt, daß aber die Angaben nicht als unwahr bezeichnet werden können.

In Auseinandersetzung mit der Judikatur des Obersten Gerichts[545], wonach bereits jede Veröffentlichung einer unwahren Angabe einen rechtswidrigen Eingriff in das Persönlichkeitsrecht darstellt, kommt das Verfassungsgericht zur der Auffassung, daß *„nicht jede Veröffentlichung einer unwahren Angabe automatisch einem rechtswidrigen Eingriff in das Persönlichkeitsrecht gleichkommt*".

[545] Urteil des Obersten Gerichts vom 19.7.1995 sp.zn Cdon 24/95.

Im konkreten Fall müsse geprüft werden, ob

„1. Zwischen dem Eingriff und der Verletzung der Persönlichkeitssphäre ein kausaler Zusammenhang besteht,

2. der Eingriff in dem konkreten Fall eine bestimmte, zulässige Intensität in einem Maße überschritten hat, das in einer demokratischen Gesellschaft nicht mehr toleriert werden kann".

In diesem Zusammenhang behandelte das Verfassungsgericht das Thema der Eigenart journalistischer Tätigkeit und stellte fest, daß der Presse ein gewisser Spielraum hinsichtlich der Genauigkeit der Berichterstattung, insbesondere der Tagespresse zugestanden werden müsse:

„es ist notwendig, gewisse Spezifika der Tagespresse, die zum Informieren der breiten Öffentlichkeit (im Gegensatz etwa zu Fachpublikationen) bestimmt ist, zu respektieren; diese muß in bestimmten Fällen – insbesondere mit Rücksicht auf den Umfang der einzelnen Beiträge und mit Rücksicht auf das Leserinteresse – zu gewissen Vereinfachungen greifen, und man kann nicht ohne weiteres behaupten, daß jede Vereinfachung (oder Verzerrung) zwingend zu einem Eingriff in die Persönlichkeitsrechte der betroffenen Personen führen muß. Man kann also schwerlich auf der absoluten Genauigkeit der Tatsachenbehauptungen bestehen und so an die Journalisten – in ihren Folgen – nicht erfüllbare Ansprüche stellen. Von Bedeutung ist daher immer, ob die Gesamtaussage einer bestimmten Information der Wahrheit entspricht".

Zum Schluß setzte sich das Verfassungsgericht mit der Äußerung „die Einstellung des Verfahrens stellt einen äußerst ungewöhnlichen Vorgang dar" auseinander. Das Verfassungsgericht kam zu dem Schluß, daß es sich nicht um eine Tatsachenbehauptung, sondern um ein Werturteil handele. Dieses Werturteil könne als solches nicht näher bewiesen werden. Da sich diese Meinungsäußerung weder durch ihre Form noch durch ihren Inhalt außerhalb der allgemein gültigen Regeln des Anstandes befinde, sei sie durch Art. 17 Charta geschützt. Im übrigen wies das Verfassungsgericht auf den Umstand hin, daß es sich bei dem Betroffenen um eine der Öffentlichkeit bekannte Persönlichkeit handelt, die politisch und kulturell tätig ist. Deshalb müsse der Betroffene, ausgehend von der Rechtsprechung des EGMR, sich deutlich schärfere Kritik gefallen lassen.

Das Verfassungsgericht stellte eine Verletzung des Grundrechts gemäß Art. 17 Charta fest und kassierte die Urteile des Bezirks- und des Obergerichts[546].

2. Wahlprüfungsverfahren

Die fünfte „Presseentscheidung" des Verfassungsgerichts I. ÚS 526/98 bildete eine Ausnahme[547]. Es handelte sich nicht um eine Verfassungsbeschwerde, sondern um ein Verfahren zur Überprüfung von Wahlen gemäß Art. 87 Abs. 1 Buchst. e) der Verfassung i.V.m. §§ 85 ff. Gerichtsverfassungsgesetz[548]. Dieses Verfahren stellt ein besonderes Verfahren dar, in dem ein Rechtsmittel gegen einen Beschluß in Angelegenheiten der Wahl eines Abgeordneten oder Senators beim Verfassungsgericht eingelegt wird. Geprüft wird nicht die Verletzung von Grundrechten. Vielmehr dient das Verfahren der Überprüfung der Verfassungsmäßigkeit und Rechtmäßigkeit der Wahl eines Abgeordneten oder eines Senators. Die Presse betraf der Fall nur mittelbar. Die Feststellungen des Verfassungsgerichts sind für die Presse jedoch von Bedeutung.

a) Sachverhalt

In der Sache legte die politische Partei ODS als Antragstellerin beim Verfassungsgericht ein Rechtsmittel ein, mit dem sie den Beschluß des Mandats- und Immunitätsauschusses des Senats, den Beschluß des Senats und den Beschluß des Obersten Gerichts der Tschechischen Republik über die Nichtbeglaubigung der Wahl einer Senatorin in den Senatswahlen angriff. Die Senatswahlen fanden am 20. und 21.11.1998 statt. Das Oberste Gericht entschied, daß die Wahl von

---

[546] Zum Kassationsprinzip, vgl. Zweiter Teil, § 8 D. IV. 1 (S. 152).

[547] Urteil des Verfassungsgerichts I. ÚS 526/98 vom 18. Februar 1999 (Sb.n.u.ÚS, Band 13, Nr. 27, S. 203 ff.) = Nr. 70/1999 Sb.; zu dem Urteil Sládeček, PP 1999, S. 313 ff.

[548] Gesetz Nr. 182/1993 Sb. über das Verfassungsgericht, deutsche Übersetzung in Brunner, VSO, Tschechien.

Dr. Dagmar Lastovecká zur Senatorin ungültig war. Es begründete seine Entscheidung mit der Verletzung von § 16 des Wahlgesetzes[549], der Regelungen über die Wahlkampagne enthält. Zum einem bestimmt § 16 Abs. 2 Wahlgesetz, daß über die Kandidaten und politischen Parteien keine unwahren Angaben veröffentlicht werden dürfen und daß die Wahl ehrenhaft und redlich verlaufen muß. In Abs. 5 des § 16 Wahlgesetz war jegliche Wahlwerbung 48 Stunden vor dem Beginn der Wahl verboten[550]. Hinzu kam ein Verbot, Angaben zu veröffentlichen, die einer politischen Partei, einer Koalition oder einem Kandidaten schaden könnten, und zwar durch Wort, Schrift, Ton oder Bild in Gebäuden, in denen die Rayonwahlkommissionen ihren Sitz haben, und in ihrer unmittelbarer Umgebung. Die Veröffentlichung der Ergebnisse von Wahlumfragen war während der Wahl gemäß § 16 Abs. 7 Wahlgesetz verboten.

Zu der Verletzung des Wahlgesetzes kam es nach Auffassung des Gerichts erstens dadurch, daß am Tag der Wahl (20.11.98) die Tageszeitung Lidové Noviny einen Artikel mit der Überschrift „Die Bürgermeisterin der Stadt Brno hat die Chance, Vorsitzende des Senats zu werden“ sowie eine Wahlumfrage veröffentlichte, die sie zur eindeutigen Favoritin erklärte. Zweitens veröffentlichte die Zeitung Lidové Noviny am zweiten Wahltag (21.11.98) einen Artikel mit dem Titel „Die Kommissionen verhandelten über die Wahlkampagne“, der den Untertitel „Kandidat Božek handelte unmoralisch“ trug. Die dritte Verletzung geschah nach Auffassung des Gerichts dadurch, daß der Kandidatin Lastovecká ein Fernsehauftritt ermöglicht wurde, in dem sie sich angeblich zur ihrer Wahlkampagne äußerte und diese bewertete. Dem Antrag der ODS-Partei wurde im Ergebnis stattgegeben, und das Verfassungsgericht verkündete, daß die Wahl der Kandidatin gültig war.

[549] Gesetz Nr. 247/1995 Sb. über die Wahlen zum Parlament der Tschechischen Republik und über die Änderung und Ergänzung einiger weiterer Gesetze; deutsche Übersetzung in Brunner, VSO, Tschechien.

[550] § 16 des Wahlgesetzes Nr. 247/1995 Sb. ist durch das Gesetz Nr. 204/2000 Sb. geändert worden. Das Verbot der Wahlwerbung 48 Stunden vor dem Beginn der Wahl ist aufgehoben worden.

b) Entscheidungsgründe

In der Urteilsbegründung führte das Verfassungsgericht aus, das Wahlprüfungsverfahren stelle ein spezifisches Verfahren dar, dessen Aufgabe vor allem die Beurteilung der Glaubwürdigkeit des demokratischen Prozesses der Wahl sei. Darüber hinaus gehe es allerdings auch um den Schutz der Grundrechte und Grundfreiheiten. Unter diesem Gesichtspunkt befaßte sich das Verfassungsgericht eingehend mit der Frage, ob im vorliegenden Fall die Sicherstellung des ordnungsgemäßen Verlaufs der Wahl mit dem Grundrecht der Meinungs- und Informationsfreiheit kollidiert. Bei der Prüfung des Falles sowie bei der Urteilsbegründung hat sich das Verfassungsgericht auf die Judikatur des Europäischen Gerichtshofs für Menschenrechte gestützt, die sich mit der Frage des Schutzes der Meinungsfreiheit in Wahlperioden in den Fällen „Sunday Times“ und „Bowman“ auseinandergesetzt hat[551]. Das Verfassungsgericht stellte vorliegend eine Verletzung des Art. 17 Charta fest. Die Berichterstattung in der Presse und im Fernsehen hatte zur Folge, daß die Wahl für ungültig erklärt wurde. Dies stellt nach Auffassung des Verfassungsgerichts einen eindeutigen Eingriff in Art. 17 Abs. 1 Charta dar. In seiner ausführlichen Begründung ist das Verfassungsgericht der Frage nachgegangen, ob die Voraussetzungen der Einschränkbarkeit nach Art. 17 Abs. 4 Charta und Art. 10 Abs. 2 EMRK vorliegen. Dabei prüfte das Verfassungsgericht die Voraussetzungen im Rahmen der dreistufige Prüfungsmethode, die der EGMR anwendet.

Das Wahlgesetz stellt nach Auffassung des Verfassungsgerichts eine hinreichende gesetzliche Eingriffsgrundlage dar. Als nicht erfüllt sah das Verfassungsgericht jedoch das Kriterium der Vorhersehbarkeit der Folgen des Gesetzes an. Ausschlaggebend war der Einwand, die Sanktion der Ungültigkeit der Wahl sei bei der Verletzung des Wahlgesetzes nicht vorhersehbar gewesen. Denn das Oberste Gericht habe im vorliegenden Fall eine abweichende Position gegenüber seiner bisherigen Rechtsprechung angenommen. Bislang verlangte das Oberste Gericht, wenn es um die Entscheidung der Ungültigkeit einer Wahl

---

[551] EGMR, Sunday Times I ./. Vereinigtes Königreich, Urteil vom 26.4.1979, Ser. A Nr. 30, Ziff. 29 ff.;

ging, das Vorhandensein von subjektiven Elementen. Eine Wahl war ungültig, wenn die Verletzung des Verbots der Wahlagitation während des 48-stündigen Moratoriums durch den Kandidaten selbst oder gegebenenfalls mit seinem Wissen oder Einverständnis erfolgte[552]. Vorausgesetzt wurde folglich neben der objektiven Verletzung des Wahlgesetzes zusätzlich das Vorliegen eines subjektiven Elements.

Das Verfassungsgericht berücksichtigte zwar, daß sich die Rechtsprechung weiterentwickeln und ändern kann. Dies ändert seiner Auffassung nach aber im vorliegenden Fall nichts. Das Oberste Gericht hatte seine grundsätzliche Auffassung, die es nur fünf Monate zuvor in einem anderen Fall vertrat, geändert. Darüber hinaus argumentierte das Verfassungsgericht damit, daß, wenn es nur auf die objektive Verletzung des Wahlgesetzes ohne eine subjektive Komponente ankäme, jedes beliebige Medium, also auch die Boulevardpresse, die Ungültigkeit der Wahl herbeiführen könnte. Dabei wäre für die Entscheidung ohne Belang, ob der Kandidat damit überhaupt etwas zu tun gehabt hätte. Dies zeige, daß die Folgen des Verhaltens bei der Verletzung des Wahlgesetzes für den Betroffenen nicht vorhersehbar seien.

In bezug auf die Beurteilung der Notwendigkeit des freiheitseinschränkenden Eingriffs in einer demokratischen Gesellschaft kam das Verfassungsgericht zu dem Ergebnis, daß „die Beschränkung des Grundrechts der Meinungs- und Informationsfreiheit und die Sanktion der Ungültigkeit der Wahl der Kandidatin nicht notwendig i.S.v. Art. 17 Charta und Art. 10 EMRK gewesen sind“. Dazu führte das Verfassungsgericht aus:

„Obwohl das Wahlgesetz eine aktive Wahlagitation im Rahmen des im Gesetz festgelegten Zeitraums ausschließt, kann die mit diesem Ziel verfolgte Beschränkung (d.h. der Schutz der subjektiven Wählerentscheidung) andere Grundrechte und -freiheiten verletzen, insbesondere die Meinungsfreiheit und die Informationsfreiheit. Auch in dem durch Gesetz geschützten Zeitraum haben also die Medien das Recht, Informationen zu bringen, sie können auch ihre eigenen Ansichten präsentieren, verboten ist ihnen lediglich die aktive Agitation für einige der

---

Bowman ./. Vereinigtes Königreich, Urteil vom 19.2.1998, RJD 1998-I, 175.

[552] Urteil des Obersten Gerichtshofs vom 7. Juli 1998, sp.zn. 11 Zp 22/98.

kandidierenden Subjekte. Die Meinungsfreiheit und die Informationsfreiheit gehören zu den Hauptsäulen einer demokratischen Gesellschaft, diese brauchen bei ihrer Arbeit natürlich vor allem die Medien. Das angeführte Grundrecht und dessen Realisierung bilden notwendig die essentielle Voraussetzung für deren freie Existenz. Die Meinungsfreiheit und das Recht auf Informationen gehören zu den Fundamenten einer demokratischen Gesellschaft, denn erst freie Informationen und deren Austausch und eine freie Diskussion machen aus einem Menschen einen Bürger eines demokratischen Landes. Es sind hauptsächlich die Presse, der Rundfunk und das Fernsehen, die die Informationen verbreiten und vermitteln; in diesem Zusammenhang hat die Informationsfreiheit eine außerordentliche Bedeutung. Der Grundsatz der Ehrlichkeit und Redlichkeit der Wahlkampagne und das Verbot der Wahlagitation 48 Stunden vor dem Beginn und während der Wahl kann nicht so weit ausgelegt werden, als wenn das Gesetz ein gesellschaftliches Vakuum schaffen würde, das die Existenz der Meinungsfreiheit und Informationsfreiheit (in Zusammenhang mit der Wahl) nicht ermöglicht."

3. Schlußbetrachtung

Die Rechtsprechung des Verfassungsgericht zeigt deutlich sein Bemühen, den Persönlichkeitsschutz und die Pressefreiheit miteinander in Einklang zu bringen. Durch Abwägung hat das tschechische Verfassungsgericht in den hier besprochenen Entscheidungen im Ergebnis zutreffend jeweils entweder der Pressefreiheit oder dem Persönlichkeitsschutz den Vorrang eingeräumt. In dem Abwägungsprozeß hat sich das Verfassungsgericht einiger Abwägungskriterien bedient. Es finden sich Parallelen zum deutschen Recht und der Rechtsprechung des EGMR. Es wird weder uneingeschränkte Pressefreiheit noch Verstärkung des Ehrenschutzes proklamiert. Die Grundrechte sind gleichwertig. Auf der Seite der Pressefreiheit bilden die Bedeutung der Pressefreiheit als „Fundament einer demokratischen Gesellschaft" und der Faktor der Wahrheit oder der Unwahrheit eines Berichts die wichtigsten Abwägungskriterien. Dabei hat sich das Verfassungsgericht mit dem bisher in der zivilrechtlichen Rechtsprechung geltenden Grundsatz, jede unwahre Tatsachenbehauptung sei zugleich tatbestandlich im Sinne der Vorschriften über den Schutz der Persönlichkeit, ohne daß ein Hinzutreten weiterer Umstände erforderlich wäre, auseinandergesetzt. Erforderlich ist die Überprüfung der Intensität des Eingriffs und des kausalen Zusammenhangs zwischen dem Eingriff und der Persönlichkeitsrechtsverletzung. In diesem Zusammenhang hat sich das Verfassungsgericht zu den Anforderungen an die journalistische Sorgfalt geäußert. Das Verfassungsgericht hat sich dafür ausgesprochen, bestimmte Besonderheiten der Tagespresse zu akzeptieren und Anforderungen an die Wahrheitspflicht nicht zu überspannen. Kritik und Werturteile, auch wenn diese stark polemisch sind, sind vom Grundrecht der Meinungsfreiheit grundsätzlich gedeckt. Erst wenn sich die Kritik außerhalb der Grenzen der allgemein anerkannten Regeln des Anstands befindet, tritt die Meinungsfreiheit regelmäßig hinter den Persönlichkeitsschutz zurück. Das Verfassungsgericht mißt auch der Stellung und dem Bekanntheitsgrad des Betroffenen Bedeutung zu, so daß bei prominenten Personen „breitere Limits als bei Privatpersonen gelten“[553].

Die vorgestellten Entscheidungen des Verfassungsgerichts zeigen anschaulich, daß das tschechische Verfassungsgericht dabei ist, das in der Charta verankerte Grundrecht der Meinungs- und Pressefreiheit auszuformen und dessen Inhalt zu prägen.

B. Einfachgesetzliche Schranken

I. Schranken des Pressegesetzes

Das Pressegesetz ordnet für die Pressetätigkeit bestimmte Ordnungsschranken an und beschränkt dadurch die in der Charta garantierte Pressefreiheit. Dem Schutz des Persönlichkeitsrechts anderer dient der im Pressegesetz verankerte

[553] Urteil des Verfassungsgericht I. ÚS 156/99 vom 8. Februar 2000 (Sb.n.u.ÚS, Band 17, Nr. 19, S. 133 ff.).

Anspruch auf Gegendarstellung. Auch dieser führt zu einer Beschränkung der Pressefreiheit.

1. Ordnungsrechtliche Beschränkungen

a) Registrierung und Register der periodischen Druckwerke

Die Aufnahme der Pressetätigkeit bedarf der Registrierung. Das Kultusministerium führt gemäß § 7 Abs. 1 PrG das Register der periodischen Druckwerke (im folgenden nur „Register"). Das Register kann von jedermann eingesehen werden. Die Anfertigung von Auszügen und Abschriften aus dem Register ist ausdrücklich jedermann erlaubt, § 7 Abs. 8 PrG. Die Errichtung des Registers soll laut Begründungsbericht der Erleichterung der Identifizierung des Verlegers dienen, um so einen besseren Schutz der berechtigten Interessen von Personen zu gewährleisten, die durch eine Veröffentlichung verletzt worden ist. Zudem soll die Registrierung notwendig für die Erhebung statistischer Daten sein. Die statistischen Daten sind zu Informationszwecken bestimmt.

aa) Anzeige der Herausgabetätigkeit

Beabsichtigt eine natürliche oder juristische Person die Herausgabe von periodischer Presse, so ist sie verpflichtet, diese Tatsache dem Kultusministerium 30 Tage vor Aufnahme der Tätigkeit schriftlich anzuzeigen. Die Anzeige muß folgende Angaben enthalten:

- den Namen des periodischen Druckwerks,
- seine Inhaltsorientierung,
- die Häufigkeit (Periodizität) des Erscheinens,
- die Angaben über die Regionalausgaben[554],
- den Namen, den Sitz und die Identifikationsnummer des Verlegers.

---

[554] Der im Originaltext verwendete Ausdruck „regionale Mutation" wird nachfolgend durch den Ausdruck Regionalausgabe ersetzt.

Der Name des periodischen Druckwerks ist die Bezeichnung des Druckwerks, unter der es auf dem Markt verbreitet wird, wie beispielsweise Lidové Noviny, Mladá Fronta Dnes oder Právo. Diese Angabe bereitet keine Schwierigkeiten.

Unklarheiten bestehen dagegen hinsichtlich der Pflichtangabe, in der der Verleger die Inhaltsorientierung des Periodikums mitteilen soll, das er herauszugeben beabsichtigt. Welche Anforderungen und welchen Umfang diese Angabe der Inhaltsorientierung erfüllen muß, ergibt sich weder aus dem Gesetz selbst noch aus dem Begründungsbericht. Insofern kann nur der im Begründungsbericht mit der Registrierung verfolgte Zweck der statistischen Datenerhebung eine Auslegungshilfe bieten. Soll die Registrierung überwiegend statistischer Datenerhebung dienen, so dürften an die inhaltlichen Vorgaben keine zu hohen Anforderungen gestellt werden. Angaben darüber, ob es sich etwa um ein Nachrichtenmagazin, eine Tageszeitung mit den Standardbeilagen oder eine Kochzeitschrift handelt, dürften als ausreichende Angaben über die Inhaltsorientierung des Druckwerkes genügen.

Der Verleger muß in der Anzeige weiterhin aufzählen, wie oft das Produkt erscheint. In Betracht kommt beispielsweise die Angabe „erscheint jeden Tag außer Sonntags„ bei Tageszeitungen oder im Falle eines Nachrichtenmagazins: „erscheint jeden Montag".

Wird die Zeitung mit einem Regionalteil herausgegeben, wird gefordert, daß der Verleger in der Anzeige Angaben zu den Regionalausgaben macht. Auch in diesem Falle helfen Gesetz oder Begründungsbericht hinsichtlich der inhaltlichen Vorgaben nicht weiter. Als Regionalausgabe wird üblicherweise eine Zeitung bezeichnet, die aus einer Hauptzeitung einschließlich der Rubriken Politik, Wirtschaft, Kultur, Sport und anderen Beilagen besteht, die einen wesentlichen Teil der Zeitung ausmachen, sowie aus einem Regionalteil, der lediglich in dem entsprechenden Landesteil bzw. Ort erscheint. Dieser Regionalteil wird in der Regel von einer lokal ansässigen Redaktion erstellt. Hier dürfte die Aufzählung der verschiedenen Regionalteile genügen.

Abschließend sind der Name, die Adresse des Sitzes und die Identifikationsnummer des Verlegers zu nennen, wenn es sich um eine juristische Person handelt. Sitz der juristischen Person ist die Anschrift, die als Sitz im Handelsregister eingetragen ist. Die Identifikationsnummer ist eine Nummer, welche die juristische Person vom Registergericht zugeteilt bekommt und die ins Handelsregister eingetragen wird, vgl. § 28 Abs. 1 Buchst. b) des tschechischen HGB. Natürliche Personen zeigen neben dem Namen ihren Wohnort und ihre Geburtsnummer[555] an.

bb) Wirkung der Eintragung

Die Eintragung der Angaben in das Register stellt keine Erlaubnis oder Lizenz zur Aufnahme der Pressetätigkeit dar. Die Registrierung entfaltet keine konstitutive Wirkung. Enthält die Anzeige alle vorgeschriebenen Angaben, trägt das Kultusministerium gemäß § 7 Abs. 4 PrG das periodische Druckwerk in das Register ein und erteilt dem Verleger eine Registernummer. Das Kultusministerium muß im Falle der vollständigen Anzeige die Eintragung durchführen, auch wenn es Bedenken etwa in bezug auf die Vereinbarkeit des Druckwerks mit der Rechtsordnung hat. Zu einer inhaltlichen Beurteilung bzw. Kontrolle der periodischen Presse ist das Kultusministerium nicht befugt. Dem Ministerium obliegt ausschließlich die Überprüfung der Vollständigkeit der in der Anzeige gemachten Angaben[556].

Die mit der Eintragung erteilte Registernummer gehört zu den Pflichtangaben, die im Impressum anzuführen sind. Ist die Anzeige unvollständig, fordert das Kultusministerium den Antragsteller zur Ergänzung der Angaben innerhalb von 15 Tagen auf. Unterbleibt die Anzeige bzw. deren Vervollständigung und beginnt der Verleger mit der Herausgabe der periodischen Druckwerke, begeht er eine Ordnungswidrigkeit, die gemäß § 17 Abs. 1 PrG mit Bußgeld bis zu 100.000,- Kč geahndet werden kann.

Beginnt der Verleger nicht innerhalb eines Jahres ab der Eintragung mit der Herausgabetätigkeit, wird das Herausgeben nach Ablauf dieser Frist als beendet angesehen. Diese Tatsache trägt das Kultusministerium in das Register ein und benachrichtigt den Verleger darüber. Änderungen der registrierten Angaben

---

[555] Jeder tschechische Bürger erhält bei der Geburt eine Geburtsnummer gemäß § 1 Abs. 1 der Verordnung Nr. 55/1976 Sb. über die Geburtsnummer.

[556] Vgl. Sokol, Tisk a právo, § 7, S. 49.

oder eine Unterbrechung sowie Beendigung der Tätigkeit müssen dem Ministerium schriftlich mitgeteilt werden. Der Verleger ist verpflichtet, diese Tatsachen dem Kultusministerium innerhalb von 5 Tagen von dem Tag an mitzuteilen, an dem es zu der Änderung, Unterbrechung oder Beendigung gekommen ist.

cc) Zulässigkeit der Registrierungspflicht

Eine Registrierungspflicht oder gar ein Register der periodischen Druckwerke ist dem geltenden deutschen Presserecht fremd. Im Gegenteil enthalten aufgrund historischer Erfahrung alle deutschen Landespressegesetze in § 2 LPG das Verbot, die Pressetätigkeit einschließlich der Errichtung eines Verlagsunternehmens von irgendeiner Zulassung abhängig zu machen. Diese Zulassungsfreiheit betrifft aber allein die sogenannten personenbezogenen Erlaubnispflichten. Darunter fallen Zulassungen, die dazu dienen, über die Person des Verlegers oder des Verbreitenden, eine indirekte inhaltliche Kontrolle dergestalt auszuüben, daß bestimmte Bedingungen hinsichtlich deren Zuverlässigkeit und Geeignetheit gestellt werden. Das Verbot einer Zulassungspflicht nach § 2 LPG gilt jedoch nicht für nicht personenbezogene Erlaubnisse und für presseneutrale Erfordernisse[557].

Die Registrierungspflicht im tschechischen Pressegesetz stellt keine personenbezogenen Anforderungen an die Person des Verlegers. Die Pressetätigkeit wird zudem nicht inhaltlich durch die Registrierung beeinflußt. Die Anzeige dient der Datenerfassung und ist folglich presseinhaltsneutral. Aus deutscher Sicht begegnet ein anderer Umstand Bedenken. Bei denjenigen Verlegern, deren Pressetätigkeit die Merkmale eines Gewerbes erfüllt, unterliegt die Herausgabetätigkeit den Bestimmungen des Gewerbegesetzes. Als Gewerbe wird eine auf Dauer angelegte Tätigkeit angesehen, die selbständig, in eigenem Namen, auf eigene Verantwortung und zur Gewinnerzielung ausgeübt wird[558]. Demnach ist es eher die Regel als die Ausnahme, daß die Herausgabetätigkeit unter das Regime des Gewerbegesetzes fällt. Die Anknüpfung an das Gewerbegesetz ist ge-

[557] Einzelheiten vgl. Löffler, Presserecht, § 2 Rn. 33 ff.

[558] § 2 des Gewerbegesetzes, Gesetz Nr. 455/1991 Sb. in der geltenden Fassung.

eignet, eine indirekte Einflußnahme auf die Person des Verlegers durch personenbezogene Zulassungsvoraussetzungen auszuüben. Denn eine der Voraussetzungen für die Ausübung eines Gewerbes ist gem. § 6 Abs. 1 Bucht. c) des Gewerbegesetzes die Unbescholtenheit des Gewerbetreibenden. Darüber hinaus darf der Gewerbetreibende keine Steuerschulden gegenüber der Finanzbehörde haben. Aus der Praxis sind bisher keine Fälle bekannt, in denen der Versuch einer indirekten Einflußnahme auf die Person des Verlegers über die Voraussetzung der Unbescholtenheit unternommen worden wäre. Dennoch besteht nach dem geltenden Recht die Gefahr der indirekten Einflußnahme, etwa durch Verschärfung der Kriterien der Unbescholtenheit. Um eine solche Vorgehensweise auch zukünftig für immer auszuschließen, müßte der Gesetzgeber lediglich die Pressetätigkeit in den Katalog jener Tätigkeiten aufnimmt, auf die das Gewerbegesetz keine Anwendung findet, wie er es etwa für Hörfunk– und Fernsehsendungen getan hat, § 3 Abs. 3 Buchst o) des Gewerbegesetzes.

Hinsichtlich der Vereinbarkeit der Registrierungspflicht mit Art. 10 EMRK ergeben sich zunächst keine Bedenken. Grundsätzlich wird im Rahmen des Art. 10 EMRK zwischen dem legitimen System der Registrierung und dem illegitimen System der Lizenzerteilung unterschieden. Die Pflicht zu Registrierung stellt für sich allein noch keine Verletzung des Art. 10 EMRK dar. Die Europäische Kommission für Menschenrechte hat in einer Entscheidung aus dem Jahre 1998 die Vereinbarkeit des Registrierungssystems mit Art. 10 EMRK ausdrücklich anerkannt[559]. Die Verpflichtung zur Eintragung bestimmter Daten vor der Aufnahme der Pressetätigkeit sei nicht unverhältnismäßig. Die Identifizierung von Verantwortlichen bei beleidigenden Artikeln zu ermöglichen, stelle ein legitimes Ziel i.S.v. Art. 10 Abs. 2 EMRK dar. Als nicht mehr mit Art. 10 EMRK vereinbar wurde die Ablehnung der Registrierung zweier Periodika durch polnische Gerichte angesehen[560]. Diese weigerten sich, die Registrierung vorzunehmen, weil die vorgeschlagenen Namen der Periodika nicht der „Realität entsprachen“ bzw. schädlich für die deutsch–polnischen Beziehungen waren. In diesem

[559] Kom., H.N. ./. Italien, vom 27.10.1998, Nr. 1890/91.

[560] Komm, Gaweda ./. Polnische Republik, Bericht vom 4.12.98, Nr. 26229/95 (unveröffentlicht).

Fall handelte es sich nicht um Angaben die einen „technischen“ Charakter hatten. Die Bestimmungen des polnischen Pressegesetzes räumten den Gerichten ein Ermessen darüber ein, ob sie eine Zeitschrift registrieren oder nicht, so daß es sich im Endeffekt um eine Art Lizenz handelte.

Mit der Registrierungspflicht nach tschechischem Pressegesetz wird vor allem das Ziel verfolgt, die Identifizierung der Verleger durch Betroffene sowie eine statistische Datenerhebung zu ermöglichen. Solche Ziele stellen legitime Ziele im Sinne des Art. 10 EMRK dar.

Gewisse Bedenken hinsichtlich der Vereinbarkeit der Registrierungspflicht mit Art. 10 EMRK tauchen jedoch in einem anderen Zusammenhang auf. Das Pressegesetz sieht im Falle unterlassener oder unvollständiger Anzeige eine empfindliche Geldbuße i.H.v. 100.000 Kč vor. Im Falle einer wiederholten Verletzung bestimmt § 17 Abs. 3 PrG sogar die zweifache Erhöhung des Betrages. Die Notwendigkeit solcher Maßnahmen in einer demokratischen Gesellschaft, vor allem deren Angemessenheit, könnte fraglich sein. Um die Angemessenheit der Maßnahmen abschließend beurteilen zu können, bleibt die Verwaltungspraxis abzuwarten.

Zusammenfassend läßt sich festhalten, daß die Registrierungspflicht rechtlich nicht zu beanstanden ist. Lediglich hinsichtlich der Angemessenheit der Geldstrafen sind Vorbehalte angebracht. Insgesamt erscheint jedoch zweifelhaft, ob sich das mit der Errichtung des Registers angestrebte Ziel erreichen läßt. Entstehen Schwierigkeiten bei der Bestimmung des Verlegers im Rahmen der Geltendmachung von Ansprüchen Betroffener, werden diese kaum mit Hilfe des Registers zu lösen sein. Bei der überwiegenden Mehrheit der Zeitungs- und Zeitschriftenverlage ist die Feststellung des verantwortlichen Verlegers ohnehin unproblematisch. Und diejenigen Verleger, die mit einem Konflikt mit dem Gesetz rechnen, wird man nicht mit Hilfe des Registers besser ausfindig machen können. Der Verleger kann sich beispielsweise unter falschem Namen eingetragen haben oder er hat es unterlassen, Änderungen bezüglich des Sitzes oder seiner Anschrift anzuzeigen. Darüber hinaus lassen sich die benötigten Angaben dem Impressum entnehmen. Das Impressum enthält alle Angaben, die dem Register mitzuteilen sind, mit Ausnahme der Inhaltsorientierung des Periodikums, die in diesem Zusammenhang ohne Bedeutung ist. Hinzu kommt, daß das täglich erscheinende Impressum bei Tageszeitungen die jeweiligen Änderungen sofort berücksichtigt und folglich wesentlich aktueller ist als das Register. Somit nützt das Register eher der Erfassung von Daten zu statistischen Zwecken.

b) Die Impressumpflicht

Von großer praktischer Bedeutung ist die in § 8 PrG normierte Impressumpflicht. Die Pflichtangaben[561] sollen verhindern, daß Verantwortliche anonym bleiben und sich so ihrer zivil- oder strafrechtlichen Verantwortung entziehen können. Das Impressum soll den Betroffenen, aber auch den staatlichen Organen eine schnelle und genaue Identifizierung des Verlegers ermöglichen. Der Verleger ist verpflichtet sicherzustellen, daß jede Ausgabe periodischer Presse die im § 8 Abs. 1 PrG aufgeführten Pflichtangaben enthält.
Das Impressum muß folgende Angaben enthalten:

- den Namen des periodischen Druckwerks,
- die Häufigkeit des Erscheinens,
- die Bezeichnung der Regionalausgabe, falls das periodische Druckwerk in Regionalausgaben herausgegeben wird,
- den Herausgabeort,
- die Nummer und den Tag des Erscheinens,
- die vom Kultusministerium erteilte Registernummer,
- den Namen, die Adresse des Sitzes und die Identifikationsnummer des Verlegers bei juristischen Personen; den Namen, Wohnort und die Geburtsnummer bei natürlichen Personen.

Im Vergleich sind die Angaben, die das Impressum enthalten muß, mit den Pflichtangaben an das Register der periodischen Druckwerke inhaltlich nahezu identisch. Insofern kann auf die Ausführungen zum Register verwiesen werden. Ins Impressum gehören zusätzlich die Angaben über den Herausgabeort, die

---

[561] § 8 PrG trägt die Überschrift „Pflichtangaben“ (Povinné údaje). Im Sprachgebrauch wird jedoch der Begriff „tiráž“ (Impressum) verwendet.

Nummer und den Tag des Erscheinens sowie die vom Kultusministerium erteilte Registernummer. Angaben über die Inhaltsorientierung enthält das Impressum hingegen nicht.

Der Herausgabeort ist unter Berücksichtigung der Definition des Herausgebens in § 3 Buchst. c) PrG zu bestimmten. Unter Herausgeben versteht das Gesetz die Sicherstellung des Inhalts, des Herausgebens und der öffentlichen Verbreitung periodischer Druckwerke. Werden alle drei Tätigkeiten an einem Ort, dem Verlagsort, der zugleich der Sitz der juristischen Person oder der Wohnort der natürlichen Person ist, vorgenommen, ergeben sich bei der Bestimmung des Herausgabeortes keine Schwierigkeiten. Werden diese drei Tätigkeiten jedoch an verschiedenen Orten vorgenommen, ist unklar, wie der Herausgabeort zu bestimmen ist. Diese Frage ist strittig. Es wird vertreten, daß bei Auseinanderfallen der Tätigkeiten der Sitz der juristischen Person oder der Wohnort der natürlichen Person als Herausgabeort anzusehen sei[562]. Nach anderer Meinung wird auf den Ort abgestellt, an dem der Inhalt der Presse sichergestellt wird[563]. Mangels entsprechender Judikatur führen die Unklarheiten, die mit der Bestimmung des Herausgabeorts verbunden sind dazu, daß die Angabe des Herausgabeorts bei den tschechischen Zeitungen variiert, je nach dem, ob Verlagssitz oder Druckerei usw., als Bezugspunkt gewählt wurde.

Ungeachtet dessen, daß die Bestimmung des Herausgabeortes nach dem Wortlaut des Gesetzes durchaus Schwierigkeiten bereitet, handelt es sich um ein Scheinproblem. Vergegenwärtigt man sich den Sinn des Impressumzwangs, der in der einfachen und raschen Identifizierung des Verlegers besteht, so spielt der Herausgabeort für das Erreichen dieses Zwecks keine Rolle. Geht es um die wirksame Verfolgung zivilrechtlicher Ansprüche, um das Geltendmachen eines Gegendarstellungsbegehrens oder um die Verfolgung von Presseverfehlungen durch die Ordnungsbehörde, ist nur der Verleger der Druckschrift von Interesse. Denn bei allen in Frage kommenden Ansprüchen haftet nach dem tschechischen Pressegesetz allein der Verleger. An welchem Ort das Druckwerk herausgegeben wurde, ist für den Haftungshinweis unerheblich.

---

[562] Chaloupková, Tiskový zákon, § 8, S. 29.

[563] Sokol, Tisk a právo, S. 49.

In Deutschland ist der Erscheinungsort demgegenüber presserechtlich von größter Bedeutung. Dies hängt damit zusammen, daß das Pressegesetz in die Gesetzgebungskompetenz der Länder und nicht des Bundes fällt. Nach § 8 Abs. 1 LPG NRW ist das Impressumrecht des Ortes maßgebend, an dem das Druckwerk erscheint. Deshalb ist die Bestimmung des Erscheinungsortes notwendig für die Feststellung des Landesrechts, das zur Anwendung kommt.

Als weitere Pflichtangabe sieht das Pressegesetz die Benennung der Nummer und des Tages der Herausgabe vor. Tag der Herausgabe ist gemäß § 3 Buchst. e) der Kalendertag, an dem die entsprechende Ausgabe des periodischen Druckwerks öffentlich verbreitet wurde, also der Tag, an dem das Presseprodukt einem individuell nicht bestimmten Kreis von Personen zugänglich gemacht wurde. Jede Druckschrift muß darüber hinaus die Registernummer ausweisen, unter der sie im Register des Kultusministeriums geführt wird.

Enthalten die periodischen Druckwerke nicht die gemäß § 8 Abs. 1 PrG festgelegten Pflichtangaben, ist ihre öffentliche Verbreitung untersagt. Im Falle der öffentlichen Verbreitung einer periodischen Druckschrift ohne oder mit unvollständigen oder unrichtigen Pflichtangaben kann das zuständige Kreisamt dem Verleger ein Bußgeld i.H.v. 200.000,- Kč auferlegen.

c) Bekanntmachung g im dringenden öffentlichen Interesse

Für den Fall, daß Gefahren für die Sicherheit des Staates drohen, hat der Gesetzgeber in § 6 PrG eine besondere Pflicht der Verleger von periodischer Presse normiert. Unter Bezugnahme auf § 6 PrG können Staatsorgane oder Organe der territorialen Selbstverwaltung im dringenden öffentlichen Interesse verlangen, daß der Verleger wichtige und unaufschiebbare Bekanntmachungen veröffentlicht. Eine solche Verpflichtung enthielt das sozialistische Pressegesetz nicht. Hierfür bestand indes auch keine Notwendigkeit, da das Herausgeben periodischer Presse nicht Gegenstand eines Privatunternehmens sein durfte und der totalitäre Staat jede Bekanntmachung anordnen konnte. Um ein gänzlich neues Instrument handelt es sich dennoch nicht. Bereits das alte österreichische Pressegesetz enthielt eine Bestimmung über die Pflichtveröffentlichung amtlicher

Bekanntmachungen[564]. Anders als nach dem geltenden Pressegesetz geschah dies gegen Zahlung eines üblichen Anzeigenpreises. Heute trägt der Verleger die Kosten der Bekanntmachung selbst.

Voraussetzung für die Veröffentlichung einer Ankündigung der berechtigten Organe ist das Vorliegen eines dringenden öffentlichen Interesses. Ein dringendes öffentliches Interesse besteht insbesondere bei Notstand, Staatsbedrohung und Kriegsgefahr. Der Notstand wird von der Regierung der Tschechischen Republik, ausnahmsweise vom Regierungsvorsitzenden verkündet. Gemäß Art. 5 Abs. 1 des Verfassungsgesetzes über die Sicherheit der Republik Nr. 110/1998 Sb. kann der Notstand im Falle von Naturkatastrophen, Umwelt- oder Industrieunfällen oder bei anderen Gefahren, die in erheblichem Maße Leben, Gesundheit oder Vermögenswerte oder die innere Sicherheit und Ordnung bedrohen, ausgerufen werden. Der Notstand kann für höchstens 30 Tage ausgerufen werden, eine Verlängerung ist nur mit Zustimmung des Abgeordnetenhauses möglich. Sind die Souveränität oder die Einheit des Staates oder die demokratischen Grundsätze bedroht, kann das Abgeordnetenhaus auf Antrag der Regierung den Zustand der Staatsbedrohung ausrufen.

Die dargelegten Gefahren sind beispielhaft aufgeführt wie sich aus der Verwendung des Begriffes „insbesondere“ ergibt. In Betracht kommen also auch andere Bekanntmachungen als die ausdrücklich genannten Fälle. Voraussetzung ist jedoch stets, daß eine solche Bekanntmachung nur im dringenden öffentlichen Interesse erfolgt und es sich um eine wichtige und unaufschiebbare Ankündigung handelt. Als Berechtigte werden Staatsorgane und Organe territorialer Selbstverwaltung genannt. Der Kreis der Berechtigten ist damit sehr weit gezogen, eine Differenzierung ist nicht vorgesehen. Nach dem Wortlaut des Gesetzes könnte zum Beispiel die Gemeindevertretung einer kleinen Gemeinde die Veröffentlichung einer Ankündigung über die Gefahr der Tollwut bei jeder großen überregionalen Zeitung verlangen. Aus der Sicht der Gemeinde handelt es sich sicherlich um eine wichtige und unaufschiebbare Ankündigung, deren Veröffentlichung von öffentlichem Interesse ist, da eine erhebliche Gefahr für die Gesundheit droht. Die Ankündigung liegt aber nur im öffentlichen Interesse der

[564] Vgl. Erster Teil, § 3 B. III. 4 (S. 22).

Region und nicht im dringenden öffentlichen Interesse des Landes. Zweckmäßig erscheint daher eine Veröffentlichung der Bekanntmachung in der Lokalpresse. Verleger von überregionalen Zeitungen müßten die Veröffentlichung ablehnen können[565]. Rechtsfolgen einer Ablehnung regelt das Pressegesetz nicht. Sanktionen für die Verletzung der Veröffentlichungspflicht sind im Pressegesetz nicht vorgesehen.

Die Veröffentlichung der Bekanntmachung muß in der nächsten, auf die Zustellung des Textes der Bekanntmachung folgenden Ausgabe der periodischen Druckschrift erfolgen. Graphisch ist sie dergestalt hervorzuheben, daß sie sich deutlich vom übrigen Text abhebt. Die geltenden deutschen Landespressegesetze enthalten keine entsprechende Bestimmung.

d) Ablieferung der Pflichtexemplare

aa) Funktion der Pflichtexemplare

Nach § 9 sind die Verleger zur Ablieferung von mehreren Exemplaren des periodischen Druckwerks verpflichtet. Diese Verpflichtung kannte bereits das österreichische Presserecht, ebenso alle nachfolgenden presserechlichen Regelungen. Geändert hat sich unterdessen die Bedeutung der Ablieferungspflicht. War sie ursprünglich als Maßnahme der Überwachung gedacht, so dient sie heute, wie sich aus dem Begründungsbericht ergibt, als *„eine der Garantien für den gleichberechtigten Zugang aller Bürger zu der heimischen Produktion periodischer Presse und der darin enthalten Informationen. Die bibliographische Verarbeitung der Presse ermöglicht gleichzeitig deren Ausnutzung zu wissenschaftlichen Zwecken und deren Zugänglichmachen nach internationalem Maßstab. Die Pflicht des Verlegers zur Ablieferung der Exemplare ist deshalb neu direkt im Pressegesetz geregelt worden, indem sie auf das Maß reduziert wurde, das zur Erfüllung der Grundfunktionen des Pflichtexemplars notwendig ist, die insbesondere in der Schaffung einer möglichst vollständigen Archivsammlung der*

---

[565] Vgl. Sokol, Tisk a právo, S. 45.

Produktion nationaler periodischer Presse und deren bibliographischer Verarbeitung besteht".

bb) Umfang der Ablieferungspflicht

Trotz der langen Tradition des Pflichtexemplarrechts wurde im Entstehungsprozeß des neuen Pressegesetzes um die Ablieferungspflicht heftig gerungen[566]. Kritiker beanstandeten in erster Linie, daß es sich um eine Art Enteignung handele, da die Ablieferung kostenlos erfolgen müsse. Die Pflicht, ausnahmslos alle periodischen Druckwerke unentgeltlich abzuliefern, verletze die Eigentumsgarantie nach Art. 11 Charta[567]. Gemäß Art. 11 Abs. 4 Charta sind Enteignungen oder erzwungene Einschränkungen des Eigentumsrechts zulässig, wenn das öffentliche Interesse sie erfordert, jedoch nur aufgrund eines Gesetzes und gegen Entschädigung. Das Kultusministerium, in dessen Ressort die Vorlage des Pressegesetzes erarbeitet wurde, wehrte sich gegen diese Kritik interessanterweise mit dem Hinweis auf die Grundsatzentscheidung des deutschen Bundesverfassungsgerichts zur Verfassungskonformität des Pflichtexemplarwesens. Die Verfassungsmäßigkeit des Pressegesetzes wurde mit den Argumenten des Bundesverfassungsgerichts verteidigt.

Das Bundesverfassungsgericht sah die Pflicht der unentgeltlichen Ablieferung von Pflichtexemplaren als zulässig i.S.v. Art. 14 GG an, vorausgesetzt, daß die daraus im Einzelfall resultierende Vermögensbelastung des Verlegers nicht wesentlich ins Gewicht fällt[568]. Als nicht verfassungskonform bezeichnete das Bundesverfassungsgericht die Regelung in Fällen, in denen der Verleger ein Pflichtexemplar auch dann unentgeltlich abliefern muß, wenn es sich um ein mit großem Aufwand und in kleiner Auflage hergestelltes Werk handelt.

Die tschechische Pflichtexemplarregelung ist vom Grundsatz her ebenfalls als verfassungskonform zu beurteilen. Der Zweck der Bestimmung ist das Zusam-

---

[566] Dies spiegelt sich u.a. darin wider, daß § 9 PrG bereits 3 Monate nach dem Inkrafttreten des Gesetzes novelliert wurde, Gesetz Nr. 302/2000 Sb.

[567] Stellungnahme der Union der Verleger zum Pressegesetz vom 24.5.1999; Sokol, Tisk a právo, § 9, S. 54; Chaloupková, Tiskový zákon, § 9, S. 31.

[568] BVerfGE 58, S. 137 = NJW 1982, S. 633.

mentragen der gesamten Produktion periodischer Presse, um sie für die Öffentlichkeit bereitzuhalten und für die nachkommenden Generationen zu archivieren. Das Pressegesetz regelt ausschließlich die Verhältnisse periodischer Presse, die in der Regel in großer Auflage herausgegeben wird. Die Einzelexemplare stellen keine teuren, mit großem Aufwand hergestellten Druckwerke dar.

Bedenken hinsichtlich der Vereinbarkeit mit Art. 11 Charta ruft allerdings die in § 9 Abs. 1 PrG festgelegte Zahl der Pflichtexemplare hervor. Das Pressegesetz verpflichtet den Verleger, insgesamt 16 Pflichtexemplare an 15 Empfänger abzuliefern. Es sind folgende Belegstücke vorgesehen: 2 Exemplare an die Nationalbibliothek der Tschechischen Republik, 1 Exemplar an die Mährische Landesbibliothek, 1 Exemplar an die Bibliothek des Nationalmuseums in Prag, 1 Exemplar an das Kultusministerium, 1 Exemplar an die Parlamentsbibliothek, 1 Exemplar an die Stadtbibliothek der Stadt Prag, 1 Exemplar an die Staatliche Technische Bibliothek und je 1 Exemplar an jede staatliche Wissenschaftsbibliothek. Als staatliche Wissenschaftsbibliotheken gelten in der Tschechischen Republik insgesamt 8 Bibliotheken[569]. Gibt der Verleger die Druckschrift in regionalen Ausgaben heraus, dann erfüllt er die Pflichtabgabe an die staatlichen Wissenschaftsbibliotheken, indem er der örtlichen Wissenschaftsbibliothek seiner Region das Druckwerk mit der entsprechenden Regionalausgabe zuschickt. An die Staatliche Technische Bibliothek muß er hingegen alle Regionalausgaben abliefern. Dies führt dazu, daß zum Beispiel der Verleger der auflagenstärksten tschechischen Tageszeitung „Mladá Fronta Dnes“ allein an die Staatliche Technische Bibliothek jeden Tag 14 Pflichtexemplare liefern muß, da die Zeitung in insgesamt 14 Regionalausgaben erscheint; die zusätzlichen 16 Pflichtexemplare kommen noch hinzu. Ob zum Erreichen des maßgebenden Regelungsmotivs der Archivierung der heimischen periodischen Presse eine solch hohe Zahl von kostenlosen Pflichtexemplaren noch als verhältnismäßig bezeichnet werden kann, erscheint zumindest zweifelhaft. Der Umfang der Verpflichtung mußte auch den schutzwürdigen Interessen des Verlegers Rechnung tragen. Die

[569] Es handelt sich um die staatliche Wissenschaftsbibliotheken in Kladno, České Budějovice (Budweiß), Plzen (Pilsen), Ústí nad Labem (Aussig an der Elbe), Liberec (Reichensberg), Hradec Králové (Königsgrätz), Ostrava (Ostrau), Olomouc (Olmütz).

Zumutbarkeit einer Pflichtabgabe von bis zu 30 Belegstücken täglich plus Versandkosten - etwa im Falle der Mladá Fronta Dnes - erscheint als nicht mehr gerechtfertigt. Diese Zahl stellt sich auch im internationalen Vergleich als unverhältnismäßig dar, denn üblich sind im Durchschnitt nur bis zu 5 Belegexemplare. So ist beispielsweise nach regionalem Recht in Nordrhein-Westfalen gemäß § 2 des Pflichtexemplargesetzes NRW lediglich ein Pflichtexemplar an die örtlich zuständige Bibliothek abzuliefern. Hinzu kommen die Belegstücke für die zentrale (bundesdeutsche) Einrichtung, die Bundesanstalt „Die Deutsche Bibliothek". Diese umfaßt die Deutsche Bibliothek Frankfurt, die Deutsche Bücherei Leipzig und das Deutsche Musikarchiv Berlin.

Blickt man sich überdies auf den Kreis der Begünstigten unter dem Gesichtspunkt der im Begründungsbericht zum Pressegesetz angegebenen Grundfunktion – Archivierung - , so stellt sich die Frage, wie die Parlamentsbibliothek eine solche Funktion erfüllen soll, wenn sie lediglich einem kleinem Kreis der Abgeordneten zugänglich ist. Dem Vorwurf des „Pragozentrismus" sieht sich die Bestimmung der Abgabe eines Exemplars der Presse an die Bibliothek der Stadt Prag ausgesetzt. Warum nur Prag und nicht die anderen Stadtbibliotheken Pflichtexemplare erhalten sollen, ist nicht ersichtlich.

Nach alledem ist festzuhalten, daß die Bestimmung über die Pflichtexemplare zwar grundsätzlich mit der Eigentumsgarantie des Art. 11 Charta zu vereinbaren ist, aber hinsichtlich des Umfangs der Ablieferungspflicht Bedenken bestehen.

cc) Anforderungen an die Druckwerke, Sanktionen

Der Ablieferungspflicht unterliegen alle periodischen Druckwerke ohne Ausnahme. Der Verleger hat die Pflicht, innerhalb von 7 Tagen ab dem Erscheinungstag die Druckwerke an die oben genannten Empfänger zu versenden. Die Druckwerke müssen frei von Mängeln sein. Stellt der Begünstigte fest, daß er ein mangelhaftes Exemplar erhalten hat, hat er das Recht, den Umtausch in ein mangelfreies Exemplar zu fordern. Dieser Antrag muß beim Verleger im Laufe von 15 Tagen nach der Zustellung eines mangelhaften Druckwerkes eingehen. Der Verleger ist verpflichtet, den Umtausch innerhalb von 10 Tagen ab der Zustellung des Antrages vorzunehmen. Für die Nichterfüllung oder nicht ordnungsgemäße Erfüllung der Ablieferungspflicht kann die zuständige Behörde nach § 17 Abs. 3 PrG eine Geldbuße in Höhe von 100.000,- Kč verhängen.

e) Haftung für den Inhalt der periodischen Druckwerke

aa) Grundsatz: Haftung für den gesamten Inhalt des Druckwerks

Dem Verleger räumt das Pressegesetz eine besondere Verantwortung ein. Gemäß § 4 PrG haftet der Verleger für den Inhalt der periodischen Druckwerke. Andere Personen als der Verleger haften presserechtlich nicht. Mit der alleinigen Haftung des Verlegers hat sich der tschechische Gesetzgeber von dem Haftungssystem des alten Pressegesetzes verabschiedet, wonach neben dem Verleger noch der Chefredakteur Dritten gegenüber für den Inhalt der Presse verantwortlich war. Die Bestimmung des Verlegers ist somit von zentraler Bedeutung für das Geltendmachen jeglicher Ansprüche nach dem Pressegesetz. Vor dem Hintergrund dieser Bedeutung des Verlegers im Pressegesetz treten die bereits dargelegten Schwierigkeiten mit der unklaren Definition des Verlegerbegriffs in § 3 PrG offen zutage (s.o. § 7 B. III. 2, S. 98). Der Verleger haftet gemäß § 4 PrG grundsätzlich für den gesamten Inhalt des periodischen Druckwerkes. Inhalt der periodischen Presse sind alle in dem Druckwerk enthaltenen Texte, Abbildungen, Graphiken, Anzeigen usw. Die Haftung nach dem Pressegesetz ist eine verschuldensunabhängige Haftung. Der Verleger haftet für die Verletzung von Rechten Dritter, die durch den Inhalt der periodischen Presse entstanden sind, unabhängig von persönlichem Verschulden.

bb) Ausnahme: Haftung für Anzeigen und Werbung

Ausgenommen von der Haftung des Verlegers für den gesamten Inhalt des periodischen Druckwerks sind Werbung und Anzeigen. Nach § 5 PrG ist der Verleger in bezug auf die Wahrheit der in der Werbung und in den Anzeigen enthaltenen Angaben von der Haftung freigestellt, mit Ausnahme eigener Werbung und Anzeigen des Verlegers. Diese Haftungsfreistellung gilt nur in presserechtlicher Hinsicht. Daraus folgt, daß § 5 PrG dahingehend ausgelegt werden muß, daß gegen den Verleger wegen Anzeigen und Werbung keine Gegendarstellungsansprüche gem. § 10 PrG geltend gemacht werden können und kein Anspruch auf die Veröffentlichung einer nachträglichen Mitteilung nach § 15 PrG besteht. Die Haftung des Verlegers nach den allgemeinen Gesetzen bleibt unberührt. So ist der Verleger weiterhin etwa durch die zivilrechtlichen und wettbewerbsrechtlichen Vorschriften und im noch stärkeren Maße durch das Gesetz über die Regulierung der Werbung Nr. 40/1995 Sb. (im folgenden Werbegesetz). Eine vollständige Darstellung aller relevanten Bereiche, die durch Anzeigen und Werbung berührt werden können, kann hier nicht vorgelegt werden. Die nachfolgenden Beispiele sollen einige Fälle hervorheben. So darf etwa gemäß § 2 Abs. 2 Werbegesetz die Werbung keine unwahren Angaben und keine Elemente enthalten, die gegen die guten Sitten verstoßen, insbesondere Elemente, die Minderheiten oder das religiöse Empfinden beleidigen. Weitere Werbebeschränkungen bestehen hinsichtlich Heil- und Arzneimitteln, Tabak und Alkohol sowie Waffen und Munition. Kommt es zu Verstößen gegen die im Werbegesetz festgelegten Verbote, haftet gemäß § 8 Werbegesetz der Verbreiter. Ein Verleger periodischer Presse, in dessen Druckschrift etwa eine Werbeanzeige mit unwahren Angaben veröffentlicht wurde, ist Verbreiter im Sinne des Werbegesetzes. Als solcher muß der Verleger dafür Sorge tragen, daß die Werbung und die Anzeigen mit gesetzwidrigem Inhalt unterbleiben. Für das Verbreiten gesetzwidriger Werbung und Anzeigen droht je nach Schwere des Verstoßes eine Geldbuße bis zu 2.000.000,- Kč[570].

Des weiteren ist der Verleger angehalten, dafür zu sorgen, daß Anzeigen und Werbung nicht gegen die Vorschriften über den unlauteren Wettbewerb nach §§ 44 ff. Handelsgesetzbuch verstoßen. Gemäß § 45 Handelsgesetzbuch ist die Verbreitung von Angaben über das eigene oder über fremde Unternehmen bzw. deren Waren oder Leistungen, die geeignet sind, eine falsche Vorstellung hervorzurufen und dadurch dem eigenen oder einem fremden Unternehmen einen Vorteil zum Nachteil anderer zu verschaffen, als irreführende Werbung anzusehen. Die in §§ 53, 54 Handelsgesetzbuch vorgesehenen Rechtsmittel zum Schutz

[570] Zu den Voraussetzungen für die Verhängung von Geldbußen nach dem Werbegesetz vgl. das Urteil des Obergerichts in Prag vom 11.6.1999, sp.zn. 5A 61/98 = SR 7/2000, S. 214 ff.

von Personen, deren Rechte durch unlauteren Wettbewerb verletzt oder gefährdet worden sind, können gegenüber einem Medium, das die Werbung veröffentlichte, ebenso geltend gemacht werden wie gegen andere Verbreiter (Störer)[571].

Festzustellen ist damit, daß den Verleger bezüglich des Inhalts von Anzeigen und Werbung, die er veröffentlicht, eine Prüfungspflicht trifft. In der Rechtslehre wird diskutiert, wie weit diese Prüfungspflicht geht und welches Maß an Sorgfalt der Verleger anwenden muß. Im Gegensatz zum Recht der Vorkriegstschechoslowakei[572] enthält das geltende Recht keine Regelung, wann der Verleger für unlauteren Wettbewerb und irreführende Werbung haftet und wann nicht. Der überwiegende Teil der tschechischen Rechtslehre stellt sich auf den Standpunkt, die Anforderungen an die Prüfungspflicht des Verlegers dürften nicht überspannt werden. Dabei wird die Rechtsprechung des deutschen Bundesgerichtshofs zur Prüfungspflicht der Presse für Anzeigeveröffentlichungen als „Inspiration für unsere (tschechische) Entscheidungspraxis" herangezogen[573]. Danach beschränkt sich die Prüfungspflicht auf grobe und offensichtliche Verstöße; grob und offensichtlich sind nur solche Verstöße, bei denen sich schon aufgrund der Lektüre die Gesetzwidrigkeit der Anzeige aufdrängt[574]. Die Beschränkung auf grobe und offensichtliche Fehler wird in der tschechischen Rechtslehre mit dem Argument verfochten, es führte zu unvertretbaren Ergebnissen, wenn der Verleger bzw. die Anzeigenabteilung alle Angaben auf ihre Wahrheit überprüfen müßte. Ansonsten müßte die Anzeigenabteilung eine Art „Labor" sein, die alle Aspekte der in Rede stehenden Anzeigen einer gründlichen Prüfung zu unterziehen habe. Der Verleger müsse sich weitestgehend auf die Angaben des Inserenten verlassen. Erhöhte Sorgfalt treffe den Verleger allerdings dort, wo Anzeigen, die Persönlichkeitsrechte Dritter oder den guten Ruf juristischer Personen tangieren[575]. Rechtsprechung zur Haftung von Presseun-

---

[571] Hajn, PR 5/1997, S. 271 ff.

[572] Gemäß § 3 des Gesetzes Nr. 111/1927 Sb. zum Schutz gegen den unlauteren Wettbewerb mußte der Verleger vorsätzlich handeln, um haftbar gemacht zu werden.

[573] Hajn, PR 5/1997, S. 271 ff.; Sokol, Tisk a právo, § 4, S. 40.

[574] BGH NJW-RR 1994, S. 874; BGH NJW 1992, S. 2765 (2766); BGH GRUR 1993, S. 53 (54); OLG Koblenz NJW-RR 1988, S. 753 (754).

[575] Křestanová, Odpovědnost vydavatele, Beitrag vom 6.8.2001 in Media rewue, s. www. nadaceperoutka.cz .

ternehmen für Anzeigenveröffentlichungen ist – soweit ersichtlich – bisher nicht ergangen. Es bleibt daher abzuwarten, ob die Gerichte der Argumentation der Rechtslehre folgen.

2. Gegendarstellungsrecht als medienspezifische Schranke

An die Stelle des Berichtigungsanspruchs, den bereits das alte österreichische Pressegesetz kannte und den auch das sozialistische Pressegesetz enthielt, ist im geltenden Pressegesetz (§ 10) das Gegendarstellungsrecht „odpověd“ getreten[576]. Keine andere Vorschrift des Pressegesetzes hat mehr Diskussionen ausgelöst als das Recht der Gegendarstellung[577]. Im Regierungsbericht zum Pressegesetz wird die Einführung des Gegendarstellungsrechts mit den „Forderungen, die sich aus Art. 23 der Richtlinie Nr. 89/552/EWG i.d.F. der Richtlinie Nr. 97/36/EG „Fernsehrichtlinie“ ergeben“, begründet. Die Frage, inwieweit die Tschechische Republik verpflichtet ist, Richtlinien der EU im Bereich der Medien umzusetzen, soll im Kapitel § 4 der Arbeit gesondert untersucht werden.

a) Die Rechtsnatur des Gegendarstellungsanspruchs

Das Recht der Gegendarstellung ist ein pressespezifisches Rechtsinstitut zum Schutz der Persönlichkeit[578]. Es dient der Wahrung der Persönlichkeitsrechte einer Person, die durch eine in der periodischen Presse verbreitete Tatsachenbehauptung verletzt wurde. Die Gegendarstellung ist ein pressespezifisches Rechtsmittel, das im Zivilrechtswege geltend zu machen ist.

---

[576] Die wörtliche Übersetzung des Begriffes „odpověd“ lautet „Antwort“. Zum besseren Verständnis wird der Begriff „Gegendarstellung“ verwendet.

[577] Vgl. Zweiter Teil, § 7 A. III. (S. 94). Der stellvertretende Vorsitzende des Abgeordnetenhauses, Langer, hat im Parlament unter dem Motto „ Das Recht der Gegendarstellung, Beschränkung oder Erweiterung der Pressefreiheit“ ein Expertengespräch organisiert. Die Beiträge dieses Kolloquiums sind unter dem gleichlautenden Titel veröffentlicht worden.

[578] Švestka, Ochrana osobnosti, S. 310 ff.; ders., Právo na odpověd, S. 6.

b) Materielle Anspruchsvoraussetzungen

aa) Anspruchsberechtigte und Anspruchsverpflichtete

Den Anspruch auf Abdruck einer Gegendarstellung kann nach § 10 Abs. 1 PrG jede natürliche Person, die durch eine in dem periodischen Druckwerk aufgestellte Tatsachenbehauptung in ihrer Ehre, Würde oder Privatsphäre verletzt wurde, oder jede juristische Person, deren Namen oder guter Ruf durch die Tatsachenbehauptung verletzt wurde, geltend machen. Folglich sind ohne Rücksicht auf ihre Staatsangehörigkeit natürliche und juristische Personen anspruchsberechtigt.

Die Frage des postmortalen Gegendarstellungsanspruchs ist ausdrücklich in § 10 Abs. 4 PrG geregelt. Danach sind nach dem Tod einer natürlichen Person deren Ehegatte und die Kinder berechtigt, das Gegendarstellungsrecht geltend zu machen. Sind keine Ehegatten oder Kinder vorhanden, können die Eltern des Verstorbenen einen Anspruch auf Veröffentlichung einer Gegendarstellung geltend machen. Die deutsche Judikatur hat – soweit ersichtlich – noch nie ein postmortales Gegendarstellungsbegehren zuerkannt[579].

Zum Abdruck einer Gegendarstellung verpflichtet ist der Verleger des periodischen Druckwerks, das die beanstandete Mitteilung veröffentlicht hat. Der Verleger ist im Impressum aufgeführt. Andere Verpflichtete sieht das Pressegesetz nicht vor. Im deutschen Presserecht kann das Gegendarstellungsbegehren neben dem Verleger noch an den verantwortlichen Redakteur gerichtet werden[580].

bb) Inhalt der beanstandeten Veröffentlichung

Nach § 10 Abs. 1 PrG kommt eine Gegendarstellung nur dort in Betracht, wo sich der Antragsteller gegen eine in der Pressemitteilung (Erstmitteilung) aufge-

---

579 Seitz/Schmitz/Schoener, Der Gegendarstellungsanspruch, Rn. 552, S. 262 m.w.N.

580 Sofern von deutschem Presserecht oder Gegendarstellungsrecht gesprochen wird, sind damit Regelungen gemeint, die in allen Landespressegesetzen gleich lauten.

stellte Tatsachenbehauptung wendet. Werturteile und Meinungen sind nicht gegendarstellungsfähig. Zu der im Einzelfall schwierigen Abgrenzung von Tatsachenbehauptungen und Werturteilen sei auf die Ausführungen zur Meinungsfreiheit verwiesen [s. Zweiter Teil, § 8 D. II. 1, S. 125]. Das deutsche Gegendarstellungsrecht setzt ebenfalls die Veröffentlichung einer Tatsachenbehauptung voraus. Gegendarstellungen gegen Wertungen und Meinungen sind ausgeschlossen[581].

Die beanstandete Tatsachenbehauptung muß darüber hinaus den Anspruchsteller in seiner Ehre, Würde oder Privatsphäre verletzen. Bei juristischen Personen wird die Verletzung ihres Namens oder ihres guten Rufs vorausgesetzt. Auch hinsichtlich der Voraussetzungen der Ehrverletzung, der Verletzung von Würde und Privatsphäre sowie des guten Rufes kann auf die Ausführungen zum Schutz des Persönlichkeitsrechts verwiesen werden [s. Zweiter Teil, § 9 A. IV. 2, S. 173]. Die betroffene natürliche oder juristische Person muß in der Pressemitteilung nicht namentlich erwähnt werden. Ausreichend ist die Erkennbarkeit der Identität des Antragstellers.

Im Unterschied zum Gegendarstellungsanspruch im deutschen Recht, § 11 LPG, reicht es also nicht aus, daß der Antragsteller durch eine Tatsachenbehauptung lediglich betroffen ist. Von einer Pressemitteilung betroffen ist jeder, dessen eigene Interessensphäre von einer in ihr aufgestellten Tatsachenbehauptung berührt wird[582]. Nach tschechischem Recht ist hingegen eine Verletzung der Würde, der Ehre oder der Privatsphäre bei natürlichen Personen, des Namens oder des guten Rufes bei juristischen Personen zwingend für die Geltendmachung des Anspruches.

---

[581] Vgl. statt aller Löffler/Ricker, Handbuch des Presserechts, S. 177, Rn. 9. Verschiedentlich wird angesichts der Abgrenzungsschwierigkeiten zwischen Tatsachenbehauptung und Meinungsäußerung in der Rechtslehre die Erweiterung des Gegendarstellungsanspruch auf Meinungsäußerungen verlangt, vgl. Stürner, Gutachten A, S. 91 ff.; Kocian Elmaleh, Gegendarstellungsrecht, S. 211; Rösler, ZRP 1999, S. 507 ff.

[582] Statt aller Soehring, Presserecht, Rn. 29.9, S. 497 ff. m.w.N.

In § 10 Abs. 1 PrG wird lediglich der Begriff „Tatsachenbehauptungen" verwendet. Daraus könnte man folgern, auf den Wahrheitsgehalt der durch die Presse aufgestellten Tatsachenbehauptung komme es nicht an. Das Pressegesetz stellt jedoch in Absatz 2 einige wichtige Einschränkungen des Gegendarstellungsanspruchs auf. Der Antragsteller muß sich auf Tatsachenbehauptungen beschränken, mit denen die in der periodischen Presse veröffentlichte Pressemitteilung richtiggestellt oder eine unvollständige oder sonst die Wahrheit verzerrende Behauptung ergänzt oder präzisiert wird.

Folglich können in der Gegendarstellung lediglich
- unwahre Tatsachenbehauptungen richtiggestellt werden,
- unvollständige Tatsachenbehauptungen um weitere Tatsachen ergänzt werden,
- verzerrende oder auf andere Art und Weise die Wahrheit entstellende Behauptungen präzisiert werden.

Es zeigt sich, daß es von grundsätzlicher Bedeutung ist, ob die von der Presse aufgestellte Tatsachenbehauptung wahr oder unwahr ist. Damit dient die Gegendarstellung in erster Linie als Verteidigung gegen unwahre Tatsachenbehauptungen. Die Gegendarstellung von wahren Tatsachenbehauptungen kann nur ausnahmsweise gefordert werden, nämlich wenn an sich wahre Tatsachenbehauptungen unvollständig oder die Wahrheit verzerrend dargestellt werden[583].

Die Voraussetzung der Unwahrheit oder Unvollständigkeit der Tatsachenbehauptung für eine erfolgreiche Geltendmachung des Gegendarstellungsanspruches ist der wesentliche Unterschied zum Gegendarstellungsrecht nach deutschem Recht. Dort kommt es auf die Wahrheit der Mitteilung nicht an. Eine Gegendarstellung ist auch gegen eine wahre Tatsachenbehauptung möglich[584]. Die Gegendarstellung dient der Verwirklichung des Rechts Betroffener, sich in der Öffentlichkeit mit der eigenen Darstellung Gehör zu verschaffen, unabhängig

[583] So auch Doležílek, PR 10/2000, S. 430 (433); Chaloupková, Tiskový zákon, § 10, S. 37; Novotná, Právní rádce 7/2000, S. 25; Barton, Svoboda projevu, S. 82.
[584] Vgl. statt aller Seitz/Schmidt/Schoener, Gegendarstellungsrecht, Rn. 243, S. 92.

von der objektiven Wahrheit[585]. Lediglich bei offensichtlichen Lügen oder gerichtsbekannten Unwahrheiten kann der Verleger den Abdruck einer Gegendarstellung verweigern. Der „deutsche" Gegendarstellungsanspruch ist rein formal konzipiert.

c) Inhalt der Gegendarstellung

Der Antragsteller muß sich in seiner Gegendarstellung ebenfalls auf Tatsachenbehauptungen beschränken. Erforderlich ist, daß die Darstellung des Anspruchstellers die unwahren Behauptungen der Pressemitteilung richtigstellt, vervollständigt oder präzisiert. Folglich gilt wie im deutschen Recht das Prinzip „Tatsache gegen Tatsache". Diese wichtige Einschränkung enthielt der ursprüngliche Regierungsentwurf des Pressegesetzes nicht. Zunächst war vorgesehen, daß der Antragsteller den veröffentlichten Tatsachenbehauptungen seine Meinungen und Werturteile entgegensetzen kann. Danach könnte der Antragsteller die Tatsachenbehauptung der Presse in seiner Gegendarstellung mit Polemik, Werturteilen oder Kritik richtigstellen. Enthielte zum Beispiel die Erstmitteilung die Behauptung „XY hat mit Schwarzgeld die Partei X gesponsert", könnte XY die Mitteilung mit der Formulierung „die Behauptung ist frei erfunden und für dieses linke Blatt typisch" richtigstellen. Ein solches Vorgehen verstieße gegen das Prinzip der Waffengleichheit. Um dieses Prinzip zu wahren, hat sich schließlich die sachgerechte Anknüpfung an Tatsachenbehauptungen auf beiden Seiten durchgesetzt.

Das Pressegesetz enthält hinsichtlich der Voraussetzungen der Gegendarstellung nur spärliche Angaben. Die Verständlichkeit der Gegendarstellung gebietet es, den Wortlaut der angegriffenen Mitteilung zu wiederholen. Eine solche Bezugnahme ermöglicht einen schnellen Vergleich zwischen der beanstandeten Tatsachenbehauptung der Presse und der richtigstellenden Antwort des Gegendarstellenden. Im Anschluß daran sollte die eigentliche Gegendarstellung folgen. Darin kann der Antragsteller den wahren Sachverhalt schildern, der unwahren

---

[585] BVerGE 63, S. 131 = AfP 1983, S. 334 = NJW 1983, S. 1179.

Behauptung widersprechen oder ergänzende Erläuterungen abgeben, die notwendig sind, um die Erstmitteilung der Presse zu präzisieren und zu vervollständigen[586]. In ihrem Umfang muß die Gegendarstellung im Verhältnis zu der beanstandeten Mitteilung angemessen sein. Als angemessen gilt in der Regel eine Gegendarstellung, die vom Umfang her etwa den Text der beanstandeten Mitteilung hat und diesen nicht wesentlich überschreitet. Wird nur ein Teil der Erstmitteilung beanstandet, muß die Gegendarstellung diesem Teil im Umfang entsprechen.

d) Ausnahmen von der Gegendarstellungspflicht

aa) Keine Straftat, kein Verwaltungsdelikt

Der Verleger ist gemäß § 15 Abs. 1 Buchst. a) PrG nicht gehalten eine Gegendarstellung zu veröffentlichen, sofern durch die Veröffentlichung des Gegendarstellungstextes eine Straftat oder ein Verwaltungsdelikt verübt wird. Mithin sind Gegendarstellungen, die den Tatbestand eines Strafgesetzes oder eines Verwaltungsdelikts erfüllen, ausgeschlossen.

bb) Kein Verstoß gegen die guten Sitten

Verstößt der Inhalt der Gegendarstellung gegen die guten Sitten, kann der Verleger die Veröffentlichung der Gegendarstellung ablehnen. Unter guten Sitten versteht das tschechische Recht die Gesamtheit der gesellschaftlichen und moralischen Normen, die in der historischen Entwicklung eine gewisse Beständigkeit aufweisen, grundlegende historische Tendenzen erfassen, von der entscheidenden Mehrheit der Gesellschaft geteilt werden und den Charakter von Grundsatznormen haben[587]. Die Veröffentlichung einer Gegendarstellung kann etwa dann gegen die guten Sitten verstoßen, wenn der Entwurf der Gegendar-

[586] Vgl. Doležílek, PR 10/2000, S. 430 (435).
[587] Urteil des Obersten Gerichts vom 26.6.1997 sp.zn. 3 Cdom 69/96.

stellung, zwar eine wahre Behauptung enthält, die jedoch in moralisch unzumutbarer Weise in die Privat- oder Intimsphäre eines Dritten eingreift[588].

cc) Wahrheitsgemäße, für die Öffentlichkeit bestimmte Mitteilungen

Eine Abdruckpflicht des Verlegers besteht des weiteren nicht, wenn die beanstandete Behauptung die Mitteilung eines Dritten zitiert, die für die Öffentlichkeit bestimmt ist, oder wenn es sich um eine Mitteilung handelt, die als die wahrheitsgemäße Interpretation einer solchen bezeichnet wurde, § 15 Abs. 1 Buchst. c) PrG. Die erste Alternative – Zitat der Mitteilung eines Dritten – setzt voraus, daß die Mitteilung an die Öffentlichkeit gerichtet und wortwörtlich von der Presse wiedergegeben wurde. Eine solche Mitteilung muß nicht notwendigerweise beginnen: „XY hat gesagt: ...“; ausreichend ist, daß der Text durch Anführungszeichen gekennzeichnet ist. Die zweite Alternative setzt keine wortgetreue, sondern eine zutreffende, der Wahrheit entsprechende Wiedergabe voraus. Aus der Pressemitteilung muß für den Leser erkennbar sein, ob es sich um ein Zitat oder um eine Interpretation handelt. Nur in diesem Falle entfällt die Abdruckpflicht.

dd) Einwilligung des Betroffenen

Der Verleger kann einen Antrag auf Gegendarstellung ferner dort ablehnen, wo sich die Gegendarstellung gegen eine Erstmitteilung richtet, die mit der zuvor erteilten Zustimmung des Antragstellers veröffentlicht wurde, wenn dieser Umstand beweisbar ist, § 15 Abs. 2 PrG. Hier fehlt an einem berechtigten Interesse des Antragstellers.

ee) Anzeigen und Werbung

Der Verleger haftet nicht für die Wahrheit von Werbung und Anzeigen. Daher ist gegen Werbung und Anzeigen der Gegendarstellungsanspruch ausgeschlos-

---

588 Doležílek, PR 10/2000, S. 430 (436); Chaloupková, Tiskový zákon, § 15, S. 51.

sen. Davon ausgenommen sind allerdings Eigenanzeigen sowie Werbung des Verlegers selbst.

ff) Gegendarstellung einer Gegendarstellung

Nach dem Wortlaut des § 10 Abs. 3 PrG kann der Antragsteller, auf dessen Antrag der Verleger eine Gegendarstellung nach dem Pressegesetz veröffentlicht hat, keine Veröffentlichung einer weiteren, gegen diese gerichteten Gegendarstellung verlangen. Der Wortlaut der Bestimmung scheint mißlungen sein, er verhindert lediglich die Gegendarstellung der eigenen Gegendarstellung. Die Konstellation, daß der Antragsteller seiner eigenen Gegendarstellung eine neue Gegendarstellung entgegensetzt, dürfte kaum jemals vorkommen. Vielmehr wollte der Gesetzgeber wohl verhindern, daß die Veröffentlichung einer Gegendarstellung der weiteren Entgegnung eines Dritten ausgesetzt wird, der sich durch die Gegendarstellung verletzt fühlt. Die Zulassung von Drittgegendarstellungen auf eine schon veröffentlichte Gegendarstellung könnte zu einer Art Kettengegendarstellungsrecht führen. Solche für die Presse unzumutbare Kettenansprüche galt es zu vermeiden. Davon zu unterscheiden ist der Fall, daß sich der Antragsteller gegenüber einer Anmerkung oder Kommentierung der Redaktion zu seiner Gegendarstellung wehrt. Solche Anmerkungen stellen eine neue Behauptung der Presse dar, für die sie verantwortlich ist und die eine erneute Gegendarstellungspflicht des Verlegers begründen können.

e) Formelle Voraussetzungen

aa) Schriftform

Gemäß § 12 Abs. 1 PrG bedarf der Gegendarstellungsantrag des Betroffenen der Schriftform. Die Schriftform wird gewahrt durch schriftliche Fixierung und Unterzeichnung, § 40 Abs. 3 ZGB. „Schriftlich“ meint jede Art der Fixierung durch Schrift oder Druck[589]. Der schriftliche Antrag muß aus zwei Teilen beste-

---

[589] Jehlička/Švestka, ZGB-Komm., § 40 S. 136.

hen. Zu einem aus einem Antrag auf Veröffentlichung der Gegendarstellung, aus dem ersichtlich ist, inwieweit die angegriffene Behauptung die Ehre, Würde, Privatsphäre oder den guten Ruf des Antragstellers verletzt; zum anderen aus dem eigentlichen Text der Gegendarstellung, dessen Veröffentlichung der Antragsteller begehrt.

Obwohl die Gegendarstellung eine höchstpersönliche Erklärung des Verletzten darstellt, verlangt das Pressegesetz an keiner Stelle eine eigenhändige Unterschrift. Die Voraussetzung der eigenhändigen Unterschrift ergibt sich immerhin aus § 40 Abs. 3 S. 1 ZGB. Danach ist eine rechtsgeschäftliche Willenserklärung gültig, wenn sie von der handelnden Person unterzeichnet ist. Grundsätzlich wird die eigenhändige Unterzeichnung gefordert. Die Unterschrift kann jedoch gem. § 40 Abs. 3 S. 2 durch mechanische Mittel (Stempel, Faksimile) dort ersetzt werden, wo dies üblich ist. Ob die Verwendung von mechanischen Mitteln im Rechtsverkehr üblich ist, muß objektiv beurteilt werden[590]. Bei der Gegendarstellung ist die Verwendung von mechanischen Mitteln weder üblich noch ließe sie sich mit dem Charakter der Gegendarstellung als höchstpersönliche Willenserklärung vereinbaren.

Nach der Umsetzung der EU-Richtlinie 1999/93/EG über gemeinschaftliche Rahmenbedingungen für elektronische Signaturen wurde in § 40 Abs. 3 ZGB ein neuer S. 3 eingefügt. Danach kann eine Rechtshandlung, die mit Hilfe von elektronischen Mitteln vorgenommen wurde, gemäß besonderer Vorschriften elektronisch unterzeichnet werden[591]. Hiernach würde die Unterzeichnung einer elektronisch eingereichten Gegendarstellung, die die gesetzlichen Voraussetzungen für elektronische Unterschriften wahrt, auch dem Erfordernis der handschriftlichen Unterzeichnung genügen.

bb) Fristen

Die Gegendarstellung ist fristgebunden. Der Antrag auf Abdruck einer Ge-

---

[590] Jehlička/Švestka, ZGB-Komm., § 40.

[591] Gesetz Nr. 227/2000 Sb. über die elektronische Unterschrift, das am 1.10.2000 in Kraft getreten ist.

gendarstellung muß dem Verleger spätestens 30 Tage nach der Veröffentlichung der beanstandeten Mitteilung zugestellt werden. Nach Ablauf der 30 tägigen Frist kann keine Gegendarstellung mehr gefordert werden. Erlangt der Betroffene von der Veröffentlichung erst nach dem Fristablauf Kenntnis, so wird er mit diesem Einwand nicht gehört. Die Frist nach § 12 Abs. 3 PrG ist eine Ausschlußfrist. Das Pressegesetz enthält keine Bestimmung zur Berechnung des Fristablaufs. Erwägen ließe sich, daß die Frist am Tag der erstmaligen Veröffentlichung (Erscheinungstag) zu laufen beginnt[592]. Danach käme eine Berechnung des Fristablaufs durch die analoge Anwendung der ZGB Vorschriften in Betracht[593]. § 122 Abs. 1 ZGB schreibt vor, daß eine nach Tagen bestimmte Frist mit dem Tage beginnt, der auf das Ereignis folgt, das für ihren Beginn maßgeblich ist. Fällt der letzte Tag der Frist auf einen Samstag, Sonntag oder Feiertag, so endet die Frist am nächsten Werktag. Für die Berechnung der Fristen nach § 122 Abs. 1 und 3 ZGB sprechen zwei Argumente. Zum einem vertritt das Verfassungsgericht die Auffassung, falls es an einer Vorschrift über die Berechnung der Fristen fehlt, müßten Beginn und Ende der Frist nach allgemein gültigen Prinzipien berechnet werden; zu diesen Prinzipien gehöre auch die Regelung, daß eine nach Tagen bestimmte Frist an dem Tage beginnt, der auf das Ereignis folgt, das für ihren Beginn maßgeblich ist[594]. Zum anderen ist zu beachten, daß die zweite Berechnungsmethode für den Betroffenen günstiger ist. Endgültige Klärung des Problems wird erst durch die Rechtsprechung erfolgen.

f) Erfüllung des Anspruchs

aa) Veröffentlichungsfrist

Die Gegendarstellung muß nach dem Wortlaut des § 13 Abs. 2 PrG innerhalb von 8 Tagen nach der Zustellung des Antrags vom Verleger in der betreffenden Zeitung oder Zeitschrift veröffentlicht werden. Kann der Verleger die Gegendar-

---

592 So Sokol, Tisk a právo, § 12 Abs. 3, S. 88.

593 Vgl. Doležílek, PR 10/2000, S. 430 (435).

594 Urteil des Verfassungsgericht vom 17.12.1997, Pl. ÚS 33/97 (Sb.n.u.ÚS 9, Nr. 163, S. 399 ff.) = Nr. 30/1998 Sb.

stellung nicht innerhalb der achttägigen Frist veröffentlichen, ist er verpflichtet, dies in der nächstfolgenden Ausgabe nachzuholen. Gemeint sind insbesondere diejenigen Fälle, in denen das periodische Druckwerk nicht täglich oder wöchentlich erscheint, sondern etwa nur monatlich. Erfaßt sind aber auch solche Fälle, in denen die Ausgabe bereits fertiggestellt ist und die Aufnahme der Gegendarstellung den Herstellungs- oder Vertriebsprozeß verzögern würde. Erscheint die Gegendarstellung nicht innerhalb von 8 Tagen, so ist der Verleger verpflichtet, den Antragsteller darüber schriftlich in Kenntnis zu setzen. In der Mitteilung muß der Verleger angeben, wann und in welcher Ausgabe die Gegendarstellung abgedruckt wird. Das Gesetz regelt insoweit auch die Situation, daß die Veröffentlichung der Gegendarstellung gänzlich unmöglich geworden ist, etwa weil das Periodikum nicht mehr herausgegeben wird. In einem solchen Fall muß der Verleger gemäß § 13 Abs. 4 PrG auf eigene Kosten die Veröffentlichung der Gegendarstellung in einem anderen periodischen Druckwerk sicherstellen, auf das er sich mit dem Antragsteller einigt. Diese Vereinbarung muß auch Details zur Plazierung und Form der Gegendarstellung enthalten.

bb) Form der Veröffentlichung

Die Gegendarstellung muß in demselben Druckwerk veröffentlicht werden wie die beanstandete Erstmitteilung und zwar dergestalt, daß die Gegendarstellung der Erstmitteilung durch ihre Plazierung und Form gleichwertig sowie vom Umfang angemessen ist. Gleichwertigkeit der Plazierung bedeutet nicht, daß die Gegendarstellung auf der gleichen Seite abgedruckt werden muß, auf der die Erstmitteilung erschien. Die Voraussetzung der Gleichwertigkeit ist schon dann erfüllt, wenn die Gegendarstellung denselben Leserkreis erreicht wie die Erstmitteilung. Die Seitenzahl ist dabei nicht entscheidend, gerade wenn man die oft wechselnden Plazierungen einzelner Artikel in den verschiedenen Zeitungsrubriken in Rechnung stellt. Eine Gegendarstellung, die sich gegen eine Erstmitteilung richtet, die in der Wirtschaftsrubrik veröffentlicht wurde, wird allerdings nicht vergleichbare Wirkung haben, wenn sie im Sportteil erscheint. Wurde die beanstandete Pressemitteilung auf der Titelseite veröffentlicht, so muß die Gegendarstellung jedenfalls, unabhängig vom Thema und der Ressortzugehörigkeit, ebenfalls auf der Titelseite abgedruckt werden. In ihrem Umfang muß die Gegendarstellung der Erstmitteilung angemessen sein. Reicht der Antragsteller eine in ihrem Umfang unangemessene Gegendarstellung ein, so kann der Verleger die Gegendarstellung allerdings nicht kürzen. Die Gegendarstellung ist eine höchstpersönliche Erklärung des Betroffenen, in der er mit eigenen Worten die berichtigenden Tatsachen darstellt. Daher dürfen keine Eingriffe des Verlegers in den Wortlaut oder Kürzungen der Gegendarstellung zugelassen werden. Eine in ihrem Umfang nicht angemessene Gegendarstellung kann vom Verleger nur zurückgewiesen werden. Das Pressegesetz ordnet in § 13 Abs. 1 Buchst. b) ausdrücklich an, daß die Gegendarstellung in dem periodischen Druckwerk mit der Überschrift „Gegendarstellung" veröffentlicht werden muß. Hinzu treten muß die Angabe des Namens und Nachnamens der Person, die die Veröffentlichung der Gegendarstellung fordert. Der Verleger ist verpflichtet, die Gegendarstellung in derselben Sprache zu veröffentlichen, in der die beanstandete Mitteilung erschienen ist, § 13 Abs. 1 Buchst. d) PrG.

Wird eine ordnungsgemäße Gegendarstellung eingereicht, erfolgt ihre Veröffentlichung kostenlos. Bedient sich der Antragsteller bei der Formulierung des Wortlauts der Gegendarstellung eines Rechtsanwalts, so muß er die damit verbundenen Kosten selbst tragen. Weigert sich das Medium, die Gegendarstellung zu veröffentlichen, so kann der Betroffene seinen Anspruch gerichtlich durchsetzen. Hat er mit seinem Begehren Erfolg, hat der unterlegene Verlag die Kosten zu tragen.

Das Pressegesetz verbietet nicht, im Anschluß an die Gegendarstellung eine Anmerkung/Stellungnahme der Redaktion, den sog. Redaktionsschwanz, anzufügen[595]. Die Zulässigkeitsgrenzen einer solchen redaktionellen Anmerkung wird die Rechtsprechung erst noch festlegen müssen. Dabei wird zu berücksichtigen sein, daß redaktionelle Erwiderungen die Effizienz der Gegendarstellung in erheblichen Maße mindern können, etwa wenn sich die Redaktion zu hämischen Kommentaren hinreißen läßt. Dagegen dürften Anmerkungen wie „der Abdruck der Gegendarstellung erfolgt aufgrund gerichtlicher Anordnung" als

---

[595] Das im Pressegesetzentwurf ursprünglich vorgesehene strikte Kommentierungsverbot wurde ersatzlos gestrichen.

Tatsachenbehauptungen zulässig sein. Die deutschen Landespressegesetze lassen den sog. Redaktionsschwanz, entweder in Form eines einleitenden Hinweises oder in Form einer nachfolgenden Anmerkung zu, solange er sich auf tatsächliche Angaben beschränkt[596].

g) Ablehnung der Gegendarstellung

Erfüllt die Gegendarstellung nicht die gesetzlich festgelegten Voraussetzungen oder liegt eine der Ausschlußgründe, etwa ein strafbarer Inhalt vor, so kann der Verleger die verlangte Veröffentlichung ablehnen. Eine Verpflichtung des Verlegers, den Antragsteller über die Ablehnung zu informieren, sieht das Pressegesetz nicht vor. Dennoch werden die Antragsgegner in aller Regel schon aus Gründen der Höflichkeit den Antragsteller informieren, daß sie es ablehnen, die verlangte Gegendarstellung zu veröffentlichen. Da bereits die Ablehnung nicht mitgeteilt werden muß, ist erst recht keine Angabe der Gründe erforderlich, die zur Zurückweisung der Gegendarstellung geführt haben. In der Praxis ist die Mitteilung gebräuchlich „die Gegendarstellung entspricht nicht den Anforderungen des Pressegesetzes".

h) Durchsetzung des Gegendarstellungsanspruchs

Lehnt der Verleger die Veröffentlichung der Gegendarstellung ab, veröffentlicht er eine fehlerhafte Gegendarstellung oder läßt er die achttägige Veröffentlichungsfrist fruchtlos verstreichen, kann der Betroffene seinen Anspruch gemäß § 14 PrG gerichtlich durchsetzen.

aa) Frist

Der Antrag auf die Veröffentlichung der Gegendarstellung muß bei Gericht innerhalb von 15 Tagen nach Ablauf der achttägigen Frist für die Veröffentli-

596 Eine Ausnahme bildet das saarländische Pressegesetz (§ 11 Abs. 3), wonach redaktionelle Anmerkungen nicht zulässig sind. Das bayrische Pressegesetz (§ 10) hingegen erlaubt nicht

chung der Gegendarstellung gestellt werden, anderenfalls erlischt das Recht auf gerichtliche Geltendmachung des Anspruchs. Die Gerichtsgebühr für die Einreichung des Gegendarstellungsantrags beträgt zur Zeit 1000,- Kč[597].

bb) Zuständigkeit

Für die gerichtliche Durchsetzung ist der Zivilrechtsweg eröffnet. Sachlich zuständig ist in erster Instanz das Bezirksgericht gemäß § 9 Abs. 2 Buchst. a) ZPO. Örtlich zuständig ist das Bezirksgericht, in dem der Klagegegner seinen Wohnsitz bzw. seinen Verlagssitz hat, §§ 85 ff. ZPO. Die Bestimmungen des Pressegesetzes gelten auch für im Ausland herausgegebene und auf dem Gebiet der Tschechischen Republik verbreitete periodische Presse. Für Gegendarstellungsbegehren, die sich gegen ausländische Verleger richten, sind die tschechischen Gerichte zuständig. Örtlich zuständig ist in einem solchen Falle das Gericht, in dessen Bezirk die ausländische juristische Person ihre Niederlassung hat oder ein Organ abstellt, das mit der Geschäftsbesorgung ihrer Wirtschaftsangelegenheiten betraut ist, § 86 Abs. 3 ZPO. Falls der ausländische Verlag keine Niederlassung oder ein mit der Geschäftsbesorgung betrautes Organ hat oder der ausländische Verleger eine natürliche Person ist, wird das für die Streitsache zuständige Gericht nach § 11 Abs. 3 ZPO durch das Oberste Gericht bestimmt.

cc) Verfahrensart, Verfahren

Die Klage auf Veröffentlichung einer Gegendarstellung wird nach den normalen Regeln des Zivilprozesses im Hauptsacheverfahren durchgesetzt. Hierin unterscheidet sich das tschechische Recht von den deutschen LPG. Der Anspruch ist in Deutschland in einem Schnellverfahren geltend zu machen, auf das die Vorschriften über die einstweilige Verfügung, §§ 935 ff. ZPO, entsprechend

---

nur tatsächliche Angaben als Glosse, sondern auch Wertungen.

597 §§ 7 Abs. 1 S. 1, 4 Buchst. a) des Gesetzes Nr. 549/1991 Sb. über Gerichtsgebühren in der geltenden Fassung.

anzuwenden sind[598]. Diese Verfahrensart ermöglicht eine rasche Durchsetzung des Gegendarstellungsanspruchs in einem beschleunigten Verfahren von hoher Effizienz. Der Betroffene kann die Gegendarstellung innerhalb eines kurzen Zeitraums erwirken, so daß seine Gegendarstellung noch aktuell ist. Die schnelle Durchsetzung im Verfügungsverfahren nach deutschem Recht ist somit für den Betroffenen vorteilhafter als ein wesentlich länger dauerndes Hauptsacheverfahren nach tschechischem Recht. Die Zulässigkeit des beschleunigten Verfahrens hängt aber im wesentlichen damit zusammen, daß die Gegendarstellung nach deutschem Recht unabhängig von ihrer objektiven Wahrheit zu veröffentlichen ist. Es findet keine Beweiserhebung über die Wahrheit oder Unwahrheit der Pressemitteilung oder der Gegendarstellung statt.

Nach dem tschechischen Gegendarstellungsrecht hingegen kommt es gerade auf den Nachweis der Wahrheit oder Unwahrheit an. Über den Wahrheitsgehalt der Pressemitteilung wird Beweis erhoben. In der Diskussion zum Entwurf des tschechischen Pressegesetzes wurde zwar über die Geltendmachung des Gegendarstellungsanspruchs im Verfügungsverfahren nachgedacht. Diese Diskussion fand aber zu einem Zeitpunkt statt, zu dem der Pressegesetzentwurf noch die Geltendmachung einer Gegendarstellung auch gegen wahre Tatsachenbehauptungen vorsah. Da man sich aber zuletzt für diese Version nicht entschieden hat, ist das nun vorgesehene Hauptsacheverfahren folgerichtig.

Die Wahrheit oder die Unwahrheit der von der Presse aufgestellten Tatsachenbehauptung entscheidet grundsätzlich darüber, ob die Gegendarstellung veröffentlicht wird. Die Beweislast für die Wahrheit der beanstandeten Erstmitteilung trägt der Verleger. Gelingt es dem Verleger nicht, den Wahrheitsgehalt, die Vollständigkeit oder Genauigkeit der Behauptung zu beweisen, hat der klagende Betroffene mit seinem Gegendarstellungsbegehren Erfolg, sofern alle anderen gesetzlichen Voraussetzungen erfüllt sind. Die Durchführung des Hauptverfahrens, das im günstigsten Falle ca. vier bis sechs Monate in Anspruch nimmt, führt zum Verlust der Aktualität und somit auch zum Verlust der Wirk-

---

598 Lediglich in Bayern, Hessen und Sachsen ist auch ein Hauptsacheverfahren möglich. Aber auch hier findet die Durchsetzung in ständiger Praxis im Verfügunsverfahren statt und fast

samkeit der Gegendarstellung[599]. Der beanstandete Vorgang wird in vielen Fällen durch die ständige Nachrichtenflut in Vergessenheit geraten sein. Der mit der Veröffentlichung einer Gegendarstellung erzielte Effekt dürfte also gering sein, wenn er zu einem solch späten Zeitpunkt vom Betroffenen überhaupt noch gewünscht ist.

Der Klageantrag muß nach § 79 Abs. 1 ZPO neben den üblichen Voraussetzungen (§ 42 Abs. 4 ZPO) so exakt, bestimmt und verständlich formuliert sein, daß das Gericht, wenn es dem Antrag stattgibt, diesen anordnen und vollstrekken kann[600]. Das Gericht ist an den Antrag gebunden und darf keine Änderungen der Gegendarstellung vornehmen (vgl. § 153 Abs. 2 ZPO). Trotz des eindeutigen Gesetzeswortlauts hat sich bei den Berichtigungsverfahren nach altem Pressegesetz die Gerichtspraxis von der streng förmlichen Vorgehensweise dahingehend gelöst, daß das Gericht überprüfte, ob es der Klage nicht zumindest teilweise, also beschränkt auf die begründeten Punkte, stattgeben kann[601]. Ob sich diese Gerichtspraxis bei Gegendarstellungsklagen fortsetzen und das Gericht Änderungen des Klageantrags vornehmen wird, bleibt abzuwarten.

Das Verfahren endet mit einem Urteil, § 152 Abs. 1 ZPO. Ist der Antrag zulässig und begründet, ordnet das Gericht die Veröffentlichung der Gegendarstellung an. Der richtige Rechtsbehelf gegen das Urteil ist die Berufung. Diese kann gemäß § 204 ZPO innerhalb von 15 Tagen nach der Zustellung des Urteils, gegen das sich die Berufung wendet, eingelegt werden. Berufungsgericht ist nach § 10 Abs. 2 ZPO das Obergericht. Innerhalb von zwei Monaten nach Zustellung des Berufungsurteils kann das Berufungsurteil wiederum mit einer Revision angefochten werden. Revisionsgericht ist das Oberste Gericht der Tschechischen Republik.

---

nie im Hauptverfahren statt, vgl. dazu Soehring, Presserecht, Rn. 29.41.

[599] Diese Angabe basiert auf der durchschnittlichen Verfahrensdauer von Persönlichkeitsschutzklagen. Auch hier bleibt abzuwarten, wie sich die sog. Verfahrensbeschleunigung nach § 118 b f. ZPO auswirkt, die seit dem 1.1.2001 in Kraft getreten ist, s. Zweiter Teil, § 9 B. III. 8 (S. 278).

[600] Doležílek, PR 10/2000, S. 430 (438); Bureš/Drápal/Mazanec, ZPO-Komm.,§ 79 Rn. 8.

[601] Vgl. Chaloupková, Tiskový zákon, § 14, S. 48.

Die Zwangsvollstreckung richtet sich nach § 351 ZPO. Für die Nichtbefolgung der Veröffentlichungspflicht kann dem Verleger ein Zwangsgeld bis zur Höhe von 100.000,- Kč auferlegt werden. Erfüllt der Verleger auch dann seine Pflicht nicht, setzt das Gericht auf Antrag des Betroffenen ein weiteres Zwangsgeld fest. Die Zahlung des Zwangsgelds befreit den Verleger nicht von der Veröffentlichungspflicht.

i) Verhältnis zu anderen Ansprüchen

Neben dem presserechtlichen Gegendarstellungsanspruch kann der Betroffene die allgemeinen zivilrechtlichen Ansprüche gegen die Medien geltend machen. Der Gesetzgeber hat diese (an sich selbstverständliche) Möglichkeit in § 10 Abs. 5 PrG ausdrücklich normiert. Danach bleiben die Bestimmungen zum Schutz der Persönlichkeit und zum Schutz des Namens sowie des guten Rufs durch das Gegendarstellungsrecht unberührt.

Der einzige Unterschied zwischen der Gegendarstellung und dem am häufigsten geltend gemachten zivilrechtlichen Anspruch – der Entschuldigung – besteht lediglich darin, daß die Gegendarstellung eine eigene Erklärung des Betroffenen enthält. Die Entschuldigung hingegen ist eine Erklärung des Verlegers. Ansonsten bestehen keine Unterschiede. Für die Geltendmachung des Anspruchs müssen sowohl bei der Entschuldigung als auch bei der Gegendarstellung unwahre, unvollständige oder unpräzise Tatsachenbehauptungen veröffentlicht worden sein, die die Ehre, die Würde einer natürlichen oder den Namen und guten Ruf einer juristischen Person verletzen. Beide Ansprüche werden im zeitraubenden Hauptverfahren geltend gemacht.

j) Unterschiede zum deutschen Recht, Stellungnahme

Nach deutschem Recht können folgende Hauptvoraussetzungen für die Geltendmachung des Gegendarstellungsrechts genannt werden: Der Gegendarstellungsanspruch ist tatbestandlich auf Tatsachenbehauptungen in periodischen Druckwerken beschränkt. Anspruchsberechtigt ist derjenige, der durch die Mitteilung der Presse betroffen ist. Die Gegendarstellung muß einen angemessenen

Umfang haben, und der Betroffene darf nur Tatsachen entgegnen. Das Gegendarstellungsbegehren ist unverzüglich geltendzumachen. Für die Durchsetzung des Anspruch ist der ordentliche Rechtsweg eröffnet, in der Regel im Verfahren der einstweiligen Verfügung. Es kommt weder auf die Wahrheit der Ursprungsbehauptung noch der Gegendarstellung an, die Gegendarstellung ist rein formeller Natur.

Diese Voraussetzungen entsprechen zum Teil der Ausgestaltung des tschechischen Gegendarstellungsanspruchs. Vor allem setzt der Gegendarstellungsanpruch nach tschechischem Recht voraus, daß in einem periodischen Druckwerk eine Tatsachenbehauptung aufgestellt wurde. Die Gegendarstellung des Betroffenen muß sich ebenfalls auf Tatsachen beschränken, und sie muß der Erstmitteilung vom Umfang her angemessen sein. Sowohl das tschechische als auch das deutsche Gegendarstellungsrecht haben sich mit den Abgrenzungsschwierigkeiten zwischen Tatsachen und Meinungsäußerungen auseinanderzusetzen.

Demgegenüber bestehen vor allem folgende Unterschiede: Das tschechische Gegendarstellungsrecht setzt – im Unterschied zum deutschen Recht - die Unwahrheit bzw. die Unvollständigkeit der Erstmitteilung voraus. Das tschechische Gegendarstellungsrecht ist also nicht rein formal ausgestaltet. Ferner knüpft das tschechische Recht an das Vorliegen einer Ehr- bzw. Rufverletzung an, das Betroffensein genügt nicht. Insofern ist das tschechische Gegendarstellungsrecht wesentlich enger gefaßt. Die Anknüpfung an die Wahrheit und die Ehrverletzung haben zwingend ein zeitaufwendigeres Hauptverfahren zur Folge, denn anders als im Rahmen des einstweiligen Rechtsschutzes wird hier ein Wahrheitsbeweis erhoben.

Es fragt sich, ob die rein formale deutsche Ausgestaltung des Gegendarstellungsrechts oder ob die nach tschechischem Recht zu prüfende Wahrheit oder Unwahrheit der Behauptung vorzugswürdig erscheint. Das deutsche Gegendarstellungsrecht basiert auf dem Grundsatz „*audiatur et altera pars*". Dem Betroffenen räumt das Gegendarstellungsrecht die Möglichkeit ein, in der Presse auf die Erstmitteilung mit einer eigenen Schilderung der Angelegenheit zu antworten. Der Leser soll sich aufgrund der Ausführungen beider Parteien seine eigene Meinung bilden können. Die Durchsetzung des Gegendarstellungsanspruchs im

Verfügungsverfahren eröffnet dem Betroffenen die Möglichkeit, schnell zu reagieren. Ein solch rasches Vorgehen ist durch den Umstand bedingt, daß die Wahrheit der Behauptungen grundsätzlich keine Rolle spielt.

Dieser formalen Ausgestaltung könnte der Vorwurf gemacht werden, daß sie die Presse unzumutbar belastet. Nicht nur, daß die Presse gezwungen wird, einen Beitrag zu veröffentlichen, den sie gar nicht veröffentlichen will. Die Presse wird sogar gezwungen, auch dann eine Gegendarstellung zu veröffentlichen, wenn sie die Wahrheit der Erstmitteilung beweisen kann. Mit diesem Argument, ergänzt durch den Ruf nach dem Schutz der materiellen Wahrheit, haben sich die tschechischen Journalisten am Ende erfolgreich gegen die Einführung eines Gegendarstellungsrechts nach deutschem Vorbild gewehrt.

Die Beschränkung des Gegendarstellungsanspruchs auf unwahre Tatsachenbehauptungen könnte folgenden Schluß nahelegen: Die erzwungene Veröffentlichung einer Gegendarstellung führe stets zu einer Einschränkung der Pressefreiheit des Medienunternehmers. Für den Medienunternehmer sei es aber zumutbarer, daß die Gegendarstellung nur dann veröffentlicht wird, wenn die Unwahrheit der in der Erstmitteilung enthaltenen Behauptungen gerichtlich festgestellt ist. Diese Argumentation vermag nicht zu überzeugen. Angesichts der ungleich größeren Einflußmöglichkeiten der Presse auf die Meinungsbildung und angesichts des immer härter werdenden Wettbewerbs der Medien, der zur Zunahme von Persönlichkeitsrechtsverletzungen führt, kann kaum von einer unzumutbaren Belastung der Presse gesprochen werden, wenn diese eine auf Tatsachen beschränkte Gegendarstellung veröffentlichen muß, die obendrein mit Anmerkung versehen werden darf. Die „materielle Wahrheit" der tschechischen Gegendarstellung wird teuer auf Kosten des Betroffenen erkauft. Die zwingende Erhebung des Wahrheitsbeweises hat einen immensen zeitlichen Verlust der Aktualität der Gegendarstellung zur Folge. Der Wert der Gegendarstellung sinkt mit jedem Tag. Ein stattgebendes Urteil nach einem zeitraubenden Hauptsacheverfahren kann noch mit dem Rechtsmittel der Berufung oder sogar mit der Revision seitens des Verlegers angefochten werden. Am Ende des Verfahrens wird die Gegendarstellung möglicherweise für den Betroffenen nicht nur wertlos, sondern sogar unerwünscht sein.

Hinzu kommt: Nach geltendem Recht erinnert das Gegendarstellungsrecht an die Rechtsbehelfe gegen eine Verletzung des Persönlichkeitsrechts gemäß §§ 13 ff. ZGB. Wie bereits ausgeführt, bestehen hinsichtlich der Tatbestandsvoraussetzungen kaum Unterschiede, vielmehr wird in beiden Fällen das Vorliegen einer unwahren, ehrverletzenden Pressemitteilung vorausgesetzt. Der wesentlicher Unterschied besteht allein darin, daß die Gegendarstellung eine eigene (höchstpersönliche) Erklärung des Betroffen ist, der Widerruf oder die Entschuldigung hingegen eine Erklärung des Verlages. Die zivilrechtlichen Rechtsbehelfe haben für den Betroffenen allerdings den Vorteil, daß sie nicht – wie bei der Gegendarstellung - innerhalb einer kurzen Ausschlußfrist geltend gemacht werden müssen.

Im Gefüge der zivilrechtlichen Ansprüche mit dem Recht der Gegendarstellung ergeben sich folglich für den Betroffenen kaum Vorteile, wenn er sich für das Gegendarstellungsrecht entscheidet. Sinnvoller wäre für den Betroffenen die Durchsetzung des Gegendarstellungsbegehrens im Eilverfahren. Dies wiederum wäre nur unter Verzicht auf die materielle Wahrheit zu erreichen.

Zusammenfassend läßt sich feststellen, daß eine formale Ausgestaltung des Gegendarstellungsrechts für den Betroffen vorzugswürdiger erscheint.

k) Das Gegendarstellungsrecht in der Praxis

Die soeben festgestellten geringen Unterschiede zwischen der Gegendarstellung und der Entschuldigung führen in der Praxis dazu, daß Gegendarstellungsansprüche selten geltend gemacht werden. Bisher wurde – soweit ersichtlich – noch keine Rechtsprechung zum Gegendarstellungsrecht veröffentlicht. Dies bedeutet allerdings nicht, daß noch keine Gerichtsentscheidungen in Gegendarstellungssachen ergangen sind. Die Veröffentlichungspraxis der Gerichte betreffend Entscheidungen in Angelegenheiten der Verletzung des Persönlichkeitsrechts durch die Medien läßt seit Jahren zu wünschen übrig. Die meisten Urteile bleiben unveröffentlicht. In Kommentaren und Lehrbüchern finden sich kaum Hinweise auf die Rechtsprechung zum Schutz der Persönlichkeit. Diese Vorgehensweise vermindert die Kalkulierbarkeit des Prozesses und damit zuletzt die Rechtssicherheit.

Da viele der eingereichten Gegendarstellungsanträge die gesetzlichen Voraussetzungen nicht oder angeblich nicht erfüllen, werden diese in der Regel seitens der Verlage ohne Angabe von Gründen zurückgewiesen, mit der Mitteilung versehen, daß die geforderte Gegendarstellung nicht die gesetzlichen Voraussetzungen erfüllt. Die meisten Betroffenen reichen nach der Zurückweisung eine Persönlichkeitsschutzklage nach § 13 ZGB ein und verlangen den Abdruck einer Entschuldigung[602]. Die Angst der Medien, die mit der Einführung des Gegendarstellungsrechts einherging, hat sich also angesichts seiner praktischen Wirkungslosigkeit als unbegründet erwiesen.

3. Das Recht der nachträglichen Mitteilung

Neben der Gegendarstellung bildet die sogenannte nachträgliche Mitteilung „dodatečné sdělení“ ein neues Instrument im tschechischen Presserecht. Die Presse ist grundsätzlich nicht daran gehindert, über ein Ermittlungs- oder Strafverfahren zu berichten. Die Staatsorgane sind nach Art. 17 Abs. 5 Charta verpflichtet, über ihre Tätigkeit angemessen zu berichten. Nach § 8a Abs. 1 der Strafprozeßordnung, Gesetz Nr. 141/1961 Sb., erfüllen die Strafverfolgungsorgane die Informationspflicht über ihre Tätigkeit gegenüber der Öffentlichkeit dadurch, daß sie den Medien Informationen gewähren[603].

Die Berichterstattung über Straf- und Ermittlungsverfahren kann sich nachhaltig für die in der Pressemitteilung als tatverdächtig bezeichnete Person auswirken. Angesichts der Wirkung solcher Berichterstattung, die für den Betroffe-

602 Diese Angaben beruhen auf den Erfahrungen der Rechtsanwältinnen Dr. Křížová (Rechtsanwälte Kříž und Bělina) und Dr. Chaloupková, die die großen tschechischen Zeitungsverlage Mafra. a.s. und Lidové Noviny a.s. vertreten.

603 Die Strafverfolgungsorgane müssen dabei darauf achten, daß weder Tatsachen, die die Aufklärung erschweren würden, noch Angaben über Beteiligte des Strafverfahrens veröffentlicht werden und daß sie den Grundsatz der Unschuldsvermutung nicht verletzen, vgl. dazu Růžička, StPO Komm., § 8 a.

nen mit weitreichenden Konsequenzen verbunden sein kann, hat der Gesetzgeber der Presse die Pflicht auferlegt, auf Antrag des Betroffenen eine Mitteilung über den Ausgang des Verfahrens zu veröffentlichen. Nach § 11 Abs. 1 PrG kann derjenige, der aufgrund einer Mitteilung über ein Strafverfahren, das noch nicht abgeschlossen wurde, identifiziert werden kann, verlangen, daß über den endgültigen Ausgang des Verfahrens – die rechtskräftige Entscheidung - berichtet wird.

Der Anspruch auf die Veröffentlichung einer nachträglichen Mitteilung ist Ausprägung des rechtsstaatlichen Grundsatzes der Unschuldsvermutung nach Art. 6 EMRK, Art. 40 Abs. 2 Charta und § 2 Abs. 2 der Strafprozeßordnung. Danach ist jedermann solange als unschuldig anzusehen, wie seine Schuld nicht durch rechtskräftigen Urteilsspruch eines Gerichts festgestellt ist. Dieser Grundsatz wird nach dem Pressegesetz nicht nur auf Strafsachen, sondern auch auf Ordnungswidrigkeiten und auf Verwaltungsdelikte angewandt.

Der Anspruch auf die Veröffentlichung einer nachträglichen Mitteilung setzt voraus, daß gegen eine natürliche oder juristische Person ein Straf-, Ordnungswidrigkeits- oder Verwaltungsverfahren durchgeführt wurde, das inzwischen durch eine rechtskräftige Entscheidung beendet ist. Rechtskräftig ist eine Entscheidung, wenn gegen sie keine Rechtsmittel mehr eingelegt werden können. Die Presse muß über das Verfahren berichtet haben. Ferner muß die natürliche oder juristische Person aus der Berichterstattung über das Verfahren identifiziert werden können. Dabei muß die Person nicht ausdrücklich namentlich genannt werden. Ausreichend ist, daß in Verbindung mit anderen Angaben oder früheren Publikationen ihre Identität bestimmt werden kann.

Die Bestimmungen der §§ 12 bis 15 PrG über Voraussetzungen, Geltendmachung und gerichtliche Durchsetzung des Gegendarstellungsanspruchs gelten auch für den Antrag auf Veröffentlichung einer nachträglichen Mitteilung, soweit kann auf diese verwiesen werden.

II. Persönlichkeitsrechte des ZGB als Schranke der Pressefreiheit

1. Einleitung

Das in Art. 10 Charta garantierte Recht stellt die verfassungsmäßige Grundlage für den Schutz der Persönlichkeitsrechte dar. Die Konkretisierung und Ausgestaltung des Grundrechts findet ihren Schwerpunkt im Unterverfassungsrecht, insbesondere in den Bestimmungen des zweiten Abschnittes des tschechischen Zivilgesetzbuches (im folgenden „ZGB"), Schutz der Persönlichkeit, §§ 11-16. Das tschechische Recht regelt den Persönlichkeitsschutz im Allgemeinen Teil des ZGB[604]. Hinsichtlich des Verhältnisses zwischen dem Grundrecht auf Schutz der Persönlichkeit und dem zivilrechtlichen Schutz stellt die Charta den verfassungsrechtlichen Rahmen dar, in dem die Persönlichkeitsrechte garantiert werden. Dieser Rahmen wird durch die zivilrechtlichen Vorschriften konkretisiert, wobei die zivilrechtlichen Regelungen erheblich weiter reichen können.

Das tschechische Recht geht von der Konstruktion eines allgemeinen Persönlichkeitsrechts aus, wie es in Deutschland entwickelt wurde[605]. Als allgemeines Persönlichkeitsrecht im objektiven Sinn werden alle homogenen Rechtsnormen verstanden, die das Recht bzw. die Teilaspekte der einzelnen Werte, die Bestandteile der physischen und moralischen Integrität der Persönlichkeit einer jeden Person als Individuum bilden[606]. Im Rahmen dieses allgemeinen Persönlichkeitsrechts existieren verschiedene Untergruppen von besonderen Persön-

---

604 Die tschechische Rechtslehre zählt das allgemeine Persönlichkeitsrecht zu den wichtigsten Gütern einer modernen Gesellschaft. Dementsprechend wird dessen systematische Einordnung als eine der ersten Vorschriften im ZGB für eine demokratische Gesellschaft als wesentlich erachtet, Eliáš, PR 5/95, S. 177 ff.; Švestka/Jehlička u.a., Ochrana osobnosti, S. 49 m.w.N.

605 Die theoretischen Grundlagen und auch die legislative Bearbeitung des tschechischen Persönlichkeitsrechts prägte wesentlich *Karel Knap* (im Jahre 1994 verstorbener Professor der Karls-Universität in Prag), der als Nestor des tschechischen Persönlichkeitsrechts gilt. *Knap* war mit dem deutschen Modell des Persönlichkeitsrechts und der dazugehörigen Judikatur bestens vertraut. Diese Tatsache schlägt sich im tschechischen Persönlichkeitsrecht nieder.

606 Švestka /Jehlička u.a., Ochrana osobnosti, S. 49.

lichkeitsrechten. Das tschechische Recht geht daher von der monistischen Auffassung des Persönlichkeitsrechts aus[607]. Die Generalklausel des § 11 ZGB schützt das allgemeine Persönlichkeitsrecht mit einigen beispielhaft aufgezählten Werten wie etwa Leben und Gesundheit. In § 12 ZGB werden einige besondere Persönlichkeitsrechte wie zum Beispiel das Recht am eigenen Bild genannt. Ansprüche des Betroffenen bei einer Verletzung des Persönlichkeitsrechts regeln §§ 13 und 16 ZGB. Dem Schutz der Persönlichkeit nach dem Tod widmet sich § 15 ZGB.

Schützenswert sind die Interessen des Betroffenen aber nur dann, wenn der Eingriff rechtswidrig war. Unerheblich ist dabei, ob die Ehrverletzung schuldhaft begangen wurde. Der Ehrenschutz greift auch dann, wenn der Schädiger die verletzende Tatsache in dem Glauben an deren Richtigkeit äußerte oder die verletzende Handlung aus Versehen geschah. Daraus folgt, daß für das Geltendmachen von zivilrechtlichen Ansprüchen bei Verletzung der Persönlichkeitsrechte die objektive Rechtswidrigkeit der Äußerung vorausgesetzt wird, ohne daß ein subjektives Verschulden erforderlich wäre.

2. § 11 ZGB – Allgemeines Persönlichkeitsrecht

Die Bestimmung des § 11 ZGB stellt eine Generalklausel der zivilrechtlichen Regelung des Schutzes des allgemeinen Persönlichkeitsrechts dar. Der Kreis der geschützten Persönlichkeitsrechte in § 11 ZGB entzieht sich im Gegensatz zu Art. 10 Charta einer Enumeration. Der Eigenwert der Persönlichkeit kann schwerlich in eine alles erschöpfende, kasuistische Festlegung übertragen wer-

---

[607] Die monistische Auffassung ist in den Rechtsordnungen anzutreffen, die das Persönlichkeitsrecht mit Hilfe einer Generalklausel regeln. Eine entgegensetzte Position nimmt die „pluralistische" Theorie ein. Diese schützt nicht die Persönlichkeit als solche, sondern geht von einer Vielzahl von persönlichen Gütern aus, die als Schutzobjekte in einer beispielhaften Aufzählung anerkannt werden; so etwa das polnische Zivilgesetzbuch (Art. 23 ZGB), vgl. dazu Mol, Haftung für Pressepublikationen, S. 92 ff. Als Hauptargument gegen die pluralistische Theorie wird eingewandt, daß eine erschöpfende Aufzählung von persönlichen Gütern schwerfällig ist. Es können nicht die im Rahmen der technischen Möglichkeiten neu entstehenden Interessen des Schutzes der Persönlichkeit berücksichtigt werden.

den. Denn der Persönlichkeitswert befindet sich angesichts der Veränderungen von gesellschaftlichen Bedingungen und Moralvorstellungen im Wandel. So hat etwa der Zusammenbruch der sozialistischen Gesellschaftsordnung und der damit verbundene Wertewandel bewirkt, daß das Recht auf Menschenwürde und auf Achtung der Privatsphäre im Jahre 1991 in die demonstrative Aufzählung des § 11 ZGB eingeführt worden ist[608].

Gemäß § 11 ZGB hat jede natürliche Person das Recht auf den Schutz ihrer Persönlichkeit, insbesondere des Lebens und der Gesundheit, der bürgerlichen Ehre und der Menschenwürde, der Privatsphäre, ihres Namens und ihrer Meinungsäußerung. Die Verwendung des Begriffs „insbesondere" in § 11 ZGB macht deutlich, daß es sich um eine Aufzählung von Schutzgütern handelt, die typischerweise verletzt werden.

a) Ehrenschutz

Zu den medienrelevanten Schutzgütern gehört vor allem die Ehre einer natürlichen Person[609]. Das Persönlichkeitsrecht bietet ausschließlich Schutz vor Handlungen, die objektiv geeignet sind, die Ehre des Betroffenen in den Augen anderer Mitmenschen herabzusetzen und dadurch seine Stellung und Verwirklichung in der Gesellschaft zu bedrohen. Geschützt wird aber weder eine abstrakte Ehre noch eine Ehre, die einem subjektiv wahrgenommen Gefühl entspringt. Schutzobjekt ist eine Ehre, die objektiv anhand der Achtung und Stellung ermittelt wird, die einer Person in den Augen der Gesellschaft zukommt, der sie angehört.

Träger des Ehrenschutzes sind alle lebenden natürlichen Personen. Für Verstorbene gilt der besondere Schutz des § 15 ZGB, der noch im Näheren untersucht wird. Zu Ehrverletzungen kann es durch Wort, Schrift, Bild und jegliche

---

608 Gesetz Nr. 509/1991 Sb.

609 In Art. 10 Charta wird der Begriff der „persönlichen Ehre" verwendet. § 11 ZGB schützt die „bürgerliche Ehre". Inhaltlich bestehen jedoch keine Unterschiede. Gemeint ist die Ehre einer natürlichen Person im Rahmen ihrer Beziehungen innerhalb der Gesellschaft, s. Švestka/Jehlička u.a., Ochrana osobnosti, S. 261.

Handlungen kommen, die einen diffamierenden Charakter haben, wie etwa Grimassen und herabsetzende Mimik.

Die meisten Ehrverletzungen, die von der Presse begangen werden, geschehen in Form von Tatsachenbehauptungen oder in Form von Kritik[610]. Dem Kriterium der Unterscheidung zwischen Tatsachenbehauptungen und Werturteilen kommt im Rahmen des Persönlichkeitsschutzes eine erhebliche Bedeutung zu (vgl. Zweiter Teil § 8 D. II. 1, S. 125). Wo sich zwei Interessen – das Interesse der Presse an der Berichterstattung, geschützt durch die Meinungsfreiheit, und das Interesse des Betroffenen, geschützt durch das Persönlichkeitsrecht – gegenüberstehen, muß durch Abwägung festgestellt werden, welchem der Rechte im konkreten Fall Vorrang gebührt. Die zivilrechtliche Rechtsprechung sieht in der Veröffentlichung von ehrenrührigen, unwahren Tatsachenbehauptungen stets eine Verletzung des Persönlichkeitsrechts des Betroffenen, so daß dieser hernach einen Anspruch gemäß § 13 ZGB hat[611]. Gegen unwahre Tatsachenbehauptungen können also zivilrechtliche Ansprüche geltend gemacht werden, und eine Abwägung zwischen der Meinungsfreiheit und dem Persönlichkeitsrecht findet in der Regel nicht statt, da unwahre Tatsachenbehauptungen von Art. 17 Abs. 1 Charta nicht geschützt werden. Nach dem letzten Urteil des Verfassungsgerichts I. ÚS 156/99 führt die Veröffentlichung einer unwahren Tatsachenbehauptung nicht immer zwangsläufig zu einer rechtswidrigen Persönlichkeitsrechtsverletzung (vgl. Zweiter Teil, § 9 A. VI. 1, S. 193). Es müssen vielmehr im konkreten Fall zwei Voraussetzungen vorliegen: Ein rechtswidriger Eingriff ist zu bejahen, wenn zwischen dem Eingriff und der Verletzung ein kausaler Zusammenhang besteht und der Eingriff die Grenzen der zulässigen Intensität in einem Maße überschritten hat, das in einer demokratischen Gesellschaft nicht toleriert werden kann.

---

610 Vgl. Švestka/Jehlička u.a., Ochrana osobnosti, S. 269; Doležílek, PR 3/96, S. 102; ders. PR 10/2000, S. 433; Rahim, PR 6/1999, S. 341.

611 Sammlung des Obersten Gerichts der ČSSR, S III, S. 172 ff.; Sammlung des Obersten Gerichts der ČR, R 15/96; Urteil des Kreisgerichts Ostrava vom 15.1.1996, sp.zn. 23 C 96/95 = PR 4/96, S. 178; Urteil des Kreisgerichts Ostrava vom 2.7.1997, sp.zn. 23 C 102/96 = PR 11/1997, S. 592 ff.

In bezug auf Kritik gilt folgendes: Eine berechtigte Kritik muß sachlich und konkret sein (vgl. Zweiter Teil, § 8 D. II. 1, S. 125). Die Kritik muß auf konkreten Tatsachen aufbauen, die als Basis für die Kritik oder wertende Äußerung dienen. So hat etwa das Bezirksgericht in Prag eine Persönlichkeitsverletzung im Falle von ungünstiger Kritik der Bilder eines Künstlers bejaht, da sich herausstellte, daß die Kritiker die beurteilten Bilder tatsächlich niemals gesehen haben[612].

Bei wahren Tatsachenbehauptungen scheidet ein Eingriff in die Persönlichkeitsrechte regelmäßig aus. Wahre Tatsachenbehauptungen können dann das Persönlichkeitsrecht verletzten, wenn sie die Intimsphäre einer Person berühren, denn diese wird durch §§ 11 ff. ZGB vor jeglichem Zugriff geschützt[613]. Hinsichtlich der Privatsphäre von prominenten Personen gelten einige Besonderheiten, auf die noch im Näheren eingegangen wird.

Die Einteilung in Intim- und Privatsphäre findet sich auch im deutschen Recht. Nach der sog. Sphärentheorie wird die Eigensphäre des Menschen in Intim-, Privat- und berufliche Sphäre eingeteilt[614]. Ob der Persönlichkeitsschutz oder die Pressefreiheit Vorrang genießt, entscheidet sich im Einzelfall danach, in welche Sphäre des Betroffenen die Äußerung eingreift. Dabei ist der Schutz des innersten Lebensbereichs am stärksten ausgeprägt.

b) Schutz der Privatsphäre

Ein anderes durch die Berichterstattung besonders gefährdetes Schutzgut ist die Privatsphäre. In den letzten Jahren ist auch in der Tschechischen Republik das Interesse an Berichten und Bildern aus der Privatsphäre von Personen, die eine herausragende Stellung in der Gesellschaft einnehmen, zu beobachten[615].

---

612 Bezirksgericht in Prag, sp.zn. 9 C 123/64 (unveröffentlicht), vgl. Švestka/Jehlička u.a., Ochrana osobnosti, S. 269.

613 Sammlung des Obersten Gerichts der ČSSR, S III, S. 172 ff.

614 Zur Sphärentheorie vgl. Müller, AfP 1997, S. 499 ff.; Rehm, AfP 1999, S. 416 ff. m.w.N.

615 Diese Aussage kann mit der stetig wachsenden Auflage der Boulevardpresse belegt werden. Als Musterbeispiel für diese Entwicklung ist die Zeitschrift „Blesk“ (Blitz) zu nennen.

Das Recht auf Privatsphäre wird als das Recht einer natürlichen Person verstanden, die darüber entscheidet, ob und gegebenenfalls in welchem Umfang sowie in welcher Art und Weise Angaben über ihre Privatsphäre anderen zugänglich gemacht werden sollen und gleichzeitig als Recht, unberechtigte Eingriffe Dritter in diese Sphäre abzuwehren[616]. Die Privatsphäre ist der Bereich, den niemand ohne die Einwilligung des Betroffenen einsehen darf. Auch ein Eintritt in diesen Bereich und Aufnahmen darin sind nicht gestattet. Das Recht auf Privatsphäre ist weit gefaßt. Es umfaßt auch den Intim- und Sozialbereich einer natürlichen Person, wobei die Intensität des Schutzes je nach Bereich variieren kann. Für eine positive Entwicklung eines Menschen ist ein Intim- und Privatbereich, der den Blicken Dritter verborgen ist, unerläßlich.

c) Schutz der Meinungsäußerung

Das Recht auf den Schutz der Meinungsäußerung umfaßt zwei miteinander verwandte Schutzgüter. Der Einzelne soll davor geschützt werden, daß private schriftliche Aufzeichnungen oder private mündliche Äußerungen gegen seinen Willen veröffentlicht werden. Private Korrespondenz oder Tagebuchaufzeichnungen dürfen folglich nicht ohne eine Einwilligung des Betroffenen an die Öffentlichkeit gelangen. Dies gilt genauso für mündliche Äußerungen. Jedes Individuum muß bestimmen können, wann seine Worte aufgenommen und verwendet werden dürfen. Ansonsten könnte keine unbefangene private Unterhaltung mehr stattfinden, wenn eine heimliche Aufnahme solcher Gespräche zulässig wäre. Im deutschen Recht wird der angesprochene Bereich nicht als Schutz der Meinungsäußerung bezeichnet. Das deutsche Recht verwendet die Begriffe des Rechts am gesprochenen Wort und des Rechts am geschriebenen Wort.

3. § 12 ZGB - Besondere Persönlichkeitsrechte

In § 12 ZGB werden einige besondere Persönlichkeitsrechte geschützt. Es handelt sich um eine Konkretisierung des allgemeinen Persönlichkeitsrechtes

---

[616] Vgl. Knapp/Knappová u.a., Občanské právo I, S. 163; Plecitý, BA 5/96, S. 8.

nach § 11 ZGB. § 12 Abs. 1 ZGB schützt Schriftstücke persönlicher Natur, Abbildungen, Bild- und Tonaufnahmen, die die natürliche Person oder ihre Meinungsäußerung betreffen. Die Aufzählung in § 12 ZGB ist abschließend.

Als Abbildung werden Porträts einer natürlichen Person bezeichnet, die ihre Erscheinung wiedergeben. Unter Bildaufnahmen werden Aufnahmen einer Person verstanden, die keine Porträts sind, die jedoch eine Identifizierung der abgebildeten Person ermöglichen. Es kann sich etwa um Zeichnungen oder Malerei handeln.

Der Schutz des Bildnisses gemäß § 12 ZGB entspricht der im deutschen Recht unter dem Begriff „Recht am eigenen Bild" bekannten besonderen Erscheinungsform des Persönlichkeitsrechts. Das Recht am eigenen Bild wird durch die §§ 22-24 des Kunsturhebergesetzes geschützt.

a) Einwilligung des Berechtigten

Die Herstellung und die Verwendung der in § 12 genannten Güter setzt grundsätzlich eine Einwilligung des Berechtigten voraus. Die Einwilligung stellt eine rechtsgeschäftliche Willenserklärung i.S.v. § 35 ZGB dar. Sie kann ausdrücklich oder auch stillschweigend erfolgen. Es darf aber kein Zweifel darüber bestehen, was der Erklärende wollte. Als Willenserklärung kann die Einwilligung auch widerrufen werden. Häufig kommt es zu Problemen bei der Bestimmung der Reichweite der Einwilligung. Grundsätzlich wird die Einwilligung restriktiv ausgelegt. Daher wird neben der Einwilligung zur Abbildung und der Einwilligung in die Verbreitung unterschieden. Eine ausdrückliche oder ggf. stillschweigende Einwilligung zur Verbreitung liegt dann vor, wenn der Berechtigte von der Verbreitung wußte bzw. wissen mußte. Ob eine Einwilligung zur Verbreitung vorliegt, wird durch Auslegung im konkreten Fall ermittelt.

b) Erste Ausnahme: Amtslizenz nach § 12 Abs. 2 ZGB

Die Ausnahmen, nach denen eine Einwilligung nicht erforderlich ist, werden im Abs. 2 und 3 des § 12 ZGB geregelt. Eine Einwilligung ist nach § 12 Abs. 2 ZGB nicht erforderlich, wenn die Verwendung der genannten Güter zu amtlichen Zwecken und aufgrund eines Gesetzes geschieht – sog. Amtslizenz. Zu amtlichen Zwecken werden etwa erkennungsdienstliche Aufnahmen von Verdächtigen gemäß den Bestimmungen der Strafprozeßordnung angefertigt oder Photos von Straftätern in polizeilichen Dateien geführt. Nach der Rechtsprechung kann das Aufnehmen eines Gesprächs (Beschimpfungen), die eine Privatperson aufgenommen hat, um sie als Beweismittel in einem Gerichtsverfahren einzubringen, nicht als zu amtlichen Zwecken i.S.v. § 12 Abs. 2 ZGB gewertet werden[617]. Solche Beweise können nur entsprechende Staatsorgane erheben.

c) Zweite Ausnahme: Berichterstattungslizenz nach § 12 Abs. 3 ZGB

Praktisch besonders wichtig sind die in Abs. 3 geregelten Ausnahmen. Zum einem können für wissenschaftliche und künstlerische Zwecke Portraits, Abbildungen, Bild- und Tonaufnahmen ohne Einwilligung der natürlichen Person hergestellt oder in angemessener Weise verwendet werden. Die zweite Ausnahme ist für die Medien von größter praktischer Relevanz. Ohne Einwilligung des Betroffenen können Portraits, Abbildungen, Bild- und Tonaufnahmen für die Berichterstattung in Presse, Film und Rundfunk verwendet werden – sog. Berichterstattungslizenz. Diese Ausnahmen gelten indes nicht für Schriftstücke persönlicher Natur. Zusätzlich dürfen Abbildungen, Ton- und Bildaufnahmen nicht zu Werbezwecken verwendet werden. Unter Berichterstattung fallen nicht nur Berichte, die über bestimmte Tatsachenbehauptungen referieren, sondern auch Kommentare und kritische Bewertungen[618].

Ausschlaggebend in bezug auf die Berichterstattung ist dabei, daß die Verwendung der Bilder dazu dient, die Öffentlichkeit im Rahmen des öffentlichen Interesses zu informieren. Jedoch eignet sich nicht alles, was die Öffentlichkeit interessiert, zur Verwendung. Ist das öffentliche Interesse durch Sensationslust motiviert, liegt grundsätzlich kein berechtigtes Interesse vor. Damit sind grundsätzlich alle Abbildungen und Aufnahmen aus dem Privatbereich unzulässig.

---

617 Urteil des Bezirksgerichts Ostrava vom 15.4.1997, sp.zn. 23 C 3/97 = SR, 6/1997, S. 147 ff.

618 Švestka/Jehlička u.a., Ochrana osobnosti, S. 256.

Auch in der deutschen Rechtsprechung wird das Kriterium des Informationswertes in die Entscheidungsfindung einbezogen. Der Bundesgerichtshof betont, daß, „wenn bloße Neugier und Sensationslust sowie ein bloßes Interesse an der Unterhaltung überwiegt“, dieses nicht schützenswert ist[619].

Weitere Voraussetzung für eine wissenschaftliche, künstlerische oder nachrichtliche Verwendung ist zusätzlich stets, daß die Berichterstattung angemessen ist und den berechtigten Interessen einer natürlichen Person nicht widerspricht. Konkret muß die Form und der Umfang der Verwendung entsprechen. Die Beurteilung des berechtigten Interesses hängt vom Einzelfall ab.

4. Persönlichkeitsschutz von Personen des öffentlichen Lebens

In der tschechischen Rechtsprechung sind - soweit ersichtlich - die Begriffe der „relativen oder absoluten Person der Zeitgeschichte“, die im deutschen Recht verwendet werden, in Persönlichkeitsrechtsverfahren bisher nicht zur Anwendung gekommen[620]. Die Rechtslehre gebraucht den Begriff der Person des öffentlichen Lebens und vereinzelt auch den Begriff der relativen und absoluten Person des öffentlichen Interesses[621]. Die Berichterstattungslizenz gemäß § 12 Abs. 3 ZGB liefert die Grundlage für den Umgang mit Prominenten. Der

---

[619] BGH AfP 1996, S. 140 (143); vgl. zum Wertungskriterium „Sensationspresse“ kritisch Rehm, AfP 1999, S. 416 (420).

[620] Die Unterscheidung zwischen „public figures“ und „private plaintiffs“ ist vom amerikanischen Supreme Court entwickelt und auch vom EGMR übernommen worden; s. Kübler, NJW 1999, S. 1281(1285). Im deutschen Recht wird als „absolute Person der Zeitgeschichte“ die Person bezeichnet, die auf Grund ihres Status oder Bedeutung allgemein öffentliche Aufmerksamkeit findet und deren Bildnis die Öffentlichkeit deshalb um der dargestellten Person willen der Beachtung wert findet; bei der „relativen Person der Zeitgeschichte“ besteht kein generelles Informationsinteresse der Öffentlichkeit wie bei der absoluten Person der Zeitgeschichte, sondern nur in Zusammenhang mit einem bestimmten zeitgeschichtlichen Vorgang, BVerfG 101, S. 361 (392) = NJW 2000, S. 1021 ff.; Einzelheiten s. Löffler/Ricker, Handbuch des Presserechts, S. 368 ff; Rehm, AfP 1999, S. 416 ff.; Prinz, ZRP 2000, S. 138 ff.

[621] Švestka/Jehlička u.a., Ochrana osobnosti, S. 315.; Hajn, PPP 1995, S. 11 ff.; Vozár, PR 4/1998, S. 161 ff.

Presse und anderen Medien soll die Möglichkeit verschafft werden, die natürliche Neugierde und den Bedarf der Öffentlichkeit zu befriedigen, die ein Interesse an der Gewinnung von Informationen über bedeutende Persönlichkeiten hat[622]. Obendrein ermöglicht die Berichterstattungslizenz der Presse, die Bild- und Wortberichte über das Leben von Politikern bringt, ihre Aufgabe als eine Kontrollinstitution zu erfüllen. Über die Voraussetzung des „berechtigten Interesses“ findet dann auch im tschechischen Recht eine Abwägung im Einzelfall statt, die im Ergebnis der deutschen entspricht.

Danach werden auch im tschechischen Recht zwei Personengruppen unterschieden. Die erste Gruppe bilden Personen, die nicht aus freiem Willen oder ohne ihr Zutun Gegenstand des öffentlichen Interesses geworden sind. Es handelt sich dabei zum Beispiel um Opfer von Straftaten.

Zur zweiten Gruppe gehören Personen, die auf der Grundlage einer freien Entscheidung Gegenstand des öffentlichen Interesses geworden sind. Bei diesen Personen des öffentlichen Lebens wird vertreten, daß sie ein konkludentes Einverständnis zur Berichterstattung zum Ausdruck gebracht haben. Personen, die öffentlich tätig sind und durch diese Tätigkeit Einfluß ausüben, müssen sich dessen bewußt sein, daß die Öffentlichkeit an dieser Tätigkeit ein berechtigtes Interesse hat. Darüber hinaus müssen diese Personen damit rechnen, daß sogar bestimmte Ereignisse oder Aufnahmen aus ihrem Privatleben relevant sein können. Relevant kann Privates dann sein, wenn daraus Rückschlüsse auf die Eignung und Fähigkeiten für die Ausübung der Tätigkeit der Person des öffentlichen Lebens möglich sind. Hat etwa ein Politiker in der Wahlkampagne mit seiner Familie und seinem Privatleben geworben, so muß er damit rechnen, daß seine Familie Gegenstand der Berichterstattung wird.

Obwohl die tschechische Boulevardpresse der deutschen Boulevardpresse in Sachen Berichterstattung über Prominente samt aller ihrer Auswüchse in nichts nachsteht, sind Verletzungen des Persönlichkeitsrechts in den seltensten Fällen bisher Gegenstand eines Gerichtsverfahrens gewesen. So hat etwa die beliebte tschechische ČSSD Politikerin P. Buzková keine Persönlichkeitsschutzklage gegen die Boulevardzeitung „Super“ erhoben. Deren Bildreporter sind ihr bis

---

[622] Hajn, PPP 1995, S. 11 ff.

nach Kroatien in ihr Urlaubsort gefolgt, um dort von ihr „oben ohne“ Fotos zu machen, die anschließend reißenden Absatz gefunden haben[623]. Vor deutschen Gerichten werden Persönlichkeitsverletzungen Prominenter hingegen sehr häufig verhandelt[624].

Bekannt sind jedoch Fälle, in denen sich Persönlichkeiten des öffentlichen Lebens gegen die Verwendung ihrer Bilder zu Werbezwecken gewehrt haben[625]. Die Verwendung von Bildern von Politikern, Künstlern, Sportlern usw. zu Werbezwecken steht in Widerspruch zu den berechtigten Interessen dieser Personen und wird von der Berichterstattungslizenz gemäß § 12 Abs. 3 ZGB nicht gedeckt. Unzulässig sind ferner Auftritte von Doppelgängern und Stimmenimitatoren, wenn Verwechslungsgefahr vorliegt[626].

5. Der Schutz des guten Rufs einer juristischen Person nach § 19 b) Abs. 3 ZGB.

Im Rahmen der Medienberichterstattung kann durch unrichtige oder unwahre Informationen, z.B. durch Testberichterstattung oder Berichte über Mißstände, der Name und der gute Ruf juristischer Personen erheblich beeinträchtigt werden. Juristische Personen sind gemäß § 18 Abs. 2 ZGB Vereinigungen natürlicher oder juristischer Personen, Körperschaften mit vermögensrechtlichen Son-

[623] Laut der Aussage der Pressesprecherin von „Super“ haben die Nacktfotos die Auflage von ca. 200.000 auf 300.000 Exemplare steigen lassen; vgl. dazu und über die Methoden der tschechischen Boulavardpresse Lidové Noviny, Pátek vom 23.11.2001, Nr. 47, S. 13 ff.

[624] Vgl. etwa die jüngste Entscheidung zur Zulässigkeit der Bildveröffentlichungen von Prinz Ernst August von Hannover, BVerfG NJW 2001, S. 1921 ff.

[625] So wurde etwa der Präsident der Tschechischen Republik, Václav Havel, auf einem Werbeplakat abgebildet, das für Schuhe warb. Ein anderes Beispiel stellten zwei Hörfunkspots mit Karel Gott (tschechischer Schlagersänger) dar. In einem wurde damit geworben: „Diesen Kaffee trinkt auch Karel Gott“, das andere Mal hatte ein Stimmenimitator K. Gotts Stimme perfekt nachgemacht, so daß die Hörer den Eindruck gewannen, K. Gott sprach selbst.

[626] Vgl. Hajn, PR 2/1995, S. 55 ff.; Vozár, PR 4/1998, S. 161 ff.

derzweck, territoriale Selbstverwaltungseinheiten und andere Subjekte, die das Gesetz bestimmt.

Das tschechische Recht regelt Teilbereiche des Persönlichkeitsschutzes juristischer Personen ausdrücklich in § 19 b) ZGB. § 19 b) ZGB befindet sich nicht im ersten Titel des ZGB, Schutz der Persönlichkeit, sondern im zweiten, juristische Personen. Auf das allgemeine Persönlichkeitsrecht gemäß §§ 11 ff. ZGB können sich juristische Personen also nicht berufen, dieses steht ausschließlich natürlichen Personen zu. Inhaltlich ist dennoch unübersehbar, daß dem Gesetzgeber die Bestimmungen der §§ 11 ff. ZGB bei Regelung des Rechtes auf den Schutz des guten Rufs der juristischen Person als Vorbild dienten, insbesondere der Ehrenschutz. Praktische Bedeutung hat § 19 b) ZGB insbesondere für Gesellschaften mit beschränkter Haftung und Aktiengesellschaften.

Demgegenüber sind im deutschen Recht zwar grundsätzlich auch natürliche Personen Träger des allgemeinen Persönlichkeitsrechts, juristische Personen können jedoch im Rahmen ihrer Zwecksetzung und Funktion den Persönlichkeitsschutz geltend machen. Zu den sonstigen Rechten des § 823 Abs. 1 BGB gehört das von der Rechtsprechung anerkannte Recht am eingerichteten und ausgeübten Gewerbebetrieb. Dieses umfaßt alles, was den Wert des Unternehmens in seiner Gesamtheit ausmacht, wie etwa Name, Produkte, Erscheinungsform, Kundenstamm usw.[627].

Das tschechische Recht enthält eine Vielzahl von Sondervorschriften gegen Beeinträchtigungen von juristischen Personen, insbesondere wettbewerbsrechtlichen Charakters, die hier jedoch nicht erörtert werden. Gegenstand der Untersuchung sind vorliegend lediglich Maßnahmen gegen rufschädigende Beeinträchtigungen der juristischen Person durch Berichterstattung in den Medien. Anspruchsberechtigter ist die juristische Person selbst, Verpflichtete können sowohl juristische als auch natürliche Personen sein.

---

[627] Löffler/Ricker, Handbuch des Presserechts, S. 354, Rn. 52.

§ 19 b) ZGB lautet:

(1) Die juristische Person führt einen Namen, der bei ihrer Gründung bestimmt werden muß.

(2) Im Falle des unbefugten Gebrauchs des Namens einer juristischen Person kann bei Gericht beantragt werden, daß der Nichtberechtigte den Gebrauch unterläßt und den rechtswidrigen Zustand beseitigt; es kann auch eine angemessene Genugtuung verlangt werden, die auch in Geld bestehen kann.

(3) Abs. 2 gilt entsprechend auch für den rechtswidrigen Eingriff in den Ruf der juristischen Person.

a) Der gute Ruf einer juristischen Person

Unter dem Begriff - der gute Ruf oder auch das Renommee oder good will genannt – werden bestimmte moralische aber auch qualitative Eigenschaften verstanden, die eine juristische Person charakterisieren und nach denen diese in der Gesellschaft bewertet und akzeptiert wird[628]. Der gute Ruf enthält ideelle, in Zahlen nicht darstellbare Werte, die mit der juristischen Person verbunden sind. Es handelt sich um Werte wie Ehrlichkeit, Vertrauen, Ansehen, Zuverlässigkeit, Professionalität usw. Er erstreckt sich auch auf die satzungsmäßigen Organe und Mitarbeiter der juristischen Person. Der gute Ruf beinhaltet also viele Aspekte, angefangen von den persönlichen Eigenschaften der natürlichen Personen, die die juristische Person repräsentieren, über ihre Vertrauenswürdigkeit bis zur Qualität der Erzeugnisse, Arbeit oder Dienstleistungen der juristischen Person.

Die Grundlage des Schutzes des guten Rufs einer juristischen Person bildet das Recht, den oft in mühsamer und langjähriger Arbeit erworbenen guten Ruf zu wahren und sich gegebenenfalls gegen unberechtigte Eingriffe in dieses Recht zur Wehr setzen zu können.

---

[628] Toman/Devátý, Ochrana dobré pověsti, S. 40; Urteil des Obersten Gerichts in Prag vom 15.11.2000, 29 Cdo 630/99-102.

b) Rechtswidriger Eingriff

Als ein rechtswidriger Eingriff in das Recht auf den Schutz des guten Rufs einer juristischen Person wird jedes Handeln oder Unterlassen gewertet, das objektiv geeignet ist, den guten Ruf der juristischen Person zu verletzen. Die häufigste Form der Verletzung stellt diffamierende Berichterstattung dar, sei es in Form von unzulässiger Kritik (Schmähkritik) oder in Form unrichtiger Tatsachenbehauptungen (zur Rechtswidrigkeit eines Eingriffs kann insofern auf die Ausführungen zum Schutz der natürlichen Person verwiesen werden). Das Vorliegen objektiver Rechtswidrigkeit ist ausreichend, auf das Verschulden des Schädigers kommt es nicht an.

III. Zivilrechtliche Ansprüche zur Abwehr oder zum Ausgleich von Persönlichkeitsrechtsverletzungen, §§ 13 und 16 ZGB

1. Haftungsgrundlagen

Droht einer natürlichen Person die Verletzung ihres Persönlichkeitsrechts oder ist das Persönlichkeitsrecht durch die Medienberichterstattung bereits verletzt worden, steht dem Betroffenen eine Reihe von zivilrechtlichen Ansprüchen zur Verfügung, mit denen er die drohende Veröffentlichung abwenden bzw. den Ersatz eines eingetretenen Schadens fordern kann. Dabei steht der Schutzaspekt im Vordergrund. Die Medienunternehmen und Redakteure müssen damit rechnen, daß Verletzungen des Persönlichkeitsrechts mit Sanktionen verbunden sind. Die zivilrechtliche Haftung beruht auf dem Grundsatz der Verantwortlichkeit für eigene Inhalte.

Im Zivilrechtsweg kann der Betroffene das Unterlassen eines rechtswidrigen Eingriffs oder das Beseitigen der Folgen dieses Eingriffes, angemessene Genugtuung und Ersatz seines immateriellen sowie materiellen Schadens verlangen. Zwischen immateriellen und materiellen Ansprüchen ist strikt zu unterscheiden. Den immateriellen Schutzansprüchen wird im tschechischen Recht größte Bedeutung beigemessen. Im Gegensatz zu den vermögensrechtlichen Ansprüchen, die gemäß § 106 ZGB in zwei bzw. drei Jahren verjähren, unterliegen die immateriellen Ansprüche keiner Verjährung. Sowohl die Unterlassungs- als auch die Beseitigungsansprüche und darüber hinaus auch der Satisfaktionsanspruch haben einen nichtvermögensrechtlichen Charakter. Die zivilrechtlichen Ansprüche zum Ersatz vom materiellen und immateriellen Schaden können selbständig und unabhängig voneinander existieren, gleichzeitig können aber auch beide Ansprüche nebeneinander bestehen.

a) Immaterielle Schäden

Die zentrale Vorschrift der zivilrechtlichen Haftung für nicht vermögensrechtliche Schäden bei Verletzungen des Persönlichkeitsrechts stellt § 13 ZGB dar. Die Haftung für Eingriffe in das Persönlichkeitsrecht nach § 13 ZGB beruht im tschechischen Zivilrecht auf einem objektiven Prinzip. Es genügt das Vorliegen der objektiven Rechtswidrigkeit, ohne daß ein subjektives Verschulden vorzuliegen braucht. Daher ist es hinsichtlich der objektiven Haftung unerheblich, ob vorsätzlich oder fahrlässig oder gar im guten Glauben an die Richtigkeit der Behauptung gehandelt wurde.

§ 13 ZGB lautet:

(1) Eine natürliche Person hat das Recht, insbesondere zu verlangen, daß rechtswidrige Eingriffe in das Recht zum Schutz ihrer Persönlichkeit unterlassen werden, daß die Folgen dieser Eingriffe beseitigt werden und daß ihr angemessene Genugtuung gewährt wird.

(2) Sofern die Genugtuung nach Abs. 1 insbesondere deshalb als nicht ausreichend erscheint, weil in erheblichem Maße die Würde der natürlichen Person oder ihr Ansehen in der Gesellschaft herabgesetzt wurde, hat die natürliche Person auch einen Anspruch auf den Ersatz des immateriellen Schadens in Geld.

(3) Die Höhe des Ersatzes gemäß Abs. 2 bestimmt das Gericht unter Berücksichtigung der Schwere des entstandenen Schadens und der Umstände, die zur Verletzung des Rechts geführt haben.

b) Materielle Schäden

Den Ersatz von materiellen Schäden regelt § 16 ZGB. Die Haftung für Vermögensschäden nach § 16 ZGB beruht nicht auf dem Prinzip der objektiven Rechtswidrigkeit. Das Verschulden wird vermutet. Kann der Verursacher jedoch beweisen, daß er den Schaden nicht schuldhaft verursacht hat, ist er von der Haftung befreit (§ 420 Abs. 3 ZGB).

§ 16 ZGB lautet:
Wer durch einen rechtswidrigen Eingriff in den Schutz des Persönlichkeitsrechts einen Schaden verursacht, haftet dafür gemäß den Vorschriften dieses Gesetzes über die Schadenshaftung.

c) Anspruchsverpflichtete

Im Falle einer Persönlichkeitsrechtsverletzung können als Verantwortliche grundsätzlich sowohl natürliche als auch juristische Personen zur Verantwortung gezogen werden. In Anlehnung an die Haftung des § 420 Abs. 2 ZGB gilt folgendes[629]: Wurde der rechtswidrige Eingriff in das Persönlichkeitsrecht durch eine Person verursacht, deren Verrichtung sich eine juristische Person oder eine natürliche Person zur Realisierung der Tätigkeit bedient hat, haftet diese nicht persönlich. Die zivilrechtlichen Sanktionen treffen die hinter dem Handelnden stehende juristische oder natürliche Person. Dies bedeutet, daß wenn es sich um einen Journalisten in fester Anstellung handelt, dessen Artikel das Persönlichkeitsrecht des Betroffenen verletzt, der Verlag selbst haftet. Dem Betroffenen gegenüber haftet der Angestellte nicht. Eine Ausnahme bilden Fälle, in denen der Angestellte einen sog. Exzeß begeht, der aus dem Rahmen seiner Tätigkeit herausfällt. Für Exzesse haftet der Verantwortliche selbst. Handelt es sich hin-

[629] § 420 Abs. 2 ZGB lautet: Ein Schaden wird durch eine juristische oder natürliche Person verursacht, wenn er bei einer Tätigkeit derjenigen verursacht wurde, derer sie sich bei dieser Tätigkeit bedient haben. Jene haften nach diesem Grundsatz nicht persönlich für den auf diese Weise verursachten Schaden; ihre Haftung nach den arbeitsrechtlichen Vorschriften bleibt davon unberührt.

gegen um einen nicht angestellten Journalisten, kann dieser neben dem Verlag auch persönlich zur Haftung herangezogen werden.

2. Voraussetzungen der Haftung nach § 13 Abs. 1 ZGB für immaterielle Schäden

Zum Entstehen eines zivilrechtlichen Anspruches gemäß § 13 Abs. 1 ZGB für nicht vermögensrechtliche Ansprüche müssen die nachfolgenden Voraussetzungen kumulativ erfüllt sein:

(1) Vorliegen eines Eingriffes, der objektiv geeignet ist, einen nichtvermögensrechtlichen Schaden hervorzurufen, der entweder auf einer Verletzung oder nur auf einer Bedrohung der Persönlichkeit einer natürlichen Person in ihrer Integrität beruht,

(2) Rechtswidrigkeit dieses Eingriffs,

(3) Vorliegen eines kausalen Zusammenhangs.

a) Eingriff in das Persönlichkeitsrecht

Ein Anspruchs nach § 13 Abs. 1 ZGB setzt zunächst voraus, daß in eines der Rechtsgüter zum Schutz der Persönlichkeit eingegriffen worden ist. Es muß folglich eines der in §§ 11 und 12 ZGB geschützten Güter wie etwa Ehre, Würde, Privatsphäre oder Bildnis gefährdet[630] oder verletzt worden sein. § 13 Abs. 1 ZGB ist nur bei einem nichtvermögensrechtlichen Schaden anwendbar. Die Verletzung bzw. Beeinträchtigung wirkt sich nicht unmittelbar vermögensrechtlich beim Betroffenen aus. Der Eingriff muß vielmehr objektiv geeignet sein, die moralische Integrität einer Person in dem Sinne zu bedrohen, daß eine konkrete Gefahr besteht, das Ansehen dieser Person in den Augen der Mitmenschen herabzusetzen. Der moralische und soziale Geltungsanspruch des Betroffenen muß also beeinträchtigt worden sein.

---

[630] R 103/67, S. IV., S. 453 ff.

b) Rechtswidrigkeit des Eingriffs

Die Verletzung muß widerrechtlich erfolgen. Rechtswidrig ist im tschechischen Recht diejenige Handlung, die im Widerspruch zur Rechtsordnung steht. Es handelt sich um sog. objektive Rechtswidrigkeit, ohne Rücksicht auf die Schuld und Gesinnung des Täters. Die Rechtswidrigkeit kann jedoch durch Rechtfertigungsgründe ausgeschlossen sein, so daß die Verletzungshandlung gerechtfertigt ist.

aa) Einwilligung des Betroffenen

Zum einem ist die Rechtswidrigkeit bei einer Einwilligung des Betroffenen ausgeschlossen. Im tschechischen Recht gilt der römische Rechtssatz *volenti non fit iniuria*. Die Rechtswidrigkeit entfällt somit in aller Regel im Rahmen einer auf einer freien Willensentscheidung beruhenden Einwilligung des Betroffenen. Dabei muß die Reichweite der Einwilligung mitberücksichtigt werden. An eine konkludent erteilte Einwilligung sind höhere Anforderungen als an die ausdrücklich erteilte Einwilligung zu stellen.

bb) Gesetzliche Rechtfertigungsgründe

Eine weitere Gruppe bilden die Rechtfertigungsgründe, die gesetzlich vorgeschrieben sind. Für die Pressetätigkeit sind vor allem die in § 12 Abs. 2 und 3 ZGB verankerten Amts- und Berichterstattungslizenzen von Bedeutung.

cc) Handeln im Rahmen der Rechtsordnung oder in Ausübung eines subjektiven Rechts - Wahrnehmung berechtigter Interessen

Neben der Berichterstattungslizenz fällt für die Presse gleichermaßen der Rechtfertigungsgrund der Wahrnehmung berechtigter Interessen ins Gewicht. Dieser Rechtfertigungsgrund greift aber nur dann ein, wenn es sich um ein besonderes öffentliches Interesse handelt, und wenn der Eingriff im Rahmen der

Ausübung von subjektiven Rechten (*qui suo iure utitur, neminem leadit*) oder bei der Erfüllung einer gesetzlich auferlegten Pflicht erfolgte[631].

Die Berufung auf diesen Rechtfertigungsgrund spielt vor allem im Rahmen der Kritik und der Berichterstattung eine große Rolle. Hier findet die Abwägung der widerstreitenden Interessen auf eine umfassende Information und auf den Schutz der Persönlichkeit statt. An dieser Stelle entscheidet sich, ob das Informationsinteresse oder die Meinungsfreiheit gegenüber dem Recht auf den Schutz der Persönlichkeit überwiegt. Im Rahmen dieses Rechtfertigungsgrundes werden die bereits besprochenen Punkte geprüft, wie etwa, ob die Kritik sachlich, konkret und angemessen ist, ob sie darüber hinaus einem gesellschaftlich anerkannten Zweck oder Ziel dient; oder die Frage des besonderen Interesses, das nicht reines Unterhaltungsinteresse sein darf. In diesen Zusammenhang gehört auch, daß bei Tatsachenbehauptungen die Rechtswidrigkeit regelmäßig dann entfällt, wenn deren Wahrheit bewiesen werden kann usw. Eine Ausnahme bilden Fälle, in denen eine Rechtfertigung ausgeschlossen ist. Im tschechischen Recht ist das Berufen auf den Rechtfertigungsgrund der Wahrheit der Behauptung ausgeschlossen, wenn es sich um Äußerungen aus dem Bereich des Privatlebens handelt[632]. Ohne Rücksicht auf die Wahrheit solcher Behauptungen wird der Betroffene geschützt, die Verletzungshandlung kann nicht gerechtfertigt werden.

c) Kausaler Zusammenhang

Letzte Voraussetzung für die Entstehung eines Anspruches nach § 13 Abs. 1 ZGB bildet das Erfordernis nach einem kausalen Zusammenhang zwischen dem rechtswidrigen Eingriff in das Persönlichkeitsrecht und dem Entstehen eines immateriellen Schadens. Der Betroffene muß beweisen können, daß der immaterielle Schaden durch den Eingriff des Pflichtigen entstanden ist. Andernfalls ist der Anspruch aus § 13 Abs. 1 ZGB ausgeschlossen.

---

[631] Vgl. Švestka/Jehlička u.a., Ochrana osobnosti, S. 133.

[632] Švestka/Jehlička u.a., Ochrana osobnosti, S. 271

3. Immaterielle Ansprüche gemäß § 13 ZGB im einzelnen

Die in § 13 ZGB genannten Rechtsbehelfe sind, wie sich aus der Verwendung des Wortes „insbesondere" ableiten läßt, nur beispielhaft angeführt. Die Regelung des § 13 ZGB schließt nicht die Geltendmachung anderer zivilrechtlicher Mittel zum Schutz der Persönlichkeit aus. So ist etwa eine Klage zulässig, mit der lediglich die Feststellung der Unwahrheit einer Äußerung begehrt wird[633].

Die Bestimmung des § 13 ZGB verankert ausdrücklich drei Rechtsbehelfe im Falle eines widerrechtlichen Eingriffs in das Persönlichkeitsrecht einer natürlichen Person.
Der Betroffene kann fordern:

- das Unterlassen rechtswidriger Eingriffe (Unterlassungsklage)
- die Beseitigung der Folgen dieser Eingriffe (Beseitigungsklage)
- die Gewährung angemessener Genugtuung (Satisfaktionsklage)

Alle drei Ansprüche können nur dann geltend gemacht werden, wenn die bereits genannten Voraussetzungen – Vorliegen eines Eingriffs in eines der gemäß §§ 11 ff. ZGB geschützten Güter, Rechtswidrigkeit dieses Eingriffs und ursächlicher Zusammenhang zwischen dem Eingriff und der Verletzung – erfüllt sind.

a) Der Unterlassungsanspruch - § 13 Abs. 1 ZGB

Der Unterlassungsanspruch setzt zwingend das Vorliegen eines rechtswidrigen Eingriffs voraus, der entweder noch fortdauert oder dessen ernsthafte Wiederholungsgefahr zu befürchten ist. Ein vorbeugender Unterlassungsanspruch gegen einen noch nicht veröffentlichten Artikel kommt praktisch nicht vor.
In bezug auf Presseveröffentlichungen geht es regelmäßig um die Vermeidung einer erneuten Verletzung. Dieser in die Zukunft gerichtete Unterlassungs-

[633] Vgl. Švestka/Jehlička u.a., Ochrana osobnosti, S. 133; Holub/Fiala/Bičovský, Občanský zákoník, § 13.

anspruch kann eine bereits erfolgte Verletzung nicht wiedergutmachen. Mit Hilfe des Unterlassungsanspruchs kann der Betroffene erreichen, daß eine bereits veröffentlichte Information nicht erneut aufgerufen und veröffentlicht wird. Der Unterlassungsanspruch hat somit einen präventiven Charakter.

Anspruchsberechtigt ist die durch eine Äußerung unmittelbar betroffene Person. Anspruchsverpflichteter ist der Störer. Gibt das Gericht der Unterlassungsklage statt, ist der Störer verpflichtet, die umstrittenen Äußerungen zu unterlassen. Ein positives Tun des Störers kann nicht mit einem Unterlassungsanspruch gefordert werden. Der Inhalt und der Umfang des Unterlassungsanspruchs richtet sich nach der angegriffenen Äußerung. Werden im Rahmen einer Äußerung nur bestimmte Passagen beanstandet, so kann lediglich die Unterlassung dieser Passagen verlangt werden. Ein Verbot des gesamten Inhalts kann nicht erfolgreich geltend gemacht werden. Die Unterlassungserklärung stimmt mit der beanstandeten Äußerung inhaltlich überein. Ferner kann der Anspruch mit einer Strafe für den Fall der Zuwiderhandlung gemäß § 351 ZPO[634] bis zur Höhe von 100.000,- Kč gesichert werden.

Der auf Unterlassung klagende Betroffener muß beweisen, daß ein Eingriff vorliegt und daß Wiederholungsgefahr besteht. Für die Wiederholungsgefahr müssen zudem konkrete Anhaltspunkte vorliegen[635].

b) Der Beseitigungsanspruch

Ist ein rechtswidriger Eingriff in eines der gem. §§ 11 und 12 ZGB geschützten Rechtsgüter bereits erfolgt, können die eingetretenen Folgen dieses Eingriffes mit Hilfe des Beseitigungsanspruches beseitigt werden. Der Betroffene kann vom Schädiger verlangen, daß dieser konkrete Handlungen vornimmt, um so den Zustand herzustellen, der vor dem rechtswidrigen Eingriff bestand. Mit diesem Rechtsbehelf soll der ursprüngliche Zustand wiederhergestellt werden – sogenannter Restitutionsziel[636].

---

[634] Gesetz Nr. 99/1963 Sb., Zivilprozeßordnung in geltender Fassung.

[635] Urteil des Bezirksgerichts Ostrava vom 15.4.1997, sp.zn. 23 C 3/97 = SR 6/97, S. 147 (148).

[636] Vgl. Švestka/Jehlička u.a., Ochrana osobnosti, S. 148.

Die Geltendmachung des Beseitigungsanspruches setzt voraus, daß die Folgen des rechtswidrigen Eingriffs noch fortwirken, auch wenn der Eingriff selbst bereits erfolgt oder beendet ist. Darüber hinaus muß es überhaupt möglich sein, daß die Folgen beseitigt werden können.

Im Bereich der Berichterstattung kann mit dem Beseitigungsanspruch eine Vielzahl an unterschiedlichsten Maßnahmen gefordert werden. So kann etwa die Abgabe einer Erklärung, die Vernichtung eines bestimmten Bildes, einer Tonaufnahme oder eines Negatives verlangt werden. In Betracht kommt auch ein Anspruch auf die Veröffentlichung des Urteilstenors zur Beseitigung der noch andauernden Folgen einer Äußerung für das Ansehen des Betroffenen. Die Veröffentlichung des Urteilstenors kommt vor allem bei rufschädigenden Äußerungen zur Anwendung. Es gibt daher für den Berichtigungsanspruch keine fest vorgeschriebene Form oder Formulierung. Der Kläger muß in der Klageschrift genau bezeichnen, welche Handlung der Beklagte vornehmen soll. Die Art und Weise der Folgenbeseitigung soll in Form und Inhalt sowie Umfang derjenigen des widerrechtlichen Eingriffes entsprechen.

c) Der Satisfaktionsanspruch

Der Rechtsbehelf der Satisfaktionsklage kann nur dann geltend gemacht werden, wenn die ungünstige Folge eines rechtswidrigen Eingriffes bereits eingetreten ist. Es handelt sich um ein subjektives Recht und um einen eigenständigen Anspruch auf die Gewährung einer angemessenen Genugtuung. Hat der klagende Betroffene im Klageantrag keine Genugtuung gefordert, kann sie nicht vom Gericht, auch nicht im Falle schwerer Persönlichkeitsverletzungen, zugesprochen werden (*ne eat iudex ultra petita partium*)[637].

Das tschechische Recht unterscheidet zwischen

- einer moralischen Satisfaktion/Genugtuung (nicht vermögensrechtliche Satisfaktion)

und

[637] Vgl. Švestka/Jehlička u.a., Ochrana osobnosti, S. 150.

- einer materiellen Satisfaktion/Genugtuung (Ersatz eines nicht vermögensrechtlichen Schadens in Geld).

aa) Moralische Genugtuung

Dieser Anspruch dient der ideellen Genugtuung des Verletzten. Die durch den rechtswidrigen Eingriff entstandene Verletzung des Persönlichkeitsrechts soll in angemessener Weise durch eine der möglichen Formen von moralischer Genugtuung gelindert werden. Moralische Genugtuung hat Vorrang vor der materiellen Genugtuung. Welche Form der Genugtuung als angemessen bezeichnet werden kann, hängt vom Einzelfall ab. Das Gericht berücksichtigt bei der Beurteilung der Angemessenheit der Genugtuung die Intensität, den Charakter und die Art und Weise des rechtswidrigen Eingriffes im Vergleich zum Charakter des betroffenen Persönlichkeitswertes, zur Dauer und zum Ausmaß des entstandenen Schadens für die Stellung und Verwirklichung des Verletzten in der Gesellschaft.

In der bisherigen Rechtsprechung haben sich vor allem folgende Formen von moralischer Genugtuung herausgebildet: Entschuldigung, Widerruf der diffamierenden Äußerung oder Veröffentlichung des Urteilstenors.

aaa) Entschuldigung

Die Entschuldigung stellt den am häufigsten geltend gemachten zivilrechtlichen Anspruch bei Verletzungen des Persönlichkeitsrechts durch Presseveröffentlichungen dar[638].

Der Verletzte reicht eine Klage zum Schutz der Persönlichkeit ein und fordert die Veröffentlichung einer Entschuldigung an der gleichen Stelle und in gleicher Schrift in der Zeitung oder in der Zeitschrift, die die angegriffene Äußerung veröffentlichte. In der Klageschrift muß der Wortlaut der geforderten Entschul-

---

[638] Die Entschuldigung ist dem deutschen Recht unbekannt, und es findet sich auch kein entsprechendes Äquivalent zu. Die Entschuldigung stellt aber zum Beispiel eine in Polen sehr häufig gewählte Maßnahme zur Beseitigung der Folgen eines rechtswidrigen Eingriffes dar, vgl. dazu Mol, Haftung für Pressepublikationen, S. 232 ff.

digung ausformuliert werden. Üblich ist folgender Wortlaut einer Klageschrift: Der Kläger beantragt, daß das Bezirksgericht folgendes Urteil fällt. Der Beklagte ist verpflichtet, innerhalb von drei Tagen ab der Rechtskraft des Urteils in der Tageszeitung XY eine Entschuldigung zu veröffentlichen. Dem folgt dann der vorformulierte Wortlaut der geforderten Entschuldigung. Die Unbestimmtheit oder Mißverständlichkeit der Klageschrift stellt jedoch keinen Grund zu deren Abweisung dar, da es sich um einen behebbaren Mangel handelt, der beseitigt werden kann[639]. In diesem Fall wird der Kläger aufgefordert, die Klageschrift entsprechend zu ergänzen.

Ob der rechtswidrige Eingriff in das Persönlichkeitsrecht einer natürlichen Person durch Tatsachenbehauptungen oder durch Werturteile erfolgte, ist im Rahmen der Entschuldigung unerheblich. Das Gericht prüft das Vorhandensein der rechtswidrigen Verletzung des Persönlichkeitsrechts und die Kausalität. Tatsachenbehauptungen werden auf ihre Wahrhaftigkeit hin überprüft; Werturteile daraufhin, ob es sich um unzulässige, nicht mehr von Art. 17 Charta gedeckte Kritik handelt. Aber nicht nur in bezug auf Äußerungen kann eine Entschuldigung verlangt werden. Auch für Bildveröffentlichungen mit Untertitel mußten sich Verlage bereits entschuldigen[640].

Anschließend überprüft das Gericht die Angemessenheit des vom Verletzten geforderten Wortlauts der Entschuldigung. Befindet das Gericht lediglich einen bestimmten Teil oder Satz der Entschuldigung für unangemessen, wird dieser Teil bzw. Satz gestrichen. Der restliche Wortlaut der Entschuldigung muß dann veröffentlicht werden. Im Rahmen der Prüfung der Angemessenheit der Entschuldigung prüft das Gericht ferner, ob durch die Entschuldigung der mit ihr verfolgte Zweck – dem Verletzten ideelle Genugtuung zu verschaffen – erreicht werden kann. So wurde etwa eine Entschuldigung als unangemessen gewertet, durch die, wenn sie unter den gegebenen Umständen ausgesprochen worden wäre, die Öffentlichkeit erst von dem rechtswidrigen Eingriff Kenntnis erlangt hätte[641].

---

[639] Urteil des Obergerichts Prag vom 20.11.1995, sp. zn. 7 Cdo 154/93 = PR 5/96, S. 225.

[640] Mladá Fronta DNES vom 29.05. 1996.

[641] Urteil des Bezirksgerichts Ostrava vom 15.4.1997, sp.zn. 23 C 3/97 = SR 6/97, S. 147 (148).

Beispiel einer veröffentlichten Entschuldigung[642]:

Am 17.2.2001 wurde in der Tageszeitung Zemské Noviny ein Artikel unter der Überschrift „Der geheimnisvolle Mäzen der ČSSD" veröffentlicht. In diesem Artikel wurden unwahre Tatsachenbehauptungen über die Person des K.H.H. veröffentlicht, die die Ehre und den guten Ruf beeinträchtigen. Es handelt sich insbesondere um die Äußerungen, daß sich für Herrn H. „die Polizei vieler Länder interessiert", „in Deutschland eine Akte unter seinem Namen geführt wird, die einen Steuerbetrug betrifft", „seine tschechische Firma unter unklaren Umständen Aktien von Gazprom für einen Bruchteil ihres ursprünglichen Wertes erworben hat"...usw. Die angeführten Behauptungen entsprechen nicht der Wahrheit, und wir entschuldigen uns für deren Veröffentlichung.

Der Verleger

Die mit der Entschuldigung dem Verletzten verschaffte Genugtuung erfreut sich breiter Akzeptanz und wird als wirksame Maßnahme zum Schutz des Persönlichkeitsrechts in den Augen der Öffentlichkeit empfunden, vorausgesetzt, die Durchsetzung der Entschuldigung hat nicht zu lange gedauert.

bbb) Andere Maßnahmen

Neben der Entschuldigung kommen noch andere Reaktionsmöglichkeiten des Betroffenen in Betracht. So könnte etwa die Genugtuung mit der Veröffentlichung des Urteilsspruchs oder mit dem Widerruf der unwahren oder diffamierenden Äußerung in der Presse erreicht werden. Praktisch kommen diese Maßnahmen jedoch so gut wie nie vor. Neben der Entschuldigung stellte in der Praxis die Berichtigung gemäß § 19 des alten Pressegesetzes die am häufigsten verlangte Form der Abwehr gegen unwahre oder diffamierende Veröffentlichungen dar. Die Berichtigung ist im neuen Pressegesetz durch das Recht auf Gegendarstellung ersetzt worden.

[642] Zemské Noviny vom 27.3.2001, Titelseite.

bb) Materielle Genugtuung[643]

Die nun in § 13 Abs. 2 ZGB ausdrücklich vorgesehene Möglichkeit, Schadensersatz wegen immaterieller Schäden in Geld zu verlangen, war zuvor umstritten[644]. § 13 ZGB ist um die entsprechenden Absätze 2 und 3 erst im Jahre 1990 durch das Gesetz Nr. 87/1990 Sb. erweitert worden. Begründet wurde die Einführung des Schadensersatzes in Geld mit der Veränderung der gesellschaftlichen Verhältnisse, konkret der Erneuerung der Pressefreiheit und der Marktwirtschaft. Bei schwerwiegenden Persönlichkeitsrechtsverletzungen entstand das Bedürfnis, die Genugtuungsfunktion des Geldes im Rahmen dieser Verletzungen zivilrechtlich anzuerkennen, um immaterielle Schäden mit Geldentschädigung zu lindern. Darüber hinaus spielte der Aspekt der Prävention eine Rolle. Die Möglichkeit, Verleger zu einer Zahlung zu verpflichten, sollte zu mehr Respekt vor dem Persönlichkeitsrecht natürlicher Personen führen.

Die Gewährung einer materiellen Genugtuung nach § 13 Abs. 2 ZGB hat ausschließlich unterstützende Funktion. Dies bedeutet, daß dieser Anspruch erst dann in Betracht kommt, wenn die moralische Genugtuung als unzureichend erscheint und das Persönlichkeitsrecht in erheblichem Maße verletzt worden ist. Die materielle Genugtuung dient nicht dem Ersatz eines entstandenen Vermögensschadens wie etwa dem Verdienstausfall oder dem entgangenen Gewinn. Dieser kann gleichwohl neben dem Anspruch auf materielle Genugtuung geltend gemacht werden.

Auch beim Anspruch auf materielle Genugtuung kommt es, wie im Falle des Unterlassungs- und Beseitigungsanspruchs, nicht auf subjektive Voraussetzungen an. Verschulden seitens des Schädigers ist keine Voraussetzung für die Geltendmachung des Anspruches.

Für die Anerkennung eines Satisfaktionsanspruchs gemäß § 13 Abs. 2 ZGB müssen folgende objektive Voraussetzungen kumulativ erfüllt sein:

---

[643] In deutscher Terminologie spricht man von Schmerzensgeld.
[644] Vgl. Švestka/Jehlička u.a., Ochrana osobnosti, S. 149, insbes. Fn. 113 m.w.N.

- die moralische Genugtuung erscheint im konkreten Fall als unzureichend und
- durch den rechtswidrigen Eingriff wurde in erheblichem Maße insbesondere die Würde und das Ansehen einer natürlichen Person in der Gesellschaft beeinträchtigt.

aaa) Keine ausreichende moralische Genugtuung

Erste Voraussetzung für die Gewährung der materiellen Genugtuung ist, daß die Linderung der Folgen eines rechtswidrigen Eingriffes durch eine der möglichen Formen der moralischen Genugtuung im konkreten Fall nicht ausreichend erscheint. Diese Einschätzung steht im freien Ermessen des Gerichts. Das Gericht muß dabei alle Umstände des Falles, insbesondere die Art, die Dauer und die Intensität der Folgen der Persönlichkeitsrechtsverletzung für den Betroffenen in seiner Familie und in der Gesellschaft berücksichtigen[645]. Kommt das Gericht zu dem Ergebnis, daß die gewährte Form der moralischen Genugtuung, wie etwa die Veröffentlichung einer Entschuldigung in dem Medium, in dem die unwahre oder diffamierende Mitteilung veröffentlicht wurde, ausreicht, um den erlittenen immateriellen Schaden zu lindern, weist es den Anspruch auf materielle Genugtuung zurück.

bbb) Erhebliche Beeinträchtigung der Würde oder des Ansehens

Nicht jeder Eingriff in das Persönlichkeitsrecht kann einen Anspruch auf Genugtuung in Geld begründen. Es muß sich um einen Eingriff handeln, der in erheblichem Maße die Würde oder das Ansehen einer natürlichen Person beeinträchtigt. Das Gericht ist gleichwohl nicht daran gehindert, unter Umständen auch andere Voraussetzungen in die Bewertung einzubeziehen. Dies ergibt sich aus dem Wortlaut des § 13 Abs. 2 ZGB. Dieser sieht die Gewährung einer Genugtuung vor, wenn insbesondere die Würde oder das Ansehen einer Person beeinträchtigt wurde. Folglich könnten auch anderen vergleichbare Beeinträchti-

[645] Rc 21/95, 5 Co 18/93 (Sb.s.r. 95, 1-2, S. 64 ff.).

gungen relevant sein. Sie müßten jedoch in ihrer Bedeutung mit den gesetzlich ausdrücklich erwähnten Voraussetzungen gleichwertig sein.

Ob die Würde oder das Ansehen einer Person in erheblichem Maße beeinträchtigt worden ist, hängt vom konkreten Einzelfall ab. Es kommt auf die Intensität, den Charakter, die Dauer und den Umfang des Eingriffs und dessen negative Folgen für den Verletzten in seiner Familie, am Arbeitsplatz, in Fachkreisen, in der Geschäftswelt, im politischen oder öffentlichen Leben an. Bei der Prüfung dieser Kriterien wendet das Gericht einen objektiven Maßstab an. Entscheidend ist, ob ein Dritter in der Lage des Verletzten den Eingriff als erhebliche Beeinträchtigung seiner Würde oder seines Ansehens empfände. Deshalb ist das subjektive Empfinden des Verletzten nicht besonders relevant, da es von Person zu Person stark variieren kann.

Die Rechtsprechung sieht diese qualifizierte Voraussetzung regelmäßig in den Fällen als erfüllt an, in denen der Eingriff durch Veröffentlichungen in den Massenmedien erfolgt ist. So ist etwa die Ausübung von Kritik in Form von Ironie, Verurteilung und Verschmähung der Tätigkeit einer Person, die sich auf Umstände stützt, die auf unwahren Tatsachen beruhen, in der Regel als ein erheblicher Eingriff zu werten[646]. Praktisch wird in den meisten Fällen der Klagen zum Schutz der Persönlichkeit sowohl die moralische als auch die materielle Satisfaktion geltend gemacht. Im Falle von Verletzungen des Persönlichkeitsrechts durch die Medien fordern die Betroffenen in der tschechischen Gerichtspraxis in der Regel die Veröffentlichung einer Entschuldigung sowie einen bestimmten Geldbetrag als materielle Genugtuung.

Anspruchsberechtigt ist der unmittelbar Geschädigte. Er trägt die Beweislast für die Behauptung der Erheblichkeit des Eingriffs. Nicht ausreichend ist eine bloße Möglichkeit der Beeinträchtigung der Würde und des Ansehens. Die Beeinträchtigung muß tatsächlich eingetreten sein, der Beweis obliegt dem Kläger.

---

[646] Rc 15/96 Cdon 24/95 (Sb.s.r. 96, 1, S. 34).

ccc) Höhe der materiellen Genugtuung

Gemäß § 13 Abs. 3 ZGB bestimmt das Gericht die Höhe des Ersatzes unter Berücksichtigung der Schwere des entstandenen Schadens und der Umstände, die zur Verletzung des Rechts geführt haben. Erforderlich ist daher die Prüfung der Bedeutung und Tragweite der Verletzung. Als Faustregel gilt: je schwerer der Eingriff, desto höher sollte die zugesprochene Summe ausfallen. Hinsichtlich der Prüfung der Umstände, die zur Verletzung geführt haben, wird verlangt, daß das Gericht im Ergebnis einen gerechten Interessenausgleich aller Beteiligten erzielt. Beide Voraussetzungen bieten einen breiten Rahmen für das freie Ermessen des Gerichts in bezug auf die Bestimmung der Höhe der Satisfaktion. Bezüglich der maximalen Höhe der Genugtuung ist das Gericht jedoch an den Klageantrag gebunden. Der Kläger muß im Klageantrag den geforderten Betrag exakt beziffern, und es darf dem Verletzten nicht mehr zusprechen, als dieser selbst verlangt hat.

In der tschechischen Gerichtspraxis sind mittlerweile Beträge von 50.000,- Kč (ca. 1666,- Euro) bis 500.000,- Kč (ca. 16.660,- Euro) üblich. Es wurden aber bereits im Einzelfall auch Beträge in Höhe von 1.000.000,- Kč (ca. 33.300 Euro) zugesprochen[647].

ddd) Verjährung

Im Gegensatz zum Anspruch auf moralische Satisfaktion, der nicht verjährt, unterliegt der Anspruch auf materielle Satisfaktion der dreijährigen Verjährungsfrist des § 101 ZGB. Der Fristablauf beginnt mit dem Zeitpunkt, zu dem der Verletzte Kenntnis vom schädigenden Ereignis erlangt hat.

---

647 1,- Euro hat zur Zeit den Wert von ca. 30 Kč. Die Beträge wurden anhand unveröffentlichter Urteile ermittelt. Leider läßt die Veröffentlichungspraxis der Gerichte in Sachen der Verletzung der Persönlichkeit zu wünschen übrig.

4. Ersatz eines Vermögensschadens nach § 16 ZGB - materielle Schäden

Entsteht durch den rechtswidrigen Eingriff in das Persönlichkeitsrecht einer natürlichen Person dieser ein materieller Schaden, dann haftet der Verursacher gemäß den Vorschriften über die Schadenshaftung nach §§ 420 ff. ZGB. Materieller Schaden ist die Vermögenseinbuße, die der Verletzte durch den rechtswidrigen Eingriff erlitten hat. Im Unterschied zu immateriellen Schäden beruht die Haftung für materielle Schäden auf dem subjektiven Prinzip, so daß ein Verschulden des Täters Tatbestandsvoraussetzung ist.

Zur Geltendmachung des Schadensersatzes müssen folgende Voraussetzungen erfüllt sein:
- rechtswidriger Eingriff in das Recht zum Schutz der Persönlichkeit
- Verursachen eines tatsächlichen Schadens oder entgangenen Gewinns
- Kausalität zwischen dem Eingriff und dem Schaden
- Verschulden.

Ein tatsächlicher Schaden ist die Vermögenseinbuße, die in der Vermögenssphäre des Verletzten entstanden ist und die objektiv in Geld beziffert werden kann. Entgangener Gewinn ist die Differenz zwischen dem hypothetischen, bei gewöhnlichem Verlauf der Sache zu erwartenden und dem tatsächlichen Gewinn. Zwischen diesem Schaden und dem rechtswidrigen Eingriff muß ein ursächlicher Zusammenhang bestehen. Das Verschulden wird vermutet. Der Anspruchsverpflichtete kann sich von der Haftung jedoch befreien, wenn ihm der Nachweis gelingt, daß er den Schaden nicht verschuldet hat.

5. Ansprüche zum Schutz des guten Rufs einer juristischen Person gemäß § 19 b) Abs. 3 ZGB

Wie beim Persönlichkeitsrecht natürlicher Personen steht beim Eingriff in den guten Ruf der juristischen Person der Unterlassungs- und Beseitigungsanspruch sowie der Anspruch auf angemessene Genugtuung als Abwehrmittel zur Verfügung. Inhaltliche Unterschiede zum § 13 ZGB ergeben sich lediglich im Rahmen der Gewährung angemessener Genugtuung. Gemäß § 13 ZGB kann neben der moralischen Genugtuung (Entschuldigung) Geldentschädigung nur subsidiär, als ultima ratio verlangt werden, wenn die moralische Genugtuung nicht ausreichend erscheint. Im Rahmen des § 19 b) Abs. 3 ZGB hingegen ist die Subsidiarität keine zusätzliche Voraussetzung. Liegt ein rechtswidriger Eingriff vor, kann die juristische Person moralische und materielle Entschädigung verlangen[648]. Ob der juristischen Person u.U. bereits etwa durch eine Entschuldigung eine angemessene Genugtuung verschafft wurde, ist unerheblich. Sie kann dennoch eine Entschädigung in Geld verlangen. Dies führt dazu, daß das Gericht die geforderte Summe zur Entschädigung nicht abweisen kann, wie im Falle der Satisfaktionsklage gemäß § 13 ZGB. Das Gericht kann den geforderten Betrag lediglich senken. Hinsichtlich der maximalen Höhe des Betrags ist das Gericht, wie im Falle des Anspruchs nach § 13 ZGB, an den in der Klageschrift geforderten Betrag gebunden, einen höheren Betrag darf das Gericht nicht zusprechen.

6. Inhaltliche Unterschiede zu Abwehr- und Ausgleichsansprüchen im deutschen Recht

Auch wenn das tschechische Persönlichkeitsrecht in seiner Systematik nicht identisch mit dem deutschen Persönlichkeitsrecht ist, sind die dahinterstehenden Schutzgedanken sowie die dahinterstehende Philosophie vergleichbar. Von Vorteil ist die klare und übersichtliche Regelung des Persönlichkeitsschutzes im tschechischen ZGB.

Durchaus entsprechend dem tschechischen Recht ausgestaltet ist der Unterlassungs- und der Beseitigungsanspruch gemäß §§ 1004 analog i.V.m. 823 ff. BGB[649]. Der Unterlassungsanspruch zielt auch im deutschen Recht darauf ab,

---

[648] Urteil des Bezirksgerichts Prag vom 20.1.1999, 39 Co 242/98.

[649] Zu zivilrechtlichen Ansprüchen im deutschen Recht vgl. Löffler/Ricker, Handbuch des Presserechts, S. 376 ff.; Soehring, Presserecht, S. 529 ff.; Wenzel, Recht der Wortberichterstattung, S. 30, Paschke, Medienrecht, S 347 ff.; Groß, Presserecht, S. 33 ff.; Fechner, Medienrecht, S. 173 ff.

daß eine Äußerung nicht oder nicht mehr veröffentlicht wird. Der Unterlassungsanspruch kann nicht nur gegen Tatsachenbehauptungen, sondern auch gegenüber Meinungsäußerungen in Form von Schmähkritik geltend gemacht werden. Um die Quelle einer fortwährenden Beeinträchtigung zu beseitigen, die durch Verbreiten von falschen oder teilweise unrichtigen Tatsachenbehauptungen entstanden ist, kann der Betroffene im Rahmen des Beseitigungsanspruches die Berichtigung verlangen. Die Berichtigung als Oberbegriff umfaßt inhaltlich den Widerruf der gesamten oder die Richtigstellung oder Ergänzung von Teilen einer Tatsachenbehauptung. Mit dem Berichtigungsanspruch können ausschließlich erweislich unwahre Tatsachenbehauptungen widerrufen, richtiggestellt oder ergänzt werden. Diese Einschränkung wird hingegen im tschechischen Recht nicht gemacht. Mit Hilfe des Beseitigungsanspruchs nach tschechischem Recht kann sich der Verletzte grundsätzlich auch gegen Schmähkritik oder gegen Meinungen wenden, die auf unrichtige Tatsachenbehauptungen gestützt werden. Der Unterlassungs- und der Beseitigungsanspruch ist im deutschen wie im tschechischen Recht verschuldensunabhängig. Tatbestandsmäßige Voraussetzung ist die widerrechtliche Störung.

Die am häufigsten verlangte zivilrechtliche Form der Beseitigung und Genugtuung bei Pressepublikationen stellt die Entschuldigung dar. Ein entsprechender Anspruch auf Entschuldigung ist dem deutschen Recht fremd. Von ihrer Zielsetzung her unterscheidet sich die Entschuldigung jedoch nicht entscheidend vom Widerruf. Die Entschuldigung stellt eine Folgenbeseitigungsmaßnahme mit Genugtuungsfunktion mittels aufgezwungener Presseveröffentlichung dar. Sie kommt nur bei Tatsachenbehauptungen in Betracht, deren Unrichtigkeit das Gericht festgestellt hat, wie es bei Widerruf der Fall ist. Ein Anspruch auf Entschuldigung besteht jedoch auch bei unzulässiger Kritik. Dies ist, wie bereits ausgeführt wurde, im deutschen Recht nicht der Fall. In ihrer Funktion dient die Entschuldigung der Beseitigung der rechtswidrigen Störung, in dem die Verantwortlichen zu Abgabe einer Erklärung in bestimmter Form – Entschuldigung – gezwungen werden. Die Entschuldigung des Verlages an sich und die mit deren Veröffentlichung verbundene weite Verbreitungsgrad verschaffen dem Verletzten eine zumeist als angemessen empfundene ideelle Genugtuung.

Größere Unterschiede bestehen aber hinsichtlich der Ausgestaltung der Geldentschädigung für immaterielle Schäden. Im tschechischen Recht wird für die Gewährung der Geldentschädigung für einen nicht vermögensrechtlichen Schaden kein Verschulden des Täters vorausgesetzt. Dies führt zu einer Differenzierung. Entsteht bei dem Betroffenen etwa durch die Veröffentlichung einer unwahren Information gleichzeitig ein ideeller und ein vermögensrechtlicher Schaden, so wird ihm der ideelle Schaden stets ersetzt, der vermögensrechtliche Schaden nur, falls ein Verschulden des Schädigers vorliegt. Diese Differenzierung kennt das deutsche Recht nicht. Im deutschen Recht setzt der Anspruch auf Geldentschädigung für immaterielle Schäden – Schmerzensgeld – eine rechtswidrige und schuldhafte Verletzung des Persönlichkeitsrechts durch Presseveröffentlichungen voraus[650].

Die Höhe der zu zahlenden Geldentschädigung kann nach deutschem Recht in das freie Ermessen des Gerichts gemäß § 287 Abs. 1 ZPO gestellt werden. Das Gericht kann von sich aus eine höhere als die geforderte Summe zusprechen. Im tschechischen Recht hingegen muß der Kläger die geforderte Summe exakt angeben. Die in Deutschland zugesprochenen Beträge haben in den letzten Jahren einen Anstieg erfahren. Mittlerweile werden Beträge in Höhe von Euro 15.000,- bis 40.000,- gezahlt, zuletzt wurde Prinzessin Caroline von Monaco eine Summe von Euro 90.000,- zuerkannt[651]. Damit werden den Betroffenen in Deutschland höhere Beträge zugesprochen als in Tschechien, was sicherlich auch mit dem unterschiedlichen wirtschaftlichen Standard zusammenhängt.

Abweichungen ergeben sich auch im Rahmen der Verjährung des immateriellen Anspruchs auf Geldentschädigung. Im deutschen Recht verjährt der An-

---

[650] Die Rechtsprechung hat im Wege der Rechtsfortbildung die Schmerzensgeldbestimmung des § 847 BGB auf Persönlichkeitsverletzungen ausgeweitet. Der BGH geht dabei in seiner jüngeren Rechtsprechung davon aus, daß es sich im eigentlichen Sinne nicht um Schmerzensgeld nach § 847 BGB handelt, sondern um einen eigenständigen Rechtsbehelf, der seine Grundlage unmittelbar in Art. 1 Abs. 1 und Art. 2 Abs. 1 GG hat; vgl. Soehring, Presserecht, S. 564.

[651] Prinz/Peters, Medienrecht, Rn. 768; Fechner, Medienrecht, S. 77. Das Landgericht Hamburg hat die Zeitschrift „Max", die im Februar 2001 Nacktfotos der Sängerin Sabrina Setlur ohne Einwilligung veröffentlicht hat, zur Zahlung von Schadensersatz in Höhe von € 265 000 (Urteil vom 8.2.2002, Az. 324 O 280/01, nicht rechtskräftig).

spruch gemäß § 852 BGB in drei Jahren. Demgegenüber unterliegt im tschechischen Recht dieser Anspruch nicht der Verjährung.

7. § 15 ZGB - Postmortaler Schutz der Persönlichkeit

Das tschechische Recht regelt ausdrücklich den postmortalen Schutz der Persönlichkeit in § 15 ZGB. Im deutschen Recht hingegen ist zivilrechtlich der postmortale Persönlichkeitsschutz seit der „Mephisto" - Entscheidung des BGH anerkannt, die auch vor dem Bundesverfassungsgericht Bestand hatte[652].

Ziel der Bestimmung des § 15 ZGB ist die Wahrung der Pietät und des Ansehens einer natürlichen Person auch dann, wenn diese nicht mehr lebt und sich gegen Verletzungen nicht wehren kann. Nach § 15 des tschechischen ZGB sind nach dem Tod einer natürlichen Person deren Ehegatte und die Kinder berechtigt, das Recht auf den Schutz der Persönlichkeit geltend zu machen. Mit dem Tod einer natürlichen Person entsteht bei Ehegatten und Kindern ein besonderes, originäres Recht zur Geltendmachung des zivilrechtlichen Schutzes des Verstorbenen[653]. Den Anspruch aus § 15 ZGB können sowohl der Ehegatte als auch die Kinder gemeinsam oder getrennt oder gar gegen den Willen des jeweils anderen geltend machen. Es handelt sich ferner um keine Rechtsnachfolge. Führte der Verstorbene bereits zu Lebzeiten ein Gerichtsverfahren zum Schutz seiner Persönlichkeit, wird dieses mit seinem Tod eingestellt. Der Ehegatte und die Kinder müssen einen Antrag auf die Eröffnung eines Verfahrens gemäß §§ 15 und 11 ff. ZGB stellen.

Erst wenn keine Personen der ersten Gruppe – Kinder oder Ehegatten – vorhanden sind, entsteht subsidiär der Anspruch der Eltern. Andere als die in § 15 ZGB ausdrücklich genannten Personen können keinen Anspruch auf den postmortalen Schutz der Persönlichkeit geltend machen. Sind keine der in § 15 ZGB

---

[652] BGHZ 50, S. 133 = NJW 1968, S. 1773 ff.; BVerfGE 30, S. 173 ff. = NJW 1971, S. 1645 ff.; zum postmortalen Persönlichkeitsschutz im deutschen Recht vgl. Seifert, NJW 1999, S. 1889 ff.

[653] Jehlička/Švestka, ZGB-Komm., § 15, S. 72.

genannten Personen vorhanden, erlischt der Anspruch. Der postmortale Schutz des allgemeinen Persönlichkeitsrechts ist weder übertragbar noch vererblich[654]. Erben der in § 15 ZGB genannten Personen sind zur Geltendmachung der Ansprüche nicht berechtigt.

Geht es also darum, die verstorbene Persönlichkeit in ihrer Achtung zur wahren und gegen Beeinträchtigungen zu schützen, greift § 15 ZGB. Ein Schadensersatzanspruch in Geld i.S.v. § 13 Abs. 2 ZGB für den Ausgleich immaterieller Schäden kann hingegen nicht auf der Grundlage des § 15 ZGB geltend gemacht werden. Das tschechische Recht geht davon aus, daß ein Schadensersatzanspruch dem Betroffenen eine Genugtuung für die ihm zugefügte Verletzung seiner Persönlichkeitsrechte verschaffen soll. Dieser Anspruch hat höchstpersönlichen Charakter und erlischt mit dem Tod des Betroffenen[655].

Auch die deutschen Gerichte vertreten in ständiger Rechtsprechung die Auffassung, daß die Übertragbarkeit bzw. Vererblichkeit von Schadensersatzansprüchen wegen Verletzung der Persönlichkeitsrechte ausgeschlossen ist, soweit diese dem Schutz ideeller Interessen dienen[656]. Darüber hinaus schützen das allgemeine Persönlichkeitsrecht und seine besonderen Ausprägungen auch vermögenswerte Interessen eine Person. Unlängst hat sich der Bundesgerichtshof für eine Kommerzialisierung des allgemeinen Persönlichkeitsrechts ausgesprochen. Der BGH hat in der „Marlene Dietrich" - Entscheidung zum ersten Mal ausdrücklich entschieden, daß bestimmten Ausprägungen des Persönlichkeitsrechts wie etwa der Abbildung oder dem Namen usw. ein beträchtlicher wirtschaftlicher Wert zukommen kann, der auch nach dem Tode des Trägers des Persönlichkeitsrechts fortbesteht[657]. Wird dieser vermögenswerte Bestandteil des Persönlichkeitsrechts etwa durch unbefugte Verwendung des Bildnisses nach dem Tode verletzt, so gehen die entsprechenden Befugnisse auf den Erben über.

---

[654] S III, S. 179 ff.

[655] Urteil des Obergerichts Prag vom 6.4.1995, sp. Zn. 1 Co 338/94 = PR 10/1995, S. 420 ff.

[656] vgl. BGHZ 50, S. 133 (137); OLG München ZUM 1977, S. 449 ff.; BGH NJW 2000, S. 2195 (2197).

[657] BGH NJW 2000, S. 2195 ff.; vgl. kritische Anmerkung und Warnung vor Einführung eines neuen Persönlichkeits - Immaterialgüterrecht Schack, JZ 2000, S. 1060 ff.

Das tschechische Zivilrecht regelt die Anerkennung eines vermögenswerten Schadens wegen Verletzung des Persönlichkeitsrecht in § 16 ZGB. Nach § 16 ZGB haftet der Verursacher eines Schadens in das Recht auf den Schutz des Persönlichkeitsrechts gemäß den allgemeinen Vorschriften des Zivilgesetzbuches über die Schadenshaftung. Hat jemand unberechtigterweise die Abbildung einer Person zu Reklamezwecken ausgenutzt, hat er einen Vermögensvorteil erlangt, da er kein übliches Honorar zahlen mußte[658].

Entstand also durch einen rechtswidrigen Eingriff in das Persönlichkeitsrecht zusätzlich auch ein Vermögensschaden, geht dieser Anspruch – wie jeder vermögensrechtliche Anspruch – auf die Erben des Verstorbenen über. Die gesetzlichen Erben sind jedoch nur zum Teil identisch mit den Berechtigten gemäß § 15 ZGB. An dieser Identität fehlt es im Falle der nichtehelichen Lebenspartner[659] und im Falle der gewillkürten Erbfolge. Folglich kann nach dem Tod einer natürlichen Person der Fall eintreten, daß sich vermögenswerte Ansprüche in der Hand der Erben befinden und der Schadensersatz von immateriellen Schäden in der Hand der nach § 15 ZGB berechtigten Personen[660]. In der Rechtsprechung stellte sich diese Problematik – soweit ersichtlich – noch nicht.

Das Recht aus § 15 ZGB unterliegt nicht der Verjährung. Dies bedeutet aber nicht, daß der Zeitpunkt der Geltendmachung der Ansprüche gänzlich unbeachtlich ist. Die Dauer der Durchsetzbarkeit des postmortalen Anspruches läßt sich nicht generell festlegen. Geprüft wird, ausgehend vom zivilprozessuallen Prinzip, wonach jedes erfolgreiche Geltendmachen eines Anspruches zwingend das Vorhandensein eines Rechtsschutzinteresses voraussetzt, ob ein ausreichendes Schutzbedürfnis fortbesteht. Dieses kann unter Umständen nach einem langen Zeitraum entfallen.

---

[658] So ausdrücklich Hajn, PR 8/1994, S. 265.

[659] Im tschechischen Recht ist gemäß § 474 ZGB derjenige, der mit dem Erblasser mindestens für die Dauer eines Jahres vor seinem Tode in einem gemeinsamen Haushalt gelebt hat und der aus diesem Grunde für den gemeinsamen Haushalt gesorgt hat oder auf den Unterhalt des Erblassers angewiesen war, gesetzlicher Erbe zweiter Ordnung.

[660] Dieses Spannungsverhältnis entsteht nach der BGH-Entscheidung (Marlene Dietrich) nun auch im deutschem Recht, vgl. Schack, JZ 2000, 1060 (1061).

8. Prozessuales

a) Die Zuständigkeit der Gerichte

Für die Unterlassungs-, Beseitigungs- und Satisfaktionsklage sind die Zivilgerichte sachlich zuständig. Die örtliche Zuständigkeit richtet sich nach dem allgemeinen Gerichtsstand des Klagegegners. Dies ist nach § 85 Abs. 1 ZPO der Wohnsitz einer natürlichen Person, bei juristischen Personen deren Sitz. Die erstinstanzliche Zuständigkeit in Angelegenheiten des Persönlichkeitsschutzes nach dem Zivilgesetzbuch obliegt gemäß § 9 Abs. 2 ZPO dem Bezirksgericht „Krajský soud“[661]. Anders als im deutschen Recht hat die Höhe der geforderten Entschädigung für immaterielle Schäden keine Bedeutung für die Bestimmung der erstinstanzlichen Zuständigkeit. Berufungsinstanz ist das Obergericht, Revisionsinstanz das Oberste Gericht der Tschechischen Republik.

Im Verfahren zum Schutz des guten Rufs einer juristischen Person ist erstinstanzlich seit Januar 2001 ebenfalls das Bezirksgericht gem. § 9 Abs. 3 Buchst. m) ZPO zuständig, wie im Falle des Persönlichkeitsschutzes von natürlichen Personen[662]. Damit wurde die jahrelange, wenig sinnvolle Regelung aufgegeben, wonach bei juristischen Personen das Kreisgericht (das niedrigere Gericht) in erster Instanz zuständig war[663].

---

661 Das Bezirksgericht entspricht dem deutschen Landgericht. Grundsätzlich sind in erster Instanz gem. § 9 Abs. 1 ZPO die Kreisgerichte „Okresní soud“ zuständig (entspricht dem Amtsgericht). Das Obergericht „Vrchní soud“ entspricht dem Oberlandesgericht und das Oberste Gericht der Tschechischen Republik „Nejvyšší soud České Republiky“ dem Bundesgerichtshof. Auf dem Gebiet der Hauptstadt Prag wird das Bezirksgericht als Stadtgericht Prag (Městský soud v Praze) bezeichnet. In der Stadt Brno wirkt das Stadtgericht Brno als Kreisgericht. Beim Zitieren der Urteile wird die Bezeichnung als Stadtgericht in dieser Arbeit nicht verwendet. Es bleibt bei den Bezeichnungen Kreis-, Bezirks-, Obergericht und Oberstes Gericht.

662 Eingeführt durch die große Novelle der ZPO, Gesetz Nr. 30/2000 Sb.

663 Die Tatsache, daß bei natürlichen Personen das Bezirksgericht, bei juristischen Personen hingegen das Kreisgericht zuständig war, wurde damit begründet, daß „der Schutz des guten Namens einer juristischen Person nicht identisch mit dem Schutz der Persönlichkeit einer natürlichen Person gem. § 11 ZGB ist“. Nach dem Wortlaut des § 9 Abs. 2 Buchst. a) ZPO

b) Beweislast

In Fragen der Beweislast ergeben sich bei der Geltendmachung von Persönlichkeitsansprüchen Besonderheiten. Die Grundregel der Beweislast (§ 120 Abs. 1 S. 1 ZPO) - jede Partei trägt die Beweislast für die von ihr behaupteten anspruchsbegründenden Tatsachen - gilt bei äußerungsrechtlichen Auseinandersetzungen nur eingeschränkt. Der Kläger eines Anspruchs zum Schutz der Persönlichkeit nach § 13 ZGB muß das Vorliegen eines Eingriffes beweisen, der objektiv geeignet ist, einen nicht vermögensrechtlichen Schaden zu verursachen, der in der Verletzung oder Gefährdung der Persönlichkeit des Klägers besteht. Hier genügt in der Regel etwa die Vorlage und die Wiederholung der beanstandeten Veröffentlichung. Der Kläger muß aber nicht die Wahrheit oder die Unwahrheit der beanstandeten Tatsachen beweisen. Der Wahrheitsbeweis obliegt bei allen nach § 13 ZBG in Betracht kommenden Ansprüchen dem Beklagten[664]. Bei Persönlichkeitsschutzansprüchen kommt es insoweit zu einer Umkehr der Beweislast. Es bleibt dem Beklagten überlassen, sich von der Rechtswidrigkeit zu entlasten, indem er den Wahrheitsbeweis für die durch ihn aufgestellten Behauptungen beibringt. Gelingt es dem Beklagten nicht, die Wahrheit seiner Behauptungen vollständig zu beweisen, wird zu seinem Lasten selbst dann entschieden, wenn der Verletzte seinerseits den Nachweis der Unrichtigkeit nicht führen kann.

Wehrt sich der Kläger gegen Äußerungen, von denen der Beklagte behauptet, daß sie in Wahrnehmung berechtigter Interessen aufgestellt worden sind, muß der Beklagte darlegen und beweisen, daß die Voraussetzungen des Rechtfertigungsgrundes vorliegen. Auch in diesem Falle trägt der Beklagte, sofern es sich um Tatsachenbehauptungen und nicht um Werturteile handelt, die Beweislast für deren Wahrheit.

---

war das Bezirksgericht nur in Sachen des Persönlichkeitsschutzes zuständig. Damit blieb es für juristische Personen bei der grundsätzlichen Zuständigkeit des Kreisgerichts gem. § 9 Abs. 1 ZPO; vgl. Rc 29/1 Co 248/94 (Sb.s.r. 96, 6, S. 210); kritisch Devátý/Toman, Ochrana dobré pověsti, S. 122.

[664] Švestka/Jehlička u.a., Ochrana osobnosti, S. 271.

Im deutschen Recht hingegen findet sich keine entsprechende Regelung, die bei äußerungsrechtlichen Ansprüchen die Beweislast für die Wahrheit der Behauptung grundsätzlich dem Beklagten auferlegt. Die Verteilung der Beweislast variiert je nach Art des zivilrechtlichen Schutzanspruchs vom üblichen Grundsatz, daß derjenige, der einen Anspruch geltend macht, dessen tatsächliche Voraussetzungen zu beweisen hat, bis hin zu Beweislastumkehr: Beim Unterlassungsanspruch muß der klagende Verletzte beweisen, daß die Behauptung, deren Verbreitung er verhindern will, unwahr ist. Handelt es sich hingegen tatbestandlich um eine üble Nachrede im Sinne des § 186 StGB, wird der Nachweis für die Richtigkeit der Behauptung demjenigen auferlegt, der die Behauptung aufgestellt, oder verbreitet hat. Diese Beweislastumkehr gilt wiederum nicht, wenn die Voraussetzungen für die Inanspruchnahme des Rechtfertigungsgrundes der Wahrnehmung berechtigter Interessen vorliegen. Die Beweislastverteilung beim Berichtigungsanspruch entspricht derjenigen beim Unterlassungsanspruch. Die Beweislast für die Unwahrheit der Behauptung liegt beim Kläger. Wird dagegen der Tatbestand der üblen Nachrede (§ 186 StGB) erfüllt, kehrt sich die Beweislast um[665].

c) Verfahrensdauer

Die durchschnittliche Verfahrensdauer in Persönlichkeitsschutzklagen in erster Instanz beträgt zur Zeit in der Regel ca. sechs bis zehn Monate, mit Berufung ca. ein bis zwei Jahre. Ob die große Novelle der ZPO, deren erklärtes Ziel eine Verkürzung der Verfahrensdauer insgesamt war, diese für den Betroffenen zu lange Verfahrensdauer ändern wird, muß sich noch zeigen. Zur Konzentration des Verfahrens wurde ein § 118 b ZPO neu eingefügt. Danach müssen die Parteien in Angelegenheiten des Schutzes der Persönlichkeit gemäß den Bestimmungen des ZGB, in Sachen des Schutzes gegen Veröffentlichung von Informationen, die einen Mißbrauch der Meinungsfreiheit sowie der Pressefreiheit darstellen oder ggb. in Angelegenheiten des Schutzes von Rechten Dritter, gemäß den Vorschriften über Massenkommunikationsmittel die entscheidungsre-

---

665 BGH NJW 1996, S. 1131; BGH NJW 1994, S. 2614.

levanten Tatsachen in der Sache selbst angeben und die Beweismittel spätestens bis zum Abschluß der ersten Verhandlung vorbringen. Später vorgebrachte Tatsachen oder Beweismittel werden nicht berücksichtigt. Dies gilt nicht für die Tatsachen und Beweise, mit deren Hilfe die Glaubwürdigkeit der durchgeführten Beweismittel erschüttert werden soll und die sich erst nach der ersten Verhandlung herausgestellt haben oder die der Beteiligte schuldlos nicht rechtzeitig vorbringen konnte.

Grundsätzlich besteht die Möglichkeit, den Schutz des Persönlichkeitsrechts im Wege des vorläufigen Rechtsschutzes gemäß § 74 ZPO geltend zu machen. Voraussetzung für eine einstweilige Verfügung ist, daß die Gefahr droht, daß die Verwirklichung des Rechts zu einem späteren Zeitpunkt gefährdet ist. Aus der Rechtsprechung ist bisher nur ein Fall des vorläufigen Rechtsschutzes in Persönlichkeitsschutzsachen bekannt. Der Kläger begehrte im Wege der einstweiligen Verfügung ein Veröffentlichungsverbot jeglicher Kommentare und Informationen betreffend seine Person mit Ausnahme von Agenturnachrichten in der Zeitung des Beklagten[666]. Der Antrag wurde mit dem Hinweis verworfen, ein so weitgehendes Veröffentlichungsverbot stelle eine Verletzung der Meinungs- und Pressefreiheit gemäß Art. 17 Charta dar.

IV. Standesrecht der Presse

Eine wichtige Rechtsquelle können neben den staatlichen Ordnungsvorschriften auch standesrechtliche Regelungen mit sich bringen. In Deutschland sind für das Grundrecht der Pressefreiheit die vom Deutschen Presserat[667] erarbeiteten Regeln – der Pressekodex - von erheblicher Bedeutung[668]. Die Einhaltung dieser standesrechtlichen Vorschriften stellt eine Selbstkontrolle der Presse dar. Der Pressekodex enthält berufsethische Grundsätze, die keine eigene Haftungsgrundlage darstellen. Dennoch kommt diesen Prinzipien erhebliche prakti-

---

[666] Urteil des Bezirksgerichts Prag vom 7.2.1994, 3 Co 16/94 = PR 11/94, S. 414 ff.

[667] Zur Geschichte des Deutschen Presserats vgl. Weyand, Deutscher Presserat, S. 245 ff.

[668] Löffler, Presserecht, S. 43.

sche Bedeutung zu. Die deutschen Gerichte legen bei der Prüfung von Sorgfaltspflichten regelmäßig die Standesauffassung zugrunde.

Eine dem Deutschen Presserat vergleichbare Institution ist zur Zeit in der Tschechischen Republik nicht vorhanden. Die Verlegerunion[669] bemüht sich derzeit um die Gründung eines Presserats. Einen standesrechtlichen Pressekodex hat das Journalistensyndikat herausgegeben[670]. Die Normen entsprechen im wesentlichen der Standesauffassung in Deutschland sowie in den übrigen europäischen Ländern. Als Rechtsquelle dienen sie jedoch bisher nicht. Die Gerichte ziehen die im tschechischen Pressekodex verankerten Grundsätze nicht als Auslegungshilfe heran.

§ 10 Pressefreiheit Gemeinschaftsrecht

A. Einleitung

Die Europäische Union verfügt über eine mittlerweile hochdifferenzierte Rechtsordnung, zu deren Bestandteilen auch das Medienrecht zählt. Die Presse bildet neben Rundfunk und Film den klassischen Gegenstandsbereich des Medienrechts. Gerade in jüngster Zeit folgen wichtige Vorgaben für das Medienrecht aus dem Gemeinschaftsrecht. Unter europäischem Medienrecht wird nachfolgend das von der Europäischen Gemeinschaft erlassene Medienrecht verstanden.

Während die Tschechische Republik bereits seit dem Jahre 1993 Mitglied des Europarats und Vertragspartei der EMRK ist, wobei die EMRK auf der innerstaatlichen Ebene Gesetzesvorrang hat[671], ist die ČR noch nicht Mitglied der Europäischen Union. Sie bemüht sich erst um eine Aufnahme. Spätestens zum Zeitpunkt des Inkrafttreten ihres Beitritts zur EU ist die ČR – vorbehaltlich von

---

[669] Die Verlegerunion ist eine dem Bundesverband Deutscher Zeitungsverleger vergleichbare Institution, näheres vgl. Zweiter Teil, § 7 C. II. 2 (S. 106).

[670] Einzelheiten s. Zweiter Teil, § 7 C. II. 1 (S. 104).

[671] Vgl. dazu Zweiter Teil, § 8 B. (S. 109).

Übergangsregelungen - zur Übernahme des gesamten gemeinschaftsrechtlichen Besitzstandes verpflichtet.

Im folgenden wird untersucht, welche Vorgaben das europäische Medienrecht für das Presserecht enthält, und im zweiten Schritt, inwieweit die Tschechische Republik diese im Rahmen des Beitrittsprozesses umsetzen muß.

B. Medienrecht im Gemeinschaftsrecht

I. Die Kompetenz der EG zur Regelung des Medienrechts

Seit Anfang der achtziger Jahre sind Medien zunehmend ins Visier der Gemeinschaft geraten. Das Erwachen dieser Aktivitäten hängt unmittelbar mit den rasant wachsenden technischen Möglichkeiten zusammen. Die technischen und wirtschaftlichen Zielsetzungen sind jedoch nicht die einzigen Faktoren gewesen, die die vielfältigen Aktivitäten der Gemeinschaft zur Schaffung einer europäischen Medienordnung ausgelöst haben. Von Bedeutung sind sicherlich auch kulturelle und politische Ziele wie die Förderung eines europäischen Bewußtseins und einer europäischen Integration gewesen.

Die Schaffung einer europäischen Medienordnung wie sie von der Gemeinschaft angeregt und verfolgt wird, setzt zunächst voraus, daß die Gemeinschaft überhaupt kompetent ist. Die Gemeinschaft verfügt bekanntlich nur über diejenigen Kompetenzen, die ihr die Mitgliedstaaten durch die Gründungsverträge übertragen haben. Dieses Erfordernis einer spezifischen Ermächtigungsgrundlage wird als Prinzip der begrenzten Einzelermächtigung bezeichnet, Art. 5 EGV[672]. Eine ausdrückliche Medien- bzw. Pressekompetenz kennt der EGV nicht. Weder das Fernsehen noch die Presse werden im primären Gemeinschaftsrecht erwähnt. In Art. 151 Abs. 2 EGV kommt zwar der Ausdruck „audiovisueller Bereich" vor, dieser steht aber lediglich im Kontext mit der Förderung des künstlerischen und literarischen Schaffens der Mitgliedstaaten. Den Grundstein für Schaffung einer europäischen Medienordnung legte im Jahre

---

[672] Vg. statt aller Calliess in Calliess/Ruffert, Komm. zu EUV/EGV, Art. 5, Rn. 8 ff.

1974 der EuGH mit seiner Einordnung des Rundfunks unter die Dienstleistungsfreiheit der Art. 49 ff. EGV (Art. 59 ff. a.F.)[673]. Zur Begründung der Rechtsetzungskompetenzen im Medienbereich wurde daher auf die Bestimmungen über die Dienstleistungsfreiheit abgestellt, da dem Rundfunk eine große wirtschaftliche Dimension innewohnt. Die Subsumtion des Rundfunks unter die Dienstleistungsfreiheit sah sich massiver Kritik ausgesetzt. Die Kritiker hielten dieser Einordnung entgegen, daß der Rundfunk vom Schwerpunkt her eine kulturelle und nicht eine wirtschaftliche Funktion erfülle und die Gemeinschaft für den Bereich der Kultur keine Kompetenz habe[674]. Andere Stimmen sprachen der Gemeinschaft eine allgemeine und umfassende Rundfunkkompetenz zu; Rundfunk sei eine genuin wirtschaftliche Veranstaltung[675].

Unterdessen sind beide Standpunkte in ihrer extremen Form als überholt anzusehen. Die Argumentation, die Gemeinschaft habe keinerlei Kulturkompetenz, kann seit der Neufassung des Gemeinschaftsrechts, indem Kultur durch Art. 151 EGV (Art. 128 a.F.) zum Vertragsbestandteil geworden ist, nicht mehr in dieser Form aufrechterhalten werden. Art. 151 EGV zufolge leistet die Gemeinschaft einen Beitrag zur Entfaltung der Kulturen. Daraus erwächst der Gemeinschaft nach Art. 151 Abs. 5 jedoch keine Befugnis zum Erlaß von Rechts- und Verwaltungsvorschriften. Im Bereich der Kultur hat die Gemeinschaft lediglich eine fördernde und unterstützende Funktion.

Andererseits stellen Medien unzweifelhaft einen wichtigen Wirtschaftsfaktor mit wachsender Bedeutung dar. Der Gemeinschaft steht trotz dieser Tatsache keine unumschränkte Rundfunkkompetenz zu. Hiergegen spricht die ausdrückliche Bestimmung des Art. 5 EGV, da es an einer primärrechtlichen Verankerung des Medien(Rundfunk)rechts bisher fehlt. Durchgesetzt hat sich hinsichtlich der Kompetenzfragen eine sog. vermittelnde Position. Der Gemeinschaft kommt eine Regelungskompetenz insoweit zu, als die wirtschaftlichen Aspekte des Rundfunks betroffen sind, der kulturelle Bereich bleibt den Mitgliedsstaaten

---

673 Rs. 155/73, Giuseppe Sacchi, EuGH Slg. 1974, S. 409, 428.

674 Zum Streitstand ausführlich Ricker/Schiwy, Rundfunkverfassungsrecht, H 3, Rn. 7 ff. m.w.N.

675 Derringer, ZUM 1986, S. 627; Bueckling, EuGRZ 1987, S. 97 (100).

vorbehalten[676]. Der EuGH hat seine Rechtsprechung in bezug auf die Einordnung des Rundfunks als Dienstleistung seit den siebziger Jahren nicht geändert. In ständiger Rechtsprechung bestätigt der EuGH, daß es sich beim Fernsehen um eine wirtschaftliche Tätigkeit im Sinne des Erbringens von Dienstleistungen handelt, für deren Regelung eine Gemeinschaftskompetenz gegeben ist[677]. Seit Anfang der neunziger Jahre berücksichtigt der EuGH jedoch auch zunehmend die kulturellen Aspekte des Rundfunks und erkennt das Recht der Mitgliedstaaten an, ihre nicht kommerzielle Medienordnung durch nationale Maßnahmen aufrechtzuerhalten[678]. Das Problem der Zuständigkeit ist damit aber nicht behoben. Für Medien bleibt es charakteristisch, daß sie sowohl Kulturgut als auch Wirtschaftsgut darstellen. Die Kernfrage der Zuordnung, ob ein Sachverhalt einen wirtschaftlichen oder einen kulturellen Schwerpunkt aufweist, bereitet aufgrund der vorhandenen Ambivalenz nach wie vor Schwierigkeiten. Der EuGH hat noch keine Aussage darüber getroffen, wo die Grenzen für eine schwerpunktmäßige Einordnung verlaufen.

Zusammenfassend läßt sich also nur feststellen, daß die Regelungskompetenz der Gemeinschaft im Medienbereich dort besteht, wo wirtschaftliche Zielsetzungen im Vordergrund stehen. Ein umfassendes Regulierungsrecht in bezug auf Medien steht der Gemeinschaft nicht zu. Dagegen stehen die Schranken des Subsidiaritätsprinzips[679] nach Art. 5 Abs. 2 EGV und der Kulturklausel[680] des Art. 151 EGV.

---

676 Degenhart, Bonner Kommentar, Art. 5 Rn. 654; Paschke, Medienrecht, S. 51, Rn. 125 ff.; Ricker/Schiwy, Rundfunkverfassungsrecht, H 3, Rn.36 ff.; Tietje in Grabitz/Hilf, Recht der EU, Band III, E 27, Rn. 75 ff.; Fechner, Medienrecht, S. 117 ff.; Greissinger, Vorgaben des EG-Vertrages, S. 263; Schwarze, ZUM 2000, S. 781; Zuleeg, ZUM 1997, S. 778 ff.

677 Rechtsprechungsnachweis bei Tietje in Grabitz/Hilf, Recht der EU, Band III, E 27, Rn. 84.

678 Vgl. Schwarze, ZUM 2000, S. 781 mit ausführlicher Rechtsprechungsübersicht in Rn. 18.

679 Zum Subsidiaritätsprinzip vgl. Ress/Bröhmer, Gutachten zur Frage der EG Kompetenz, S. 55 ff.; Calliess in Calliess/Ruffert, Komm. zu EUV/EGV, Art. 5, Rn. 8 ff.; Müller-Graff, ZHR 1995, S. 34 ff.; Schwartz, AfP 1993, S. 409 ff.; Schwarze, ZUM 2000, S. 779 (797 ff.).

680 Dazu ausführlich Ress/Bröhmer, Gutachten zur Frage der EG Kompetenz, S. 64 ff.; Ress/Ukrow in Grabitz/Hilf, Recht der EU, Band II, Art. 151; Schwarze, ZUM 2000, S. 779 (794 ff.).

II. Primär- und sekundärrechtliche Grundlagen

1. Rechtsgrundlagen des Primärrechts

Die Gemeinschaft stützt ihre Gesetzgebung zur Regelung des Medienrechts primärrechtlich neben der bereits erwähnten Dienstleistungsfreiheit auf die Warenverkehrsfreiheit der Art. 28 ff. EGV, die Niederlassungsfreiheit der Art. 43 ff. EGV, die Kapitalverkehrsfreiheit der Art. 56 ff. EGV sowie die wettbewerbsrechtlichen Vorschriften der 81 ff. EGV und Art. 87 EGV. Besonders hervorzuheben sind Art. 81 EGV betreffend das Kartellverbot und Art. 82 EGV betreffend die mißbräuchliche Ausnutzung einer marktbeherrschenden Stellung[681]. Das europäische Wettbewerbsrecht kennt im Gegensatz zu nationalen Rechtsordnungen keine medienspezifischen Anknüpfungspunkte. Das wettbewerbliche Verhalten der Medienunternehmen ist wie bei anderen Wirtschaftszweigen an den Art. 81 ff. EGV zu messen. Soweit Kartellvereinbarungen über die Grenzen des Mitgliedstaates hinauswirken, greift das EG-Kartellrecht ein. Verboten sind alle Verhaltensweisen, die geeignet sind, den freien Handel zwischen den Mitgliedstaaten zu beeinträchtigen. So ist etwa ein selektives Vertriebssystem für Presseerzeugnisse, das den Handel zwischen den Mitgliedstaaten beeinträchtigt, gemäß Art. 81 Abs. 1 EGV verboten, wenn die Kriterien für die Auswahl der Wiederverkäufer auf Unternehmen einer Gruppe weniger streng angewandt werden als auf andere Einzelhändler[682]. Im Fall Oscar Bronner GmbH hatte der EuGH zu prüfen, ob die Verweigerung der Mediaprint-Gruppe, anderen Presseunternehmen gegen Zahlung eines Entgelts Zugang zu ihrem landesweit einzigartigen Hauszustellungssystem zu gewähren, gegen Art. 82 EGV (Art. 86 EGV a.F.) verstieß[683]. Der Gerichtshof prüfte, ob es nach dem europäischen Wettbewerbsrecht Kontrahierungspflichten für konkurrierende Unternehmen

---

681 Zur Entwicklung des europäischen Kartellrechts s. Weitbrecht, EuZW 2000, S. 496 ff.

682 EuGH in GRUR Int. 1986, S. 51.

683 Rs. C-7/97, Oscar Bronner Gesellschaft GmbH & Co KG ./. Mediaprint Zeitungs- und Zeitschriftenverlag GmbH & Co KG, EuGH, Slg. 1998, I-7791 = EuZW 1999, S. 86 ff. = NJW 1999, S. 2259 ff. Es handelt sich um ein Vorlageverfahren nach Art. 234 EGV in einem Rechtsstreit vor den österreichischen Kartellgerichten.

hinsichtlich der Nutzung von Infrastruktur gibt. Im Fall marktbeherrschender Unternehmen kann sich eine Weigerung als mißbräuchlich darstellen, so daß sie im Ergebnis einem Kontrahierungszwang unterliegen. Eine Weigerung durch ein marktbeherrschendes Unternehmen ist nach der Rechtsprechung des EuGH aber nur dann mißbräuchlich, wenn das Verhalten geeignet ist, jeglichen Wettbewerb durch das konkurrierende Unternehmen auszuschalten. Im vorliegenden Fall fehlte es nach Ansicht des EuGH an dieser Voraussetzung. Oscar Bronner GmbH stünden andere Vertriebswege wie etwa die Postzustellung oder die Schaffung eines alternativen Zustellungssystems zur Verfügung. Dank dieser Möglichkeiten drohe keine Gefahr, daß sie vom Zeitungsmarkt ausscheiden müsse.

Im Rahmen der Art. 81 und 82 EGV ergeben sich im Verhältnis zum nationalen Recht Besonderheiten. Grundsätzlich sind europäisches und nationales Kartellrecht nebenaneinder anwendbar. Das europäische Recht verdrängt das nationale Kartellrecht, wenn dieses aufgrund anders lautender Wertungen die einheitliche Anwendung des Gemeinschaftsrechts beeinträchtigt. Insoweit genießt das EG-Kartellrecht Vorrang[684].

Für die Presse ist im Rahmen des Handels mit Presseerzeugnissen ferner vor allem die Warenverkehrsfreiheit einschlägig, sofern durch zwischenstaatlichen Bezug deren Anwendungsbereich eröffnet ist. Sie verbietet als allgemeines Beschränkungsverbot zugunsten des Anbieters oder Abnehmers alle Maßnahmen eines Mitgliedstaates, die geeignet sind, den innergemeinschaftlichen Handel mit Presseprodukten zu behindern. In Zusammenhang mit der Prüfung der Zulässigkeit einer Beschränkung der Warenverkehrsfreiheit im Fall Familiapress hat der EuGH erstmalig Stellung zu der Frage bezogen, inwieweit kulturelle Belange in der Binnenmarktgewährleistung berücksichtigt werden dürfen[685]. Der EuGH führte aus, daß der zur Rechtfertigung der beschränkenden nationalen Vorschrift geltend gemachte Aspekt der Aufrechterhaltung der Medienvielfalt ein „zwingendes Erfordernis im Sinne der Cassis de Dijon Rechtsprechung" dar-

---

684 Immenga/Mestmäcker, GWB, Einl. Rn. 42.

685 Rs. C-368/95, Vereinigte Familiapress Zeitungsverlags- und Vertriebs GmbH ./. Heinrich Bauer Verlag, EuGH, Slg. 1997, I-3698.

stellen könne. Maßnahmen zur Sicherung des Pluralismus dienen der Sicherung der Meinungsfreiheit, die in Art. 10 EMRK geschützt wird. Art. 10 EMRK wird vom EuGH als Gemeinschaftsgrundrecht anerkannt.

2. Sekundäres Gemeinschaftsrecht

Auf der Grundlage der oben erwähnten Grundfreiheiten hat die EG in den letzten Jahren eine Reihe von Verordnungen und Richtlinien erlassen. Die medienrechtlichen Regelungen haben die Schaffung eines gemeinsamen Marktes für dieses bedeutende Wirtschaftsgut zum Ziel. Die Kernmaterie des europäischen Medienrechts bildet dabei die am 3.10.1989 erlassene Richtlinie Nr. 89/552 EWG zur Koordinierung bestimmter Rechts- und Verwaltungsvorschriften der Mitgliedstaaten über die Ausübung der Fernsehtätigkeit, die sog. „Fernsehrichtlinie", die im Jahre 1997 umfassend novelliert wurde[686]. Ziel der Fernsehrichtlinie ist die Schaffung eines gemeinsamen Fernsehmarktes durch die Beseitigung aller Hindernisse, die den freien Verkehr des als Dienstleistung eingestuften Fernsehens behindern könnten. Sie enthält aber auch Bestimmungen über Werbung, Jugendschutz, Gegendarstellung, Sponsoring und Quotenregelungen[687]. Für die Presse ist die Fernsehrichtlinie indes ohne Bedeutung, da sie ausschließlich das Fernsehen erfaßt.

Große praktische Relevanz genießt im Medienbereich die europäische Fusionskontrolle, die mittels der am 21. September 1990 in Kraft getretenen Verordnung Nr. 4064/89 zur Kontrolle von Unternehmenszusammenschlüssen (im folgenden FKVO) ausgeübt wird, zuletzt geändert durch die Verordnung Nr. 1310/97[688]. Die EG-Kommission kann gemeinschaftsrelevante Zusammenschlüsse von Unternehmen (also auch von Medienunternehmen) kontrollieren.

---

686 ABl. EG 1989, Nr. L 298, 23 ff.; Abl. EG 1997, Nr. L 202, 60 ff.

687 Vgl. Nanclares, Fernsehrichtlinie, passim.

688 ABl. EG 1989 Nr. L 395, 1 ff. und ABl. EG 1997, Nr. L 180/1. Die EG-Kommission hat am 11.12.2001 ein Grünbuch über die Revision der Verordnung vorgelegt, KOM (2001) 745 endg.

Ein Zusammenschluß hat gemeinschaftsweite Bedeutung, wenn die daran beteiligten Unternehmen zusammen einen weltweiten Umsatz vom mehr als 5 Mrd. ECU haben und mindestens zwei der beteiligten Unternehmen einen gemeinschaftsweiten Gesamtumsatz von mehr als 250 Millionen ECU erzielen (Art. 1 Abs. 2 Buchst. b) FKVO). Diese beiden Voraussetzungen müssen kumulativ vorliegen; ansonsten ist kein nach der FKVO kontrollpflichtiger Zusammenschluß gegeben. Trotz des Erreichens der Umsatzschwellen des Art. 1 FKVO entfällt die gemeinschaftsweite Bedeutung jedoch dann, wenn die beteiligten Unternehmen jeweils mehr als zwei Drittel ihres gemeinschaftsweiten Gesamtumsatzes in ein und demselben Mitgliedstaat erzielen. Nur soweit ein solcher gemeinschaftsweiter Zusammenschluß vorliegt, ist demnach nationales Recht gem. Art. 21 Abs. 2 FKVO nicht anwendbar. Auf Zusammenschlüsse ohne gemeinschaftsweite Bedeutung, aber mit handelsbeeinträchtigendem Effekt findet die Fusionskontrolle nach Art. 22 Abs. 3 FKVO allein auf Antrag der Mitgliedstaaten Anwendung, die von der Entstehung oder Verstärkung einer beherrschenden Stellung betroffen sind. Die FKVO erfaßt schließlich Zusammenschlüsse lediglich dann, wenn sie zur Begründung oder Verstärkung einer marktbeherrschenden Stellung führen, durch die der Wettbewerb im Gemeinsamen Markt oder in einem wesentlichen Teil desselben erheblich beeinträchtigt wird. Hinsichtlich der Beurteilung der marktbeherrschenden Stellung werden die Kriterien des Art. 82 EGV herangezogen[689].

Eine spezifische Bestimmung mit besonderen Schwellenwerten für die Medien enthält die FKVO nicht. Zusammenschlüsse von Medienunternehmen haben im Rahmen der Kontrolle dennoch eine große Rolle gespielt. Dies gilt jedoch mit der Einschränkung, daß diese Aussage nur für die audiovisuellen Medien zutrifft[690]. Die umsatzschwächere Printbranche erreicht hingegen die in der

[689] Uwer, Medienkonzentration, S. 498.

[690] Es handelt sich um Zusammenschlüsse namhafter Medienunternehmen wie etwa RTL/Veronica/Endemol (Kommmission, Entscheidung vom 20.9.1995 in der Sache Nr. IV/M.533, ABl. EG 1996, Nr. L 134/32, 52) oder Bertelsmann/Kirch/Premiere (Kommission, Entscheidung vom 27.5.1998 in der Sache Nr. IV/M.993, ABl. 1999, Nr. L 53, S. 1). Zu europäischen Fusionskontrolle bei den Medien vgl. Frey, ZUM 1998, S. 985 ff.; Jestaed/Anweiler, EuZW 1997, 549 ff. ; Paschke, Medienrecht, S. 199 ff.

FKVO genannten Umsatzschwellen nicht, so daß es bei der nationalen Fusionskontrolle bleibt[691]. Versuche, eine medienspezifische Fusionskontrolle unter dem Gesichtspunkt der Aufrechterhaltung der Medienvielfalt auf europäischer Ebene zu regeln, sind bisher gescheitert[692]. Zu berücksichtigen ist aber, daß die FKVO in Art. 21 Abs. 3 die Medienvielfalt ausdrücklich als ein berechtigtes Interesse anerkennt. Die Mitgliedstaaten können somit zum Schutze der Medienvielfalt geeignete Maßnahmen ergreifen.

Neben der Fernsehrichtlinie und der FKVO hat die EG zahlreiche Richtlinien zur Werbung sowie zu technischen und urheberrechtlichen Aspekten der Medien erlassen[693]. Diese medienrechtlichen Aktivitäten des europäischen Gesetzgebers in den angesprochenen Bereichen führten und führen zu zahlreichen Konflikten. Schlagwortartig sind hier etwa die bereits erwähnte Medienkonzentrationskontrolle, das Verbot der Tabakwerbung oder die Datenschutzrichtlinie zu nennen[694].

III. Presserecht im Gemeinschaftsrecht

Die bisherigen Darlegungen wurden unter dem Oberbegriff „Medienrecht" untersucht. In ihrem Anwendungsbereich betreffen sie insbesondere das Medium Fernsehen. Für die Presse ergibt sich folgendes Bild: ein europäisches Presserecht im Sinne eines zusammenhängenden einheitlichen Regelwerks kann es

---

691 Es findet sich kaum ein Presseunternehmen, das alleine oder zusammen mit einem anderen, den erforderlichen Umsatz von 5 Mrd. ECU erreichen würde. Nicht einmal Großverlage wie Springer oder die etwa die WAZ Gruppe, mit ihren Beteiligungen in Österreich werden von der Fusionskontrolle erfaßt, vgl. dazu ausführlich Fröhlinger, EG-Kartellrecht und Medien, S. 10.

692 Grünbuch vom 23.12.1992, KOM (1992), 480 endg. „Pluralismus und Medienkonzentration im Binnenmarkt".

693 Zum maßgeblichen Sekundärrecht der Medien vgl. Tietje in Grabitz/Hilf, Recht der EU, Band III, E 27, Rn. 86 ff.; Rübenach, Europäisches Presserecht, passim; Dörr/Zorn, NJW 2001, S. 2837 ff.; Kull, AfP 1993, S. 430 ff; Schwarze, ZUM 2000, S. 779 ff.

694 Vgl. Kull, AfP 1993, S. 430 ff.; Engel, ZUM 2000, S. 975 ff.; Kloepfer, AfP 2000, S. 511 ff.

aufgrund der bereits besprochenen Kompetenzproblematik nicht geben. Die Europäische Gemeinschaft ist weiterhin in erster Linie eine Wirtschaftsgemeinschaft, getragen von dem Gedanken der Schaffung und Sicherung des Binnenmarkts. Eine eigene Pressepolitik hat die Gemeinschaft bislang nicht entwickelt. Dies hängt mit den Eigenarten der Presse zusammen. Die meisten Mitgliedsstaaten halten sich traditionell bei der Regulierung der Presse stark zurück, so daß wenig Handelshemmnisse entstehen. Darüber hinaus ist der grenzüberschreitende Charakter der Presse aufgrund von Sprachbarrieren nicht etwa mit dem vom Fernsehen vergleichbar. Pressemärkte sind in der Regel lokal, regional und national, Printmedien orientieren sich an den kulturellen Gewohnheiten sowie der Mentalität ihres Landes.

Mithin läßt sich folgendes feststellen: Das Presserecht im weiteren Sinne, zum Beispiel das Werberecht, Urheberrecht oder Vertriebsrecht wird bedeutend durch europäisches Recht geprägt. Für das hier untersuchte Presserecht im engeren Sinne (pressespezifische, die Eigenart der Presse regelnde Bestimmungen) enthält das europäische Recht hingegen keine Vorgaben.

IV. Die Meinungs- und Pressefreiheit im Gemeinschaftsrecht

Die Gemeinschaft verfügte bislang über keinen eigenen Grundrechtskatalog. Im Jahre 1999 hat der Europäische Rat die Erarbeitung eines Entwurfs einer europäischen Grundrechtscharta initiiert. Mit der Ausarbeitung des Entwurfs wurde ein eigens dafür einberufenes Gremium – der Konvent – beauftragt[695]. Dieses Vorhaben wurde von dem Gedanken getragen, die überragende Bedeutung der Grundrechte sichtbarer zu machen[696]. Die Gemeinschaftsverträge enthielten zwar bisher keinen Grundrechtskatalog, aber seit dem Maastrichter Vertrag ist

[695] Der Konvent bestand aus Vertretern der Regierungen der EU-Länder, 30 nationalen Abgeordneten, 16 Europa-Abgeordneten sowie der Kommission. Der EuGH und der Europarat hatten Beobachterstellung, zu den Einzelheiten vgl. Beschluß von Tampere v. 15./16. 10. 2000; Schmittmann/Luedtke, AfP 2000, S. 533; Stock, ZUM 2000, S. 533.

[696] Vgl. Abs. 4 der Präambel der Europäischen Grundrechtscharta; zur Vorgeschichte vgl. Weber, NJW 2000, S. 537 ff.

die Gemeinschaft zur Achtung der Grundrechte, wie sie in der EMRK gewährleistet sind und wie sie sich aus den gemeinsamen Verfassungsüberlieferungen der Mitgliedstaaten als allgemeine Grundsätze des Gemeinschaftsrechts ergeben, ausdrücklich verpflichtet, Art. 6 Abs. 2 EGV (Art. F Abs. 2 a.F.). Mit dem Maastrichter Vertrag wurde die jahrelange Rechtsprechung des EuGH ausdrücklich in den EG-Vertrag aufgenommen.

Der Konvent legte den erarbeiteten Entwurf im Oktober 2000 dem Europäischen Rat vor. Auf dem EU-Gipfel in Nizza im Dezember 2000 wurde die Europäische Grundrechtscharta feierlich verkündet. Die Europäische Grundrechtscharta entfaltet derzeit in ihrer Form als feierliche Proklamation noch keine Bindungswirkung[697]. Für das Europäische Parlament, den Rat und die Kommission stellt sie eine Selbstbindung dar. Ob und wie die Europäische Grundrechtscharta (im folgenden „Charta") in die Gemeinschaftsverträge eingebunden werden soll oder ob es bei der feierlichen Proklamation bleibt, ist zur Zeit noch nicht entschieden. Die Einbeziehung kann gemäß Art. 48 EUV lediglich im Rahmen einer Regierungskonferenz erfolgen. Darüber soll dann die im Jahre 2004 einberufene Regierungskonferenz befinden. Bis dahin müssen noch grundlegende dogmatische und justizpolitische Fragen wie etwa nach dem Verhältnis zu anderen Grundrechtsordnungen oder nach dem Verhältnis der Europäischen Grundrechte und den Grundfreiheiten oder der gerichtlichen Durchsetzbarkeit gelöst werden.

Im Hinblick auf die hier untersuchten Medien ergibt sich aus der Charta wenig Innovatives. Nach zahlreichen Entwürfen und Gegenvorschlägen[698] wurde die Medienfreiheit in Art. 11 Charta folgendermaßen ausgestaltet: *(1) Jede Person hat das Recht auf freie Meinungsäußerung. Dieses Recht schließt die Meinungsfreiheit und die Freiheit ein, Informationen und Ideen ohne behördliche Eingriffe und ohne Rücksicht auf Staatsgrenzen zu empfangen und weiterzugeben. (2) Die Freiheit der Medien und ihre Pluralität werden geachtet.*

---

[697] Tettinger, NJW, 2001 S. 1010; Schwarze, EuZW, S. 517; Dörr/Zorn, NJW 2001, S. 2837 (2842);

[698] Siehe Stock, ZUM 2000, S. 533 (535); Engel, ZUM 2000, S. 975 ff.

Ein Vergleich zwischen der Formulierung des Art. 11 Charta mit Art. 10 EMRK zeigt, daß Art. 10 EMRK als Basisnorm diente. Die ersten Absätze dekken sich im wesentlichen inhaltlich. In Art. 11 Abs. 2 Charta wird der Rechtsprechung des EGMR Rechnung getragen, der zufolge kulturell vielfältige und pluralistische Mediensysteme im Interesse der Informationsfreiheit sind[699]. Das Grundrecht des Art. 11 Charta geht über den bereits in der EMRK verankerten Mindeststandard der Meinungsäußerungs- und Informationsfreiheit nicht hinaus. Die Presse- oder Rundfunkfreiheit hat keine ausdrückliche Gewährleistung erfahren. Im Unterschied zum Grundrecht der Meinungsfreiheit der Menschenrechtskonvention enthält Art. 11 Charta keinen Schrankenkatalog. Statt dessen weist die Charta in Art. 52 einen allgemeinen Schrankenvorbehalt auf, der die Voraussetzungen der Grundrechtseingriffe generell festlegt. Danach sind Einschränkungen der Grundrechte nur dann zulässig, wenn sie dem Vorbehalt des Gesetzes genügen, die Wesensgehaltsgarantie achten, dem Verhältnismäßigkeitsprinzip entsprechen und Zielsetzungen des Gemeinwohls oder den Erfordernissen des Schutzes der Rechte und Freiheiten anderer dienen. Art. 52 Abs. 3 Charta verweist darauf, daß die Rechte und Garantien der Charta, die der EMRK entsprechen, die gleiche Bedeutung und Tragweite haben. Mit diesem Verweis wird der von der EMRK gewährleistete Grundrechtsschutz, vorbehaltlich einer günstigeren Regelung im Gemeinschaftsrecht, zum Grundrechtsstandard der EU[700].

Mangels einer Bindungswirkung der Charta ist der EuGH nicht verpflichtet, die Charta in seiner Rechtsprechung zu berücksichtigen. Andererseits ist es dem EuGH auch nicht verwehrt, diese als Interpretationshilfe heranzuziehen[701]. Im Falle der Medienfreiheit gemäß Art. 11 Charta ist mit einem regen Gebrauch durch den EuGH aufgrund der inhaltlichen Deckung mit Art. 10 EMRK eher nicht zu rechnen. Letztendlich obliegt aber die Konkretisierungspflicht dem

[699] Dörr/Zorn, NJW 2001, S. 2837 (2842).

[700] Calliess, EuZW 2001, S. 261 (264); Schwarze, EuZW 2001, S. 517, (519).

[701] Die Charta wurde bereits von mehreren Generalanwälten in ihren Schlußanträgen zur Unterstützung erwähnt, s. Schwarze EuZW 2001, S. 517 (518); Calliess, EuZW 2001, S. 261 (267); zu möglichen Bezugnahmen auf die Charta s. Alber, EuGRZ 2001, S. 351.

EuGH. Der EuGH greift in seinen Begründungen bereits seit langem regelmäßig auf die Rechtsprechung des EGMR zu Art. 10 EMRK zurück[702]. Die Gemeinschaft ist gemäß Art. 6 Abs. 2 EUV zur Achtung der in der EMRK verbrieften Grundrechte verpflichtet. Der EuGH hat die in Art. 10 EMRK verbürgte Informationsfreiheit ausdrücklich als Gemeinschaftsgrundrecht anerkannt[703]. Gemeinschaftliche Regelungen, seien es Richtlinien oder Verordnungen, müssen daher am Maßstab des Art. 10 EMRK gemessen werden[704]. Damit kommt Art. 10 EMRK eine doppelte Funktion zu: einerseits stellt er die Interpretationsmaxime für die gemeinschaftsgrundrechtskonforme Auslegung des primären und sekundären Rechts dar; andererseits hat er eine Kontroll- und Verwerfungsfunktion[705]. Das Grundrecht der Pressefreiheit wurde bislang in der Rechtsprechung des EuGH nicht ausdrücklich erwähnt oder geprüft[706].

Im Ergebnis kann festgestellt werden, daß Art. 10 EMRK als Gemeinschaftsgrundrecht zur Zeit den nachhaltigsten Einfluß auf das europäische Medienrecht ausübt. Auf die Ausführungen zu Art. 10 EMRK kann folglich verwiesen werden[707].

---

[702] So z.B. Rs. C–148/91, Vereniging Veronica Omroep Organisatie ./. Commissaraat voor de Media, Slg. 1993, I-487, 518; Rs. C-368/95 Vereinigte Familiapress Zeitungsverlags- und vertriebs GmbH ./. Heinrich Bauer Verlag, Slg. 1997, I-3689, 3715.

[703] Vgl. dazu umfassend Kühling, Kommunikationsfreiheit, passim.

[704] Kloepfer, Pressefreiheit, S. 79 ff.; Tietje in Grabitz/Hilf, Recht der EU, Band III, E 27, Rn. 47 ff.; Klein, DÖV 1999, S. 760.

[705] Kühling, Kommunikationsfreiheit, S. 100.

[706] Obwohl der Fall Bronner (Rs. C-7/97, Oscar Bronner GmbH & Co KG ./. Mediaprint Zeitungs- und Zeitschriftenverlag GmbH & Co KG u. a., EuGH Slg. 1998, I-7791 = NJW 1999, S. 2259 ff.) eine Gelegenheit bot, auf den Einfluß der Pressefreiheit auf die Auslegung des Art. 81 EGV einzugehen, hat der EuGH davon keinen Gebrauch gemacht, vgl. dazu Schwarze, ZUM 2000, S. 779 (791 ff.).

[707] Vgl. Zweiter Teil, § 8 C. I. (S. 111).

C. Die Pflichten der Tschechischen Republik zur Übernahme des Gemeinschaftsrechts im Bereich des Pressegesetzes

I. Kurzüberblick über den Beitrittsprozeß

Nach Art. 49 EU-Vertrag kann jeder europäische Staat beantragen, Mitglied der Europäischen Union zu werden. Vorher muß der Beitrittskandidat sein politisches und wirtschaftliches System an den EU-Standard angleichen, um auf dem Gemeinsamen Markt bestehen zu können. Bereits im Jahre 1991 führten die Bestrebungen der damaligen ČSFR um eine Mitgliedschaft in der EG zur Unterzeichnung eines sog. Europa-Abkommens[708]. Es handelt sich um Assoziierungsverträge i.S.v. Art. 310 EGV (Art. 238 a.F.). Das Abkommen bildet einen umfassenden politischen und rechtlichen Rahmen für die bilateralen Beziehungen und die Zusammenarbeit zwischen der EU und der ČSFR. Die Europa-Abkommen sind als Vorstufe zur Vollmitgliedschaft gedacht[709]. Die fehlende Ratifizierung vor der Auflösung der ČSFR machte den Abschluß eines neuen Abkommens notwendig. Dieses Europa-Abkommen (im folgenden EA) wurde zwischen der Tschechischen Republik und der EG im Oktober 1993 geschlossen und trat am 2. Februar 1995 in Kraft. Die damit unter anderen verbundene Transformation des Gemeinschaftsrechts in die nationale Gesetzgebung der Tschechischen Republik hat die schrittweise Annäherung der Tschechischen Republik in die EU zum Ziel, Art. 69 EA. Die Angleichung der Rechtsvorschriften umfaßt praktisch die gesamte Rechtsordnung[710]. Die Pflicht zur Übernahme des „acquis communautaire" im Zeitpunkt des Beitritts (Art. 249 EGV) stellt sicher, daß die durch den Beitritt notwendig werdenden Vertragsanpassun-

---

[708] Die Europa-Abkommen wurden noch mit Polen, Ungarn, Slowakei, Slowenien, Rumänien, Bulgarien, Estland, Lettland und Litauen abgeschlossen, sie enthalten weitgehend gleichlautende Bestimmugen, vgl. ausführlich Dauses, Osterweiterung, passim; zur Struktur und Rechtsnatur der EA vgl. Böhnel, EuZW 1998, S. 111.

[709] Brunner, EU zwischen Erweiterung und Vertiefung, S. 179 ff. (182); ders. Zwei Seiten der Integrationsmedaille, S. 7 ff.

[710] Vgl. Pfaff, EU-Osterweiterung (FS für Brunner), S. 537; Oppermann, Der Vorrang des Gemeinschaftsrechts, S. 15 ff.

gen nicht zu einer grundlegenden Veränderung der Identität der Gemeinschaft führen. Zentrales Organ für die Überwachung der Durchführung der EA ist der Assoziationsrat. Zur Erreichung der Beitrittsreife wurde das Konzept der Beitrittspartnerschaften entwickelt. Darin werden mit den Beitrittskandidaten Prioritäten und Zwischenziele auf dem Weg zur Mitgliedschaft festgelegt. Innerhalb der Beitrittspartnerschaften wird detailliert geprüft und bewertet (screening), wieweit die Übernahme des acquis communautaire gediehen ist. Der gesamte Gemeinschaftsbestand ist in 31 Kapitel eingeteilt. Mit der Tschechischen Republik ist das screening in 30 Kapiteln abgeschlossen (Stand Januar 2003). Die Beitrittsverhandlungen mit der Tschechischen Republik wurden am 10. November 1998 aufgenommen. Der Europäische Rat von Nizza (Dezember 2000), dessen Schwerpunkt die Reform der europäischen Institutionen im Hinblick auf die Aufnahme weiterer Mitglieder bildete, hat die Hoffnung gebracht, daß die ersten Beitrittskandidaten an den Wahlen zum Europäischen Parlament im Jahre 2004 teilnehmen können[711].

II. Geltung des Gemeinschaftsrechts nach dem EA

1. Allgemein

Die Europa-Abkommen begründen grundsätzlich keine unmittelbare Geltung des Gemeinschaftsrechts in den assoziierten Ländern. In einigen Bereichen sieht das Europa-Abkommen unmittelbare Verpflichtungen zur rechtlichen Integration vor. Gemäß Art. 64 EA gelten die wettbewerbsrechtlichen Vorschriften des EG-Vertrages über das Kartellverbot (Art. 81 EGV), das Verbot des Mißbrauchs der marktbeherrschenden Stellung (Art. 82 EGV) und das Verbot wettbewerbverfälschender Beihilfen (Art. 87 EGV) unmittelbar. Der Assoziationsrat hat die nach Art. 63 Abs. 3 EA erforderliche Durchführungsbestimmungen zum

[711] Nicht nur die Beitrittsländer, sondern auch die EU muß institutionelle Reformen durchführen, um handlungsfähig zu bleiben, vgl. dazu Pache/Schorkopf, NJW 2001, S. 1377 ff.

europäischen Wettbewerbsrecht bereits erlassen[712]. Im Verhältnis des Assoziationslandes Tschechische Republik zu den EG-Ländern gilt in den genannten Fällen das EU- Wettbewerbsrecht. Entsprechende Verhaltensweisen müssen also unmittelbar nach dem Gemeinschaftsrecht beurteilt werden, soweit sie den Handel zwischen der Tschechischen Republik und der Gemeinschaft betreffen. Die Bedeutung des europäischen Wettbewerbsrechts zeigt sich mithin folgendermaßen: es wird unmittelbar auf grenzüberschreitende Fälle angewandt und es dient gleichzeitig als Maßstab für die Rechtsangleichung auf diesem Gebiet[713].

In Art. 8 der Durchführungsbestimmungen werden die Erheblichkeitsgrenzen festgelegt, nach denen die Auswirkungen wettbewerbswidriger Verhaltensweisen unerheblich sind. Als „unerheblich" werden Verhaltensweisen dann angesehen, wenn der gesamte Jahresumsatz der beteiligten Unternehmen 200 Millionen ECU nicht überschreitet und die Waren oder Dienstleistungen, die Gegenstand der Vereinbarung sind, zusammen mit den sonstigen Waren oder Dienstleistungen der beteiligten Unternehmen, die von den Verbrauchern aufgrund ihrer Eigenschaften, ihrer Preise oder ihres Verwendungszweckes als gleichartig angesehen werden, nicht mehr als 5 % des gesamten Marktes für solche Waren und Dienstleistungen im Gebiet des gemeinsamen Marktes oder des tschechischen Marktes ausmachen. Im Hinblick auf Fusionen bestimmt Art. 7 der Durchführungsvorschriften, daß bei den Unternehmenszusammenschlüssen die unter die FKVO fallen und erhebliche Auswirkungen auf die tschechische Wirtschaft haben, das Ministerium für wirtschaftlichen Wettbewerb das Recht hat, seine Stellungnahme zu äußern. Die Kommission soll diese Auffassung gebührend berücksichtigen. Für die Durchsetzung des Wettbewerbsrecht sind auf der Seite der Gemeinschaft die Generaldirektion IV (Wettbewerb) und auf der tschechischen Seite das Ministerium für wirtschaftlichen Wettbewerb.

---

[712] Beschluß 1/96 vom 1.1.1996, ABl Nr. L 31 v. 9.2.1996, S. 21 ff. = Mitteilung des Außenministeriums der Tschechischen Republik Nr. 233/1996 Sb.; vgl. dazu Verny, Auswirkungen der EA auf das Wettbewerbsrecht, passim; Immenga in Immenga/Mestmäcker, EG-Wettbewerbsrecht I, S. 30 ff.

[713] Vgl. dazu Möschel, EU Wettbewerbsrecht, S. 275 ff.

Von dem unmittelbar geltenden Bereich des EA ist die allgemeine Rechtsangleichung zu unterscheiden, die gemäß Art. 69 EA die schrittweise Angleichung der Vorschriften der ČR mit dem Gemeinschaftsrecht zum Ziel hat, um sich dem „acquis communautaire" anzunähern. Diese Rechtsangleichung findet im Rahmen eines autonomen Nachvollzuges des Gemeinschaftsrechts statt. Die Tschechische Republik muß auf diese Weise nicht nur Richtlinien, sondern auch Verordnungen, ggf. Primärrecht in ihr nationales Recht transportieren. In einigen Bereichen soll sich die ČR um die Harmonisierung verstärkt bemühen, sog. „Bemühensklauseln". Die Aufzählung der Bereiche, deren Harmonisierung mit schnellerem Tempo erfolgen sollte, enthält Art. 70 EA, allerdings ohne die Bestimmung eines zeitlichen Rahmens. Hierzu zählen beispielsweise das Gesellschaftsrecht, das Bankrecht, der Verbraucherschutz, Wettbewerbsregeln, Verkehr und Umwelt usw.

2. Vorgaben des Europa-Abkommens für das tschechische Medien- und Presserecht

Das Europa-Abkommen enthält im Hinblick auf die Harmonisierung des Medienrechts eine einzige Vorgabe. Im Titel VII unter der Überschrift „Kulturelle Zusammenarbeit" wird in Art. 97 Abs. 2 a.E. EA die Angleichung des audiovisuellen Bereichs behandelt. Danach sollen die Vertragsparteien ihre Politik in bezug auf die Reglementierung grenzüberschreitender Rundfunk- und Fernsehsendungen, die technischen Normen und die Förderung der europäischen audiovisuellen Technik koordinieren und, soweit angebracht, harmonisieren. Daraus folgt, daß die Anpassung des audiovisuellen Bereichs zwar im Interesse Tschechiens liegt, aber das Gemeinschaftsrecht hier weder unmittelbar gilt noch vorrangig anzupassen ist. Daß Tschechien spätestens mit Inkrafttreten des Beitritts die hier einschlägige Fernsehrichtlinie in seine Rechtsordnung übernehmen muß, ergibt sich aus Art. 249 Abs. 3 EGV. Auffällig ist in diesem Zusammenhang die Einordnung innerhalb des Kapitels „Kulturelle Zusammenarbeit", und nicht im Rahmen des Kapitels „Dienstleistungsverkehr zwischen der Gemeinschaft und der Tschechischen Republik". Mit dieser Einordnung wurde ein

Kompetenzstreit darüber vermieden, ob und inwieweit Tschechien verpflichtet ist, die Fernsehrichtlinie bereits infolge der Bestimmungen über Dienstleistungsverkehr umzusetzen[714]. Obwohl die Angleichung der Vorschriften der audiovisuellen Medien nicht zu den in Art. 70 EA vordringlich anzupassenden Bereichen gehört, wird der Stand der Anpassung von der Kommission dennoch mit besonderem Nachdruck verfolgt. Einer der Gründe dafür ist zunächst darin zu sehen, daß die anzugleichenden Normen im Weißbuch zur Vorbereitung der assoziierten mittel- und osteuropäischen Staaten auf den Binnenmarkt präzisiert wurden[715]. Darin wurde die Fernsehrichtlinie als eine der Maßnahmen aufgeführt, deren Umsetzung in der Stufe I, also innerhalb der ersten fünf Jahre nach dem Inkrafttreten des EA (bis 2000) erfolgen soll. Unbeschadet der Tatsache, daß das Weißbuch juristisch unverbindlich ist, ist dessen politische Wirkung als wegweisendes Instrument für die Rechtsangleichung von großer Bedeutung. Hinzu kommt die herausragende Rolle der Medien für das Funktionieren einer modernen Gesellschaft. Mittlerweile hat die Tschechische Republik die Fernsehrichtlinie vollständig in ihr Recht umgesetzt[716].

Für das Pressegesetz ist in diesem Zusammenhang vom Interesse, daß der tschechische Gesetzgeber laut dem Begründungsbericht zum Pressegesetz die Einführung des Gegendarstellungsrechts mit der Anpassung an Art. 23 der Fernsehrichtlinie begründet hat. Diese Begründung trägt indes nicht. Die Fernsehrichtlinie erfaßt ausschließlich das Medium Fernsehen. Sie ist weder für Hörfunk noch für Presse verbindlich. Ein europäisches Gegendarstellungsrecht der Presse existiert nicht. Eine Umsetzungspflicht bestand infolgedessen ebenfalls nicht[717].

---

[714] Zur Europäisierung des tschechischen Fernsehrechts vg. Kouba, Europäisierung, passim; Rahim, WGO 2000, S. 251 ff.

[715] Weißbuch der Kommission der EG zur Vorbereitung der assoziierten Staaten Mittel- und Osteuropas auf die Integration in den Binnenmarkt der Union vom 3. Mai 1995, KOM (95) 1963 endg.

[716] Gesetz Nr. 231/2001 Sb. über das Betreiben von Hörfunk- und Rundfunksendungen.

[717] Seit dem Inkrafttreten des Pressegesetzes gelten im Rahmen des Gesetzes über das Betreiben von Rundfunk- und Fernsehsendungen die Rechte der Gegendarstellung, der nachträgliche Mitteilung sowie das Zeugnisverweigerungsrecht. Damit wurde eine einheitliche Regelung des Gegendarstellungsrechts und des Rechts der nachträglichen Mitteilung sowie des

3. Ergebnis

Zusammenfassend läßt sich feststellen: Für das hier untersuchte Presserecht enthält das EA keine Vorgaben und kann auch mangels einer Regelung im Gemeinschaftsrecht keine aufweisen. Geltung erlangt das Gemeinschaftsrecht im Bereich des Presserechts im weiteren Sinne. Für tschechische Medienunternehmen, somit auch für Presseverlage, ist gemäß Art. 64 EA das europäische Wettbewerbsrecht bereits jetzt verbindlich. Greift etwa eine Kartellrechtvereinbarung über die tschechische Grenze in einen anderen Mitgliedsstaat ein und ist die Erheblichkeitsgrenze überschritten, kommt europäisches Kartellrecht zum Zuge. Von Bedeutung für audiovisuelle Medien dürften ferner die allgemeine Fusionskontrolle und das Beihilferecht sein[718]. In den Mitgliedstaaten der EU haben Fusionen von Presseunternehmen praktisch keine Rolle gespielt, da Presseunternehmen nicht die vorgesehenen Umsatzschwellenwerte erreichen. Es ist folglich in absehbarer Zukunft nicht damit zu rechnen, daß die wesentlich kleineren und umsatzschwächeren tschechischen Presseunternehmen die einschlägigen Werte erreichen. Hinsichtlich einer medienspezifischen Kontrolle der Medienkonzentration enthält weder das Gemeinschaftsrecht noch das EA Verpflichtungen der Tschechische Republik.

III. Mißbrauchsaufsicht bei marktbeherrschenden Unternehmen und Kontrolle der Unternehmenszusammenschlüsse im tschechischen Recht in bezug auf Presseunternehmen

Ungeachtet der unmittelbaren Geltung des europäischen Wettbewerbsrechts wird es hinsichtlich der meisten Mißbrauchstatbestände der Marktbeherrschung und des wettbewerbsbeschränkenden Verhaltens bei der Anwendung nationalen Rechts bleiben, da die gemeinschaftsweite Bedeutung und die Erheblichkeits-

Zeugnisverweigerungsrechts für alle Medien erreicht. Daß es aus der Sicht der Betroffenen tatsächlich sinnvoll gewesen ist, ein einheitliches Gegendarstellungsrecht für Fernsehen, Presse und Hörfunk einzuführen, ist eine andere Frage.

[718] Vgl. Rahim, WGO 2000, S. 251 ff.

grenzen nicht erreicht werden. Ein einheitlicher Maßstab für die Beurteilung zulässiger Meinungsmacht fehlt im Gemeinschaftsrecht. Die Richtlinie zur Verhinderung der Medienkonzentration wurde auf „Eis gelegt“[719], so daß die Sicherung einer Meinungsvielfalt dem nationalen Gesetzgeber überlassen ist. Dem Gesetzgeber steht es dabei grundsätzlich frei, welche Vorkehrungen er trifft, die Meinungsvielfalt zu sichern. Jede Kontrolle einer Unternehmenskonzentration zum Schutz der Medienfreiheit impliziert aber auch eine Beschränkung der Pressefreiheit und der Erwerbsfreiheit, so daß sie einer Rechtfertigung bedarf. Der Bedrohung der Meinungsvielfalt muß mit verhältnismäßigen Maßnahmen begegnet werden. Zusammenschlüsse mehrerer Unternehmen sind oft notwendig, um eine hinreichende wirtschaftliche Leistungsfähigkeit der Presse zu erhalten. Denn nur eine wirtschaftlich starke Zeitung kann auf Dauer ihre Unabhängigkeit wahren. Dies gilt um so mehr für die mittel- und osteuropäischen Staaten. Unabhängige und wirtschaftlich starke Unternehmen können sich leichter der Wirkung der Kräfte eines einzelnen oder einzelner gesellschaftlicher Gruppen entziehen.

Auch wenn es sich dabei nicht um Presserecht im engeren Sinne handelt, das den Schwerpunkt dieser Arbeit bildet, sollen aufgrund der herausragenden Bedeutung des Wettbewerbsrechts nachfolgend die Grundzüge der tschechischen Mißbrauchsaufsicht und der Kontrolle von Unternehmenszusammenschlüssen im Überblick dargestellt werden. Hinzu kommt der Aspekt, daß das Wettbewerbsrecht außerhalb des besprochenen bereits jetzt unmittelbar geltenden Bereichs zu den Rechtsgebieten gehört, deren Rechtsangleichung nach dem Europaabkommen vorangetrieben werden soll.

1. Rechtsgrundlagen, Aufsicht

Ab dem 1.7.2001 ist in der Tschechischen Republik ein neues Gesetz Nr. 143/2001 Sb. zum Schutz des Wirtschaftswettbewerbs (im folgenden GSW) in

---

[719] Frey, ZUM 1998, S. 985.

Kraft getreten, das das im Jahr 1991 verabschiedete Gesetz Nr. 63/1991 Sb. ersetzt. Festgehalten wurde im Rahmen der Neukodifikation an der Trennung des Rechts gegen Wettbewerbsbeschränkungen und des Rechts gegen den unlauteren Wettbewerb[720] und deren Regelung jeweils in einem eigenen Gesetz, obwohl sich ein „Trend zur einheitlichen Regelung des gesamten Wettbewerbs bemerkbar macht“[721]. Die Änderung dient dazu, die volle Harmonisierung mit dem Recht der EU zu erreichen[722]. Ziel des Gesetzes ist der Schutz des Wettbewerbs auf dem Markt der Waren und Dienstleistungen vor einer Beseitigung, Einschränkung, Störung oder Gefährdung durch Absprachen unter den Wettbewerbern, vor dem Mißbrauch einer marktbeherrschenden Stellung oder einer Verschmelzung unter den Wettbewerbern. Der räumliche Anwendungsbereich umfaßt gemäß § 1 Abs. 3 GSW auch im Ausland vorgenommene wettbewerbsbeschränkende Handlungen, soweit sich diese auf dem tschechischen Markt auswirken.

Die Kontrolle über den Wettbewerb übt das Amt zum Schutz des Wirtschaftswettbewerbs (im folgenden „Kartellamt“) in Brno (Brünn) aus. Die Kompetenzen des Kartellamts werden im Gesetz Nr. 273/1996 Sb. geregelt[723]. Neu ist die Verpflichtung zum Führen eines Kartellregisters durch das Kartellamt. Darin werden gemäß § 25 Abs. 1 GSW Vereinbarungen (Kartelle) eingetragen, von deren Verbot das Kartellamt eine Ausnahme verlängert oder aufgehoben hat, oder Vereinbarungen, bei denen das Kartellamt auf Antrag des Wettbewerbers entschieden hat, ob es sich um ein verbotenes Kartell handelt. Das Kartellregister ist öffentlich, die Entscheidungen des Kartellamts sind im Internet abrufbar[724].

---

[720] Der unlautere Wettbewerb ist in den §§ 44 bis 55 HGB geregelt.

[721] Brunner, Zwei Seiten der Medaille, S. 25 m.w.N.

[722] Zu den Einzelheiten vgl. Jahresbericht des Kartellamtes für das Jahr 2000; Bejček, WIRO 2002, S. 227 ff.

[723] Vgl. dazu. Bejček/Bučková, WIRO 1998, S. 52 ff. (57); Munková, EU Wettbewerbsrecht und Beitritt der ČR, S. 296 ff.

[724] Im Internet unter: www.compet.cz.

2. Mißbrauchsverbot

Die Kontrolle des Mißbrauchs einer marktbeherrschenden Stellung ist in § 10 GSW geregelt. Wie Art. 82 EGV verbietet das tschechische Gesetz nicht die Marktmacht selbst, sondern die Ausnutzung dieser Stellung durch mißbräuchliches Verhalten. Der Begriff der Martkbeherrschung wird in § 10 Abs. 1 GSW neu definiert. Danach ist ein Unternehmen (also auch ein Presseunternehmen) im Sinne des Kartellgesetzes marktbeherrschend, wenn der Wettbewerber allein oder zusammen mit anderen Wettbewerbern (gemeinsame Marktbeherrschung) eine Marktposition erreicht, in der er oder diese sich im erheblichen Maße unabhängig von anderen Wettbewerbern oder Verbrauchern verhalten können. Die Markposition (Marktmacht) beurteilt das Kartellamt aufgrund der festgestellten Marktanteile, die der oder die Wettbewerber in einem bestimmten Zeitraum erreicht haben, § 10 Abs. 2 GSW. Dabei werden auch zusätzliche Beurteilungskriterien wie die Finanzkraft der Wettbewerber, etwaige tatsächliche oder rechtliche Schranken für den Marktzutritt anderer Unternehmen, der Grad der vertikalen Integration, die Marktstruktur und die Größe der Marktanteile der engsten Konkurrenten herangezogen. Wird anhand der Beurteilungskriterien nach § 10 Abs. 2 GSW nicht das Gegenteil bewiesen, ist nach § 10 Abs. 3 GSW zu vermuten, daß eine marktbeherrschende Stellung erreicht ist, wenn der Wettbewerber mehr als 40 % des relevanten Markts besitzt. Das Erreichen einer marktbeherrschenden Stellung unterliegt nicht mehr der Anzeigepflicht, wie es vorher der Fall war[725], so daß die Unternehmen nicht mehr gezwungen sind, ständig ihren Marktanteil zu beobachten.

Neu ist auch die Einführung einer Legaldefinition des relevanten Markts, die sich deutlich am europäischen Recht orientiert. Relevanter Markt ist danach der Warenmarkt, der vom Verbraucher hinsichtlich der Eigenschaften, Preise und des vorgesehenen Verwendungszwecks als identisch, vergleichbar oder vertretbar angesehen wird, und zwar auf einem Gebiet, auf dem ausreichend homogene und deutlich sich von benachbarten Gebieten unterscheidende Wettbewerbsbedingungen herrschen, § 2 Abs. 2 GSW.

[725] § 9 Abs. 1 des GSW Nr. 63/1991 Sb.

Hinsichtlich der Bestimmung des relevanten Pressemarkts teilt das Kartellamt diesen in einen Markt, in dem sich die Kunden das Presseprodukt als Informationsquelle kaufen (Lesermarkt) und in einen Markt, in dem die Kunden Raum für ihre Anzeigen erwerben, zwecks Unterstützung des Verkaufs von Waren oder Dienstleistungen (Anzeigenmarkt) ein[726]. Fernseh- und Rundfunkmärkte werden getrennt untersucht, da sie sich aus der Sicht des Endverbrauchers durch die Art ihrer Übertragung und der Darbietung von Informationen deutlich vom Pressemarkt unterscheiden[727]. Der Lesermarkt wird aus dem Blickwinkel der Leser in einen Zeitungsmarkt und in einen Zeitschriftenmarkt unterteilt, wobei beim Zeitungsmarkt noch weitere Abstufungen in überregionale oder regionale Zeitungen gemacht werden. Als Kriterium für die Abgrenzung des relevanten Markts können die Zeitungspreise und Vertriebsart dienen.

Nach der Generalklausel des § 11 Abs. 1 GSW ist der Mißbrauch einer marktbeherrschenden Stellung zum Nachteil anderer Unternehmen oder Verbraucher verboten. Im Anschluß daran werden sechs Regelbeispiele des Mißbrauchs, die im wesentlichen dem Katalog des Art. 82 EGV entsprechen demonstrativ aufgezählt. Zusätzlich sieht das tschechische GSW in § 11 Abs. 1 Buchst. f) ausdrücklich vor, daß die Weigerung marktbeherrschender Unternehmen der Konkurrenz Zugang zu ihrer Infrastruktur gegen Zahlung eines entsprechenden Entgelts zu gewähren, als Mißbrauch zu qualifizieren. Dieser „Kontrahierungszwang" spiegelt den Einfluß der Rechtsprechung des EuGH aus dem Bereich der sog. „essential-facilities-Doktrin" auf das tschechische Wettbewerbsrecht ein[728].

Stellt das Kartellamt von Amts wegen oder aufgrund einer Anzeige fest, daß der Mißbrauch einer marktbeherrschenden Stellung durch ein Unternehmen vorliegt, wird diese Tatsache durch eine Entscheidung festgestellt. Mit dieser

---

[726] Entscheidung des Kartellamts vom 2. November 2001, S 110/01 – 2032/01, Ringier a.s./Československý Sport.

[727] Vgl. Entscheidung des Kartellamts Nr. S 79/99 – 230 vom 16.8.1999, United Pan Europe Communications N.V./Kabel Plus.

[728] EuGH, Urt. vom 6.4.1995, RTE u. ITP ./. Kommission, Slg. 1995, I-743 = EuZW 1995, S. 339; vgl. hier der bereits erwähnte Fall Oscar Bronner s. Fn. 683.

Entscheidung ist ein solches Verhalten für die Zukunft verboten. Das Kartellamt kann Sanktionen und Bußgelder im Rahmen des § 22 GSW verhängen.

3. Die Kontrolle von Unternehmenszusammenschlüssen

a) Anmeldepflichtige Tatbestände

Die Fusionskontrolle erfuhr im Gesetz zum Schutz des Wirtschaftswettbewerbs eine umfassende Neuregelung und eine wesentlich detailliertere Ausarbeitung als zuvor. § 12 GSW umfaßt mehrere Zusammenschlußtatbestände. Unter Zusammenschluß bzw. Fusion versteht das Gesetz die Zusammenlegung von zwei oder mehreren unabhängigen Unternehmen oder Unternehmensteilen oder den Erwerb von Anteilen an einem anderen Unternehmen sowie den Erwerb von Wertpapieren oder Geschäftsanteilen durch Personen, die eine Kontrolle oder einen entscheidenden Einfluß auf das Wettbewerbsverhalten eines weiteren Unternehmens erlangen. Auch auf Neugründungen von Unternehmen, die gemeinsam durch mehrere Wettbewerber kontrolliert werden (gemeinsam kontrolliertes Unternehmen) findet die Fusionskontrolle des GSW Anwendung.

Die Zusammenschlußkontrolle ist präventiv ausgestaltet. Das GSW enthält nun Umsatzschwellenwerte, von deren Erreichen die Anwendbarkeit der Bestimmungen des GSW abhängt. Gemäß § 13 GSW unterliegt eine Unternehmensfusion der Genehmigung des Kartellamts und ist anmeldepflichtig, wenn

(1) der gesamte, weltweite Nettoumsatz aller am Zusammenschluß beteiligten Unternehmen im letzten Geschäftsjahr bei mehr als 5 Mrd. Kč liegt oder

(2) der gesamte Nettoumsatz aller am Zusammenschluß beteiligten Unternehmen auf dem Markt der Tschechischen Republik mehr als 550 Millionen Kč beträgt und mindestens zwei der beteiligten Unternehmen einen Nettoumsatz von mindestens 200 Millionen Kč im letzten Geschäftsjahr erreicht haben.

Für die Berechnung der Netto-Umsatzerlöse ist § 14 GSW maßgeblich. Dieser bestimmt, was unter dem Begriff „Nettoumsatz“ verstanden wird und welche Umsätze dazu gerechnet werden.

b) Verfahren

Die Genehmigung der bevorstehenden Fusionen muß gemäß § 15 Abs. 1 GSW vor dem Vollzug beim Kartellamt beantragt werden. Die Antragsfrist beträgt eine Woche ab Vertragsschluß. Im Falle des Angebotes der Übernahme von Aktien muß der Antrag vor Veröffentlichung des Angebots erfolgen. Zur Anmeldung verpflichtet sind alle am Zusammenschluß beteiligten Unternehmen oder die Personen, die durch den Erwerb von Verträgen und Rechten einen bestimmenden und kontrollierenden Einfluß ausüben können.

Das Kartellamt gibt die Eröffnung des Verfahrens unverzüglich im Handelsanzeiger bekannt, nachdem es den Antrag zur Genehmigung eines Zusammenschlusses erhalten hat, § 16 Abs. 1 GSW. In der Bekanntmachung wird die Frist bestimmt, innerhalb derer etwaige Einwände gegen die Fusion geltend gemacht werden können.

Das Kartellamt prüft zunächst, ob der Zusammenschluß genehmigungspflichtig ist, ob also die in § 13 GSW bestimmten Umsatzwerte erreicht worden sind. Fällt die Prüfung negativ aus, erteilt das Kartellamt innerhalb von 30 Tagen eine Bescheinigung an die Antragsteller, daß die geplante Fusion nicht genehmigungspflichtig ist.

Unterliegt der Zusammenschluß der Genehmigung nach GSW, prüft das Kartellamt die Auswirkungen der Fusion auf den Markt. Führt der Zusammenschluß nicht zur Entstehung oder Verstärkung einer marktbeherrschenden Stellung, die den Wettbewerbs erheblich stören würde, erteilt das Kartellamt die Genehmigung in der Frist von 30 Tagen. Erscheint der Zusammenschluß hingegen bedenklich hinsichtlich seiner negativen Auswirkungen auf den Markt, teilt das Kartellamt dies den Verfahrensbeteiligten schriftlich mit und benachrichtigt sie, daß das Verfahren fortgesetzt wird (Hauptverfahren). Ergeht in der 30-tägigen Frist weder eine Genehmigung noch eine Mitteilung über den Fortgang des Verfahrens, gilt die Fusion mit Ablauf der Frist gemäß § 16 Abs. 3 GSW als genehmigt.

Das Kartellamt ist verpflichtet, die endgültige Entscheidung über die Untersagung oder Genehmigung der Fusion in zwei bzw. fünf Monaten zu erlassen. Insgesamt darf das Hauptprüfungsverfahren nicht länger als fünf Monate betragen. Ergeht in dieser Frist keine Entscheidung, so gilt der Zusammenschluß kraft Gesetzes als genehmigt.

Sofern das Gesetz zum Schutz des Wettbewerbs nichts anderes bestimmt, finden auf das Verfahren vor dem Kartellamt die Bestimmungen der Verwaltungsordnung Anwendung.

c) Beurteilungskriterien, Entscheidung

Das Kartellamt prüft den Zusammenschluß im Hinblick auf dessen Auswirkungen auf den Wettbewerb. In § 17 Abs. 1 GSW werden Regelbeispiele aufgezählt, die bei der Beurteilung einer Wettbewerbsbeschränkung zu berücksichtigen sind. Geprüft wird insbesondere die Struktur der durch den Zusammenschluß betroffenen Märkte, der Marktanteil der beteiligten Unternehmen an diesen Märkten, die Wirtschafts- und Finanzkraft der beteiligten Unternehmen, rechtliche und andere Hindernisse, die den Eintritt anderer Wettbewerber beeinflussen, die Entwicklung des Angebots und der Nachfrage auf den betroffenen Märkten und die Bedürfnisse der Verbraucher. Im Hinblick auf die Prüfung des relevanten Pressemarkts kommt die schon im Rahmen der Prüfung der marktbeherrschenden Stellung angesprochene Unterscheidung zwischen Leser- und Anzeigenmarkt zum Tragen.

Der Zusammenschluß wird untersagt, wenn die Prüfung ergibt, daß die Fusion in erheblichem Maße den Wettbewerb auf dem relevanten Markt beeinträchtigt. Eine Genehmigung der Fusion kann mit Auflagen und Bedingungen versehen werden. Eine bereits erteilte Genehmigung kann nach § 19 Abs. 1 GSW aufgehoben werden, falls die Genehmigung aufgrund von Informationen erteilt wurde, die sich im nachhinein als gänzlich oder teilweise unwahr oder unvollständig erwiesen haben. Ferner kommt eine Aufhebung der Genehmigung in

Betracht, wenn die Beteiligten in Widerspruch zu den erteilten Auflagen und Bedingungen handeln, die zur Voraussetzung für die Erteilung der Genehmigung gemacht worden sind.

Solange der Zusammenschluß nicht vom Kartellamt wirksam genehmigt ist, darf er vor Ablauf der Fristen des § 16 GSW nicht vollzogen werden. Bei einem Zusammenschluß, der unter Verstoß gegen die Anmeldepflicht vollzogen wurde, kann das Kartellamt Entflechtungsmaßnahmen anordnen, die erforderlich sind, um den Wettbewerb auf dem relevanten Markt wieder herzustellen. So können die Beteiligten verpflichtet werden, die Anteile, die durch die Fusion erworben wurden, zu verkaufen oder das Eigentum rückzuübertragen.

d) Pressespezifische Fusionskontrolle im Kartellrecht

Das tschechische GSW enthält im Unterschied zum deutschen Kartellrecht keine pressespezifische Fusionskontrollbestimmungen. Nach dem deutschen GWB spielt die Fusionskontrolle der Presse eine wichtige Rolle[729]. Der Begriff einer „pressespezifischen Fusionskontrolle" ist einschränkend dahingehend auszulegen, daß es sich um eine allgemeine wirtschaftliche Zusammenschlußkontrolle handelt, bei der einige Bestimmungen über die zu erreichenden Umsatzerlöse marktbedingt auf die Presse angepaßt wurden[730]. Es handelt sich aber um eine rein an wettbewerblichen und nicht an publizistischen Kriterien orientierte Fusionskontrolle. In den Bestimmungen über die Zusammenschlußkontrolle gem. §§ 35 ff. GWB sind für die Zeitungs- und Zeitschriftenverlage abweichende Bestimmungen vorgesehen. So sind etwa die maßgeblichen, den Anwendungsbereich der Fusionskontrolle eröffnenden Umsatzschwellenwerte bei Presseunternehmen herabgesetzt, §§ 35 und 38 GWB. Die Pflicht zur Anmeldung des Zusammenschlusses wird bei Presseunternehmen bereits mit einem Jahresumsatz von Euro 25 Millionen erreicht. Bei der Berechnung der Umsatzerlöse ist bei Presseunternehmen das Zwanzigfache in Ansatz zu bringen.

---

729 Zur Pressefusionskontrolle vgl. Löffler/Ricker, Handbuch des Presserechts, S. 664 ff.; Paschke, Medienrecht, S. 202; Uwer, Medienkonzentration, S. 226 ff.; Emmerich, Kartellrecht, S. 317 ff.

730 Uwer, Medienkonzentration, S. 228.

Solche Bestimmungen sieht das tschechische Recht weder im Pressegesetz oder im Gesetz zum Schutz des Wirtschaftswettbewerbs noch in dem im Mai 2001 neu verabschiedeten Gesetz zum Betreiben von Rundfunk- und Fernsehsendungen Nr. 231/2001 Sb. (im folgenden Rundfunkgesetz) vor. Kapitel 6 des Rundfunkgesetzes trägt die Überschrift „Sicherung des Pluralismus von Informationen". Es handelt sich um Bestimmungen der rundfunkrechtlichen Medienkonzentrationskontrolle. Die Sicherung der Meinungsfreiheit und des Pluralismus geschieht durch Beschränkung der Lizenzvergabe. Eine natürliche oder juristische Person darf nicht mehr als eine Sendelizenz zum landesweiten Senden innehaben (§ 55 Rundfunkgesetz)[731]. Der Inhaber einer Lizenz zum Betreiben von Fernsehsendungen darf sich nicht an Unternehmen beteiligen, die Hörfunksendungen betreiben und umgekehrt. Erfolgt ein Zusammenschluß von Fernseh- und Rundfunkunternehmen muß diese Tatsache gemäß § 58 Rundfunkgesetz dem Rat für Rundfunk- und Fernsehsendungen gemeldet werden. Im Unterschied zu der präventiven Fusionskontrolle des GSW findet im Rundfunkgesetz eine nachträgliche Kontrolle statt. Im Entwurf des Rundfunkgesetzes war ein striktes intermediäres Zusammenschlußverbot von Betreibern von Rundfunk- oder Fernsehsendungen mit Verlegern überregionaler Presse vorgesehen[732]. Dieses intermediäre Zusammenschlußverbot ist nicht umgesetzt worden. Mithin unterliegen die Zusammenschlüsse der Presseunternehmen ausschließlich der Kontrolle des GSW.

Das Fehlen einer pressespezifischen Fusionskontrolle im tschechischen Recht könnte zu der Schlußfolgerung führen, daß die allgemeine Wettbewerbskontrolle des GSW nicht ausreicht, um die Pressekonzentration und damit die Meinungskonzentration wirksam zu verhindern. Ein Vergleich mit den auf die Eigenart der Presse herabgesetzten Umsatzschwellenwerten im deutschem Recht läßt eine solche Folgerung indessen nicht zu. Die Fusionskontrolle des tschechi-

---

[731] Das deutsche Recht orientiert sich am sog. Zuschaueranteilsmodell, s. § 26 Abs. 1 und 2 des RStV, vgl. dazu ausführlich Hess, AfP 1997, S. 680 ff.; Prütting u.a., Marktmacht und Konzentrationskontrolle, passim.

[732] § 107 des Entwurfs des Rundfunkgesetzes des Kultusministeriums. Solches Verbot enthält zum Beispiel das ungarische Rundfunkgesetz (§ 125) s. Küpper, Sicherung der Rundfunkfreiheit (FS für Brunner), S. 451 (468).

schen GSW setzt ein, wenn der gesamte Nettoumsatz aller am Zusammenschluß beteiligten (Presse)Unternehmen auf dem tschechischen Markt mehr als 550 Millionen Kč beträgt und mindestens zwei der beteiligten Unternehmen einen Nettoumsatz von mehr als 200 Millionen Kč im letzten Geschäftsjahr erreicht haben. 550 Millionen Kč sind umgerechnet ca. 18,3 Millionen Euro und 200 Millionen Kč ca. 6,6 Millionen Euro[733]. Diese Umsatzwerte sind deutlich niedriger als die maßgeblichen Umsatzgrenzen der §§ 35 Abs. 2 und 38 Abs. 3 GWB von 25 Millionen Euro. Auch unter Berücksichtigung der schwächeren Wirtschaft in Tschechien dürfte die Anmeldepflichtigkeit und somit die zwingende präventive Fusionskontrolle im Pressebereich alle größeren Verlage erfassen. Die mit der Fusionskontrolle verfolgte Zielsetzung – Pressemärkte offen zu halten und vor unerwünschten Auswirkungen der Zusammenschlüsse zu schützen – wird erfüllt. Eine solche Kontrolle, die sich ausschließlich an wettbewerbsbezogenen Kriterien der Marktbeherrschung und nicht an inhaltlichen und publizistischen Wertungen orientiert, begegnet keinen Bedenken im Hinblick auf das Grundrecht der Meinungs- und Pressefreiheit.

[733] Gerechnet wurde mit einem Kurs von 1 Euro für 30 Kč.

§ 11 Schlußbetrachtung

Das Ausmaß der gewährten Meinungs- und Pressefreiheit wird als Gradmesser für die innere Souveränität eines Staatswesens und als Eckpfeiler eines demokratischen Verfassungsstaats gewertet[734]. Das Postulat einer freien und unabhängigen Presse konnte sich in der Tschechischen Republik erst nach dem Zusammenbruch des kommunistischen Regimes in den letzten zwölf Jahren etablieren. Die systematische Unterdrückung des Grundrechts der Pressefreiheit stellte ein signifikantes Merkmal des totalitären Regimes dar, denn die Pressefreiheit gehört zu den politisch stärksten Grundrechten.

Bildet die Meinungs- und Pressefreiheit eine conditio sine qua non der Demokratie, so hat die vorliegende Bestandsaufnahme gezeigt, daß das Presserecht das Gebiet ist, auf dem sich der rechtsstaatliche Wandel Tschechiens rechtlich und tatsächlich vollzogen hat. Das Grundrecht der Meinungsfreiheit ist nachhaltig von dem Vorbild der EMRK geprägt. Der geltende Rechtszustand entspricht demjenigen in westlichen Demokratien. Der als Zensor auftretende Staat ist überwunden. Eine konkrete Gestalt gewinnt das Grundrecht der Meinungsfreiheit auch durch die Rechtsprechung des tschechischen Verfassungsgerichts. Von allen Massenmedien ist die Presse aufgrund ihrer privatwirtschaftlichen Struktur das unabhängigste Medium. Sie stößt weder auf die sich aus knappen Übertragungskapazitäten ergebende Grenzen der Rundfunkfreiheit, noch ist sie dem Einfluß ausgesetzt, den sich politische Parteien über die Aufsichtsgremien der Rundfunkanstalten sichern möchten.

Die Charta der Grundrechte als Bestandteil der Verfassungsordnung schützt das Verfassungsgut der Meinungs- und Pressefreiheit und bildet eine stabile Grundlage für eine freie Presse. Dem Anspruch des Gesetzes wird die Umsetzung in der Rechtswirklichkeit gerecht, insbesondere durch die Rechtsprechung des Verfassungsgerichts. Schwierigkeiten bereiten die lange Prozeßdauer der Klagen zum Schutz der Persönlichkeit und der Mangel an publizierten Gerichtsentscheidungen aus diesem Bereich, was der Rechtssicherheit abträglich ist.

Dieser Befund gründet auf nachgenannten Schlußfolgerungen:

---

[734] Limbach, AfP 1999, S. 413.

Die Freiheit der Presse wird durch Art. 17 Charta gesichert. In Anlehnung an Art. 10 EMRK wird in Art. 17 Charta eine umfassende Meinungs- und Informationsfreiheit gewährleistet, ohne daß das Grundrecht der Pressefreiheit ausdrücklich erwähnt wäre. In Ermangelung einer ausdrücklichen Regelung wird die Pressefreiheit als Bestandteil der Meinungsfreiheit geschützt. Auch begrifflich bildet die Pressefreiheit keine eigene Kategorie, verwendet wird der Oberbegriff „Meinungsfreiheit“. Neben Art. 17 Charta bildet Art. 10 EMRK die wichtigste Rechtsquelle für das Presserecht. Art. 10 Verfassung räumt der EMRK Vorrang vor dem Gesetz ein.

Die Pressefreiheit ist im tschechischen Grundrechtsverständnis als ein individuelles Abwehrrecht gegen staatliche Eingriffe und als ein politisches Grundrecht konzipiert. Eine objektiv-rechtliche Komponente im Sinne einer „institutionellen Garantie“ wird nicht verbürgt. Die Unterscheidung in eine äußere und in eine innere Pressefreiheit, wie im deutschen Recht, kennt das tschechische Recht nicht.

Den Schutz des Art. 17 Charta genießen die Meinungs- und die Informationsfreiheit, jegliche Zensur ist verboten. Als Meinungen gelten sowohl Werturteile und Kritik als auch Tatsachenbehauptungen mit Ausnahme von „bewußt unwahren Tatsachenbehauptungen“. Der Schutz ist nicht nur auf die sog. seriöse Presse beschränkt. Auch reine Unterhaltungspresse ist Presse im Sinne des Art. 17 Charta. Die Informationsfreiheit stellt eine eigenständige grundrechtliche Verbürgung dar, die die passive und aktive Informationsfreiheit schützt. Die in Art. 17 Abs. 5 Charta verbürgte Informationspflicht der Staatsorgane wird als Garantie des Rechts auf Informationen verstanden. Medien genießen keinerlei Privilegien bei der Informationserteilung. Der Journalist wird als „jedermann“ behandelt. Ebensowenig vermittelt das Pressegesetz irgendwelche medienspezifischen Auskunftsansprüche. Der Journalist steht nicht schlechter, aber auch nicht besser als jeder anderer Bürger.

Die Presse genießt aber die Sicherung der Informationsbeschaffung durch den Schutz des Zeugnisverweigerungsrechts und des Beschlagnahmeverbots gegenüber Staatsorganen, das im Pressegesetz konkretisiert ist (§ 16 PrG). Auf das Zeugnisverweigerungsrecht können sich alle Personen berufen, die an der Informationsbeschaffung und Verarbeitung mitgewirkt haben. Eine berufsmäßige Mitwirkung ist nicht erforderlich. Der Schutz der Informationsquelle und das Herausgabeverweigerungsrecht sind nicht uneingeschränkt gewährt. Zum

Schutz einer wirksamen und effektiven Strafverfolgung kann sich die Presse bei bestimmten Straftaten nicht auf den Schutz der Informationsquelle berufen. Das Zeugnis- und Herausgabeverweigerungsrecht ist nicht nur bei Straftaten, die sich gegen elementare Individualrechtsgüter oder gegen den Bestand des Staates richten, sondern vielfach auch im Falle von leichter Kriminalität eingeschränkt. Die damit eingeräumten Eingriffsmöglichkeiten sind gravierend und hervorrufen Zweifel an ihrer Vereinbarkeit mit Art. 17 Abs. IV Charta und Art. 10 Abs. 2 EMRK.

Die Pressefreiheit unterliegt ihrerseits Schranken. Eingriffe in das Grundrecht der Pressefreiheit sind nur dann legitim, wenn sie den in Art. 17 Abs. 4 Charta vorgegebenen Zielen dienen und in einer demokratischen Gesellschaft unerläßlich sind. Die Pressefreiheit kann nur zum Schutz von Rechten anderer, für die Sicherheit des Staates und die öffentliche Sicherheit sowie zum Schutz der Gesundheit und Sittlichkeit eingeschränkt werden. Eine überragende Bedeutung kommt dem in Art. 10 Charta gewährleisteten Grundrecht zum Schutz der Persönlichkeit zu. Die Meinungs- und Pressefreiheit findet ihre Grenze an den durch Art. 10 Charta geschützten Rechtsgütern der persönlichen Ehre, Menschenwürde, Privatsphäre, des guten Rufs und des Rechts auf informationelle Selbstbestimmung. Das Verfassungsgericht bemüht sich darum, das zwischen der Berichterstattung der Presse und dem Persönlichkeitsrecht des einzelnen bestehende Spannungsverhältnis auszubalancieren. Dabei legt das Verfassungsgericht die Auffassung zugrunde, daß kein Grundrecht Vorrang vor dem anderen genießt.

Auf einfachgesetzlicher Ebene dient dem Schutz der Persönlichkeit vor allem die medienspezifische Schranke des Gegendarstellungsrechts (§ 10 PrG) und des Rechts der nachträglichen Mitteilung (§ 11 PrG). Das tschechische Gegendarstellungsrecht setzt im Unterschied zum deutschen Recht die Unwahrheit oder die Unvollständigkeit der in der Erstmitteilung enthaltenen Tatsachenbehauptung voraus. Daher wird die Wahrheit der Tatsachenbehauptung im Hauptverfahren überprüft. Folglich dauert die Durchsetzung des Gegendarstellungsanspruchs ein bis zwei Jahre. Die lange Verfahrensdauer, kurze Verjährung sowie strengere Voraussetzungen machen den Gegendarstellungsanspruch unattraktiv. Betroffene bevorzugen daher die Geltendmachung der zivilrechtlichen Ansprüche zum Schutz der Persönlichkeit (§§ 11-16 ZGB). Im Zivilrechtsweg kann der Betroffene das Unterlassen eines rechtswidrigen Eingriffs oder das Beseitigen der Folgen dieses Eingriffs, ferner angemessene Genugtuung und Ersatz eines immateriellen und materiellen Schadens verlangen. Der gebräuchlichste zivilrechtliche Abwehranspruch ist die Entschuldigung, die dem Widerruf im deutschen Recht am ehesten entspricht. Im Unterschied zum deutschen Recht kann eine Entschuldigung nicht nur bei Tatsachenbehauptungen, sondern auch bei Werturteilen und Kritik verlangt werden. Der hohe Standard des zivilrechtlichen Schutzes des Einzelnen wird durch die Verteilung der Beweislast zementiert. Das beklagte Medienunternehmen trägt die Beweislast für die Wahrheit der von ihm aufgestellten Behauptungen.

Beschränkungen der Pressefreiheit müssen in einer demokratischen Gesellschaft unerläßlich sein. Die Beurteilung der Notwendigkeit ist die Kernfrage der Prüfungstätigkeit des Verfassungsgerichts. Die Meinungs- und Pressefreiheit einschränkenden Maßnahmen werden am Grundsatz der Verhältnismäßigkeit geprüft. Die Rechtsprechung des EGMR wird vom tschechischen Verfassungsgericht häufig als unterstützendes Argument herangezogen.

Das zwischen der Europäischen Union und der Tschechischen Republik abgeschlossene Europa-Abkommen enthält keine Bestimmungen, die explizit die Presse betreffen. Lediglich in bezug auf den audiovisuellen Bereich enthält das Europa-Abkommen konkrete Aussagen in Art. 97 Abs. 2 EA. Die einschlägige Fernsehrichtlinie ist bereits vollständig umgesetzt. Das Fehlen von pressespezifischen Bestimmungen im EA rührt daher, daß das Gemeinschaftsrecht selbst für das hier behandelte Presserecht im engeren Sinne keine Vorgaben enthält. Die Gemeinschaft, die in erster Linie eine Wirtschaftsgemeinschaft ist, kann Medien nur insoweit regulieren, als es darum geht, wirtschaftliche Ziele umzusetzen. Die Ausgestaltung des Pressegesetzes ist ausschließlich Aufgabe des nationalen Gesetzgebers. Das Problem einer Rechtsangleichung an das Recht der Europäischen Gemeinschaft stellt sich mithin nicht.

Geht es hingegen um die Frage nach Vorgaben für das Presserecht im weiteren Sinne ergibt sich ein ganz anderes Bild. Gemäß Art. 64 EA gelten die wettbewerbsrechtlichen Vorschriften des Kartellverbots, des Mißbrauchs der marktbeherrschenden Stellung und des Verbots wettbewerbsverfälschender Beihilfen unmittelbar, wenn sie den Handel zwischen der ČR und der Gemeinschaft betreffen. In diesen Fällen hat das europäische Recht Vorrang.

Die Rechtsangleichung des tschechischen Kartellrechts an das europäische Wettbewerbsrecht ist mit Erlaß des im 2001 in Kraft getretenen Kartellgesetzes abgeschlossen. Die Kontrolle des Mißbrauchs einer marktbeherrschenden Stellung und der Zusammenschlüsse entspricht den Anforderungen des Europarechts.

Das tschechische Kartellrecht enthält im Unterschied zum deutschem Kartellrecht keine pressespezifischen Fusionskontrollbestimmungen. Aufgrund der deutlich niedrigeren Umsatzschwellenwerte des tschechischen im Vergleich zum deutschen Kartellgesetz werden dennoch praktisch alle Zusammenschlüsse größerer Presseunternehmen erfaßt. Das Rundfunkgesetz enthält besondere, die Meinungsvielfalt sichernde Vorschriften gegen zu große Konzentration. Mediumübergreifende Beschränkungen im Sinne eines intermediäres Zusammenschlußverbot mit Presseunternehmen enthält das Rundfunkgesetz jedoch nicht.

Gesetz Nr. 46/2000
vom 22. Februar 2000
Über die Rechte und Pflichten bei der Herausgabe der periodischen Presse und über die Änderung einiger weiterer Gesetze
(Pressegesetz)*

In der Fassung des Gesetzes Nr. 302/2000 Sb.
Das Parlament hat folgendes Gesetz der Tschechischen Republik beschlossen:

§ 1
Regelungsgegenstand

Dieses Gesetz regelt einige Rechte und Pflichten der Verleger und weiterer natürlicher und juristischer Personen im Zusammenhang mit der Herausgabe periodischer Presse.

§ 2
Geltungsbereich des Gesetzes

(1) Dieses Gesetz gilt für periodische Druckwerke, die im Gebiet der Tschechischen Republik herausgegeben oder verbreitet werden. Die Bestimmungen der §§ 6 bis 9 und 17 des Gesetzes gelten nicht für die außerhalb des Gebiets der Tschechischen Republik herausgegebene periodische Druckwerke.
(2) Dieses Gesetz gilt nicht für Sammlung der Gesetze, Sammlung internationaler Verträge, Verordnungsblätter und amtliche Drucksachen, die aufgrund einer besonderen Rechtsvorschrift herausgegeben werden, und auch nicht für periodische Druckwerke, die ausschließlich für den internen Gebrauch des Verlegers herausgegeben werden[735].

---

* Deutsche Übersetzung von Monika Rahim, Institut für Ostrecht der Universität zu Köln.

[735] Zum Beispiel das Gesetz Nr. 527/1990 Sb. über Erfindungen, Gebrauchsmuster und Verbesserungsvorschläge, in der Fassung des Gesetzes Nr. 519/1991 Sb.; das Gesetz Nr. 309/1999 Sb. über die „Sammlung der Gesetze" und die „Sammlung der internationalen Verträge".

§ 3

Begriffsbestimmungen

Für die Zwecke dieses Gesetzes werden unter:

a) periodischen Druckwerken Zeitungen, Zeitschriften und andere Druckwerke, die unter demselben Namen, mit derselben Inhaltsorientierung und in einer einheitlichen graphischen Form mindestens zweimal im Kalenderjahr herausgegeben werden,
b) Verleger eine natürliche oder eine juristische Person, die periodische Druckwerke herausgibt,
c) der Herausgabe periodischer Druckwerke die Tätigkeit des Verlegers, bei der er auf eigene Rechnung und auf eigene Verantwortung den Inhalt, die Herausgabe und die öffentliche Verbreitung der periodische Druckwerke sicherstellt,
d) einer Ausgabe der periodischen Druckwerke die Gesamtheit der gleichen oder sich nur im Regionalteil (Mutation) unterscheidenden materiellen Vervielfältigungen (Exemplaren) eines periodischen Druckwerks,
e) dem Tag der Ausgabe der Kalendertag, an dem die öffentliche Verbreitung der Ausgabe der periodischen Druckwerke aufgenommen wurde,
f) öffentlicher Verbreitung der periodischen Druckwerke deren Zugänglichmachung für einen im voraus individuell nicht bestimmten Kreis von Personen oder von auf diese Weise bestimmten Personen, sofern er den Kreis der Familienmitglieder des Verlegers, der eine natürliche Person ist, und den mit ihm verbundenen Kreis von persönlichen Freunden überschreiten

verstanden.

§ 4
Haftung für den Inhalt der periodischen Presse

Für den Inhalt des periodischen Druckwerks haftet der Verleger.

§ 5
Haftung für den Inhalt der Werbung und der Anzeigen

Der Verleger haftet nach diesem Gesetz nicht für die Wahrhaftigkeit der in der Werbung oder in der Anzeige enthaltenen Angaben, die in dem periodischen Druckwerk veröffentlicht wurden. Diese Ausnahme gilt nicht für Werbung und Anzeigen des Verlegers selbst. Unberührt bleibt die Haftung des Verlegers gemäß besonderer Rechtsvorschrift[736].

§ 6

Bekanntmachung im dringenden öffentlichen Interesse

Im dringenden öffentlichen Interesse ist der Verleger verpflichtet, im periodischen Druckwerk wichtige und unaufschiebbare Bekanntmachungen eines Staatsorgans und eines Organs der territorialen Selbstverwaltung zu veröffentlichen, insbesondere ist er verpflichtet, Entscheidungen über den Notstand, über den Zustand der Staatsgefährdung oder über den Kriegszustand zu veröffentlichen[737]. Diese Bekanntmachung muß in der nächsten Ausgabe des periodischen Druckwerks veröffentlicht werden, die nach der Zustellung ihres Textes an den Verleger folgt, und zwar in einer Art und Weise, die sie graphisch hervorhebt und von dem restlichen Inhalt des periodischen Druckwerks unterscheidet.

§ 7
Register der periodischen Druckwerke

(1) Das Kultusministerium (im folgenden nur „Ministerium") führt das Register der periodischen Druckwerke.

---

[736] Gesetz Nr. 40/1995 Sb. über die Regelung der Werbung und über die Änderung und Ergänzung des Gesetzes Nr. 468/1991 Sb. über das Betreiben von Rundfunk- und Fernsehsendungen in der Fassung der späteren Vorschriften; §§ 44 bis 54 des Gesetzes Nr. 513/1991 Sb. Handelsgesetzbuch, in der Fassung der späteren Vorschriften.

[737] Verfassungsgesetz Nr. 110/1998 Sb. über die Sicherheit der Tschechischen Republik.

(2) Eine juristische oder natürliche Person, die beabsichtigt, periodische Druckwerke herauszugeben, ist verpflichtet, dem Ministerium spätestens 30 Tage vor der Aufnahme der Herausgabe des periodischen Druckwerks eine schriftliche Anzeige zuzustellen, die folgendes enthalten muß:

a) den Namen des periodischen Druckwerks,
b) seine Inhaltsorientierung,
c) die Häufigkeit (Periodizität) seines Erscheinens,
d) Angaben über seine Regionalausgaben*,
e) den Namen, die Adresse des Sitzes und die Identifikationsnummer des Verlegers, wenn der Verleger eine juristische Person ist, oder den Vor- und Zunamen, den Wohnort, die Geburtsnummer, sofern sie zugeteilt wurde, ansonsten das Geburtsdatum, wenn der Verleger eine natürliche Person ist; falls der Verleger eine natürliche Person ist, welche das periodische Druckwerk auf Grund einer Gewerbeerlaubnis herausgibt, auch seinen Handelsnamen, seine Identifikationsnummer und die Adresse des Unternehmens, sofern sie sich vom Wohnort unterscheidet.

(3) Sollte die Anzeige der in Abs. 2 festgelegten Angaben unvollständig sein, fordert das Ministerium den Antragsteller auf, die Anzeige bis 15 Tage nach der Zustellung dieser Mitteilung zu ergänzen, und macht den Antragsteller darauf aufmerksam, daß im Falle der Nichteinhaltung dieser Frist die Anzeige als nicht erfolgt betrachtet wird.

(4) Das Ministerium trägt das periodische Druckwerk in das Register der periodischen Druckwerke ein und teilt dem Antragsteller innerhalb von 15 Tagen nach Zustellung dieser Anzeige mit den festgelegten Angaben die zugeteilte Registernummer des periodischen Druckwerks mit.

(5) Falls mit der Herausgabe des eingetragenen periodischen Druckwerks nicht innerhalb eines Jahres ab der Eintragung begonnen wurde oder diese für eine Dauer von mehr als einem Jahr unterbrochen wurde, gilt die Herausgebe der periodischen Presse am Tag des Ablaufs der angeführten Frist als beendet. Das Ministerium trägt diese Tatsache in das Register der periodischen Druckwerke ein und benachrichtigt darüber den Verleger bis 15 Tage ab der Zustellung der Anzeige nach Abs. 7 oder ab dem Tag, an dem das Ministerium von dieser Tatsache anderweitig Kenntnis erlangt.

---

* Anm. der Übersetzerin: der im Gesetzestext verwendete Ausdruck regionale „Mutation“ wurde durch den Ausdruck „Ausgabe“ ersetzt.

(6) Beabsichtigt der Verleger des periodischen Druckwerks, dessen Herausgabe beendet wurde, diese wiederaufzunehmen, ist er verpflichtet, es dem Ministerium spätestens 30 Tage vor Aufnahme der erneuten Herausgabe des periodischen Druckwerks schriftlich mitzuteilen.

(7) Der Verleger ist verpflichtet, dem Ministerium eine Änderung der registrierten Angaben, eine Unterbrechung oder eine Beendigung der Herausgabe des registrierten periodischen Druckwerks spätestens innerhalb von 5 Tagen schriftlich mitzuteilen, nachdem es zu der Änderung der registrierten Angaben oder zu der Unterbrechung sowie der Beendigung der Herausgabe des periodischen Druckwerks kam.

(8) Jeder hat das Recht, das Register der periodischen Druckwerke einzusehen und aus diesem Auszüge oder Abschriften anzufertigen.

§ 8
Impressum

(1) Der Verleger ist verpflichtet sicherzustellen, daß in jeder Ausgabe des periodischen Druckwerks folgende Pflichtangaben gemacht werden:

a) der Name des periodischen Druckwerks,
b) die Häufigkeit (Periodizität) des Erscheinens,
c) die Bezeichnung der Regionalausgabe, falls das periodische Druckwerk in Regionalausgaben herausgegeben wird,
d) der Erscheinungsort,
e) die Nummer und der Tag der Ausgabe,
f) die vom Ministerium zugeteilte Registernummer des periodischen Druckwerks,
g) der Name, die Adresse und die Identifikationsnummer des Verlegers, wenn der Verleger eine juristische Person ist, oder der Vor- und Zuname, der Wohnort, wenn der Verleger eine natürliche Person ist; falls der Verleger eine natürliche Person ist, welche das periodische Druckwerk auf Grund einer Gewerbeerlaubnis herausgibt, auch sein Handelsname, seine Identifikationsnummer und die Adresse des Unternehmens, sofern sie sich vom Wohnort unterscheidet.

(2) Periodische Druckwerke, welche die Angaben gemäß Abs. 1 nicht enthalten, dürfen nicht öffentlich verbreitet werden; dies gilt nicht für die vom Ministerium erteilte Registernummer der periodischen Druckwerke, falls das Ministerium diese Nummer dem Verleger nicht in der Frist nach § 7 Abs. 4 mitgeteilt hat.

§ 9
Pflichtexemplare

(1) Der Verleger ist verpflichtet, unentgeltlich und auf eigene Kosten von jeder Ausgabe des periodischen Druckwerks bis 7 Tage nach dem Erscheinungstag die Lieferung der festgelegten Anzahl von Exemplaren (im folgenden nur „Pflichtexemplare") an folgende Empfänger sicherzustellen:

a) 2 Pflichtexemplare an die Nationalbibliothek der Tschechischen Republik,
b) 1 Pflichtexemplar an die Mährische Landesbibliothek in Brünn,
c) 1 Pflichtexemplar an die Bibliothek des Nationalmuseums in Prag,
d) 1 Pflichtexemplar an das Ministerium,
e) 1 Pflichtexemplar an die Parlamentsbibliothek,
f) 1 Pflichtexemplar an jede staatliche Wissenschaftsbibliothek und an die Staatliche technische Bibliothek in Prag,
g) 1 Pflichtexemplar an die Stadtbibliothek der Hauptstadt Prag,
h) 1 Pflichtexemplar des periodischen Druckwerks, die vom Verleger für Blinde oder Sehbehinderte bestimmt ist, an die K. E. Macan-Bibliothek und Druckerei für Blinde in Prag.

(2) Wird das periodische Druckwerk in regionalen Ausgaben herausgegeben, erfüllt der Verleger die Ablieferungspflicht nach Abs. 1 Buchst. f) mit der Lieferung eines Pflichtexemplars des betreffenden periodischen Druckwerks an die staatliche Wissenschaftsbibliothek, die nach der Bezeichnung der regionalen Ausgabe zuständig ist, und mit der Ablieferung der regionalen Ausgabe an die Staatliche technische Bibliothek in Prag.

(3) Das Pflichtexemplar muß frei von Mängeln sein. Weist das Pflichtexemplar seitens der technischen Verarbeitung Mängel auf, hat der Empfänger

das Recht, den Umtausch eines mangelhaften Pflichtexemplars gegen ein mangelfreies zu fordern.

(4) Der Empfänger ist verpflichtet, den schriftlichen Antrag hinsichtlich des Umtauschs des mangelhaften Pflichtexemplars gegen ein mangelfreies dem Verleger innerhalb von 15 Tagen ab dem Tag zuzustellen, an dem ihm das mangelhafte Exemplar geliefert wurde, andernfalls erlischt sein Recht nach Abs. 3.

(5) Der Verleger ist verpflichtet, den Umtausch unentgeltlich und auf eigene Kosten in der Frist von 10 Tagen ab dem Tag durchzuführen, an dem ihm der schriftliche Antrag auf Umtausch zugestellt wurde.

§ 10
Gegendarstellung

(1) Wurde in der periodischen Presse eine Mitteilung veröffentlicht, die eine Tatsachenbehauptung enthält, welche die Ehre, die Würde oder die Privatsphäre einer natürlichen Person oder den Namen und den guten Ruf einer juristischen Person verletzt, so hat diese Person das Recht, vom Verleger die Veröffentlichung einer Gegendarstellung zu fordern. Der Verleger ist verpflichtet, die Gegendarstellung auf Antrag dieser Person zu veröffentlichen.

(2) Die Gegendarstellung muß sich auf Tatsachenbehauptungen beschränken, mit welchen die Behauptung nach Abs. 1 richtiggestellt wird oder eine unvollständige oder sonst die Wahrheit entstellende Behauptung ergänzt oder präzisiert wird. Die Gegendarstellung muß dem Umfang nach der beanstandeten Mitteilung angemessen sein, sofern nur ein Teil angegriffen wird, dann diesem Teil; aus der Gegendarstellung muß ersichtlich sein, wer die Gegendarstellung begehrt.

(3) Die Person, auf deren Antrag vom Verleger eine Gegendarstellung nach diesem Gesetz veröffentlicht wurde, kann keine Veröffentlichung einer weiteren Gegendarstellung auf diese Gegendarstellung verlangen.

(4) Nach dem Tod einer natürlichen Person sind der Ehegatte und die Kinder berechtigt, das Recht nach Abs. 1 geltend zu machen und, soweit diese nicht vorhanden sind, ihre Eltern.

(5) Bestimmungen der besonderen Rechtsvorschriften über den Schutz der Persönlichkeit[738] und über den Schutz des Namens und des guten Rufes der juristischen Person bleiben durch die Regelung der Abs. 1 bis 4 unberührt.

§ 11
Nachträgliche Mitteilung

(1) Wurde in der periodischen Presse eine Mitteilung über ein Strafverfahren oder über ein Ordnungswidrigkeitsverfahren veröffentlicht, welches gegen eine natürliche Person geführt wird, oder über ein Verfahren in Sachen von Verwaltungsdelikten, welches gegen eine natürliche oder juristische Person geführt wird, die aufgrund dieser Mitteilung identifiziert werden kann, und wurde dieses Verfahren nicht mit einer rechtskräftigen Entscheidung abgeschlossen, hat diese Person das Recht, vom Verleger die Veröffentlichung der Information über das endgültige Ergebnis dieses Verfahrens als eine nachträgliche Mitteilung zu fordern. Der Verleger ist verpflichtet, auf Antrag dieser Person, die Information über die rechtskräftige Entscheidung als eine nachträgliche Mitteilung zu veröffentlichen.

(2) Nach dem Tod einer natürlichen Person sind der Ehegatte und die Kinder berechtigt, das Recht nach Abs. 1 geltend zu machen und, soweit diese nicht vorhanden sind, ihre Eltern.

(3) Die Bestimmungen der besonderen Rechtsvorschriften über den Schutz der Persönlichkeit[4] und den Schutz des Namens und des guten Rufes der juristischen Person bleiben durch die Regelung nach Abs. 1 und 2 unberührt.

§ 12
Einreichung und Voraussetzungen des Antrags auf Veröffentlichung einer Gegendarstellung und einer nachträglichen Mitteilung

(1) Der Antrag auf Veröffentlichung einer Gegendarstellung oder einer nachträglichen Mitteilung bedarf der Schriftform.

---

[738] §§ 11 und 19 b) des Bürgerlichen Gesetzbuchs.

(2) Aus dem Antrag auf Veröffentlichung einer Gegendarstellung muß ersichtlich sein, inwiefern die Tatsachenbehauptung, welche in der veröffentlichten Mitteilung enthalten ist, die Ehre, Würde oder die Privatsphäre einer natürlichen oder den Namen oder guten Ruf einer juristischen Person verletzt. Bestandteil des Antrags muß auch der Entwurf des Wortlauts der Gegendarstellung oder der nachträglichen Mitteilung sein.

(3) Der Antrag auf Veröffentlichung einer Gegendarstellung muß dem Verleger spätestens bis 30 Tage nach dem Tage der Veröffentlichung der beanstandeten Mitteilung in der periodischen Presse zugestellt werden, ansonsten erlischt das Recht auf Veröffentlichung der Gegendarstellung.

(4) Der Antrag auf Veröffentlichung einer nachträglichen Mitteilung muß dem Verleger spätestens bis 30 Tage ab Rechtskraft der Entscheidung zugestellt werden, durch die das Verfahren rechtskräftig abgeschlossen wurde, ansonsten erlischt das Recht auf Veröffentlichung einer nachträglichen Mitteilung. Wurde die rechtskräftige Entscheidung aufgehoben, gelten die vorhergehenden Bestimmungen sinngemäß.

§ 13
Voraussetzungen der Veröffentlichung einer Gegendarstellung und einer nachträglichen Mitteilung

(1) Der Verleger ist verpflichtet, eine Gegendarstellung oder eine nachträgliche Mitteilung zu veröffentlichen:

a) im gleichen periodischen Druckwerk, in dem die beanstandete Mitteilung veröffentlicht wurde, und zwar in der Weise, daß die neue Mitteilung der beanstandeten Mitteilung durch Plazierung und Form gleichwertig und im Umfang angemessen ist, und falls nur ein Teil der Mitteilung angegriffen wurde, dann diesem Teil,

b) mit der ausdrücklichen Bezeichnung „Gegendarstellung“ oder „nachträgliche Mitteilung“,

c) auf eigene Kosten,

d) in derselben Sprache, in der die beanstandete Mitteilung veröffentlicht wurde,

e) mit der Angabe des Namens und Nachnamens oder der Benennung der Person, welche die Veröffentlichung der Gegendarstellung oder der nachträglichen Mitteilung fordert.

(2) Der Verleger ist verpflichtet, die Gegendarstellung oder die nachträgliche Mitteilung bis 8 Tage nach der Zustellung des Antrags auf Veröffentlichung der Gegendarstellung oder der nachträglichen Mitteilung zu veröffentlichen.

(3) Sollte es nicht möglich sein, die Gegendarstellung oder die nachträgliche Mitteilung in der Frist nach Abs. 2 zu veröffentlichen, ist der Verleger verpflichtet, dies in der nächstfolgenden Ausgabe des gleichen periodischen Druckwerks zu tun. Der Verleger ist verpflichtet, den Antragsteller über diese Vorgehensweise bis 8 Tage nach dem Tag der Zustellung des Antrags auf Veröffentlichung einer Gegendarstellung oder einer nachträglichen Mitteilung schriftlich zu informieren und in dieser Information die Ausgabe des periodischen Druckwerks anzugeben, in der die Gegendarstellung oder die nachträgliche Mitteilung veröffentlicht wird.

(4) Sollte es nicht möglich sein, die Gegendarstellung oder die nachträgliche Mitteilung im gleichen periodischen Druckwerk zu veröffentlichen, in dem die beanstandete Mitteilung veröffentlicht wurde, ist der Verleger verpflichtet, auf eigene Kosten die Veröffentlichung der Gegendarstellung oder nachträglichen Mitteilung in einem periodischen Druckwerk unter den von diesem Gesetz festgelegten Bedingungen sicherzustellen, auf das sich der Verleger mit der Person einigt, welche die Veröffentlichung der Gegendarstellung oder der nachträglichen Mitteilung fordert. Gegenstand einer solchen Vereinbarung muß auch die Plazierung und die Form der Gegendarstellung oder der nachträglichen Mitteilung sein.

§ 14
Geltendmachung des Rechts auf Veröffentlichung der Gegendarstellung und der nachträglichen Mitteilung bei Gericht

(1) Veröffentlicht der Verleger die Gegendarstellung oder nachträgliche Mitteilung nicht, oder hält er sich nicht an die in § 13 Abs. 1 bis 3 festgelegten Voraussetzungen für die Veröffentlichung der Gegendarstellung oder der nachträglichen Mitteilung, entscheidet über die Pflicht, die Gegendarstellung

oder nachträgliche Mitteilung zu veröffentlichen, das Gericht auf Antrag der Person, welche ihre Veröffentlichung verlangt hat. Dies gilt auch, falls keine Vereinbarung nach § 13 Abs. 4 getroffen werden konnte.

(2) Der Antrag muß beim Gericht bis 15 Tage nach dem Ablauf der für die Veröffentlichung einer Gegendarstellung oder nachträglichen Mitteilung festgelegten Frist gestellt werden, ansonsten erlischt das Recht, die Veröffentlichung der Gegendarstellung oder nachträglichen Mitteilung vor Gericht zu fordern.

§ 15
Ausnahmen von der Pflicht eine Gegendarstellung und eine nachträgliche Mitteilung zu veröffentlichen

(1) Der Verleger ist nicht verpflichtet, eine Gegendarstellung oder nachträgliche Mitteilung zu veröffentlichen, wenn:
   a) durch die Veröffentlichung des vorgeschlagenen Textes eine Straftat oder ein Verwaltungsdelikt verübt würde,
   b) die Veröffentlichung des vorgeschlagenen Textes gegen die guten Sitten verstieße,
   c) die beanstandete Mitteilung, gegebenenfalls ein Teil von ihr, die Zitierung einer Mitteilung eines Dritten ist, welche für die Öffentlichkeit bestimmt worden ist oder ihre wahrheitsgemäße Interpretation und diese als solche bezeichnet oder präsentiert wurde.

(2) Der Verleger ist nicht verpflichtet, eine Gegendarstellung zu veröffentlichen, falls der Antrag auf ihre Veröffentlichung sich gegen eine Mitteilung richtet, die aufgrund einer beweisbaren, vorherigen Zustimmung der Person veröffentlicht wurde, welche den Antrag gestellt hat.

(3) Der Verleger ist nicht verpflichtet, eine nachträgliche Mitteilung zu veröffentlichen, falls er, bevor ihm der Antrag auf Veröffentlichung zugestellt wurde, auf eigenes Betreiben eine Mitteilung veröffentlicht hat, die der nachträglichen Mitteilung entspricht, und falls er dabei die von diesem Gesetz festgelegten Voraussetzungen eingehalten hat.

§ 16
Schutz der Informationsquelle und des Informationsinhalts

(1) Eine natürliche oder juristische Person, welche sich an der Gewinnung oder an der Verarbeitung von Informationen beteiligt hat, die zur Veröffentlichung in einem periodischen Druckwerk bestimmt sind oder veröffentlicht worden sind, hat das Recht, gegenüber dem Gericht, einem anderen Staatsorgan oder einem Organ der öffentlichen Verwaltung die Gewährung der Information über die Herkunft oder den Inhalt dieser Informationen zu verweigern.

(2) Eine natürliche oder juristische Person, welche sich an der Gewinnung oder an der Verarbeitung von Informationen beteiligt hat, die zur Veröffentlichung in einem periodischen Druckwerk bestimmt sind oder veröffentlicht worden sind, hat das Recht, gegenüber dem Gericht, einem anderen Staatsorgan oder einem Organ der öffentlichen Verwaltung das Vorlegen oder Herausgeben der Sachen zu verweigern, aus denen die Herkunft oder der Inhalt dieser Informationen festgestellt werden könnte.

(3) Durch die Rechte nach Abs. 1 und 2 werden die durch besondere Rechtsvorschriften bestimmten Pflichten, den Täter einer Straftat nicht zu begünstigen sowie eine Straftat zu verhindern oder anzuzeigen, nicht berührt[739], und in Bezug zu diesen, durch besondere Rechtsvorschriften bestimmte Pflichten auch nicht die Pflichten, welche im Strafverfahren bestimmt sind[740].

(4) Durch die Rechte nach Abs. 1 und 2 werden nicht die durch besondere Rechtsvorschriften[741] bestimmte Pflichten des Verlegers berührt, der Finanzbehörde auf Aufforderung den Namen und den Wohnort eines Kunden mitzuteilen, der eine Anzeige unter Chiffre bestellt hat, sofern es sich um eine natürliche Person handelt, oder den Namen und den Sitz, wenn es sich um eine juristische Person handelt.

---

739 §§ 166 bis 168 des Gesetzes Nr. 140/1961 Sb., in der Fassung der späteren Vorschriften.

740 Das Gesetz Nr. 141/1961 Sb. über das Strafverfahren (Strafprozeßordnung), in der Fassung der späteren Vorschriften.

741 § 34 Abs. 15 des Gesetzes Nr. 337/1992 Sb. über die Verwaltung von Steuern und Gebühren, in der Fassung der späteren Vorschriften.

§ 17
Geldstrafen

(1) Das Kreisamt auferlegt dem Verleger eine Geldstrafe bis zur Höhe von 100 000 Kč, sofern er in der festgelegten Frist nicht die Pflicht erfüllt:

a) dem Ministerium die Anzeige mit den Angaben zuzustellen, die für die Registrierung der periodischen Presse gemäß § 7 Abs. 2 oder 3 notwendig sind, und trotz der Nichterfüllung dieser Pflicht mit der Herausgabe der periodischen Presse beginnt, oder dem Ministerium eine Änderung der registrierten Angaben und die Unterbrechung oder die Beendigung der Herausgabe von periodischer Presse nach § 7 Abs. 7 mitzuteilen,

b) die vorgegebene Anzahl von Pflichtexemplaren zuzustellen, die für die Empfänger nach § 9 Abs. 1 bestimmt sind, oder den Umtausch eines mangelhaften Pflichtexemplares gegen ein mangelfreies nach § 9 Abs. 5 durchzuführen.

(2) Das Kreisamt setzt für die Verletzung der in § 8 Abs. 3 festgelegten Pflicht eine Geldstrafe bis zur Höhe von 200 000 Kč gegenüber dem Verleger fest, der die öffentliche Verbreitung der Presse ohne die Pflichtangaben oder mit unvollständigen oder unrichtigen Pflichtangaben ermöglicht.

(3) Für die wiederholte Verletzung der in § 7 Abs. 2 und 7, § 8 Abs. 3 und § 9 Abs. 1 und 5 festgelegten Pflichten setzt das Kreisamt gegenüber dem Verleger eine Geldstrafe bis zur zweifachen Höhe der oberen Grenze der Gebührensätze fest, die in Abs. 1 und 2 angeführt worden sind. Als wiederholte Pflichtverletzung wird angesehen, wenn der Verleger die Pflicht innerhalb eines Jahres ab der Rechtskraft der Entscheidung verletzt, durch die ihm die Geldstrafe für die vorhergehende Pflichtverletzung nach diesem Gesetz festgesezt wurde.

(4) Die Geldstrafen werden von dem Kreisamt festgesetzt, erhoben und vollstreckt, das nach dem Sitz des Verlegers zuständig ist, wenn es sich um eine juristische Person handelt, oder nach dem Wohnort des Verlegers, ggf. nach dem Ort des Unternehmens, wenn es sich um eine natürliche Person handelt. Bei einem ausländischen Verleger werden die Geldstrafen von dem Kreisamt festgesetzt, erhoben und vollstreckt, das nach dem Sitz seiner Niederlassung in der Tschechischen Republik zuständig ist. Auf dem Gebiet der Hauptstadt Prag und der Städte Brünn, Pilsen, Ostrau werden die Geldstrafen von dem

Magistrat der Hauptstadt Prag und von den Magistraten der Städte Brünn, Pilsen und Ostrau festgesetzt, erhoben und vollstreckt.

(5) Das Verfahren über die Festsetzung der Geldstrafe kann bis zu einem Jahr nach dem Tag eröffnet werden, an dem das Kreisamt von der Pflichtverletzung Kenntnis erlangt hat, spätestens jedoch drei Jahre nach dem Tag, an dem es zu der Pflichtverletzung kam, und falls es sich um eine fortschreitende Verletzung derselben Pflicht handelt, spätestens drei Jahre nach der Zeit, in der die Pflichtverletzung noch andauerte.

(6) Bei der Festlegung der Höhe der Geldstrafe werden insbesondere die Schwere, die Art, die Dauer und die Folgen der Verletzung der Rechtspflicht berücksichtigt.

(7) Die Geldstrafen, die nach diesem Gesetz von Kreisämtern erhoben werden, sind Einnahmen des Staatsbudgets. Wird eine Geldstrafe nach diesem Gesetz von dem Magistrat der Hauptstadt Prag oder von den Magistraten der Städte Brünn, Pilsen und Ostrau erhoben, so ist diese Geldstrafe Einnahme der Budgets dieser Magistrate.

(8) Bei der Festsetzung der Geldstrafen nach diesem Gesetz ist nach der besonderen Vorschrift vorzugehen[742].

(9) Die Erhebung und Vollstreckung der nach diesem Gesetz festgesetzten Geldstrafen regeln besondere Rechtsvorschriften[743].

(10) Durch die Entrichtung der Geldstrafe gemäß den vorherigen Absätzen erlischt nicht die Rechtspflicht, für deren Verletzung die Geldstrafe auferlegt wurde.

§ 18
Übergangsbestimmungen

(1) Wurde die periodische Druckwerke zum Tage des Inkrafttretens dieses Gesetzes nach den bisherigen Rechtsvorschriften registriert, wird die Pflicht des

[742] Gesetz Nr. 71/1967 Sb. über das Verwaltungsverfahren (Verwaltungsordnung), in der Fassung des Gesetzes Nr.   /1999 Sb.

[743] Gesetz Nr. 337/1992 Sb., in der Fassung der späteren Vorschriften.

Verlegers, dem Ministerium die Angaben nach § 7 Abs. 2 anzuzeigen, als erfüllt angesehen.

(2) Die Registrierungsverfahren der periodischen Presse, die zu dem Tag des Inkrafttretens dieses Gesetzes nicht abgeschlossen sind, werden an diesem Tag eingestellt. Der eingereichte Antrag auf Registrierung der periodischen Presse wird als eine Anzeige der Person nach § 7 Abs. 2 angesehen, die beabsichtigt, die periodische Druckwerke herauszugeben. Die entrichteten Verwaltungsgebühren werden nach besonderer Rechtsvorschrift zurückerstattet.

(3) Die Kreisämter übergeben dem Ministerium innerhalb von 3 Monaten ab dem Tag des Inkrafttretens dieses Gesetzes die Angaben über die Registrierung der periodischen Presse nach bisherigen Rechtsvorschriften.

(4) Anträge auf Veröffentlichung einer Berichtigung, die bis zum Tag des Inkrafttretens dieses Gesetzes eingereicht wurden, werden nach den bisherigen Rechtsvorschriften beurteilt.

(5) In den Verfahren über die Veröffentlichungspflicht einer Berichtigung, die vor dem Inkrafttreten dieses Gesetzes eröffnet wurden, entscheidet das Gericht nach den bisherigen Rechtsvorschriften.

(6) Die Gebühren, die vor dem Inkrafttreten dieses Gesetzes fällig waren, richten sich nach den bisherigen Rechtsvorschriften.

§ 19
Aufhebungsbestimmungen

Es werden aufgehoben:

1. Gesetz Nr. 81/1966 Sb. über die periodische Presse und über sonstige Masseninformationsmittel.

2. Gesetz Nr. 84/1968 Sb., durch welches das Gesetz Nr.81/1966 Sb. über die periodische Presse und sonstige Masseninformationsmittel geändert wurde.

3. Gesetz Nr. 86/1990 Sb., durch welches das Gesetz Nr. 81/1966 Sb. über die periodische Presse und sonstige Masseninformationsmittel geändert und ergänzt wurde.

4. Gesetz Nr. 160/1999 Sb., durch welches das Gesetz Nr.81/1966 Sb. über die periodische Presse und sonstige Masseninformationsmittel, in späterer Fassung geändert wurde.

5. Die Verordnung des Schul- und Kultusministeriums Nr. 140/1964 Sb. über die Pflicht- und Arbeitsexemplare.

Schrifttum

Adamovich, Ludvig: Grundriss des tschechoslowakischen Staatsrechts, Wien 1929; zit.: Adamovich, Grundriss des Staatsrechts.

Adler, Franz: Grundriss des tschechoslowakischen Verfassungsrechts, Reichenberg 1930; zit.: Adler, Grundriss des Verfassungsrechts.

Adler, Franz: Starre oder biegsame Verfassung; in: Pocta k 60. narozeninám Dr. Karla Laštovku (Festschrift für Karl Laštovka zum 60. Geburtstag), Bratislava 1936, S. 5-11; zit. : Adler, Starre Verfassung.

Alber, Siegbert: Die Selbstbindung der europäischen Organe an die Europäische Charta der Grundrechte; in: EuGRZ 2001, S. 349-353; zit.: Alber, EuGRZ 2001.

Aleš, Martin: Německo – český právnický slovník (Deutsch–tschechisches juristisches Wörterbuch); Prag 1998; zit.: Aleš, Právnický slovník.

Bárány, Eduard: Poznámky k novým „politickým" zákonom (Anmerkungen zu den neuen „politischen" Gesetzen); in: Právny obzor Nr. 6/1990, S. 471-481; zit.: Bárány, Právny obzor 6/1990.

Barton, Michal: Svoboda projevu a její meze v právu České republiky (Die Meinungsfreiheit und ihre Grenzen im Recht der Tschechischen Republik); Prag 2002; zit.: Barton, Svoboda projevu.

Bejček, Josef / Bučková, Ivana: Das tschechische Kartellgesetz und die kartellrechtlichen Organ im Überblick; in: WIRO 2/1998, S. 52-58; zit.: Bejček/ Bučková, WIRO 1998.

Bejček, Josef: Tschechisches Kartellrecht in neuer Gestalt; in: WIRO 8/2002, S. 227-233; zit.: Bejček, WIRO 2002.

Blažek, Pavel und Kollektiv: Správní právo – zvláštní část (Verwaltungsrecht - besonderer Teil), Právnická fakulta MU, Brno 1996; zit.: Blažek, Správní právo.

Bleckmann, Albert: Staatsrecht II – Die Grundrechte, 3. Aufl., Köln, Berlin, Bonn, München 1989; zit.: Bleckmann, Grundrechte.

Blumenwitz, Dieter: Meinungs- und Informationsfreiheit; in: Menschenrechte in den Staaten des Warschauer Paktes, Bonn 1988, S. 66-93; zit. Blumenwitz, Meinungsfreiheit.

Boček, Otomar: Dvojí zamyšlení o právu a svobodě (Zwei Gedanken über Recht und Freiheit); in: Právník 7-8/1991, S. 577-593; zit.: Boček, Právník 1991.

Boguszak, Jiří: K výkladu a konsekvencím čl. 10 Ústavy České republiky (Zur Auslegung und zu den Konsequenzen des Art. 10 der Verfassung der Tschechischen Republik); in: Acta Universitatis Carolinae, Iuridica 1/1997, S. 29-35; Prag 1997; zit.: Boguszak, K výkladu čl. 10; UAC.

Bohata, Petr: Liste der Grundrechte und Freiheiten; in: Jahrbuch für Ostrecht, 1. Halbband 1991, S. 175-193; zit.: Bohata, JOR 1991.

Bohata, Petr: Die Verfassung der Tschechischen Republik; in : Jahrbuch für Ostrecht, 1. Halbband 1994, S. 25-35; zit.: Bohata JOR 1994.

Bohata, Petr: Die Tschechische Republik und die Slowakische Republik fünf Jahre nach der Revolution; in: Jahrbuch für Ostrecht, 2. Halbband 1995, S. 235-255; zit.: Bohata, JOR 1995.

Böhnel, Gisela: Die Auswirkungen der Europa-Abkommen auf das Wettbewerbsrecht de Staaten Mittel- und Osteuropas; in: EuZW 1998, S. 111-116; zit.: Böhnel, EuZW 1998.

Brinker, Ingo: Wettbewerbsregeln, Art. 82 EGV; in: J. Schwarze (Hrsg.), EU-Kommentar, Baden-Baden 2000; zit.: Brinker in: J. Schwarze (Hrsg.), EU-Komm., Art. 82.

Brunner, Georg: Zur Wirksamkeit der Grundrechte in Osteuropa; in: Der Staat 1970, S. 187-222; zit.: Brunner, Wirksamkeit der Grundrechte.

Brunner, Georg: Die Funktionen der Verfassung in den sozialistischen Staaten im Spiegel der neueren Verfassunggebung; in: F. C. Schroeder / B. Meissner, Verfassungs- und Verwaltungsreformen in den sozialistischen Staaten, Berlin 1978, S. 11-42; zit.: Brunner, Funktionen der Verfassung.

Brunner, Georg: Die neue Verfassungsgerichtsbarkeit in Osteuropa; in: ZaÖRV 1993, S. 820-871; zit.: Brunner, ZaÖRV 1993.

Brunner, Georg: Die Entstehung einer freiheitlichen Rundfunkverfassung in Osteuropa; in: H. Brack / H. Hübner / D. Oehler / K. Stern (Hrsg.), Rundfunk im Wandel von der Diktatur zur freiheitlichen Demokratie, München 1994, S. 55 – 78; zit.: Brunner, Rundfunk im Wandel.

Brunner, Georg: Grundrechtsschutz durch Verfassungsgerichtsbarkeit in Osteuropa; in: Festschrift für Klaus Stern zum 65. Geburtstag, München 1997, S. 1041-1058; zit.: Brunner, Grundrechtsschutz.

Brunner, Georg: Verwaltungsstrukturen in den kommunistischen Einparteidiktaturen Osteuropas; in: Jahrbuch für europäische Verwaltungsgeschichte 1998, S. 153-182; zit.: Brunner, JEV 1998.

Brunner, Georg: Verfassungs- und Verwaltungsrecht der Staaten Osteuropas, Band I, Ostmitteleuropa, Tschechien, Berlin; zit.: Brunner, VSO, Tschechien.

Brunner, Georg: The Constitutions of Central and Eastern European Countries an the Duty to Protect and to Ensure Human Rights, in: E. Klein (Hrsg.), The Duty to Protect and to Ensure Human Rights; S. 73-93, Berlin 2000; zit.: Brunner, Duty to Protect.

Brunner, Georg: Der neue ordnungspolitische Rahmen des Verhältnisses von Staat und Gesellschaft; in: K. Ziemer (Hrsg.): Die Neuorganisation der politischen Gesellschaft, Berlin 2000; zit.: Brunner, Der neue ordnungspolitische Rahmen.

Brunner, Georg: Die Europäische Union zwischen Vertiefung und Erweiterung; in: Jürgen F. Bauer / Christian Watrin (Hrsg.): Recht und Wirtschaft der Europäischen Union, Berlin, New York 1998, S. 179-194; zit.: Brunner, EU zwischen Vertiefung und Erweiterung.

Brunner, Georg: Zwei Seiten der Integrationsmedaille: Beitrittsfähigkeit und Aufnahmebereitschaft; in: K. Stern (Hrsg.) Zukunftsprobleme der Europäischen Union, S. 7-41; zit.: Brunner, Zwei Seiten der Integrationsmedaille.

Brunner, Georg / Schmid, Karin / Westen, Klaus: Wirtschaftsrecht der osteuropäischen Staaten, Band I 2, Tschechische Republik, Baden-Baden; zit. Brunner/Schmid/Westen, WOS, ČR.

Brunner, Georg / Tontsch, Günther H.: Der Minderheitenschutz in Ungarn und Rumänien, Bonn 1995; zit.: Brunner/Tontsch, Minderheitenschutz.

Brunner, Georg / Sólyom, László: Verfassungsgerichtsbarkeit in Ungarn, Analysen und Entscheidungssammlung 1990-1993; Baden-Baden 1995; zit.: Brunner/Sólyom, Verfassungsgerichtsbarkeit in Ungarn.

Brunner, Georg / Garlicki, Leszek Lech: Verfassungsgerichtsbarkeit in Polen, Analysen und Entscheidungssammlung 1986-1997, Baden-Baden 1999; zit.: Brunner/Garlicki, Verfassungsgerichtsbarkeit in Polen.

Brunner, Georg / Hofmann, Mahulena / Holländer, Pavel: Verfassungsgerichtsbarkeit in der Tschechischen Republik, Baden-Baden 2001; zit.: Brunner/Hofmann/Holländer, Verfassungsgerichtsbarkeit.

Bullinger, Martin: Freiheit von Presse, Rundfunk und Film; in : J. Isensse/P. Kirchhoff (Hrsg.), Handbuch des Staatsrechts, Band VI, Freiheitsrechte, Heidelberg § 142; zit.: Bullinger, Handbuch des Staatsrechts IV.

Bureš, Jaroslav / Drápal, Ljubomír / Mazanec, Michal: Občanský soudní řád (Zivilprozeßordnung), Kommentar, 3. Auflage, Prag 1997 zit.: Bureš/Drápal/Mazanec, ZPO-Komm.

Buzek, Anton: Die kommunistische Presse, Frauenfeld 1965; zit.: Buzek, Presse.

Calliess, Christian: Die Charta de Grundrechte der Europäischen Union – Fragen der Konzeption, Kompetenz und Verbindlichkeit; in: EuZW 9/2001, S. 261-268; zit.: Calliess, EuZW 2001.

Calliess, Christian / Ruffert, Matthias (Hrsg): Kommentar des Vertrages über die Europäische Union und des Vertrages zur Gründung der Europäischen Gemeinschaft, Neuwied 1999; zit.: Bearbeiter in Calliess/Ruffert, Komm. zu EUV/EGV.

Chaloupková, Helena: Tiskový zákon, Komentář (Pressegesetz, Kommentar), Prag 2001; zit.: Chaloupková, Tiskový zákon.

Češka, Zdeněk a kolektiv: Občanský zákoník, Komentář (Das Bürgerliche Gesetzbuch, Kommentar), Teil 1, Prag 1987; zit.: Bearbeiter, BGB-Komm.

Dauses, Manfred A. (Hrsg.): Osterweiterung der EU, Wiesbaden 1998; zit.: Dauses, Osterweiterung.

Degenhart, Christoph: Bearbeitung zu Art. 5 Abs. 1 und 2 GG; in: R. Dolzer/K. Vogel (Hrsg.), Bonner Kommentar zum Grundgesetz, Heidelberg 1998; zit.: Degenhart, Bonner Kommentar, Art. 5.

Degenhart, Christoph: Bestandsschutz für die Presse; in: AfP 4/1987, S. 649-659; zit.: Degenhart, AfP 1987.

Deppe, Jens Johannes: Über die Pressefreiheit und Zensurverbot in der Rußländischen Föderation, Hamburg 2000; zit.: Deppe, Pressefreiheit und Zensurverbot.

Devátý, Stanislav / Toman, Petr: Ochrana dobré pověsti a názvu právnických osob (Der Schutz des guten Rufs und Namens bei juristischen Personen), Prag 1999; zit.: Devátý/Toman: Ochrana dobré pověsti.

Diesbach, Volker: Völkerrechtliche Garantien der Presse- und Informationsfreiheit, Heidelberg 1977; zit.: Diesbach, Völkerrechtliche Garantien.

Doležílek, Jiří: Předmět žaloby na tiskovou opravu (Gegenstand der Berichtigungsklage); in: Právní rozhledy 3/1996, S. 100 - 104, ; zit.: Doležílek, PR 3/1996.

Doležílek, Jiří: Veřejná kritika a právo na ochranu osobnosti (Öffentliche Kritik und das Recht auf Persönlichkeitsschutz); in: Právní praxe 1997, S. 123-126; zit.: PP 1997.

Doležílek, Jiří: Právo na odpověd a na dodatečné sdělení podle nového tiskového zákona (Das Recht der Gegendarstellung und nachträglicher Mitteilung nach dem neuen Pressegesetz); in: Právní rozhledy 10/2000, S. 430 – 440; zit: Doležílek, PR 10/2000.

Dörr, Dieter / Zorn, Nicole: Die Entwicklung des Medienrechts; in: NJW 2001, S. 2937-2854; zit.: Dörr/Zorn, NJW 2001.

Dreier; Horst: in H. Dreier (Hrsg.), Grundgesetz-Kommentar, Band 1, Tübingen 1996, Art. 2 I; zit.: Dreier, in Dreier, GG-Kommentar.

Dunkhase, Dirk: Das Pressegeheiminis, Berlin 1999?; zit.: Dunkhase, Pressegeheimnis.

Ehlemann, František / Volf, František; Českoněmecké právnické názvosloví (Tschechisch-Deutsche juridische Terminologie), Prag 1937; zit.: Juridische Terminilogie.

Eliáš, Karel: Základy soukromého práva (Grundlagen des Privatrechts); in: Právní rozhledy Nr. 5/1995, S. 177-180; zit.: Eliáš, PR 5/1999.

Emmerich, Volker: Kartellrecht, München 1999; zit.: Emmerich, Kartellrecht.

Engel, Christoph: Privater Rundfunk vor der europäischen Menschenrechtskonvention, Baden Baden 1993; zit.: Engel, Privater Rundfunk.

Engel, Christoph: Einwirkungen des europäischen Menschenrechtsschutzes auf Meinungsäußerungs- und Pressefreiheit – insbesondere auf die Einführung von innerer Pressefreiheit; in: AfP 1/1994, S. 1-9; zit.: Engel, AfP 1994.

Engel, Christoph: Die Europäische Grundrechtscharta und die Presse; in ZUM Sonderheft 2000, S. 975-1006; zit.: Engel, ZUM 2000.

Epstein, Leo: Studienausgabe der Verfassungsgesetze der Tschechoslowakischen Republik, Reichenberg 1928; zit.: Epstein, Verfassungesetze.

Fechner, Frank: Medienrecht, Tübingen 2000; zit.: Fechner, Medienrecht.

Filip, Jan / Holländer, Pavel / Šimíček, Vojtěch: Zákon o Ústavním soudu, Komentář, (Verfassungsgerichtsgesetz, Kommentar), 1. Auflage, Prag 2001; zit.: Filip/Holländer/Šimíček, Ústavní soud.

Frey, Dieter: Die europäische Fusionskontrolle und die Medienvielfalt; in: ZUM 12/1998, S. 985-1001; zit.: Frey, ZUM 1998.

Fröhlinger, Margot: EG-Kartellrecht und Medien unter besonderer Berücksichtigung der Fusionskontrolle, in: H. Wittmann (Hrsg.), Kartellrecht und Medien in Europa, St. Pölten 1991, S. 7-18 (Schriftenreihe Medien und Praxis, Bd. 3); zit.: Fröhlinger, EG-Kartellrecht und Medien.

Frowein, Jochen / Peukert, Wolfgang: Europäische Menschenrechtskonvention, Kommentar, 2. Auflage, Kehl 1996; zit.: Frowein/Peukert, EMRK-Kommentar.

Gašpar, Michal: K novelizácii tlačového zákona (Zur Novellierung des Pressegestzes); in: Právny obzor 1968, S. 590-596; zit.: Gašpar, Právny obzor 1968.

Gerlach von, Jürgen: Persönlichkeitsschutz und öffentliches Informationsinteresse im internationalen Vergleich; in: AfP 1/2001, S. 1-8; zit.: Gerlach, AfP 1/2001.

Gerloch, Aleš: Je soudce vázán Listinou? (Ist der Richter an die Charta gebunden?); in: Právník 6/1993, S. 526-528; zit.: Gerloch, Právník 1993.

Grabitz, Eberhard / Hilf, Meinhard: Das Recht der Europäischen Union, Band III, Sekundärrecht, München 2001, zit.: Bearbeiter in Grabitz/Hilf, Recht der EU, Band III.

Greissinger, Christian: Vorgaben des EG-Vertrages für nationales Rundfunk- und Multimediarecht, Baden-Beden 2001; zit.: Greissinger, Vorgaben des EG-Vertrages.

Groß, Rolf: Presserecht, 3. Auflage, Heidelberg 1999; zit.: Groß, Presserecht.

Haefs, Hanswilhelm: Die Ereignisse in der Tschechoslowakei, Bonn, Wien, Zürich 1969; zit.: Haefs, Ereignisse.

Hajn, Petr: Reklama a ochrana osobnosti (Werbung und Schutz der Persönlichkeit); in: PR 8/1994, S. 265-267; zit.: Hajn, PR 8/1994.

Hajn, Petr: Použití politiků v reklamě (Verwendung von Politikern in der Werbung); in: Právní praxe v podnikání 2/1995, S. 11-13; zit.: Hajn, PPP 1995.

Hajn, Petr: Umělci a sportovci v reklamě (Künstler und Sportler in der Werbung); in: PR 2/1995, S. 55-57; zit.: Hajn, PR 2/1995.

Hajn, Petr: Závadná reklama a odpovědnost médií (Unlautere Werbung und Verantwortung der Medien); in: PR 5/1997, S. 271 - 273; zit.: Hajn, PR 5/97.

Häntzschel, Kurt: Das deutsche Preßrecht, Berlin 1928; zit.: Häntzschel, Preßrecht.

Hendrych, Dušan und Kollektiv: Správní právo (Verwaltungsrecht), 2. Auflage, Prag 1996; zit.: Hendrych, Správní právo.

Hess, Wolfgang: Medienkonzentrationsrecht nach dem neuen Rundfunkstaatsvertrag; in: AfP 4/1997, S. 680-688; zit.: Hess, AfP 1997.

Hesse, Konrad: Grundzüge des Verfassungsrechts de Bundesrepublik Deutschland, 20. Aufl., Heidelberg 1995; zit: Hesse, Grundzüge des Verfassungsrechts.

Hilf, Rudolf: Deutsche und Tschechen, Opladen 1973; zit. : Hilf, Deutsche und Tschechen.

Hoensch, Jörg K.: Geschichte Böhmens, 2. Auflage, München 1992; zit.: Hoensch, Geschichte.

Hoensch, Jörg K.: Geschichte der Tschechoslowakischen Republik: 1918-1978, 2. Auflage, Stuttgart, Berlin, Köln, Mainz 1978; zit.: Hoensch, Geschichte der Tschechoslowakischen Republik.

Hoensch, Jörg K.: Die Entwicklung in der Slowakei und die Ausgestaltung der tschechisch-slowakischen Beziehungen 1945-1948; in : Schicksalsjahre der Tschechoslowakei, München Wien 1981; zit.: Hoensch, Beziehungen.

Hoensch, Jörg K.: Die Slowakei und Hitlers Ostpolitik, Köln, Graz 1965; zit.: Hoensch, Slowakei.

Hoffmeister, Frank: Art. 10 EMRK in der Rechtsprechung des Europäischen Gerichtshof für Menschenrechte 1994-1999; in EuGRZ 2000, S. 358-369; zit.: Hoffmeister, EuGRZ 2000.

Holländer, Pavel: Die Gerichtsbarkeit in der Tschechischen Republik; in: J. Marko/A. Ableitinger/A. Bröstel/P. Holländer (Hrsg.), Revolution und Recht, Frankfurt am Main 2000, S. 87-115; zit.: Holländer, Gerichtsbarkeit.

Holub, Milan / Fiala, Josef / Bičovský, Jaroslav: Občanský zákoník (Bürgerliches Gesetzbuch), 6. Auflage, Prag 1998; zit.: Holub/Fiala/Bičovský, Občanský zákoník.

Horský, Vladimír: Die sanfte Revolution in der Tschechoslowakei 1989; in: Bericht des BIOst. Nr. 14/1990; zit. Horský, BIOst. 14/1990.

Hošková, Mahulena: Die Charta der Grundrechte und Grundfreiheiten der ČSFR; in: EuGRZ 1991, S. 369 - 374; zit.: Hošková, EuGRZ.

Hošková, Mahulena: Die Selbstauflösung der ČSFR; in: ZaöRV 1993, S. 689-735; zit.: Hošková, ZaöRV.

Hošková, Mahulena: Zur Entwicklung des Medienrechts der Tschechoslowakei; in: ZUM 2/1993, S. 62-72; zit.: Hošková, ZUM 2/1993.

Hošková, Mahulena: Die Entwicklung des Medienrechts in Osteuropa; in: G. Ress / T. Stein (Hrsg.): Vorträge, Reden, Berichte aus dem Europa-Institut – Sektion Rechtswissenschaft – Nr. 328, Saarbrücken 1995; zit. Hošková, Medienrecht.

Hošková, Mahulena: Rechtsstaatlichkeit in der Tschechischen Republik; in: R. Hofmann / J. Marho / F. Merli (Hrsg.): Rechtstaatlichkeit in Europa, Heidelberg 1996, S. 251 – 270; zit.: Hošková, Rechtsstaatlichkeit.

Hošková, Mahulena: Das Völkerrecht als Maßstab verfassungsgerichtlicher Entscheidungen in einigen ost- und mitteleuropäischen Staaten; in: J.A. Frowein / T. Marauhn (Hrsg.): Grundfragen der Verfassungsgerichtsbarkeit in Mittel- und Osteuropa, S. 443-494; zit.: Hošková, Völkerrecht.

Hrabánek, Jan: Soustava československého práva tiskového (Das System des tschechoslowakischen Presserechts), Praha – Brno 1934; zit.: Hrabánek, Soustava práva tiskového.

Hrabánek, Jan / Milota, Albert: Nové Československé právo tiskové (Das neue tschechoslowakische Presserech), Prag 1933; zit.: Hrabánek/Milota, Nové právo tiskové.

Hrubý, Věnceslav: O zabavení vedle práva tiskového (Über die Beschlagnahme nach Presserecht); in : Právník, Prag 1890, S. 501 ff.; zit.: Hrubý, Právník 1890.

Immenga, Ulrich / Mestmäcker, Ernst-Joachim: EG-Wettbewerbsrecht, Kommentar, Band I, München 1997; zit.: Immenga/Mestmäcker, EG-Wettbewerbsrecht I.

Isensee, Josef : Das Grundrecht als Abwehrrecht und als staatliche Schutzpflicht; in: J. Isensee / P. Kirhoff (Hrsg.), Handbuch des Staatsrechts, Band V, Allgemeine Grundrechtslehren, Heidelberg 1992; zit.: Isensee, Handbuch des Staatsrechts V.

Jäger, Jiří: Neuordnung der tschechischen Gesellschaft mit den Mitteln des Rechts, Marienbad 1999; zit.: Jäger, Neuordnung.

Jarass, Hans: Das allgemeine Persönlichkeitsrecht im Grundgesetz; in: NJW 1989, S. 857-936; zit.: Jarass, NJW 1989.

Jehlička, Oldřich / Švestka, Jiří und Kollektiv: Občanský zákoník (Bürgerliches Gesetzbuch), Kommentar, 4. Auflage 1997; zit.: Jehlička/Švestka, BGB-Komm.

Jelínek, Miroslav: Tiskový zákon, in: Mediažurnál 1999, S. 11 ff.; zit: Jelínek, Mediažurnál 1999.

Jestaedt, Thomas / Anweiler, Jochen: Europäische Fusionskontrolle im Medienbereich; in: EuZW 1997, S. 549-555; zit.: Jestaedt/Anweiler, EuZW 1997.

Jičínský, Zdeněk: K vývoji socialistického pojetí občanských práv (Zur Entwicklung der sozialistischen Auffassung der Bürgerrechte); in: Právník 1967, S. 216-231; zit.: Jičínský, Právník 1967.

Jičínský, Zdeněk/Mikule Vladimír: Das Ende der Tschechoslowakei 1992 in verfassungsrechtlicher Sicht; in: Berichte des BIOst, Teil I Nr. 44/1994, Teil II Nr. 45/1994; zit.: Jičínský/Mikule, BIOst.

Jirásková, Věra: Diskuse při přípravě ústavy České Republiky (Die Diskussion bei der Vorbereitung der Verfassung der Tschechischen Republik); in: Acta Universitatis Carolinae, Iuridica 1-2/1999, S. 193-199; zit.: Jirásková, Diskuse, AUC.

Kadečka, Ferdinand: Das österreichische Preßrecht, Berlin 1931; zit.: Kadečka, Preßrecht.

Kadlec K. / Heller, Karel: Deutsch-Böhmische amtliche und juridische Terminologie, 2. Auflage, Prag 1926; zit.: Handwörterbuch.

Kahl, Wolfgang: Das Grundrechtsverständnis der postsozialistischen Verfassungen Osteuropas, Berlin 1994; zit.: Kahl, Grundrechtsverständnis.

Kalousek, Josef: České státní právo (Das böhmische Staatsrecht), Prag 1892; zit.: Kalousek, Státní právo.

Kaltenborn Markus: Rechtliche Grenzen der politischen Betätigung von Ausländern; in: DÖV 2001, Heft 2, S. 55-63; zit.: Kaltenborn, DÖV 2001.

Kaplan, Karel: Der kurze Marsch: Kommunistische Machtübernahme in der Tschechoslowakei 1945-1948, München Wien 1981; zit.: Kaplan, Der kurze Marsch.

Kitzinger, Friedrich: Das Reichsgesetz über die Presse, Tübingen 1920; zit.: Kitzinger, Reichsgesetz.

Klein, Eckart: Einwirkungen des europäischen Menschenrechtsschutzes auf Meinungsäußerungsfreiheit und Pressefreiheit; in: AfP 1/1994, S. 9-18; zit.: Klein, AfP 1994.

Klein, Eckart: Maßstäbe für die Freiheit der öffentlichen und privaten Medien; in: Die Öffentliche Verwaltung 1999, Heft 18, S. 758-766; zit.: Klein, DÖV 1999.

Klíma, Karel: Ústavní právo (Verfassungsrecht), Prag 1997; zit.: Klíma, Ústavní právo.

Kloepfer, Michael: „Innere Pressefreiheit" und Tendenzschutz im Lichte des Artikels 10 der Europäischen Konvention zum Schutze der Menschenrechte und Grundfreiheiten, Berlin 1996; zit.: Kloepfer, Innere Pressefreiheit.

Klöppel, P.: Das Reichspressrecht, Leipzig 1894; zit.: Klöppel, Reichspressrecht.

Knapp, Viktor: Antinomie a iluze svobody projevu (Antinomie und die Illusion der Meinungsfreiheit); in: Acta Universitatis Carolinae, Iuridica 1-2/1996, S. 87-91; zit.: Knapp, Antinomie, UAC.

Knapp, Viktor / Knappová, Marta u.a.: Občanské právo (Bürgerliches Recht), Band I, Prag 1995; zit: Knapp/Knappová u.a., Občanské právo I.

Knapp, Viktor: O právnických osobách (Über juristische Personen); in Právník 10-11/1995, S. 981-1000; zit.: Knapp, Právník 1995.

Koch, Birgit: Rechtsschutz durch Gegendarstellung in Frankreich und Deutschland, Tübingen 1995; zit.: Koch, Rechtsschutz.

Kocian Elmaleh, Katerina: Gegendarstellungsrecht – Droit de réponse, Bern 1993; zit.: Kocian Elmaleh, Gegendarstellungsrecht.

Korkisch, Friedrich: Verfassungsrechtliche Entwicklung in der Tschechoslowakei bis 9.5.1948; in: ZaöRV, Band XIII, 1950/51, S. 670-687; zit.: Korkisch, ZaöRV 1950/51.

Kouba, David: Die Europäisierung des tschechischen Fernsehrechts, Berlin 1999; zit.: Kouba, Europäisierung des Fernsehrechts.

Kresák, Peter: Verfassungsentwicklungen der ČSSR in den Jahren 1948-1968; in: Normdurchsetzung in osteuropäischen Nachkriegsgesellschaften, Band 4, Tschechoslowakei (1944-1989), S. 499-537; Frankfurt am Main1998; zit.: Kresák, Verfassungsentwicklung.

Kull, Edgar: Das europäische Recht und die Presse; in: AfP 1/1993, S. 430-435; zit.: Kull, AfP 1993.

Kübler, Friedrich: Ehrenschutz, Selbstbestimmung und Demokratie; in: NJW 1999, S. 1281-1352; zit.: Kübler, NJW 1999.

Kühling, Jürgen: Zu den möglichen Grenzen der Kommunikationsfreiheit. Die ersten Urteile des neuen ständigen Europäischen Gerichtshofrs für Menschenrechte zu Art. 10 EMRK; in: AfP 1999, S. 214- 218; zit.: Kühling, AfP 1999.

Kühling, Jürgen: Die Kommunikationsfreiheit als europäisches Gemeinschaftsgrundrecht, Berlin 1999; zit.: Kühling: Kommunikationsfreiheit.

Kühn, Zdeněk: K otázce závaznosti rozhodnutí Ústavního soudu (Zur Frage der Verbindlichkeit der Entscheidungen des Verfassungsgerichts); in Právník 9/2001, S. 857-887; zit.: Kühn, Právník 9/2001.

Küpper, Herbert: Das zweite Abtreibungsurteil des ungarischen Verfassungsgerichts; in: Osteuropa Recht 2/1999, S. 155-169; zit.: Küpper, Osteuropa Recht 2/1999.

Küpper, Herbert: Die Sicherung der Rundfunkfreiheit im ungarischen Recht; in: M. Hofmann/H. Küpper (Hrsg.), Kontinuität und Neubeginn, Festschrift für Georg Brunner, Baden-Baden 2001, S. 451-470; zit.: Küpper, Die Sicherung der Rundfunkfreiheit (FS für Brunner).

Kurschildgen, Johannes: Die demokratisch verfaßte Öffentlichkeit, Aachen 1998; zit.: Kurschildgen, Öffentlichkeit.

Laeuchli Bosshard, Irene: Die Meinungsäußerungsfreiheit gemäß Art. 10 EMKR unter Berücksichtigung der neueren Entscheide und der neuen Medien, Bern 1990; zit.: Laeuchli Bosshart, Die Meinungsäußerungsfreiheit.

Lammich, Siegfried: Die Verfassung der Tschechoslowakei, Berlin 1980; zit.: Lammich, Verfassung.

Lehner, Oskar: Österreichische Verfassungs- und Verwaltungsgeschichte mit Grundzügen der Wirtschafts- und Sozialgeschichte, Linz 1992; zit.: Lehner, Verfassungsgeschichte.

Lerche, Peter, Verfassungsrechtliche Aspekte der „inneren Pressefreiheit" (Berliner Abhandlungen zum Presserecht, Bd. 19), Berlin 1974; zit.: Lerche, Verfassungsrechtliche Aspekte.

Limbach, Jutta: 50 Jahre Pressefreiheit; in: AfP 5/6 1999, S. 413-416; zit.: Limbach, Pressefreiheit.

Liszt, Franz von: Lehrbuch des österreichischen Preßrechts, Leipzig 1878; zit.: Liszt, Preßrecht.

Löffler, Martin: Der Zeugniszwang gegen Presse und Rundfunk; in : NJW 1958, S. 1215 – 1219; zit.: Löffler, NJW 1958.

Löffler, Martin: Presserecht, 4. Auflage 1997, München 1997; zit.: Löffler, Presserecht.

Löffler, Martin / Ricker Reinhart: Handbuch des Presserechts, 4. Auflage, München 2000; zit.: Löffler/Ricker, Handbuch des Presserechts.

Majer, Diemut: Grundlagen des nationalsozialistischen Rechtssystems, Stuttgart Berlin Köln Mainz 1987; zit.: Majer, Rechtssystem.

Malenovský, Jiří: Der Aufbau des Rechtsstaates in der Tschechoslowakei; in: ROW 1993, S. 12-17; zit.: Malenovský, ROW 1993.

Malenovský, Jiří: Postavení mezinárodních smluv o lidských právech v českém právu po 1. červnu 2002 (Stellung internationaler Menschenrechtsverträge im tschechischen Recht nach 1. Juni 2002); in: Právník 2002, S. 917-930; zit.: Malenovský, Právník 2002.

Malý, Karel: Vom Rechtsstaat zur sozialistischen Gesetzlichkeit in der Tschechoslowakischen Republik; in: G. Bender / U. Falk (Hrsg.), Sozialistische Gesetzlichkeit, Frankfurt am Main 1999, S. 27-41; zit.: Malý, Rechtsstaat.

Mannheim, H. : Preßrecht, Berlin 1927; zit.: Mannheim, Preßrecht.

Marek, Jaroslav: České a československé dějiny (Böhmische und tschechoslowakische Geschichte), Band I, Prag 1991; zit.: Marek, Geschichte.

Mates Pavel: K některým otázkám provozování informačních systémů (Zu einigen Fragen des Betreibens von Informationssystemen); in: PR 4/1994, S. 110-112; zit.: Mates, PR 4/1994.

Mates, Pavel: Právo na informace (Recht auf Informationen); in: Právní praxe 2/2000, S. 129-138; zit.: Mates, PP 2000.

Mates, Pavel: Schutz persönlicher Daten in der Tschechischen Republik; in: WIRO 6/2002, S. 173-176; zit.: Mates, WIRO 2002.

Mates, Pavel / Mazanec, Michal: Úvahy o správním soudnictví (Gedanken über die Verwaltungsgerichtsbarkeit); in: Právní rozhledy 9/1994, S. 317-321; zit.: Mates/Mazanec, PR 9/1994.

Meyer-Ladewig, Jens: Ständiger Europäischer Gerichtshof für Menschenrechte in Straßburg; in: NJW 1998, S. 512-513; zit.: Meyer-Ladewig, NJW 1998.

Mikule, Vladimír: Verwaltungsrecht und öffentlichen Verwaltung auf dem Territorium der Tschechischen Republik nach 1945; in: Normdurchsetzung in osteuropäischen Nachkriegsgesellschaften, Band 4, Tschechoslowakei (1944-1989), S.103-177; Frankfurt am Main 1998; zit.: Mikule, Verwaltungsrecht.

Mikule, Vladimír: Vývoj a soudobé problémy českého tiskového práva (Entwicklung und gegenwärtige Probleme des tschechischen Presserechts), schriftliche Version des Vortrags beim „Kolloquium zum Pressegesetz" an der Karluniversität im April 1999; zit.: Mikule, Vývoj tiskového práva.

Miřička, August: Delikty tiskové ve vědě, zákonodárství i judikatuře (Pressedelikte in der Wissenschaft, Gesetzgebung und Judikatur), Prag 1908; zit.: Miřička, Delikty tiskové.

Miřička, August: Tiskové právo (Das Presserecht); in : Slovník veřejného práva československého (Wörterbuch des tschechoslowakischen öffentlichen Rechts), Band IV, S. 901-918, Brno 1938; zit.: Miřička, Tiskové právo.

Mohlek, Peter / Hošková, Mahulena: Der Minderheitenschutz in der Republik Polen, in der Tschechischen Republik und in der slowakischen Republik; Bonn 1994; zit.: Mohlek/Hošková, Minderheitenschutz.

Mol, Katarzyna: Haftung für Pressepublikationen, Frankfurt am Main 2000; zit.: Mol, Haftung für Pressepublikationen.

Möschel, Wernhard: Europäisches Wettbewerbsrecht und EU-Beitritt; in: L. Tichý (Hrsg.), Europeizace národních právních řádů (Europäisierung der nationalen Rechtsordnungen), S. 275-295, Karlsuniversität, Prag 2000; zit.: Möschel: EU Wettbewerbsrecht.

Müller, Gerda: Ehrenschutz und Meinungsfreiheit; in: AfP 2/1997, S. 499-503; zit.: Müller, AfP 1997.

Müller, Michael O.: Perspektiven der passiven Informationsfreiheit auf europäischer Ebene; in: ZUM 5/1994, S. 289-291; zit.: Müller, ZUM 5/1994.

Munková, Jindřiška: Europäisches Wettbewerbsrecht und EU-Beitritt der Tschechischen Republik; in: L. Tichý (Hrsg.), Europeizace národních právních řádů (Europäisierung der nationalen Rechtsordnungen), S. 296-317, Karlsuniversität, Prag 2000; zit.: Munková: EU Wettbewerbsrecht u. Beitritt der ČR.

Nanclares de, Martin-Pérez, José: Die Fernsehrichtlinie, Saarbrücken 1994; zit.: Nanclares, Fernsehrichtlinie.

Newman, Karl J.: Krisen in der tschechoslowakischen Demokratie; in : Aktuelle Forschungsprobleme um die Erste Tschechoslowakische Republik, Wien 1969, S. 155-169; zit. : Newman, Krisen der Demokratie.

Nipperdey, Hans Carl: Freie Entfaltung der Persönlichkeit; in: Karl August Bettermann/ Hans Carl Nipperdey (Hrsg.): Die Grundrechte, Vierter Band, 2. Halbband, 2. Auflage, Berlin 1972, S. 741 – 909; zit.: Nipperdey, Entfaltung der Persönlichkeit.

Novotná, Edita: Přínos, ne převratné změny (Ein Beitrag, keine umwälzende Veränderung); in: Právní rádce 7/2000, S. 25-26; zit.: Novotná, Právní rádce 7/2000.

Oppermann, Thomas: Der Vorrang des Gemeinschaftsrechts vor Nationalem Recht; in: L. Tichý (Hrsg.), Europeizace národních právních řádů (Europäisierung der nationalen Rechtsordnungen), S. 15-26, Karlsuniversität, Prag 2000; zit.: Oppermann: Der Vorrang des Gemeinschaftsrechts.

Otáhal, Milan: Der rauhe Weg zur „samtenen Revolution“; in: Berichte des BIOst Nr. 25/1992; zit.: Otáhal, BIOst. 25/1992.

Pache, Eckhard / Schorkopf, Frank: Der Vertrag von Nizza; in: NJW 2001, S. 1377-1386; zit.: Pache/Schorkopf, NJW 2001.

Pappafav, Vladimír: Přehled po různých systémech práva tiskového v zákonodárství novějším (Überblick über die verschiedenen Systeme des Presserechts in der neueren Gesetzgebung); in: Právník 1885; zit. Pappafav, Právník 1885.

Paschke, Marian: Medienrecht, 2. Auflage, Berlin 2001; zit.: Paschke, Medienrecht.

Pavlíček, Václav: Listina základních práv a svobod a problémy přeměny právního řádu (Die Charta der Grundrechte und Grundfreiheiten und die Probleme der Umgestaltung der Rechtsordnung); in: Právník 5/1993, S. 365-388; zit.: Pavlíček, Právník 1993.

Pavlíček, Václav: Ústavní problémy svobody projevu (Verfassungsrechtliche Probleme der Meinungsfreiheit); in: Acta Universitatis Carolinae, Iuridica 1-2/1996, S. 109-114, Prag 1997; zit.: Pavlíček, Svoboda projevu, UAC.

Pavlíček, Václav: Státnost česká a československá (Die tschechische und die tschechoslowakische Staatlichkeit); in: Acta Universitatis Carolinae, Iuridica 1-2/1999, S. 17-37; Prag 1999; zit.: Pavlíček, Státnost česká, UAC.

Pavlíček, Václav: Über die Dekrete des Präsidenten der Republik in der Kontinuität von Staat und Recht; in: Normdurchsetzung in osteuropäischen Nachkriegsgesellschaften, Band 4, Tschechoslowakei (1944-1989), S. 23-77, Frankfurt am Main 1998; zit. Pavlíček, Dekrete.

Pavlíček, Václav / Hřebejk, Jiří: Ústava a ústavní řád České republiky (Die Verfassung und die Verfassungsordnung der Tschechischen Republik),

Kommentar, 1. Teil, Ústavní systém (Das Verfassungssystem), 2. Auflage, Prag 1998; zit.: Pavlíček/Hřebejk, Ústavní systém.

Pavlíček, Václav a kolektiv: Ústava a ústavní řád České republiky (Die Verfassung und die Verfassungsordnung der Tschechischen Republik), Kommentar, 2. Teil, Práva a svobody (Rechte und Freiheiten), 2. Auflage, Prag 1999; zit.: Pavlíček, Práva a svobody.

Pazderka, Stanislav: Dva zákony o informacích (Zwei Gesetze über Informationen); in: Právní rozhledy 10/1999, S. 526-530; zit.: Pazderka, PR 10/1999.

Pernice, Ina Maria: Öffentlichkeit und Medienöffentlichkeit, Berlin 2000; zit.: Pernice, Öffentlichkeit und Medienöffentlicheit.

Peška, Pavel: Zur gegenwärtigen Verfassungsentwicklung in der Tschechoslowakei; in: JÖR 1967, Band 16, S. 295-395; zit.: Peška, JÖR 1967.

Petev, Valentin: Rechtstheoretische Aspekte des Schutzes individueller Rechte und Interessen in der sozialistischen Gesellschaft; in: K. Westen / B. Meissner / F. C. Schroeder, Der Schutz individueller Rechte und Interessen im Recht sozialistischer Staaten, Berlin 1980, S. 11-35; zit.: Petev, Aspekte des Schutzes.

Pfaff, Dieter: Die EU-Osterweiterung durch Rechtsangleichung; in: Hofmann M. / Küpper H. (Hrsg.), Kontinuität und Neubeginn, Festschrift für Georg Brunner, Baden-Baden 2001; zit.: Pfaff, EU-Osterweiterung (FS Brunner).

Pieroth, Bodo / Schlink, Bernhard: Grundrechte - Staatsrecht II, 11. Auflage, Heidelberg 1995; zit.: Pieroth/Schlink, Grundrechte.

Plecitý, Vladimír: Právo na soukromí a reklama (Recht auf Privatsphäre und Werbung); in: Bulletin Advokacie 5/1996, S. 8-9; zit.: Plecitý, BA 5/96.

Posluch, Marian: Zur konstitutionellen Entwicklung der Tschechoslowakischen Sozialistischen Republik zwischen 1968 und 1989; in: Normdurchsetzung in osteuropäischen Nachkriegsgesellschaften, Band 4, Tschechoslowakei (1944-1989), S. 537-555; Frankfurt am Main1998; zit.: Posluch, Entwicklung.

Prager Archiv für Gesetzgebung und Rechtsprechung „Das Recht des Protektorats", Jahrgang XXI., Prag 1939;
Jahrgang XXII., Prag 1940;
zit.: Prager Archiv.

Prinz, Matthias: Der Schutz vor Verletzungen der Privatsphäre durch Medien auf europäischer Ebene; in: ZRP 4/2000, S. 138-144; zit.: Prinz, ZRP 2000.

Prinz, Matthias / Peters, Butz: Medienrecht, Die zivilrechtlichen Ansprüche, München 1999; zit.: Prinz/Peters, Medienrecht.

Probst, Philippe Marc: Art. 10 EMRK – Bedeutung für den Rundfunk in Europa, Baden-Baden 1996; zit. Probst, Art. 10 EMRK.

Prochaska, Edmund: Die Grundlagen und wichtigsten Bestimmungen des Gesetzes gegen Verleumdungen und Ehrenbeleidigungen durch die Presse; in: Juristen-Zeitung für das Gebiet der Tschechoslowakischen Republik 1924; S. 123 ff.; zit.: Prochaska, Juristen-Zeitung 1924.

Procházka, Antonín: Rozdílnost normativního obsahu článků ústavní Listiny základních práv a svobod (Normative Unterschiede im Inhalt der Artikel der Charta der Grundrechte und –freiheiten); in: Právní rozhledy 11/1996, S. 512-513; zit.: Procházka, PR 11/1996.

Prütting, Hans u.a.(Hrsg.): Marktmacht und Konzetrationskontrolle auf dem Fernsehmarkt, Schriftenreihe des Instituts für Rundfunkrecht an der Universität zu Köln, Band 79, München 2001; zit.: Prütting u.a., Marktmacht und Konzentrationskontrolle.

Rabl, Kurt: Die tschechoslowakische Verfassungsurkunde vom 11. Juli 1960 in Theorie und Praxis; in: JÖR 1963, Band 12, S. 353-417; zit.: Rabl, JÖR 1963.

Ragaz, Peter Curdin: Die Meinungsäußerungsfreiheit in der Europäischen Menschenrechtskonvention: Unter Berücksichtigung ihrer allgemeinen Entwicklung, der Regelung im schweizerischen Recht sowie in weiteren internationalen Menschenrechtskatalogen, Bern 1979; zit.: Ragaz, Meinungsäußerungsfreiheit.

Rahim, Monika: Německé tiskové právo – stručný přehled institutu odpovědi (Deutsches Presserecht – Überblick über das Recht der Gegendarstellung); in: Právní rozhledy 6/1999, S. 339-344; zit.: Rahim, PR 6/1999.

Rahim, Monika: Die europäische Rechtsangleichung und das tschechische Medienrecht; in: WGO 2000, S. 251-264; zit.: Rahim, WGO 2000.

Rais, Ota: Nový tiskový zákon (Das neue Pressegesetz); in: Socialistická zákonnost 1967, S. 54-60; zit.: Rais, Sozialistická zákonnost 1967.

Rebentisch, Dieter: Führerstaat und Verwaltung im Zweiten Weltkrieg, Stuttgart 1989; zit.: Rebentisch, Verwaltung im Zweiten Weltkrieg.

Regensburger, N. : Die preßgesetzliche Berichtigungspflicht, Rostock 1911; zit.: Regensburger, Berichtigungspflicht.

Rehm, Gebhard M.: Persönlichkeitsschutz Prominenter und Pressefreiheit der Unterhaltungsmedien; in: AfP 5/6 1999, S. 416-425; zit.: Rehm, AfP 1999.

Ricker, Reinhart / Schiwy, Peter: Rundfunkverfassungsrecht, München 1997; zit.: Ricker/Schiwy, Rundfunkverfassungsrecht.

Rittler, Robert: Das Recht der Rundfunkunternehmen in Mittel- und Osteuropa; in: Zehn Jahre danach (Hrsg. Dieter Pfaff), Südosteuropa Jahrbuch, München 2000, S. 314-333; zit.: Rittler, Rundfunkunternehmen in Mittel- und Osteuropa.

Roubík, F: Časopisectvo v Čechách v letech 1848-1862 (Das Zeitungswesen in Böhmen in den Jahren 1848-1862), Prag 1930; zit.: Roubík, Časopisectvo.

Rösler, Hannes: Pressegegendarstellung gegen Meinungen; in: ZRP 12/1999, S. 507-509; zit: Rösler, ZRP 1999.

Růžicka, Miroslav: Komentář k trestnímu řádu (Kommentar zur Strafprozessordnung), Prag 1998; zit: Růžicka, StPO Komm.

Rybka, Karel: K některým otázkám tiskového zákona (Zu einigen Fragen des Pressegesetzes); in: Socialistická zákonnost 1967, S. 156-160; zit.: Rybka, Socialistická zákonnst 1967.

Salač, Josef: Ochrana osob před zneužitím svobody tisku (Persönlichkeitsschutz vor Mißbrauch der Pressefreiheit), schriftliche Version des Vortrags beim „Kolloquium zum Pressegesetz“ an der Karlsuniversität im April 1999; zit.: Salač, Ochrana osob.

Šamberger, Zdeněk: Entwicklung des Verfassungsrechts nach 1945; in: Normdurchsetzung in osteuropäischen Nachkriegsgesellschaften, Band 4, Tschechoslowakei (1944-1989), S. 333-349, Frankfurt am Main1998; zit.: Šamberger, Verfassungsrecht.

Schack, Heimo: Anmerkung zum BGH Urteil vom 1.12.1999 (Marlene Dietrich); in: JZ 21/2000, S. 1060-1062; zit.: Schack, JZ 2000.

Schaurek, Rudolf: Presserecht der historischen Länder der tschechoslowakischen Republik, Reichenberg 1937; zit.: Schaurek, Presserecht.

Schmid, Karin: Das Münchner Abkommen, Düsseldorf 1973; zit.: Schmid, Münchner Abkommen.

Schmid, Karin: Die Slowakische Republik 1939-1945, Band I, Berlin 1982; zit.: Schmid, Slowakische Republik.

Schmid, Karin / Horský, Vladimír: Das Ende der Tschechoslowakei in verfassungsrechtlicher Sicht, Berlin 1995; zit.: Schmid/Horský, Tschechoslowakei.

Schmidt – Jortzig, Edzard: Meinungs- und Informationsfreiheit, in: in: J. Isensee/ P. Kirhoff (Hrsg.), Handbuch des Staatsrechts, Band VI, Freiheitsrechte, Heidelberg 1989; zit.: Schmidt-Jortzig, Handbuch des Staatsrechts VI.

Schmittmann, Michael / Luedtke, Astrid: Die Medienfreiheiten in der Europäischen Grundrechtscharta; in: AfP 6/2000, S. 533-534; zit.: Schimittmann/Luedtke, AfP 2000.

Schneider, Eleonora: Prager Frühling und samtene Revolution, Aachen 1994; zit.: Schneider, Prager Frühling.

Schönfeld, Roland: Die „Samtene" Revolution; in: Die revolutionäre Umwälzung in Mittel- und Osteuropa, Berlin 1994, S. 83-102; zit. Schönfeld, Samtene Revolution.

Schulz, Werner: Das neue tschechoslowakische Gesetz über die Presse und andere Masseninformationsmittel; in: JOR 1967, Band VIII/1, S. 211-231; zit.: Schulz, JOR 1967.

Schulze-Fielitz, Helmuth: in H. Dreier (Hrsg.), Grundgesetz-Kommentar, Band 1, Tübingen 1996, Art. 5 I, II; zit.: Schulze-Fielitz, in Dreier, GG-Kommentar.

Schwarze, Jürgen: Medienfreiheit und Medienvielfalt im Europäischen Gemeinschaftsrecht; in: ZUM 10/2000, S. 779-800; zit.: Schwarze, ZUM 2000.

Schwarze, Jürgen: Der Grundrechtsschutz für Unternehmen in der Europäischen Grundrechtscharta; in: EuZW 17/2001, S. 517-524; zit.: Schwarze, EuZW 2001.

Schwelb, Egon: Der Entwurf des neuen Pressegesetzes; in: Prager Juristische Zeitschrift, XII. Jahrgang, Nr. 11, Prag 1930, S. 401 ff., S. 404; zit.: Schwelb, Prager JZ 1930.

Schwelb, Egon: Druckschriften, die die Jugend bedrohen, im neuen tschechoslowakischen Preßrecht; in: Prager Juristische Zeitschrift, XIII. Jahrgang, Nr. 21, Prag 1933; zit.: Schwelb, Prager JZ 1933.

Seifert, Fedor: Postmortaler Schutz des Persönlichkeitsrechts und Schadensersatz – Zugleich ein Streifzug durch die Geschichte des allgemeinen Persönlichkeitsrechts; in: NJW 1999, S. 1889-1992; zit.: Seifert, NJW 1999.

Seitz, Walter / Schmidt, German / Schoener, Alexander: Der Gegendarstellungsanspruch, 3. Auflage, München 1998; zit.: Seitz/Schmidt/Schoener: Gegendarstellungsanspruch.

Siebenschein, Hugo: Tschechisch-Deutsches Wörterbuch, Buchst. P – Ž, Prag 1998; zit. Siebenschein, Tschechisch-Deutsches Wörterbuch.

Šimek, Lubomír: Svobodné informace, okresní úřady a obce (Freie Informationen, Bezirksbehörden und Gemeinden; in: Právní zpravodaj 2/2000, S. 5-6; zit.: Šimek, Právní zpravodaj 2/2000.

Šimíček, Vojtěch: Ústavní stížnost (Die Verfassungsbeschwerde), Prag 1999; zit.: Šimíček, Ústavní stížnost.

Sivák, Florián: Košice Govermental Programme; in: Normdurchsetzung in osteuropäischen Nachkriegsgesellschaften, Band 4, Tschechoslowakei (1944-1989), S. 477-499, Frankfurt am Main1998; zit.: Sivák, Košice.

Skála, Josef: Právní ochrana osobních údajů v informačních systémech (Rechtsschutz von personenbezogenen Daten in Informationssystemen); in: Právník 1/1994, S. 22-37; zit.: Skála, Právník 1/1994.

Sládeček, Josef: Tiskové právo trestní a policejní (Straf- und Polizeipreßrecht), Kladno 1990; zit.: Sládeček, Tiskové právo.

Sládeček, Vladimír: Nástin vývoje ústavního soudnictví na území Československa a České Republiky (Ein Umriß der Verfassungsgerichtsbarkeit auf dem Gebiet der Tschechoslowakei und der Tschechischen Republik); in: Právní rozhledy Nr. 11/1998, S. 544-551; zit.: Sládeček, PR 11/1998.

Sládeček, Vladimír: Rozhodování Ústavního soudu týkající se věcí tiskových (Entscheidungen des Verfassungsgerichts in Pressesachen); in Aktuální problémy českého tiskového práva (Aktuelle Probleme des tschechischen Presserechts), Unie vydavetelů, Prag 1999; zit. Sládeček, Rozhodování Ústavního soudu.

Sládeček, Vladimír: Z judikatury Ústavního soudu (Aus der Rechtsprechung des Verfassungsgerichts); in: Právní Praxe Nr. 5/1999, S. 313-319; zit.: Sládeček, PP 1999.

Sládeček, Vladimír: Ústavní soudnictví (Verfassungsgerichtsbarkeit), Prag 1999; zit.: Sládeček, Ústavní soudnictví.

Slapnicka, Helmut: Die Presse der Tschechoslowakei; in: Osteuropa 1/1957, S. 123-127; zit.: Slapnicka, Osteuropa 1957.

Slapnicka, Helmut: Das Presserecht der Tschechoslowakei; in: WGO 6/1967, S. 341-347; zit.: Slapnicka, WGO 6/1967.

Slapnicka, Helmut: Neue presserechtliche Bestimmungen in der Tschechoslowakei; in: WGO 1981, S. 71-75; zit.: Slapnicka, WGO 1981.

Slapnicka, Helmut: Dokumente zur Diskussion über die Beneš-Dekrete; in: Osteuropa Recht 6/1999, S. 511-520; zit.: Slapnicka, Osteuropa Recht 6/1999.

Slapnicka, Helmut: Das tschechoslowakische Verfassungsprovisorium; in: Osteuropa Recht 4/1991, S. 257-285; zit. Slapnicka, Osteuropa Recht 4/1991.

Slapnicka, Helmut: Die Verfassungsordnung der Tschechischen Republik; in: Ostreuropa Recht 1/1994, S. 28-63; zit.: Slapnicka, Osteuropa Recht 1/1994.

Šlapák, František: Zákon na ochranu republiky (Das Gesetz über den Schutz der Republik), Prag 1937; zit.: Šlapák, Ochrana republiky.

Soehring, Jörg: Presserecht, 2. Auflage, Stuttgart 1995; zit.: Soehring, Presserecht.

Sokol, Tomáš: Tisk a právo (Presse und Recht), Prag 2001; zit.: Sokol, Tisk a právo.

Soukup, Ladislav: Pokusy o reformu tiskového práva v prvních letech ČSR (Versuche einer Reform des Presserechts in den ersten Jahren der ČSR); in: Pocta akademiku Václavu Vaněčkovi k 70. narozeninám (Festschrift für Václav Vaněček zum 70. Geburtstag), Prag 1975, S. 243-257; zit. : Soukup, Pokusy o reformu.

Spilsbury, Sallie: Media Law, London 2000; zit.: Spilsbury, Media Law.

Stern, Klaus: Das Staatsrecht der Bundesrepublik Deutschland, Band I, 2. Auflage, München 1984; zit.: Stern, Staatsrecht der BRD, Band I.

Stern Klaus, Das Staatsrecht der Bundesrepublik Deutschland, Band III/2, München 1994; zit.: Stern, Staatsrecht der BRD, Band III/2.

Stock, Martin: Eine Grundrechtscharta für die Europäische Union: Wie sollte die Medienfreiheit ausgestaltet werden?; in: ZUM 7/2000, S. 533-537; zit.: Stock, ZUM 2000.

Stránský, Jaroslav: Smysl a předmět tiskové opravy (Sinn und Gegenstand der Presseberichtigung), Brno 1930; zit.: Stránský, Tisková oprava.

Stránský, Jaroslav: Problém tiskové opravy (Problem der Presseberichtigung); in: Vědecká ročenka Právnické fakulty Masarykovy university, Brno 1928, S. 187-205; zit. Stránský, Problém tiskové opravy.

Streinz, Rudolf: Der Einfluß der Verfassungsrechtsprechung auf die Pressefreiheit; in: AfP 6/1997, S. 857-869; zit.: Streinz, AfP 1997.

Šturma, Pavel: Implementace mezinárodního paktu o občanských a politických právech na základě opčního protokolu č. 1 (Implementierung des IPBürgR aufgrund des Fakultativprotokolls Nr. 1); in: Právník 1994, S. 357-365; zit.: Šturma, Právník 1994.

Stürner, Rolf: Empfiehlt es sich, die Rechte und Pflichten der Medien präziser zu regeln und dabei den Rechtsschutz zu verbessern?, Gutachten A zum 58. Deutschen Juristentag, München 1990; zit.: Stürner, Gutachten.

Suhr, Oliver: Europäische Presse-Selbstkontrolle, Baden-Baden 1998; zit.: Suhr, Europäische Presseselbstkontrolle.

Švestka, Jiří / Knap, Karel: Ochrana osobnosti podle československého občanského práva (Persönlichkeitsschutz im tschechoslowakischen Zivilrecht); 2. Auflage, Prag 1989; zit.: Švestka/Knap, Ochrana osobnosti.

Švestka, Jiří / Jehlička, Oldřich/Pavlík, Pavel / Plecitý, Vladimír /Knap, Karel: Ochrana osobnosti podle občanského práva (Persönlichkeitsschutz im Zivilrecht), 3. Auflage, Prag 1996; zit.: Švestka /Jehlička u.a., Ochrana osobnosti.

Švestka, Jiří: Právo na odpověd jako právní institut (Recht auf Antwort als Rechtsinstitut); in: Právo na odpověd, omezení nebo rozšíření svobody, Prag 1999, S. 3-10; zit. Švestka, Právo na odpověd.

Swoboda, Ernst: Die österreichische Preßgesetznovelle 1929 und ihre Bedeutung für die Rechtsangleichung; in: Juristen-Zeitung für das Gebiet der Tschechoslowakischen Republik 1930, S. 114 ff.; zit.: Swoboda, Juristen-Zeitung 1930.

Tettinger, Peter J.: Neuartige Massenkommunikationsmittel und verfassungsrechtliche Rahmenbedingungen; in: JZ 1994, S. 400-408; zit.: Tettinger, JZ 1984.

Tettinger, Peter J.: Schutz der Kommunikationsfreiheiten im deutschen Verfassungsrecht; in: JZ 1990, S. 846-854; zit.: Tettinger, JZ 1990.

Tettinger, Peter J.: Die Charta der Grundrechte der Europäischen Union; in: NJW 2001, S. 1010-1015; zit.: Tettinger, NJW 2001.

Unruh, P.: Zur Dogmatik der grundrechtlichen Schutzpflichten, 1996; zit.: Unruh, Schutzpflichten.

Uwer, Dirk: Medienkonzentration und Pluralismussicherung im Lichte des europäischen Menschenrechts der Pressefreiheit; Berlin 1998; zit.: Uwer, Medienkonzentration.

Verny, Arsene: Die Auswirkungen der Europa-Abkommen auf das Wettbewerbs- und Kartellrecht der Tschechischen und Slowakischen Republik, Frankfurt/Oder 1998; zit.: Verny, Auswirkungen der EA auf das Wettbewerbsrecht.

Vodička, Karel: Politisches System Tschechiens, Münster 1996; zit.: Vodička, Politisches System.

Vodička, Karel: Wie der Koalitionsbeschluß zur Auflösung der ČSRF zustande kam; in Osteuropa 2/1994, S. 175-186; zit.: Vodička, Osteuropa 2/1994.

Voorhoof, Dirk: Comments on the Proposal of „Goverment Bill Act on the Rights and Obligations in Publishing of Periodacal Press and on Amendment of some other Acts", Ghent 1999; zit.: Voorhoof, Comments.

Vozár, Jozef: Ochrana osobnostných práv v reklame (Schutz der Persönlichkeitsrechte in der Werbung); in: PR 4/1998, S. 161-166; zit.: Vozár, PR 4/1998.

Wágnerová, Eliška: Die normativen Prinzipien der Verfassung; in: J. Marko / A. Ableitinger / A. Bröstel / P. Holländer (Hrsg.), Revolution und Recht, Frankfurt am Main 2000, S. 51-69; zit.: Wágnerová, Normative Prinzipien.

Wahle, Karl: Das neue österreichische Preßgesetz; in: Juristen-Zeitung für das Gebiet der Tschechoslowakischen Republik 1922, S. 115-118; zit.: Wahle, Juristen-Zeitung 1922.

Wasserburg, Klaus: Der Schutz der Persönlichkeit im Recht der Medien, Heidelberg 1988; zit.: Wasserburg, Schutz der Persönlichkeit.

Weber, Albrecht: Die Europäische Grundrechtscharta – auf dem zu einer europäischen Verfassung?; in: NJW 2000, S. 537-608; zit.: Weber, NJW 2000.

Weber, Hellmuth von: Grundriß des tschechoslowakischen Strafrechts, Reichenberg 1929; zit.: Weber, Grundriß.

Weitbrecht, Andreas, Die Entwicklung des Europäischen Kartellrechts in den Jahren 1998 und 1999; in: EuZW 16/2000, S. 496-503; zit.: Weitbrecht, EuZW 2000.

Wenzel, Karl Egbert : Das Recht der Wort und Bildberichterstattung, 4. Auflage, Köln 1994; zit.: Wenzel, Recht der Wortberichterstattung.

Weyand, Arno H.: Der Deutsche Presserat: Geschichte - Struktur – Aufgaben - Arbeitsweise; in: Deutscher Presserat, Jahrbuch 1998, S. 245-254, Bonn 1998; zit.: Weyand, Deutscher Presserat.

Weyr, František: Československé právo ústavní (Tschechoslowakisches Verfassungsrecht), Prag 1937; zit.: Weyr, Právo ústavní.

Weyr, František: Soustava Československého práva státního (Dies Systematik des tschechoslowakischen Staatsrechts), 2. Auflage, Prag 1924; zit.: Weyr, Soustava práva státního.

Weyr, Franz: Der Tschechoslowakische Staat; in: Jahrbuch des öffentlichen Rechts der Gegenwart, Band XI, Tübingen 1922; zit.: Weyr, JÖR 1922.

Wittinger, Michaela: Die Einlegung einer Individualbeschwerde vor dem EGMR; in: NJW 2001, S. 1238-1243; zit.: Wittinger, NJW 2001.

Zachová, M.: Právo na příznivé životní prostředí v ústavním systému České Republiky (Das Recht auf eine günstige Umwelt in Verfassungssystem der Tschechischen Republik); in: Právní rozhledy 2/1999, S. 98-100; zit.: Zachová, PR 2/1999.

Zdobinský, Stanislav / Matoušek, Stanislav: Státní právo ČSSR (Das Staatsrecht der ČSSR), Prag 1985; zit.: Zdobinský/ Matoušek, Státní právo.

Zdobinský, Stanislav und Kollektiv: Československá ústava (Tschechoslowakische Verfassung), Kommentar, Prag 1988; zit. Zdobinský, Ústava.

Zimmermann, Andreas: Bürgerliche und politische Rechte in der Verfassungsrechtsprechung mittel- und osteuropäischer Staaten unter besonderer Berücksichtigung der Einflüsse der deutschen Verfassungsgerichtsbarkeit; in: J. A. Frowein / T. Marauhn (Hrsg.), Grundfragen der Verfassungsgerichtsbarkeit in Mittel- und Osteuropa, Berlin 1998, S. 89-124; zit.: Zimmermann, Verfassungsrechtsprechung.

Zucker: O: řízení opravovacím v zákone tiskovém, jeho povaze a účelu se zvláštním zřetelem k vládní osnově z roku 1902 (Über das Berichtigungsverfahren im Pressegesetz, dessen Charakter und Zweck unter besonderer Berücksichtigung des Regierungsentwurfs aus dem Jahre 1902; in: Právník 1906; zit: Zucker, Právník 1906.

Zuleeg, Manfred: Die Medienfreiheit und ihre Grenzen in Europa; in: ZUM 11/1997, S. 778-783; zit.: Zuleeg, ZUM 1997.

FSC
www.fsc.org
MIX
Papier | Fördert
gute Waldnutzung
FSC® C083411

Kolibri 360 GmbH
Ferdinand-Jühlke-Straße 7
99095 Erfurt, Deutschland
produktsicherheit@kolibri360.de

Druck:
CPI Druckdienstleistungen GmbH
im Auftrag der
Kolibri 360 GmbH
Ferdinand-Jühlke-Str. 7
99095 Erfurt